百年创业·清韵华章

百年清华口述史

主编　赵丽明

中国文史出版社

图书在版编目（CIP）数据

百年清华口述史/赵丽明主编 . —北京：中国文史出版社，2018.4

ISBN 978 - 7 - 5205 - 0306 - 8

Ⅰ. ①百… Ⅱ. ①赵… Ⅲ. ①清华大学—校史 Ⅳ. ①G649.281

中国版本图书馆 CIP 数据核字（2018）第 113469 号

责任编辑：殷 旭

出版发行 **中国文史出版社**

社 址：北京市西城区太平桥大街 23 号 邮编：100811

电 话：010 - 66173572 66168268 66192736（发行部）

传 真：010 - 66192703

印 装：廊坊市海涛印刷有限公司

经 销：全国新华书店

开 本：16

印 张：28 字数：420 千字

版 次：2018 年 9 月北京第 1 版

印 次：2018 年 9 月第 1 次印刷

定 价：78.00 元

序

  清华大学中文系赵丽明教授是中国女书研究专业委员会主任，曾因对女书的抢救性工作而蜚声中外。清华迎接百年校庆期间，她在主讲的"女书与非物质文化遗产"课程中，组织学生开展了以"百年清华口述史人与中华民族振兴"为主题的口述史访谈活动，访谈的对象大多是已离退休的清华老教授，对他们的访谈带有抢救性质；也有年过花甲甚至古稀尚在一线拼搏的学科领军人物。从访谈的结果看，是一次成功的教学活动，也是一项可以载入清华史册的口述史研究成果。

  说是成功的教学活动，首先是口述访谈活动作为课程的有机组成，有着明确的教学要求：抢救保护非物质文化遗产首要的是"传承人"，传承人的文明成果，特别是精神文化成果。此次是借清华迎接百年校庆之机，让同学们从身边做起，从老一辈清华人身上了解和梳理清华和相关学科的发展史以及清华人为此作出的奉献和所体现的精神文化。同时，访谈工作纳入课程教学计划，有明确的操作流程和规范；在老师的指导下充分发挥学生的主动性和创造性。同学们的工作十分认真，采访前做了大量的案头资料工作，列出并事先向被访者提交了详尽的采访提纲。采访时与受访者签订了访谈协议书，采访后进行了一稿、二稿、三稿的修改，经受访者修改认定签字。最后提交的作业包括访谈时间、地点、对象、访谈者、整理者；访谈对象介绍、访谈内容、感想体会以及珍贵的受访者提供的照片、资料图片等。同学们为有机会与德高望重的老清华人进行面对面的访谈交流，了解他们艰苦有为的创业史，感受他们的高尚境界与人格魅力，而感到十分荣幸和深受教育。认为不仅受到一次具体的口述史工作训练，感到"很庆幸选择了这门课，因为这样的经历、这样的体验才是我在大学最希望得到的"。而且，认为这是两代清华人心灵的交流和感召。认识到"选择了清华，就是选择了一生的责任"，表示要将老一辈身上体现的清华精神"发扬光大，薪火相传，做历史的保存者，做精神的继承人"，"要向老一辈清华人学习，踏踏实实，勤勤恳恳，做一名合格的清华人！像他们一样，为祖国，为人民，奉献自己的一生！"在每份访谈报告结尾处，同学们都表示收获是多方面的，是十分珍贵的，这是一次难得的经历。这些表明了是一次成功的教学实践。

  同时，访谈的成果为清华校史和清华文化的研究提供了宝贵的材料。近几年我一直在做清华文化的研究，基本上是依靠已有的文字材料，未能进行这样鲜活的口述史采集和整理工作，据我所知，百年清华口述史研究工作的开展是很不充分的。所以当赵丽明教授向我谈起要通过课程，组织学生开展百年清华口述史研究工作时，我立即表示支持，认为这不仅是发动学生进行自我教育的好途径，也可弥补清华开展口述史研究工作的不足。事实表明，这两个目的都达到了。应当对赵老师、对满腔热情接受访谈的老教授们、对付出辛勤劳动的全体同学表示我的敬意和谢意！希望这项工作能够继续下去，不断改进，不断积累。

胡显章
2010 年国庆节

目　录

致 知 格 物

天 工 开 物

人 文 日 新

路，靠自己摸索

——访历史系何兆武教授

访谈时间：2010 年 5 月 18 日、2013 年 12 月 1 日
访谈地点：何兆武教授家中
被访者：历史系何兆武教授
访谈者：黄凯（法82）、李沛霖，张琰、赵丽明教授
整理者：黄凯、李沛霖、张琰

何兆武，原籍湖南岳阳，1921 年 9 月生于北京，1939 年考入西南联合大学，1943 年毕业于西南联大历史系，1943 年至 1946 年在清华外文系读研究生（当时三校的研究院未并入联大）。1956 年至 1986 年任中国社科院历史研究所助理研究员、研究员。1986 年至今任清华大学思想文化研究所教授，曾兼任美国哥伦比亚大学访问教授和德国马堡大学客座教授。长期从事历史理论、历史哲学及思想史的研究和西方经典著作的翻译工作。译有卢梭的《社会契约论》、帕斯卡尔的《思想录》、康德的《历史理性批判文集》、罗素《西方哲学史》等，著有《历史理性批判散论》《历史与历史学》《文化漫谈》《中西文化交流史论》，口述《上学记》等。

2010 年 5 月，一个春光明媚的下午，我们有幸拜访了历史系老教授何兆武先生。访谈过程中，何老先生的谦逊随和、乐观开朗，深深感染了我们；他的渊博学识更是让我们受益良多。

何兆武先生早年毕业于西南联大，一生经历了北洋政府、国民党政府以及解放后三个不同的时期，阅历非常丰富。在迎接清华百年校庆之际，我们通过拜访，向大家介绍何兆武先生与清华结缘、将事业

奉献给清华的独特经历，同时也借此向与何老先生一样为清华的建设和发展作出贡献的所有人致敬。

听何老讲解放前

黄：何老师，您看上去脸色很好，非常健康。这和您的生活经历肯定是分不开的。

何：我是1921年出生的，现在89周岁半（2013年92岁）了。我的生活经历了三个时代：第一个时代是北洋政府的年代，我出生是在国民党政府之前，1921年。直到1928年，国民党政府北伐把北洋政府推翻了，国都由原来的北京迁往南京，这便是第二个时期。之后就是第三个阶段，我们大家都知道解放前和解放后的两个时期是很不一样的。

黄：对，解放前和解放后是有很大的区别，主要是政治体制变了，对吗？

何：其实在我的感受中，解放前的两个时期也有很大的不同。国民党之前，是以西方（比如英美）的方式来组织政党的，是仿照西方的模式。后来，孙中山觉得那样的方式不行，改组国民党，改为以俄为师，以苏联为师，所以后来国民党的体制就不是西方的体制，而是苏联的体制。国民党一党专政，我们知道西方体制不是一党专政，是通过多党竞选的方式执政，民众可以自由选择。苏联当时是一党专政，是共产党专政，亦即以俄为师。所以孙中山强调：以后不以俄为师，革命就断无成就。也就是说，如果不向苏联学习，革命就不可能成功。所以后来国民党来了之后，给人的印象也很深刻，也发生了很大的变化。我做小学生的时候，是北洋时期，就没有后来的那些东西，比如：课堂和教室上都挂着孙中山像、孙中山遗嘱，就像后来"文革"时期的最高指示那样。每个星期一早晨的第一节课就是总理纪念周，要背诵总理遗嘱，就跟"文革"时我们背最高指示一样。国民党完全是模仿苏联的模式，包括国民党的特务组织，国民党特务的头子有很多是留学苏联的，学的是苏联那一套。北洋时期，形式上说是西方的民主制，实际上也不是。

中国有中国的特色，中国是封建制国家，封建势力是很雄厚的，这一点是很不同的。北洋时期是军阀专政，只要军阀有实力、有军队就可以控制一方。比如张作霖在东北，实际上就是东北王，但是名义上叫大帅。所以当时实际上是分裂为很多地方势力，而谁占领了北京，谁就是中央政府。也有国会，也有两院——众议院和参议院。记得宣武门原来有两栋西式的楼现在已经拆掉了，那条街原来就叫国会街。众议院和参议院，不过都是形式而已，实际上都是军阀专政，像张作霖，后来实力大了，占领了北京，实际上就是张大帅专政。那些军阀所关心的都只是想占地盘发财，并不关心政治文化的建设。

黄：也就是说不关心民生建设？

何：主要是政治建设、文化建设。形式上也有教育部，但实际上是在教育上留下了一个空白。在文化领域的干涉也不太多，有的干涉也很原始，看谁不满意就抓人，关起来。但是平时根本没有什么意识形态的教化。所以我上小学的时候，所受到的教育是西方的自由民主主义的教育（三人都笑起来），你知道我们那时候的口号是什么吗？是"自由、平等、博爱"（这是 18 世纪末，法国大革命的口号）。国民党不要这些口号。

李：好像孙中山也说过这些？

何：那是早期了，晚期已经不是这些。晚期我们是背总理遗嘱，那时候国民党完全是一个革命姿态的党，是一个完全以苏联为榜样的党。所谓革命党，就是一党专政："党外无党，党内无派"。可是我们小时候的教育是蔡元培先生从西方搬来的那一套"自由、平等、博爱"。那时候才读小学二三年级，但印象很深，到了老年也未忘记。比如说我们小时候的国文课，学的那篇《最后一课》，你们知道它吧？

李、黄：知道，法国的。老师给他们用法文上了最后一课。我们都学过。

何：我们学的都是这些宣扬自由、平等、博爱的课文。这个倒不是因为军阀多么开明，或者多么仁慈，他们只是想着怎么扩大地盘，顾不过来这些而已。

黄：那时候的政治氛围也不怎么复杂吧？

何：那时候学校里还是自由散漫的。后来到了小学三年级，我们七八岁的时候，国民党开始专政，党是领导一切的。形势就开始不同了，政治和思想的领导就开始渗入学校里面来。比如说，我们每个星期一的早晨第一节课就是总理纪念课，我们都要背总理遗嘱，所以总理遗嘱我到现在都能背下来。因为每个星期都要背嘛，所以我现在可以一字不漏地背下来（何老笑了起来）。

国民党谈不上民主，是一党专政。比如说，五四运动如果不是发生在北洋时期，而是在国民党时期，情况一定不同。五四运动实际上是文化知识分子的一场思想文化革命，那时候是军阀专政，但并没有直接干涉，如果是国民党时期，那是不可能的。到国民党时候就变成一党专政了，那时公开宣扬，国民党是领导一切的。所以到处都有党部，比如有北京市的党部、河北省的党部等等。党部是很起作用的，但在北洋时期，是没有这个东西的。党部主要就是贯彻党的教育。按孙中山的理论：中国革命要经历三个时期——第一个叫军政时期，第二个就是训政时期，第三个才是宪政时期。军政就是要用武力来镇压，这是学习苏联的，因为苏联建立了红军。所以他们也建立了国民革命军，连八路军也是国民革命军第八路军，那时候是一党领导的军队。随后是党化教育，北洋时期没有这样一个阶段。

黄：孙中山提出的"训政和宪政"，你们那个时候有没有经历过呢？

何：我们那时是训政时期。军政时期是武力统一，但是统一之后国民的能力还不足以执政，所以就要训政。群众没有政治知识，所以一定要先训练，训政就是由国民党来教育民众，训练群众，等到民众觉悟了，有了一定的知识之后，再颁布一个宪法，这就进入了宪政（也就是民主）时期。所谓宪政就是有一部宪法，依照宪法来治理国家，是民主政治。训政时期就是前民主政治。可是实际上，训政时期一直没有结束，始终都是在训政，所以后来搞民主运动的时候，就成立了好多"宪政促进会"，《毛泽东选集》里面就提到过。

黄：中国不能实行宪政的原因就是中国缺少个人主义的东西？

何：我觉得这一点是唯物的，因为中国是一个落后的农业国家，没有这样的基础，落后的农民只希望有个好皇上就行了，没有"我是主人，应该当政"的想法，落后的农业国家没有这样的想法。他们只要求领导者好一点就行了，像有的东北人还怀念张作霖，说张大帅很好。

李：听说当时东北的生活水平比别的地方也要好一些，就是因为东北比较统一？

何：东北没有经过内战，始终是张作霖统治。因为一旦打起仗来损害总是比较大的。比如说在华北、华中这些地方都是有很多军阀，很多山头，如吴佩孚、阎锡山等等，打起仗来损害是比较大的，东北比较富的原因也是战事较少，生产力破坏要少一些，所以东北有人怀念张大帅，说张大帅很好。

战火纷飞的年代，辗转的中学生涯

黄：你读初中的时候是在北京读的吧？那个时候的时局怎么样？

何：那时候学习还很正规。但是解放之后，反而把正常的学习给打乱了。包括我们参加工作以后也是，我有很长一段时间都是在科学院的历史研究所工作，但很少真正地搞业务，基本都是在搞政治运动。运动一来，便压倒一切的。在"文化大革命"中，即使是在搞业务的时候，也不是真正地在搞业务，因为那个时候是政治挂帅，假如说要批判什么人，大家都一窝蜂批判，不是真正在做研究，而是先给一个既定结论。这个跟科学研究不一样，科学研究不允许先有结论，结论是研究的结果。而运动是先有结论，所谓批判就是所有的研究都要为这个结论服务。那不能算是科学研究。

黄：您读书读到哪一年抗战开始的？

何：我刚读完高一，那一年的暑假，7月7号卢沟桥事变之后，就正式打仗了。我老家在湖南，但我是在北京长大的。打仗之后就回湖南岳阳老家了。和平门北京师大附中的很多同学还留在北京，中学毕业后他们很多人绕到后方，上了西南联大。我也考上了西南联大。老同学见面聊天，我问他们："日本人来了以后，你们改学日文。学了两年日文，应该学得不错吧？"他们说："没有，我们连字母都不认得。全班没有一个人学日文，上日文课的时候大家都不听，考试全班都考零分，作为一种抗议吧。"

黄：那时候的学生真有骨气。

何：7月7号卢沟桥开始打仗，7月28日日本就占领了北京。8月13日日本开始对上海动手了。上海"八一三"的规模很大，当时上海国民党总共有几十万军队，牺牲真是太大了。要从作战的角度来说，是得不偿失。日本有空军，国民党没有；日本有海军，国民党也没有。而上海正好是在海口，日本的海军来封锁，空军来轰炸，而中国的陆军还没有机械化，张治中在战场上指挥还骑自行车。牺牲太大了。可是从政治上来说是有收获的，因为它打出了中国的士气。

李：当时国民党抗战的策略合理吗？最初鼓舞士气，然后放弃华北大片地区养精蓄锐，倒是挺符合中国国情的吧？

何：当然应该是这样，《毛泽东选集》里面也有，以弱势军队对抗强敌的话，应该是打得了就打，打不赢就走。如果以弱势军队去和强势军队硬碰硬地话不就是白白牺牲吗？日本人只是沿着铁路线打，那是它的优势所在。其实广大的农村没有被占领，所以广大的农村依然是中国人的地盘，当时国民党和共产党都是在发展这些区域。日本人占领铁路线，好用兵。中国那么大，如果每个村庄都去占领的话，他们要用多少人啊？他们也没那么多人去占领。你看样板戏里面《沙家浜》，那都是在敌后，也就是说在日本人的后方，那还是中国人的地方。

黄：那您是回湖南后参加考试然后考上西南联大的？

何：我不是在湖南考的。那时候上海南京沿海地区都撤退下来了，南京有一个中央大学，就是现在的南京大学。中央大学搬到重庆去了，它有一个附中。清华、北大、南开就变成了西南联大，中央大学附中搬到湖南长沙，我就入了那里，后来武汉也被日本人占领了，所以学校又搬到了贵阳，我就是在贵阳念的最后一年中学，然后考入西南联大。

西南联大，与清华最初的那段酸甜苦辣

黄：考上西南联大，是您和清华的最初结缘。您考上西南联大之后好像换了4个专业是吗？

何：对，那时候没有目标。旧社会和新社会有所不同，新社会是计划经济时代，培养人才也是有计划的。旧社会没有计划经济，所以没有培养人才的计划，不过当时也有些人有具体的目标，想学什么就确定学什么。也有些人像我一样，自由散漫，年轻的时候没想过将来要做什么。

黄：我也是转系生，您怎么看待转系呢？您读大学最初读的什么专业呢？是土木吗？

何：应该是开放的，因为那时候毕竟还年轻，还没有目标。十几岁根本就不知道专业是什么。最初是土木，工学院一年级都是基础课，是不分专业的。所有的大学一年级都上公共课，不分系，到了二年级才入系。二年级我就入历史系了。当初根本就没有专业方向，那时候工科好像很吃香，所以报名就报了工科。但是那时候世界大战就开始了，那时对于世界大事也是很关心的，所以就想了解人类的命运，我觉得读历史会有帮助，就读了历史。

黄：您在西南联大修读历史的时候，你们怎么获取信息呢？

何：有报纸杂志，而且国外的报纸杂志也有，倒是跟解放之后很不同了，解放后是看不到的，那个时候可以看到。还有图书馆，离我们学校不远，就有个英国新闻处，里边有个图书馆阅览室，都是英国的出版物，包括报纸杂志，我们可以随便进去看，所以并不是太闭塞。

抗战以前，我在北京读高中，稍微开了一点窍，那时候就去北京图书馆，报纸杂志都是非常丰富的，都是公开的，包括国内的和国外的。我读高一那年，是知识来源最丰富的一年，因为资料那么多，但是打起仗来之后就比较少了。

黄：历史系毕业之后，您又去干什么呢？

何：读外文专业的研究生。因为我读研究生的时候最初是读哲学，但只有一个多月就病倒了，生活太苦了，肺病非常流行，我也得了肺病，吐血吐得非常厉害，走路都走不动。所以后来就没有继续读，第二年我就转读外文系了。

黄：你在西南联大时期，研究生是读两年吗？

何：研究生是 2～3 年。算起来我在西南联大一共读了 7 年。

黄：这 7 年当中，您印象比较深刻的是些什么事呢？

何：一个是世界大局的变化，那时候正好是世界大战的时期，我们仅仅就是靠一点精神的力量，物质是非常贫乏的，吃饭都吃不饱。那时候年轻，总觉得，中日战争以及世界大战之后的世界将是个美好的世界，怀着这种美好的希望活下去，后来年纪大了这种希望就消逝了。人是靠什么活下去的？是靠着希望活下去的。那时候就觉得战争之后肯定是一个美好的世界，包括中国，包括全世界都是。生活就靠这个精神支持。

黄：当时西南联大的校舍是新搭的还是用的旧的呢？

何：新盖的。条件真是苦极了，墙是夯土的，没有砖，屋顶是茅草的。窗子是有，但是没有玻璃，就是用几根树枝插在那里作为形式，是透风的，幸亏我们是在昆明，四季如春，冬天不太冷，夏天也不太热，下雨之后就雨过天晴，气候非常好。如果不是因为这么好的气候，我想死的人会更多。那时肺病非常流行，很多非常优秀的同学就是死于肺病。

当时就抱着一种美好的愿望，就觉得战争一定会胜利，胜利之后不仅一定会有一个美好的中国，还有一个美好的世界等着我们。这是最大的精神支持。

黄：当时有没有想要走向前线，去抗敌救国？

何：当时很多同学都是这样，去了几年又回来读。而且后来到了"二战"的后期，1944 年或者 1945 年的时候，当时美国参战了，美军来华需要大量的翻译，所以大量的男同学就被征从军去了。当时我没有去，因为我已经毕业了，去的都是在校的本科生。

黄：你们当时毕业了都去干吗呢？

何：当时绝大多数的同学都是去做中学教师，我也做过中学教师。因为做了中学教师，总有报酬，虽然报酬不高，但是总可以改善你的生活，能够吃得饱了。大概我们都是到了三四年级就去外面兼课。也有个别同学到外县去做个全职的老师。

黄：当时西南联大的时候，有没有学习不是很刻苦的学生呢？

何：有。前几年的一个校友会，我见到一个同学，我从前在学校见过他很多次，因为我有一个熟人和他是老乡，但是我不记得他名字了。我问起他名字，我说我和某某是同学，中学是同学，大学也是同学。他说他自己在西南联大念了10年，他是职业学生。你们知道什么是职业学生吗？他是共产党员，他用学生这个身份来掩护，主要是搞党的活动。主要是地下秘密活动，从数量百分比来说人数比较少，一直不毕业。那个时候对毕业的期限也没有什么时间要求，毕不了业就可以一直读。

黄：那个时候教你们的老师都是什么老师呢？

何：那个时候我们都觉得老师的年纪很大，其实也并不大，都是中年吧，甚至有些是很年轻的。像几个有名的人都是二十几岁，像钱钟书、华罗庚都是28岁，还有一个统计学的世界权威，也是28岁，都是正教授。现在不大可能了，就在当时也很少。不过后来像李政道得诺贝尔奖也才29岁，说起来也会是一个正教授。

黄：您的英文底子是怎么打起来的呢？

何：我们学英文，主要不是在课堂上学的，都是自己在平时零零碎碎学的，我觉得那样效率更高。比如看电影，英文电影没有翻译，看第一遍的时候不懂，多看几遍就懂了，那样学得特别快。还有音乐课唱英文歌，记歌词，那个效率特别高。马约翰先生，他都用英文授课，犯规、罚球等等术语都用英文讲，这样我们学得很快。

解放后没按时毕业

黄：您毕业之后就去教书了？教初中还是高中？

何：1945年胜利后不久就爆发了"一二·一"学生运动罢课，我的论文也未能完成，所以没有毕业。在台湾教了几个月，后来去家乡又教了几个月就解放了。我们家乡解放得比较好，是和平解放，是通过和平起义解放的。我们家乡有个国民党的元老，叫程潜。他做过国民党的官，是国民党的老资格，后来他和平起义，没有打仗就解放了，一解放我就回来了。我研究生没有毕业，因为研究生毕业要交一篇论文，我那篇论文因学潮罢课，交不出来。1945年的"一二·一"运动罢课，一罢课学校就瘫痪了。抗战刚刚胜利，学校忙着搬回北京，所以图书都装箱搬回北京；又恰逢罢课，正常的学习就中断了，所以我论文就写不出来。我想跟着学校一起回来，写完论文就毕业。

黄：您回来后，是算北大的还是算清华的学生呢？

何：我研究生的这个身份是清华的。我们一入校学校当局就告诉我们是算哪个学校的。我们自己也有这个问题，我们是算哪个学校的？当时校方说，三个学校都是。我们的毕业证书上三个学校都盖章，所以三个学校都是母校。

黄：后来你回北京之后，是直接在清华工作吗？

何：我回到北京之后首先是想把论文写完，取得学位。我的妹妹和妹夫他们早去了解放区，在华北革命大学，他们对我说一定要入这个革命大学。当时有华中人民革命大学、华北人民革命大学、华南人民革命大学等等。为什么要办革命大学，是因为刚解放需要大量干部。虽然国民党以前有干部，但是总不能用国民党那一套现成的班子，要派人去又没有那么多人，所以要办革命大学训练三个月，主要是培养干部的。要在新社会里工作，对新社会完全不了解是不行的。在革命大学的三个月中，主要学习马列主义、毛泽东思想，那时候是完全没有听说过的。第二就是学习政策，比如土改政策、工商政策。第三就是改造思想，我们从旧社会过来的都是旧思想，你现在到了新社会就要被改造思想，为人民服务等等。

黄：那个时候改造思想主要是改造些什么思想呢？

何：改掉资产阶级的个人主义，像我们知识分子就要改造个人名利主义，反对向上爬，做官发财这些都要改；批评个人主义，确立集体主义。到了新社会应该这样改造。于是我就进入了华北人民革命大学。华北人民革命大学主要有两部分，一部分是中学生，都是高中生，十六七岁，训练三个月就毕业，去做干部。毕业后有毕业证书。年纪大的人，我也算年纪大的，当时已 28 岁，就给了我们华北人民革命大学政治研究院毕业的文凭。

黄：那时候你们就在政治研究院做研究？

何：不做研究，都是改造思想。年纪大的六个月毕业，年纪小一点的三个月就毕业，就像本科生，我们算研究生了，是六个月毕业。后面三个月都是改造思想，批判个人主义。因为我们旧社会过来的都是个人主义者，所以就是批判你的个人主义，改造你的人生观，树立为人民服务的思想。

清华文科复建，花甲再续前缘

黄：参加工作以后，学术氛围是不是很宽松？

何：那时候搞科学研究的很少，至少文科是这样。我在历史研究所的时候，中国科学院分成三个学部，一个是自然科学，一个是人文社会，一个是工程技术。我们挂的牌子是中国科学院，但是我们的组织关系不是属于中国科学院，而是属于中宣部，那就是一个行政机构了。科研与行政之间不同的是：如果是科学研究的话，就不允许先有结论；如果是政府机构的话，那么事先就有一个结论了。

黄：好像"文革"的时候您也被扣了两顶帽子？

何：对，但是后来又平反了。几乎大部分人都被扣了帽子的，在"文革"里真正完全没有问题的人很少，我想也不过十分之一吧。"文革"一开始，所有的高级知识分子，统统都变成资产阶级专家、走资派了。"文革"的时候，我和谢国桢、顾颉刚两位老先生一起被关在一间小屋子里。顾先生正襟危坐，一言不发，非常严肃，谢先生却谈笑风生，四周无人监督的时候，他就喜欢和我聊天，什么都讲，比如聊什么好吃，哪里的美食最好吃。我就问他："你平生吃了那么多好吃的，哪一次最好啊？"他说，1933 年一个法国的汉学家到中国来，傅斯年请他吃饭，在北海的仿膳，每上一道菜，都要换一种酒，酒配着菜一起吃，谢国桢觉得那是他平生吃得最好的一顿饭。他也聊历史，他说赤壁之战的时候周瑜 35 岁，诸葛亮 27 岁。我说京戏的戏台上诸葛亮是老生，周瑜是小生。他说这不对，弄错了。那时候谢国桢也有 80 多岁了，我说："您的身体那么好，是心情好的原因吧？"他却说："其实我的心情坏透了，我的熟人都不在了。"现在我也是这样，我九十多岁了，身边的熟人朋友几乎都不在了。

那时谢先生谈笑风生，顾先生却不同，他八十多岁了，身体不好，每天晚上可以回家休息。他有个习惯，也是他的终身"大患"，就是每天要写日记，把当天发生的事情详详细细记录下来。他这几十年的日记被翻出来，全是"罪状"。可他依然写，每天回家以后都要写，比如今天某某又被批斗了，他也要记下来。我不知道我被批斗了多少次，但他的日记里都有，比如："今天上午，批斗何某某。"我被批斗了 15 次，他都记下来了。

黄：那现在这些日记保留下来了吗？

何：保留下来了，已经在台湾出版了。

黄：经过"文化大革命"之后，学术研究恢复正轨了吗？

何：也没有，那个时候就是过分地政治挂帅，整天就是大批判。政治挂帅不能太过分，如果整天搞政治斗争，就谈不上什么科学研究了。

黄：后来您又是什么时候回到清华的呢？您回到清华后，是在清华什么系？

何：（20 世纪）80 年代，我都 60 多岁了，是该退休的年龄了。那个时候是在文化研究所，因为院系改建后清华改成工科大学，正准备恢复成综合性大学。所以文科就成立了一个文化研究所，实际上就是哲学系、中文系、历史系等文科院系合为一体。外语好像是独立的，因为那时外语是公共课，大家都要学，所以组织大一点，其余几个都分到了文化研究所。

黄：那时你们来清华的时候，对清华的感觉怎么样呢？学校当时支持恢复文科院系吗？

何：刚来的时候人少，现在都壮大了。学校的意思依我的理解还是要办综合大学的。学院路上的这条街，比如地质大学、林业大学、煤炭大学、石油大学，那时候不这叫，那时候都叫煤炭学院、石油学院、林业学院，这是学苏联的，苏联的高等教育是培养专家，美国的模式是培养通才，但是也有专科大学。

黄：你们刚刚进入文化研究所的时候，对于清华文科的发展有什么寄望呢？

何：关键要看学校。现在煤炭大学、石油大学都成了综合大学，不过还叫那个名字。那时的主要工作一个是自己挑个题目做课题，还有上课。我也上过公共课，我都不知道是属于哪个系的，也有其他系来通知我上课。我给他们讲哲学、哲学史。后来各个系都分别成立了，所以我们的文化研究所也就取消了，我就去了历史系。

黄：您当时是上的哲学，怎么没有去哲学系呢？

何：因为我原来就是搞历史的，在历史研究所又搞了近30年的历史，其实也没搞什么，大都不务正业，现在想起来挺可惜的。那时候都是在搞运动，比如说"大跃进"时，那么大家就去搞"大跃进"，大炼钢铁时我们大家都去炼钢铁，你说我们会炼钢铁吗？等于浪费人才。

黄：进入历史系之后，工作和生活上有什么变化呢？

何：没有什么变化，主要就是历史系开始招生了，招生了就要开课，我在历史系就开始向全校开课讲授思想史。这门课也没开多久，就两三年吧，因为我退休了，干了六年就退休了，本来在我离开历史所的时候就已经60多岁了，可以退休了。不过那时候没有年龄的限制，到了后来才规定60岁退休。

黄：最后请您给我们说说，现在清华的学生应该以什么方式治学？

何：主要靠自己摸索。

黄：谢谢何老师。今天就不打扰您了，我们以后再见。

再访何先生，从儿时见闻讲民族文化的消失

（2013年12月1日，赵丽明教授与研究生张琰再次拜访何兆武先生，从濒危文化的抢救聊起民族文化的消失。）

何：我记得你一直在做女书的研究。

赵：除了女书，我们现在又开始调查研究中国西南地区的少数民族濒危文字。除了东巴文，我们又找到十余种当地使用的图画文字或象形文字。懂这些文字的人已经不多了，老人都在不断去世。他们的语言也在消亡，能讲本民族语言的人越来越少了。

何：一个民族的文化消失得太快了。我小时候在北京城里看戏，《吴三桂请清兵》，吴三桂见了多尔衮以后，吴三桂说汉语，多尔衮说满语，中间有一个人做翻译。那时候演戏的演员都能讲满语，可不到100年的时间，就没有谁会说满语了。

赵：现在几乎找不到能完整说满语的人了。有些人只会几个单词，比如"吃饭""抽烟"。有些满族乡村的牌子上同时写着汉文和满文，但是会说满语的人没有了。

何：我在历史研究所的时候，只有一个人认得满文了。

赵：您说您小时候在北京看戏，那是80多年以前了吧？

何：对，抗战以前。

赵：您是北京人吗？

何：我是湖南人，但生长在北京，我父亲在北京工作。我父亲是工程师，民

国元年在湖南高等实验学堂毕业，专业是采矿。我在北京出生长大，所以不会说湖南话，我的几个姐姐平时都用湖南话对话，只有我坚持说北京话。

赵：您家在阜成门外还是阜成门里？

何：在阜成门里。那时候城门外就不算是北京市了。我住西城，在阜成门里，有一个顺承王府，是张作霖张大帅的官邸，我就住王府的旁边，就是现在政协礼堂那边。现在顺承王府已经拆掉，盖成高楼了。北京的很多古建筑都没保留下来，很可惜。

我小时候在北京城里，还能看到很多旗人妇女，穿着旗袍，梳着两把头，穿着高底鞋，见人要请安，风俗还很地道。旗人请安很有意思，见面要问候对方的家人，从长辈开始问起："你们家里老太爷好？老太太好？"要把对方家里十几口人一个一个都问到。等这一方问完了，对方还要回问一遍。可是双方问候的时候都面无表情，跟背书一样。我那时候觉得旗人真奇怪。

我有一个同学，他们家是旗人，家里的风俗保留得也很好。我去他家，家里的少奶奶，也就是儿子的夫人，每天早上还要向婆婆请安，现在这些传统礼节都没有了。民国二十几年的时候，我有一个中学同班同学，他们家是满族贵族家庭，他的祖父是驻藏大臣。可是他们一家人都不会说满语了，都说北京话。所以传统文化消失得真的很快，我小时候见过的满族文化现在都没有了。

赵：我们现在调查的西南少数民族也是如此。很多人出去上学，学习汉语，本民族的文化没有什么人懂了。

何：时代就是这样，民族文化的产生和消失也只能顺其自然。

赵：所以我们要抢救记录。这些民族有自己对宇宙的看法，有自己的一套世界观。我们看到一幅唐卡，一个乌龟驮着地球，乌龟一动就会发生地震。这是他们对天地的认识。

何：每个民族都有自己的信仰，自己的宗教，对世界都有自己的看法，古往今来中西方都如此。最早古希腊人认为世界是由土、水、火、气四种元素构成的，我们中国是五行说。不同民族对世界都有不同看法。

赵：您认为二十八星宿和十二生肖是起源于哪里？中国还是西方？

何：这个不好说，每个民族都有自己这方面的认识。这需要专门研究这方面的人来解答了。

感想体会：

非常有幸能在百年校庆之际拜访何兆武先生。在此之前，对于何老师的印象只来自《上学记》和他的代表译作《社会契约论》。《上学记》给我一种幸福、积极、自由的印象。而在《社会契约论》中，又体现出何老师严谨认真的态度，特别是书中何老师添加的译注，既包含着自己独到的见解，也包含了可靠的史料，对于初读这本书的人来说，确实提供了莫大的帮助。

我们见到何老师的第一眼，就有一种似曾相识的感觉，一方面是由于何老师的亲切慈祥，另一方面也因为何老师身上所具有的"清华老先生"气质——"骄傲"与谦虚兼备。在和何老师几个小时的交谈中，我们都纷纷感叹学到的东西很多，包括何老师年轻时候的自由与积极、忍耐与坚持，以及何老师工作后所具备的应变弹性、积极治学、谦虚做人的品德。

与何老师的一面之缘满足我的不是对一位传奇老先生的好奇心，而是对这位老先生以及他所经历的时代的深度思考。某些品质正是清华百年来的积淀，如今在校园中依然能找到这样的影子：有一群清华学子，他们是国家和民族的希望，他们身负重任，他们不惧艰险，依旧勇往直前。这样的精神将薪火相传，永不熄灭。（黄凯）

学问"长"在生命中，生命"活"在学问里

——刘桂生教授访谈

访谈时间：2010 年 4 月 22 日下午 3 点
访谈地点：清华大学新斋 221
被访者：刘桂生教授
访谈者：赵雪爽（法 92），赵丽明教授
整理者：赵雪爽

　　刘桂生，1950 年由广州岭南大学转入
清华大学历史学系，1952 年留校送往中国
人民大学马克思主义研究班学习。1953 年
起回校任教于清华大学中国革命史教研室，
先后担任清华大学历史系教授、北京大学
历史系和清华大学历史系双聘教授、德国
海德堡大学汉学研究所教授、清华大学校
务委员会委员。

　　恰同学少年之时，先生怀揣强烈的民
族主义情感由学习外文转向研究历史；风华正茂之时，先生怀揣"自强不息，厚
德载物"的精神笑看人生起伏；古稀耄耋之年，先生仍怀揣"学问'长'在生命
中，生命'活'在学问里"的信念耕耘在史学研究的前沿。先生用一生守望着清
华园的世事变迁，用一生践行着清华人的风骨。

给自己的灵魂安个家

　　赵：您当年是由学习英语转而学习历史的，您是怎么走上史学这条道路的？

　　刘：我 1948 年在广州珠海大学读外文系，目的很简单，主要是想学英语出国
留学。入学不久就发现，外文系的老师，一般英语都讲得很"溜"，可是课程的
思想内容，一般不能满足我的需求。比如系主任李一剑先生，"汤姆·潘恩"研
究是他的专长，可是他的课，除了美国史知识外，我得不到什么收获。与此不
同，历史、哲学等类课，主讲教授的学术造诣一般比较高，学生听了一般收获比
较大。在这些教授身上，学问从某种意义上说是他们一生的奋斗目标。这样的人

生态度，比较符合我们这些在抗日战争中长大起来的青年的人生追求。对于我们这些在空前民族灾难中长大的人而言，"怎样建设自己的国家？"这是个决定一切的根本性问题。一切离不开这一点，自己的人生态度同样离不开这一点。这是"时代使然"，或称"使命感"吧！总之，读外文系的经验告诉我，一个人在出国之前，在留学之前，必须先给自己的灵魂安个家，即在思想上把自己的人生理想与民族命运联系在一起，牢牢地联系在一起。这样，从第二个学期起，我就转学岭南大学政治历史学系，专门学历史去了。

赵：您老作出改变专业的决定有没有受到别人的影响？

刘：有的。就在这时，我收到父亲从昆明寄来的信。他说："你现在念外文系，有个问题不知你考虑过没有？念外文系，意味着你把英语当作自己一生所从事的专业。须知，一个中国人以英语作为自己一生的专业，而不是作为一种工具，这种选择到底合适不合适？"父亲的信提醒了我，很快我作出改变专业的决定。我没有想到，一到岭南就碰上陈寅恪教授，先生这时正好南来。这样，我上了一年半陈先生的课，先是唐史，后是魏晋南北朝史；又上过陈先生的弟子刘节教授的课以及容庚教授的课，这就是我进清华以前的"历史"缘。

清华历史系的老师和学生

赵：我们最想知道的还是当时清华历史系的情况。

刘：1949年中华人民共和国成立，国家是新的，清华却基本照旧。经过1952年的院系调整，从1953年秋季开始，清华就变成一所"多科性工业大学"了。这就是说，从1949年到1952年，是老清华存在的最后三年。我是这时期的学生。第一年（1949—1950），系主任是吴晗（吴先生这时有三个头衔：校务委员会副主任、文学院院长、历史系主任）；第二年（1950—1951），系主任是邵循正先生；第三年（1951—1952），系主任是周一良先生。教学方面，教先秦史的是孙毓棠先生；教魏晋南北朝隋唐史的是周一良先生；教宋史的是丁则良先生（丁先生做过杨振宁先生的家庭教师）；教元史和清史的是邵循正先生，先生同时也教研究生的中国近代史。系里有一位讲师王永兴先生，他追随陈寅恪教授研究隋唐史。陈先生1948年离校后，王先生有时也教外系的中国近代史。陈庆华、张寄谦两位助教，协助邵循正先生教中国近代史。以上所有教师，先先后后，都是陈寅恪先生的学生；几乎都在陈寅恪先生身边工作过。世界史方面的课程，主要由雷海宗、孔繁霱、何基三位教授担任。雷海宗先生的大名，大家都知道，无须多说。孔繁霱和何基先生的名字或情况，现在知道的人已不多，我必须作点介绍。

孔繁霱先生是山东藤县人，生于1894年。他的父亲孔庆塘是清代名将，和段祺瑞一起，是清朝首批派往德国学习炮兵的五个将领之一。回国后做过云南总兵。孔先生早年在天津南开学堂（南开大学前身）读书，与周恩来同学。他们二人先后获得过该校国文比赛第一名。孔先生1917年留学美国，获芝加哥大学的硕士学位。1923 年又到德国柏林大学留学。1927 年回国，在清华大学历史系任教授。他担任的课程是西洋中古史、史学方法等。孔先生的学术造诣很高却很少写文章，知道他的名字的人不多。院系调整后，他分到北京大学历史系，1959 年因病去世。

何基先生是南开大学经济研究所创办人何廉教授的亲弟弟，湖南邵阳人，1908年生，1928 年考入清华历史系。1932 年毕业后留系助教。1946 年去美国留学，获哥伦比亚大学的硕士学位，1950 年回国，在清华历史系任副教授。1951 年 7 月改聘为教授。院系调整时，他与丁则良教授一起分到东北人民大学历史系，后来调到南昌江西师范学院历史系，1966 年 8 月 11 日在"文化大革命"中遭迫害逝世。

赵：请您谈谈那时学生会方面的情况？

刘：全校的学生会，1949 年到 1950 年的会长是徐乃明；1950 年到 1951 年是凌瑞骥；1951 年以后是朱镕基。他"上任"后不久就被调走，由副会长吴麒、王森主持工作。以后是邵敏（女）。我担任过 1950 到 1951 年的系会总干事，1951 年 10 月去江西参加土改，总干事一职交给别的同学了。校学生会对我们这一批系总干事的领导主要是抗美援朝、下厂下乡宣传等等。系会活动，我记得较清楚的是这样一件事。1950 年春，吴晗先生因为北京市"副市长"的工作忙，全家迁到市内居住，由校内西院 12 号，迁到城内西单头发胡同 1 号。系学生会举办过一次欢送会。这次会，还有一项任务，即同时欢迎周一良、何基两位先生参加完四川省的土改回校。这次会是晚上开，地点在四院（四院现已拆除，原址就是今天的第二教学楼），我是主持人。记得吴先生和他的夫人——社会系副教授袁震都在会上讲了话。周、何二位先生也讲了他们参加土改的体会。这次出席的教授很多，连年老体弱的孔先生也来了，大家谈得很融洽，有点像家人拉家常。现在回想来，这次会很可能是历史系最后一次师生集会。这也是我最后一次见袁震，以后就没有机会见面了。至于吴晗先生本人，我以后还在他的市长办公室里见过几次面。

历史系的校园文化活动

赵：先生对当年历史系的风气和教学有没有什么特殊感受？

刘：有的。大家都知道，目前"校园文化"这个词很流行，那时候没有这个词。今天不妨从这个角度谈谈当年的一些事情吧！吴晗当系主任的时候，对这方面的事情是很重视的，做过这样几件事：一、他请毛泽东的老师徐特立老人来给全系师生作报告，1950 年、1951 年各请过一次。徐老高高兴兴地来了。会在工字厅开，徐老讲得很生动、很感人、很深刻。二、他请瞿秋白夫人杨之华来介绍秋白同志的生平，讲他与鲁迅的交往等等。三、他请杨述——"一二·九"运动时期本校、本系的学生，又是"一二·九"运动史的研究专家——来讲"一二·九"运动史。四、他请当时的外交部亚洲司司长陈家康来讲中西交通史，大家听得很有兴趣。这门课，用今天的话来说就是中外文化交流史。

赵：您当时曾去听？

刘：我每一次都去，很有兴趣，也很受教益。有几次是在我入校以前举办的，没有赶上。陈家康当时是外交部的亚洲司司长。他只有星期六下午有空，课都安排在这个时候。他有小汽车，讲完课后，想进城的学生就搭他的车进城，去看个电影什么的，很有意思。记得1951年上半年，学校还正式通过决议，请他担任历史系的兼职教授。在我的印象中，他本人对历史学的兴趣很浓厚。如果不是命中注定要做亚洲司司长，我看他完全有可能到历史系来当教授。

赵：当时除了讲座形式之外，还有别的校园文化活动吗？

刘：还有一些。我印象最深的一次是邵循正先生带我们去参观在故宫午门楼上举办的展览。这次一共参观了两个展览：一个是常书鸿教授临摹的敦煌壁画展览；一个是沈从文先生主办的中国古代服饰展览。前者布置在午门楼上的东半部，后者在西半部。这次参观给我留下终生难忘的印象，请听我慢慢说来。

常先生是中国有名的画家。他留学法国，留学时就认识到必须回国来研究濒临毁灭的敦煌艺术。1943年他终于来到莫高窟，就在那满目疮痍、残垣断壁的寺院中，开始了临摹和研究工作。我们参观的那一天所展出的就是他多年的工作成果。常先生亲自带领我们参观并作介绍，他女儿常沙娜女士也跟着听。这次参观，真可谓"给我思想上了一课"。我感到做人就是要像常先生那样，为了祖国的敦煌艺术，即使在个人已经有了学术造诣甚至名誉之后，也放弃了优越的生活条件和好的工作环境，毅然回到祖国。在茫茫沙漠包围的石窟里，一蹲就是八九年，埋头在学问之中。不妨设想一下，如果没有他的工作，没有这种献身精神，如此美妙的"飞天"的艺术形象，多数人是不会知道的。像我们这些人，正如陈寅恪先生说的，"不是太有文化，也不是太没有文化"，对自己的国家和民族，知道一点点，但不多。对世界的认识也一样。正是由于常先生的辛劳，中国人有可能更好地认识中国，世界各国人民也有可能更好地认识中国。常先生的勤奋努力，有功于祖国和人民，也有功于世界文明。这种人格和精神，就是我们的好榜样。这次校园文化活动给了我很大的教育。单凭这件事，我就忘不了邵先生大有眼光的安排。

赵：您从那时起就觉得自己以后做学问就得有这种精神？

刘：是的。常先生这种形象带给我的教育是终身的，他使我认识到校园文化很重要。

那天我们参观完在午门东半部举办的常先生作品展览以后，就到西半部去参观沈从文先生主办的中国古代服饰展览。沈先生在文学界的声誉很高，但解放初期他没有搞文学，而是埋头搞中国古代服饰研究，取得很大成绩。

常先生社会声誉很高，他的事业精神是埋头苦干，鞠躬尽瘁；沈先生当时并不得志，但他依然意气不衰，孜孜不倦，勤勤恳恳。这种精神，尤其可贵。在我心目中，他们二位在学术上和事业上同样是有"人格魅力"的长者。这一年，我才21岁，还不知人生会有那么多的起起伏伏。然而，就是这一天所受的教育，有助于我以后碰到任何困难都意气不衰，照样愉快地生活下去。这就是常先生、沈

我在清华六十年

——钱逊教授访谈

访谈时间：2010 年 4 月 14 日
访谈地点：钱逊教授家中
被访者：钱逊教授
访谈者：徐菀檠（法学院　法 94）
整理者：徐菀檠

　　钱逊，1933 年 10 月生，籍贯江苏无锡。主要研究先秦儒学、中国古代人生哲学。1952—1953 年先后毕业于清华大学历史系、中国人民大学马列主义研究班。1953—1981 年先后在清华大学马列主义基础教研组、哲学教研组任教。1982 年后转攻中国思想史。1982 年至 1985 年 3 月任清华大学文史教研组主任，1985 年 3 月至 1994 年任清华大学思想文化研究所副所长，1995 年 1 月至 1999 年 9 月任所长，兼任国际儒学联合会、中华炎黄文化研究会、中华孔子学会等学术团体理事。主要著作有《论语浅解》《先秦儒学》《中国古代人生哲学》《中国传统道德》（副主编）、《论语读本》《孟子读本》等。

　　早春四月的一个下午，我怀着激动的心情来到清华大学钱逊老师的家中，与老教授促膝长谈。钱老师的家朴素、整洁而充满浓郁的书香之气，让人一踏入便自然地沉浸到安静、祥和的学术氛围中。在迎接清华大学百年校庆之际，这位风度翩翩的儒学专家、年逾古稀的老人侃侃而谈，娓娓道出自己在清华园里生活的六十年，并对年轻人提出了自己的希冀与要求。

"这六十年我一直住在清华"

　　徐：您作为清华百年的见证人，目睹这些年历史的变迁，感受最深的是什么呢？

　　钱：其实我不是百年的见证人，我只可以说是一个六十年的见证人，因为我是 1949 年来清华的。这六十年，我一直住在清华，可以先说说在我所经历的这六十年中的一些大致的情况和变化。

我1949年来清华，是解放以后的第一届。我到北京的时候是9月底，所以我到北京第一件大事儿，是参加天安门广场的开国大典。

1949年到1952年我是学生。那个时期刚刚解放，新中国刚刚成立。回忆起来那段时期我们在学校的生活，大量的是参加一些当时的社会运动。这三年里参加过镇压反革命、土地改革和抗美援朝的学习宣传活动。学校组织青年学生去参加这些活动。镇压反革命，学校里也进行，比如说对一些属于过去的反动党团——国民党、三青团的骨干分子要登记什么的，但主要不在学校里面，主要是参加社会上的，去了解情况。学校周围农村里的公审、枪决，我们都去看了，也去过工厂。特别是土地改革时期，先是北京郊区的土地改革，组织了一些老师和学生去，那个我没参加，因为临时有些别的工作。后来是从1951年的9月到1952年的5、6月吧，半年多时间，我们参加当时全国政协组织的土改工作团。这个规模是很大的，参加的有政协的一些代表、学校里的一些教师，还有文法学院三、四年级的学生。当时清华是法学院的一部分师生去了广西，我们文学院的一批师生一起去了江西。土改工作组是这样组成的：我们，还有地方县里面的机关干部抽一部分，然后农村里边1000个人抽一个年轻人，当时叫"千分之一干部"，这样三部分人组成土改工作组，直接到了农村基层，住在农民家里，"同吃同住同劳动"，"访贫问苦、扎根串连"，发动群众，然后诉苦，斗地主，分田地，参加一个村的土改全过程。应该是参加了两轮，一个村完了又到另一个村，一共半年时间。

徐：您半年时间都没待在学校？

钱：对啊。那段时间，对我的成长影响最大的主要是这个方面，特别是土地改革。因为原来我是城里人，从小在家里，在学校，小学中学然后到大学。土改时就到最基层和农民老百姓接触，在他们家里吃，了解他们过去的生活，然后一起搞土改。当时吃的东西，我们从来没见过也想不到，现在说来你们大概也想不到。吃什么东西呢？叫"蒸菜"。蒸的菜，那个菜是什么呢，就是萝卜缨子，萝卜上面那个叶子里边放上一点芋头的渣子，不成块儿的。然后就放在锅上蒸，蒸出来全是绿的，就吃那个。拿起来一碗（对着桌上的碗比画），上面堆这么高。你看着很多，但吃下去很快就饿了，因为没有粮食吃。那个我们从来没见过，它也不叫饭，它就叫菜。至于菜，就更没有了。

说起来这个很有意思。我们那时是十几岁、二十几岁的学生，但农民把你当作北京来的，他要款待，怎么款待呢？每次吃饭，你看吧，桌上他必定放这么一个小碗，一碗肉。

徐：他就只给您吃？

钱：对。但是这个菜，我们所有人都知道是不能吃的，你吃了他就没有了。他就是每一顿都给你拿出来，放在那里，然后热一热，第二天再拿出来。工作团有时候要总结、讨论一下上面的政策，集中起来到区委开会，只有那时才能吃到米饭。你如果晚到了就没菜了，于是给你盛一碗饭，放上一个新鲜的青辣椒，就是一顿饭了。这就是那时的生活。

徐：这半年过的是相当艰苦的生活啊。

钱：这段土改团生活对于我来讲，震动很大。了解了我们的老百姓和农民是怎样生活的，什么样的情况。这段时间，其实对我影响最大的不在学校。学校的读书，现在回想起来读得比较少，参加活动的时间比较多。那时也有些趣事，例如刚一下去的时候，到了区里，跟区长平时聊天就比较随便。当时1951年，解放以后两年了吧，他说他在那个区委办公，一到晚上，谁也找不到他了。他也不回家睡觉，就自己一个人跑出去，到野外没人知道的地方待一晚上，第二天回来。为什么呢？当时土匪很多。地主在地方掌权，土匪的据点离区委的办公室也就一二百米，就是那样。所以他一到晚上必须出去，为了自己的安全。所以当时环境非常紧张非常复杂。刚解放，这些激烈斗争的情况，是过去在学校里无法想象的。所以我觉得对我影响最重要的是这一段土改团生活。

再往后，1952年院系调整，文科取消了，合并到北大去了。1953年以后我就留在学校当教师，教马克思主义理论课，当时教联共党史，课程名称是"马列主义基础"。1953年到1955年那段时间，学校有一个很广泛的叫"学习和思想改造"运动。周恩来总理亲自给大家做过报告，也不是给学生，是给那些民主人士、教授讲，讲他自己、他家里，他自己参加革命、参加共产党，他自己在这个过程中间改变自己、改造自己的一些体会。1955年以后，开始强调"向科学进军"。那个时候开了一个大会，提出"向科学进军"，学校也强调学校里边主要的任务是学习。那个时候有一条规定，就是所有的单位，一个星期开会不能超过半天，其他时间都应该学习。

院系调整是一个很大的改变。文科给分出去了。从那个时候一直到1966年"文化大革命"爆发，学校里一般我们叫作"十七年"。这十七年，是1949年到1966年，实际上1952年前后有一个变化，从1952年到1966年学校就变成了"多科性的工科大学"。院系调整以后成立了不少单科性的学校，比如钢铁学院、航空学院、地质学院、矿业学院、石油学院等，清华是多科性的工业大学。这对于学校来说是一个很大的改变。这个改变有很多原因，一个因素是客观的需要，就是当时要搞大规模的建设，需要大批工程技术人员和建设人才。再一个因素就是学习苏联的体制，苏联的教育就是注重专科的。所以那一阶段，清华的培养目标是"红色工程师"，清华是"工程师的摇篮"。再下来"文革"这段整个就乱了。当时清华、北大两个学校是影响全国的。"文革"结束，到了1978年，开始考虑恢复文科。

徐：1952年院系调整文科分出去时您是怎么想的呢？后来文科复建又是怎样一个过程？

钱：1952年院系调整，当时我只是20岁不到的学生，能有什么想法。（笑）"文革"结束以后，当时整个社会有一个文化讨论的热潮。我们从鸦片战争以来就争论中西文化这个问题，对中国文化怎么看。各种意见都有：中体西用、全盘西化，或者中国文化本位。总的来说社会上占主导的是批判和否定中国传统文化的。到了"文化大革命"就发展到了顶点，就是全部要打倒，要砸烂，一切都要扫进历史垃圾堆。那么这个结果就造成了很大的灾难。

1978年以后，可以说痛定思痛，大家就回过头来考虑这个问题，究竟我们对中国的文化该怎么办，该怎么对待，全国都在讨论。在这个背景下，提出我们还得恢复文科。院系调整以后那样文理工分开，确实集中力量，比较快地培养了一批工程师，培养了一大批科学技术人才，适应了当时国家建设的需要。但回过头来看，从人的成长来说不全面，缺乏一种人文修养。所以提出要恢复文科。

当时我们学校党委的一位副书记何东昌，在《光明日报》发表一篇文章，提出要重视文科，然后学校就开始恢复文科。开始是只建立了一个教研组，你们对教研组有概念吗？

徐：就是教学研究组吧。

钱：1952年学习苏联以后，教学的体制是这样的，学校、系，没有院。系下边是教研组——教学研究组。那是基层的具体的组织教学的一个单位。系的下面有若干个教研组。教研组就是按照课程的类别组建的，负责开设课程，面对学生组织教学。一开始恢复文科就只成立这么一个教研组，那是1978年，那时候叫文史教研组。什么叫文史教研组呢？就是文学、历史。在全校起什么作用呢？就是给全校学生开一批选修课，文学的、历史的。它自己没有学生，不是一个系，只给全校学生开选修课，选的人很多。因为这符合学生的需要。当然跟这个课的质量也有关系，总的来讲当时是很受欢迎的。

徐：文史教研组有多少人？您一开始就在文史教研组吗？

钱：当时文史教研组最多的时候16个人。我以前一直在马列主义教研室，文史教研组成立以后我就转过来了。文史教研组1978年成立，办了几年。后来又提出来在这个基础上成立中文系和一个研究所。当时这个研究所名称叫作思想文化研究所，这个你知道吗？

徐：您担任副所长。

钱：对。1985年把文史教研组一分为二，以历史方面的一些教师为基础，成立了这个思想文化研究所。这个思想文化研究所主要专业是思想史，也有一些通史的课程在这里面。那么文学方面呢，这部分教师，就组建中文系。这就是文科恢复。同时原来的马列主义教研室就改成了"社会科学系"，这个名称现在没有了，当时就把它改成了一个系。外语系成立比较早一点，因为外语教研组是一直存在的，就把外语教研组改成了外语系。这你们可以再查一下资料，在时间上可以更准确一些。大体上是这么一个过程。

然后1993年12月成立人文学院，才成立了历史系、哲学系等等，是之后很晚的事了。一开始人很少，我因为原来是历史系毕业的，就转到这边来了。其他也有一些是原来在清华搞文科的，就也转到这边来；又陆续从外面引进了一些教师。真正发展比较快的还是90年代末。

徐：像我们法学院就是90年代复建的。

这都是物质上的，缺乏一种精神家园。这个状况是很危险的。

自己跟着感觉走，那么就必然会接受社会上最流行的东西，而这个流行的东西未必就是好的东西。现在流行的东西基本上是西方传过来的东西，例如以个人为中心，物质利益至上。如果我们整个民族、整个社会都是这样的话，这个社会就会是很散的一个社会，大家都是奔着自己个人去的。

徐：那您觉得现在清华的教育，或者说当代的一些大学教育，在这方面应该作何努力呢？

钱：我没法具体说清华应该怎么办，或者是大学教育应该怎么办，只是说，总的来讲我们现在要关注这个问题。现在为什么要讲传统文化，要弘扬中国文化，要提出建设精神家园，实际上是针对这个问题。这个问题的解决，我们究竟怎么能够找到中国人的、大家比较能够接受的、一个共同的精神追求，我们中国人的精神放在什么地方？现在看来，还是要在中国传统文化的这个基础上去做。当然不是复古。但这是最基本的，是基础。对于这样一些问题，我们民族有自己很好的传统。刚才讲的无非两个问题：一个是物质生命和精神生命的关系，哪个放在前面？一个是个人和群体这个关系怎么处理？

中国传统思想，第一，不要只求物质生活的享受，要讲精神，把精神生命的追求放在第一位。如果整天就知道吃喝，只知道物质生活，中国人认为是近于禽兽；第二，个人和群体，要把个人看成群体的一分子，个人和群体统一。这两条结合在一起，叫"以天下为己任"。不要只顾自己的生活怎么好，要以天下为己任。你看中国传统的"先天下之忧而忧，后天下之乐而乐"，"人生自古谁无死，留取丹心照汗青"，所有我们现在在说的这些名言，核心就是这么一个价值观。

我觉得现在我们中国建立这个共有精神家园，还是要发扬这个精神。真正是把这个作为自己生命的一个指导，这个精神实际也就是孟子所讲的"浩然之气"。

我理解我们民族的精神就在这个地方。当然，民族精神的内容极其丰富，可以从不同角度来概括、表述，比如说勤劳勇敢、自强不息、团结统一、爱好和平等等，但最核心的就在这里。中国人的爱国主义基础在哪里，就在这里。国家危难的时候意识到我有我的责任，天下兴亡匹夫有责，为了这个我可以抛弃个人的一切。包括近代以来也是这样的，比如说鲁迅是学医的，他看到社会需要便可以不搞他的专业；像陈毅，他当将军，是把他自己的道路和民族的前途联系在一起的。这是中国人的精神，里面有一种担当。包括钱伟长，他考清华的时候中文考100分，物理17分，可是"九一八事变"发生后，他说我不学中文系，我一定要进物理系。为什么？科技救国。他可以为了这个改变自己的兴趣、志向。17分要进物理系是很难的啊，根本就不可能。当时物理系要求物理必须70分才能录取。但是他决心很大，每天跑到系主任那里去软磨硬泡，系主任看他决心很大就说，那好吧，让你进物理系，但是有个条件，一年之内你必须成绩达到70分以上，达不到70分你还得走人。最后他达到了，这样他整个的道路就改变了。这是中国人的一种精神。他首先考虑的不是自己，他中文那么好，丢了不可惜吗？而且那是他的兴趣所在，但他没有从个人的角度去考虑。

所以我觉得就今天来讲，我们提倡国学，最主要的，我认为是要发扬这个。当然我们需要了解那些知识，你一点不了解不行，还是要补课，还是要读经典，要对自己的文化、自己的历史有比较深入的了解。但是最后你的目的是什么？最根本的目的是要把中国传统的这个精神传下来。你要是把这个丢掉了，我们就没太大希望了。经济可能发展，但是就整个中国来讲，整个民族来讲，就没有了自己的一个精神，没有了自己的主体性。

"年轻人不成熟是很自然的事情"

徐：您觉得清华的学生在传承清华百年来的精神时，应该具体做一些什么呢？

钱：我觉得在现在这个大环境下，最重要的是要学习。这个学习啊，不只是学专业。清华的精神，实际上是民族传统文化精神的一个具体的反映。你们要看到自己的弱点，就是对自己的历史、自己的文化了解得很少。这不怪你们，这是整个时代造成的。所以呢，要努力学习，不要只是跟着社会潮流走，什么东西都考虑得非常实际。多想一些这样的问题，通过学习来思考一些问题，我们该怎么来处理。例如，物质和精神的关系，个人和群体的关系。我现在讲一套道理，并不要求你们一定接受。事实上我如果说你们应该如何如何做，你们是接受不了的。这是第一。

第二，现在这个社会也是价值多元的，不可能要求大家都一样。但是你要看到问题所在，不要认为现在这个状态就是理所当然的，就是很好的，只要我高兴就好，就不去思考这些问题。重要的是你要学习、要考虑这些问题，那么在这个中间你就会找到你应该找到的东西。

学习包括各个方面，包括读些经典，这是必要的。还有就是我讲的，像这个汶川抗震，要从这里边动脑筋去想，不要只停留在感动上。要想想这些给我们一些什么启发，我们自己可以从这中间吸取点什么东西。

这也包括日常生活中的一些东西，也要学会思考，从中学习。最近看了一个新闻我觉得很感动。云南不是大旱嘛，没有水喝，政府各个方面就给送水，小学每天每个学生给一瓶矿泉水，一周回家一次。那个报道说，回家的时候，一个孩子从课桌里拿出了四瓶水，带回家。问他为什么？他说了很朴素的一句话："让爸爸妈妈多喝一点儿。"我觉得我们从这里边可以得到启发，我们现在天天讲孝道，这是最实在、最朴素的表现，孝敬父母的一种很深的感情。这不是老师教他的，不是谁要求他怎么样，而是发自内心的就是这样一种情感。然后家长也说了，他拿回来我们不能喝，我们得放在那里，我们还得给孩子。中国的文化基础就在这里。讲孝也好，讲"父慈子孝"也好，最基础的东西就在这里。讲"人之初性本善"，就是讲人自己有这样一种非常好的感情，就是所谓"恻隐之心"。问题是我们怎么能够把这些东西发扬出来，而不是被社会上物质的、物欲的这个潮流淹没。这些小学生的精神是很宝贵的。要没有这个报道，我们想不到的。那么小的孩子，一天喝一瓶水不多啊，你说我们一天得喝多少水啊。他能够一周只喝一瓶多一点，没有人教他这样，别人也不知道。开始是一个学生，后来记者问他们课桌里有多少瓶水拿出来看看，结果大家都有。

徐：就是很朴素的一种内心的情感。

钱：所以这也是一种学习。从日常周围所遇到的这些事情里边，我们如果能够比较认真地去思考，我们就会从这里边吸收很多东西。我们不要只看社会上的一些负面的东西，看完那些就发牢骚，就骂。当然那些东西可恶、可恨，但我们还要注意，也要看到我们社会的、我们民族的、中国人的生活里边，这个传统并没有完全消失，它有很深的根基。我们要注意从这上面学习、传承。简单讲就是，注意学习，看到这个东西对我们的成长非常重要。年轻嘛，只要你注意学习就会不断地成长。也不要太计较人家对"90后"的种种误解，你只要自己做好了，它自然就会改变。包括"80后"，那时候也是议论很多，但是汶川抗震以后，人们观念改变很大。"90后"也一样。

当然"90后"也有"90后"自己的问题，他们和"80后"还不太一样。但是像你这样，你自己看到这个问题，那就更好。那么你自己就要注意学习。有的人可能还没有自觉到这一点，自觉到、自觉不到都没有关系，有一条就是你要有一种这样的自觉：我还很年轻，我需要学习，我需要在现在这个环境里边，除了业务的学习很重要以外，我们还需要学习自己的历史、自己的文化。那么你只要能够学，你就会有进步，就会成熟起来。年轻人不成熟这是很自然的事情。

"快不得，也慢不得"

徐：您能不能用《论语》中的一句话或者几句话赠予我们当代的清华学子乃至当代的青年呢？

钱：这个《论语》里边呢有很多很重要的话，我也不好说，这个需要你自己去读自己去体会。你觉得哪条或哪句话对自己最有用、最能够引起共鸣，自己就去学习。

我现在常常讲这两句话，一句话呢就是曾子讲的那句话，叫作"士不可以不弘毅，任重而道远。仁以为己任，不亦重乎？死而后已，不亦远乎"。这是一个什么意思呢，这是一个对人生的重要理解。就是说我们走到这个世上，是担负了责任的，任重而道远。我们现在常常用"任重道远"这个成语，一般都是说具体的一个任务，我们要开个奥运会，"任重而道远"。说得大一点，我们要建设小康社会，到本世纪中叶如何如何，"任重而道远"。曾子讲的不是这个，他的意思是：我到了这个世上来，我这一生、我这一辈子，任重而道远。身上有责任，这个责任很重，而且一直要到"死而后已"，不是说我就只求快乐。快乐是要求的，不要整天愁眉苦脸，我不提倡做苦行僧。但是，人生不能说只要求快乐，还要有责任感，我觉得这一点很重要。去年的诺贝尔物理学奖给了高锟。香港中文大学那个教授，当过校长的。高锟在前几年接受的访谈，他得了诺贝尔奖以后电视台重放了。他对他自己的人生有一个说法，他说："我这一生就希望能够留下一个脚印。"他这个脚印可以深可以浅。他也是这个意思，就是意识到自己要尽一份责任，给这个世上留下一点东西。不只是我自己高兴了，我自己得到了什么，该吃的吃了该玩儿的也玩儿了，大车子大房子什么我都享受过了，不是这个。而是我们都要留下一点儿，哪怕是很浅的脚印。所以这就是"任重而道远"。这是我常常讲的一个话。

再一句话呢，就是孔子讲的话。子路问他君子是什么，怎么做才是君子，孔子说："修己以敬。"子路不满足说，仅此而已吗？他说："修己以安人。"子路又问这样就够了吗？他说："修己以安百姓。"我觉得这个"修己以安人"或者"修己以安百姓"，就是修养自己又帮助别人也能够安好。这就是对那个"仁以为己任"的一个解释。你的责任在哪里？责任就在你要修养自己，要帮助别人安好。"修己以安百姓"要求太高了，至少就"修己以安人"吧。

这个不一定是对你们的一种要求，你们究竟觉得《论语》里边哪个最重要，还是要靠自己去琢磨、自己去体会、自己去选择。现在我认为比较重要的东西不能就认为也是你们大家都要接受的东西。这个刚才也讲了，价值是多元的。还是要由个人自己去思考，自己去选择。

徐：您能不能给我一些建议，以后在加强国学修养方面要怎么努力？

钱：说具体的，就是抽点时间认真读点儿书呗。我现在一般建议大家从读《论语》开始。因为中国的文化主干部分还是儒家。我们讲建设精神家园，从这个角度来说呢，认为儒家的思想、孔子的思想是一个必读的经典，可以好好读。一开始你不一定要求很系统地掌握，有时间能够通读下来也可以，如果没有时间你零零碎碎读也可以。你有时间就拿出来翻翻。重要的是你在读那些东西的时候，要注意和自己联系起来。哪些东西你领会了以后，得到了启发以后，能用到自己身上。有的部分读了以后不懂，或者说觉得没什么意思，都不要紧。哪些地方你觉得很有启发，觉得从自己的生活经验里边可以给自己很重要的一些启发，那么就去做。你每读一遍就会有些新的启发。随着你的年龄的增长，你的阅历的增长，你所思考的问题会增多，你读论语也会有更多的启发。不求一下子系统地把它都读完，重要的是能够用在自己身上，这是第一。

第二呢，不要读一遍就放下来。可以反复地读，有机会就读，遇到问题的时候读。这样你只要能够坚持下去，逐渐就会有一个比较系统的了解。

朱熹说：第一，不要急，第二，也不要慢。就是说你不要太急于现在一下就把孔子的思想都掌握了，都能够说得头头是道，你不是专业的。第二呢，你不要慢，不要放松，你要坚持地读，这样逐渐地来。这是朱熹讲的，快不得，也慢不得。

徐：钱老师，非常感谢您！跟您这样聊天我觉得受益匪浅。

钱：能跟你们这么聊聊我也很高兴。

感想体会：

伴着夕阳的余晖从钱教授家中走出时，我感到此行收获颇丰。钱老师慈祥的笑容、春风化雨般的谆谆教诲至今萦绕我的心头。这样一位博闻强识而又平易近人的老师，向我这个"90后"的年轻学生讲述了自己在清华园里六十年的生活，教导了我们如何做人、如何学习、如何对待传统文化，字字情真意切，句句发人

深省。对话钱教授，让我对清华的传统与精神有了更深入的了解，也让我对自己今后的学习与生活有了重新的思考。作为青年一代的清华学子，我们应当谨遵老一辈人的教诲，秉承百年传承的清华精神，勤奋学习、努力工作，将这种精神发扬光大。（徐菀蓥）

清华中文系的复建元老

——赵立生教授访谈

访谈时间：2010 年 4 月 29 日
访谈地点：北京市东城区，赵立生教授寓所
被访者：赵立生教授
访谈者：申东城（中文系文留 72），赵丽明教授
整理者：申东城

赵立生，男，汉族，重庆南开中学毕业，北京大学经济系毕业，1983 年在清华大学被评为副教授，1990 年被评为教授。曾经手复建清华大学中文系，现已退休，居住在北京东城区。

主要研究论文有《〈诗经·小雅·采薇〉末章四句"以乐景写哀"说质疑》，载《清华大学学报》（哲学社会科学版）1989 年第 4 卷第 3、4 期。《论大学语文课与精神文明建设》，载《大学语文学会会刊》。《新形势下的大学中国古代文学课——再论大学语文课与精神文明建设》，载《大学语文学会会刊》。

主要著作：主编新诗刊物《诗之角》第一期至第八期（1948—1949）；主编《成语故事新编》（八册），金盾出版社；主编《中国文学简史》，高等教育出版社；主编《中国古代文学作品选》，高等教育出版社；参加周振甫主编的《文心雕龙词典》的编写，负责《难辞难句、作家与作品》部分，中华书局；与他人合著《战国策校释二种》，首都师范大学出版社；负责《先哲名言》的白话翻译，菲律宾亚太图书有限公司。

清华文史教研室

申东城（下简称申）：请先生谈谈文史教研室的情况。

赵立生（下简称赵）：1980 年，清华大学党委宣传部成立了该部领导下的文史教研室，目的是通过文史学科的教学向学生进行政治思想与品德教育。当时的

课程有李润海先生和刘桂生先生开设的《中国近代史》，钱逊先生开设的《先秦诸子》，吕维先生开设的《中国古代史》和我开设的《中国古代文学》。

申：先生能否讲述当时开设文史课的情况。

赵：文史教研室开设的学科是供理工学生选修的学科。刚开设文史课的时候，正是恢复高考后，考入清华的学生尚未毕业。这批学生插过队、下过乡，对获得这样的学习机会十分珍惜，所以学习态度特别积极，尤其没有想到在以理工科为主的清华大学有学习文史知识的机会。因此，在选课报名时，有挤坏门窗的情况。为了满足学生学习的要求，常常一门课要增开一个班，但仍然不能完全满足学生的要求。坐三四百人的阶梯教室上课时，台阶和窗台上坐满了学生，教室门口也站满了学生。此后，我开设《中国古代文学》《文艺心理学》《现代汉语》等课程，1983 年升为副教授。

清华恢复中文系

申：先生是筹备恢复中文系的三位老师之一，请先生谈谈为什么要恢复中文系。

赵：清华大学原来不但有中文系，而且是举世闻名的。有梁启超、陈寅恪、王国维、赵元任四大国学大师。有朱自清、闻一多、浦江清等著名学者，但在 1952 年院系调整中合并到北京大学中文系了。此后，在很长一段时间里清华大学没有中文系和其他社会科学学科，成了只有理工科的大学。

改革开放以后，海外先进的科学技术知识涌入我国，通讯社、报纸、电视、刊物和书籍常常涉及这方面的知识。老编辑在文字处理方面是其所长，但在科技方面，尤其是新兴科技方面遇到困难，有时甚至出了笑话，甚至把哥白尼的"地球绕太阳转"也翻译错了。因此急需培养具有丰富科技知识的记者、编辑等人才。

教育部和中央宣传部把目光投向了清华大学。他们认为清华大学有理工科的优势，如果恢复中文系，可以培养具有科技知识的记者和编辑，满足新华社等通讯社、出版社和电视台的需要，于是决定令清华恢复中文系。

申：请先生谈谈筹备恢复中文系的情况。

赵：清华大学接受了上级的指示以后，决定成立清华大学中文系筹备组，由党委宣传部的三个人组成：胡大昕、张正权和我。胡大昕当时是党委宣传部副部长，任务繁重，参与不多，张正权主要负责党务和行政工作，我则负责教学业务的筹备工作。为了集思广益，根据上级指示，我访问了人民教育出版社的张志公先生、中华书局的周振甫先生和中国社会科学院文学研究所的刘再复先生。他们都对如何办好清华大学有特色的中文系提出了宝贵的意见。

避免"近亲繁殖",从不同大学选择教师

赵:办好中文系,首先是师资问题,尤其是学术带头人,有人推荐了中华书局的傅璇琮先生。但中华书局不放,并把他提升为中华书局总编辑,他只能成为清华大学的兼职教授,帮助培养青年教师。

我还物色了其他大学的著名教授,但所在大学均不放人。我只好到各大学物色毕业生。为了避免"近亲繁殖",我从不同大学选择,我到天津南开大学中文系、中国人民大学中文系、北京师范大学中文系、北京大学中文系、武汉大学中文系和上海复旦大学中文系挑选了优秀毕业生,如刘跃进、丁夏、杨民、彭迎喜、赵丽明等。而当时,清华优秀的教职人员们也加入中文系的行列,如徐葆耕等。他们后来都成为清华大学中文系语言文学教研室的教师。

为了培养兼有科技知识的编辑人才,完成上级指示恢复中文系的目的,成立了科技编辑教研室,由清华大学出版社任职的庞家驹老师任科技编辑教研室主任。并从其他理工科系调进了几位老师,同时成立了语言文学教研室。在两个教研室成立后,学校任命张正权老师为副系主任,兼党支部书记。

当时学生的表现如何

申:当时学生的表现如何?哪些学生使您印象深刻?

赵:我曾是个小学老师,当我在大学的时候,就给失学的儿童教语文。我也曾是个中学老师,到北京最为穷困的地方去教学生,在那里教了五年,从初二教到高三。在清华大学,我教了将近十年。我记得在清华主持作文比赛的时候,比赛评出来的第一名,常常是文学社社长,但我不认识他。只是评出来一看:他是文学社的社长!有位女生,听到我的人生经历后,便说:赵老师,您是一个富翁,您的精神财富是非常丰富的。我在中学教的学生后来考上了清华,我去讲课的时候,他们都去听。每当两节课中间休息的时候,他们就跑上讲台帮我擦黑板。这些学生都深深感动了我。

亲身经历中日战争

申:先生亲身经历中日战争,当时中国国内的情形如何?先生有没有印象比较深的事情?

赵:1937年日本侵略中国,我当时在河南读初中一年级的上学期。后来日本打到河南,我就跑回到老家,在县立中学读初一下半学期。日本人又打来了,我就从汉口流浪到四川去。到了四川之后,家里也没钱了,我就失学了。后来,我在重庆南开中学读了六年,直到高中毕业。当时日本人轰炸重庆,从1938年一直

轰炸到 1944 年。日本人欺负中国人，因为中国的空军跟日本空军作战，损失很大。当时上学需要很多的钱，全校 1700 个学生，有 5 个人享受重庆社会局救济，我是其中一个。重庆在冬天的时候还结冰，而我当时连一条长裤子都没有，膝盖冻得发紫。

《怀黎风》

申：先生写的《怀黎风》一文，曾在《新文学史料》（2002 年第 2 期）刊登。先生和（故）黎风先生的友谊如何？李继凯先生说，两位的关系特别。先生在诗中说"卅年重逢，友情胜初"的老朋友，除在《怀黎风》中写的故事外，还有其他的故事吗？

赵：回答你这个问题前，我要说明我是如何认识黎风的。我是 1947 年考入北京大学的，当时北京还没有解放，北京大学的学生受到北京大学民主风气之熏陶，反对蒋介石的反动、腐败，所以我们常常到大街上游行，而我当时负责拍摄学生运动，我甚至跑到国民党的机关枪面前去照相。解放后，第一次五四青年节北京市团市委展览的照片中，有三分之一是我照的。我比较爱好文学，尤其是爱读新诗，正如当时的年轻人。所以热爱诗歌的同学们在 1948 年的暑假，创办了一个诗刊，叫《诗号角》。当时参加《诗号角》的主要是北京大学的学生，其中也有两个北京师范大学的学生，一个就是黎风，另一个是毛国斌。他们两个人都是共产党的地下党员。而写诗最好的正是黎风。我为此还专门出钱，出版他的诗集，叫《彩色的画像》，因为他家庭情况非常贫困，到处流浪。后来他上了北京师范大学，肺病非常严重，而他又没钱治病。我帮他出版诗集，这件事他记了一辈子。后来，他当了陕西师范大学的教授，我因到陕西师范大学参加唐诗讨论会，受到他的热情欢迎。我当时非常感动，于是写了《怀黎风》。此后，他的眼病严重，但是他在看东西十分困难的情况下，还给我写信。我写《怀黎风》不久后，他还是离开了人间。毛国斌现在是《中国演员》杂志的主编，从该刊举办至今每期都会寄给我他主编的这个杂志。

感想体会：

作为清华大学中文系的留学生，我非常荣幸能够访谈赵立生先生。先生给我的第一印象是身材高大，一身正气；岁入暮年，壮心不已。他在讲述自己人生的时候，直爽豪气，一语通达。我在整理访谈内容时，由于自己对中国的了解有限，不得不查阅大量的书籍，这一过程虽有诸多困难，但整个访谈整理工作使我受益匪浅。

　　访谈过程中，先生虽未直面表达，但可以看出先生对当今中国越来越丢失古人思想文化之精华而感到惋惜。人与人之间的情感、亲如家人的朋友关系、亲如父子的师生关系，已渐渐成为往日的记忆。我们的社会，强调自然科学，强调经济发展，越来越失去人作为世间最为宝贵者的地位。这不能不让人深感无奈。人生短暂，即便如此，人生旅途中依然有无数的选择在等待我们。当先生站在人生的岔路口，不论他作出何种选择，他都坚持着自己的信念，终生不渝，亦终生无悔。这种精神令我非常感动。

　　由于这是我第一次进行访谈，在准备过程中出现了不少问题，若不是赵立生先生以及赵丽明老师的指导，我想，凭借仅自己的经验和知识，恐怕难以完成此任。假如这个访谈记录值得人们一看的话，并不是因为我整理得有多好，而是赵立生、赵丽明两位老师的指导好。我借此感谢两位老师对我的帮助和支持。（申东城）

忆清华岁月，伴人文日新

——访孙殷望教授

访谈时间：2013 年 3 月 26 日早上 9 时
访谈地点：清华大学 9 号楼 109 室
被访者：孙殷望教授
访谈者：谭思颖（社科 2）
整理者：谭思颖、徐晔嘉（经 26）

孙殷望，安徽南陵县人，1956 年进入清华大学电机系，就读发电（发电厂、电力网及电力系统）专业。1961 年毕业后留校任清华大学政治理论课教师；1971 年调入校机关担任文字秘书，后任校党办副主任；1992 年春调入中文系，担任党支部书记兼副系主任并主讲"应用写作"课。1995 年至 1998 年任人文社会科学学院党委书记。2001 年退休。

在初春的一个上午，我在孙殷望教授的办公室拜访了孙殷望教授。他热情、健谈，年逾七旬却仍保有青年般的活力。在孙老师亲切和蔼的招待中我们开始了访谈。

遥忆当年，苦乐都曾有过

谭思颖（以下简称谭）：教授你好！您先谈一谈您入学的时候的事情吧。

孙殷望（以下简称孙）：好。我是安徽南陵县人。南陵县知道吧？李白曾经写过一首诗叫《南陵别儿童入京》，他曾经在南陵这个地方隐居了好几年。我们家是皖南的一个比较古老的农村，所以我是农民家庭出身，偏僻的农村里出来的。后来上小学中学，到了芜湖一中。芜湖一中是很有名的一个中学，它有几百年的历史了，教学质量很好。我在这里学了三年。我原来是对文有兴趣，所以我考大学时本来准备考文科，但是后来要保送我到一个军事学院——军事学院是工科——所以那个时候我因为保送就不再复习文科了，就复习一点工科的知识。但是没想到还剩下一个月的时间，保送不行了，因为我眼睛不行，不合格。那个时候再回到文科已经来不及了，所以我后来就是考的工科，然后就考到清华，就等于奋斗一个月，考取了清华。为什么要说这个呢？我想说明我们那个时候的中学教学质量很高，它实际上就是我们现在所说的素质教育，你看我们所有的功课都很好，也不分理科班也不分文科班，大家知识面比较广，知识结构比较全。现在分理科文科我总觉得不是个事儿。

谭：我也觉得如此。

孙：所以我就觉得那个时候的中学教育相当地有水平，我奋斗一个月居然能考上清华，就说明它原来的中学教育质量相当好。考上清华以后就按志愿分到电机系，专业叫发电厂、电力网及电力系统，简称就叫发电专业。考进来以后，开始就把我任命为班长，是根据考试的成绩呢还是什么不知道。

谭：按照出身吧？

孙：出身呢也不一定。因为原来任命的班长叫陈陈，她是一个女同学，非常优秀，在学校很有名，她是数理化三个一百分考进来的。原来她是班长，但因为她身体不太好，所以就换了我。我没有想到我会当班长，因为我当时成绩也不是特别好。我们是五年大学生活，就是1956年到1961年。我们入学的第二学期就开始整风反右，开始政治运动了，这是一个标志着我们国家开始"左"的指导思想的很重要的一个政治运动。1957年整风反右，1958年"大跃进"，1959年反右倾，1959年、1960年、1961年又正好是我们国家三年经济困难时期，那时候很艰苦。后来我们上五年学，又延长半年，为什么呢，因为政治运动太多，劳动多，1958年"大跃进"的时候，"教育与生产劳动相结合"，我们还参加十三陵水库的修建。

谭：是你们参加设计吗？

孙：不是，参加劳动，不是设计，我们就是挑沙子铲土，做那种强度很大的劳动。然后在学校建校办工厂，劳动确实比较多，真正学理论知识的时间比其他几届可能要少一些。所以我们延长半年的目的就是再补一些理论课，叫"填平补齐"。当时学校提出来"填平补齐"，就是把学时延长半年补上缺的课。我们这一届是五年半毕业，五年制的学制延长半年。虽然这一段时间确实运动过多劳动过多，但是我回忆起来，我们这一段的学校生活还是挺愉快的。首先就是说它整个氛围很好，有很多名师来讲课。像电机系讲课就讲得很好，基础课、专业课，很多名师精品课程，有蒋南翔校长作报告，我们印象很深。还有马约翰教授给我们作报告，讲"生命在于运动"，我们都经历过。每天还有体育锻炼。我们业余生活也很好，也很丰富。我不知道你学习负担重不重，你是不是晚上都在学习，不一定吧。

谭：不一定。

孙：对，我们那个时候应该说学习任务也挺重的，但是生活比较充实和丰富多彩。特别是在三年困难时期，你们现在根本没法体会那种艰苦的程度。我记得1956年入学的时候，我们学校的食堂伙食质量非常好，早上有鸡蛋炒饭、炸花生米什么的很丰富，中午吃的也很好。但是一到1958年以后，就是三年困难时期，我们就天天吃这个高粱米，没有任何菜，就是有也是酱油汤里放几片菜叶。但没有油吃不饱啊。吃不饱怎么办，学校要求我们自力更生，于是我们的学生除了上课以外就在我们宿舍的周围开荒种地，自己种南瓜、拔野菜，学校的食堂还用野菜做成各种花样，互相竞赛。虽然那个时候很苦，但是苦中求乐，我觉得那个精神状态很好。我们那个时候定量，一个月大概30斤吧，30斤说老实话根本不够吃，当时我们正在长身体的时候，但那时为了支援国家，我们还自动地很愉快地减定量，30斤只吃26斤，每个人节省一点，把这个粮票捐出来，来支援别人。那确实是一个很特殊的环境，现在来看很多不正常，但总的来说那段生活还是很值得回忆。

建校一百周年的时候，胡锦涛讲了一段话，我认为代表了学校许多校友的心声：

"我和很多同龄人在这时期进入清华大学学习，清华园里蓬勃昂扬的青春理想、严谨的治学氛围、艰苦朴素的优良作风、生动活泼的文化生活深深地熏陶了我们。当时，蒋南翔校长富有创造性的教育思想，刘仙洲、梁思成、马约翰、张光斗等大学名师执教讲坛、垂范学子的风采，令我们受益匪浅、终生难忘。"

胡锦涛那一届就比我们那届要强多了，因为胡锦涛那一届是1959年入学，整风反右没有，"大跃进"参加了一点，经济困难经历了一下。他是1965年毕业，"文化大革命"也没参加。那一段时间相对来说属于调整时期，当时的教学比较正规化，他那一届被称为"五九级现象"，五九级我们培养了很多人才。我们这届是在他们之前，但是他说的那一段体验，我觉得我们是有体会的。现在社会上有人完全否定那一段，但从我们切身来讲，我觉得不能完全否定，它也有好的地方，特别是在实践中间我们学到了很多能力，所以我们这一代人适应能力比较强。各种各样的运动、困难，都经历过了，所以我们这一代人或者我们"文化大革命"前这一代学生，比较能经得住挫折。我觉得年轻人，现在一帆风顺了，有的家里条件又好。我不知道你是农村的还是城市的？

谭：我是县城的。

孙：县城的，那就算一般的吧，可能家里经济也不怎么富裕，对吧？那你还是有一点艰苦的感觉，现在很多年轻人他不知艰苦为何物，特别是考上清华，学习好，就一好百好，从小就是重点保护对象，没有经过困难和曲折、挫折的考验。我认为一个人的成长如果没有经过困难和挫折的考验，他往往不能够真正地成熟起来。有人就很不理解，说你们那个时候那么乱七八糟的，怎么你们觉得还挺好。这就是我们的体验，它是一种很丰富的、很复杂的境地。对一个人成长，我认为也是一个财富；太一帆风顺的并不好，我们现在的教育有这个问题。

再一个就是胡锦涛的讲话里说的，蒋南翔创造性的教育思想。这个我深有体会，特别是在"文化大革命"前，蒋南翔做了14年的校长，在他的领导下，我们这些学生，对蒋南翔校长怀有深厚的感情。蒋南翔是个杰出的马列主义教育家。这一段时期，他领导下的清华培养了多少优秀人才，科研成就在全国高校都是遥遥领先的。当然他也有缺点，搞一些政治运动，有些受到"左"的影响，也错误地批判了一些人，这都是缺点，但是我们不能说因为时代的问题造成一些缺点我们就说这不行，那不对。为什么说蒋南翔有创造性呢？他的一些教育理念有很生动的表达，因为他是清华大学中文系毕业的，他的文笔非常好，又很爱哲学。你是不是学哲学的？还没分专业？

谭：还没分，到时候分专业的时候就有一些哲学课程。

孙：蒋南翔又喜欢哲学，他在学校一直让大家要学哲学，他亲自担任哲学教研组主任，给学生讲哲学课。他又懂得文学，文笔好，有哲学的思维，我们一般说的哲思和文采他都有，所以他的教育思想不是那种很古板的，我们到现在一辈子都记得他一些话，比如他说，培养目标，当时叫作又红又专，全面发展。还有个简单的说法，叫又红又专又健，健是健康。他还说，清华培养的学生应该是金字塔，而不能是电线杆，就是基础要宽厚，知识结构要金字塔的那种结构，而不能像是电线杆子一样，从上到下一样粗，这不行，我们记得很清楚。比如说他讲的这个红的标准，什么叫又红又专，什么叫红，思想工作应该怎么去做，他提出来要引导学生上"三层楼"，这你听说过吗？

谭：呃，没有听说过，是什么呢？

孙：不知道啊？上"三层楼"，第一层楼是爱国主义，大家都要爱国，这是最起码的要求；第二层楼呢，是社会主义，就是你要拥护社会主义制度，走中国特色的社会主义道路；第三层楼呢，那就是要树立共产主义世界观。什么叫共产主义世界观，你们学哲学应该学过了吧，叫历史唯物主义和辩证唯物主义世界观。他说要一步一步地上三层楼，你看这很形象。关于智育，蒋南翔还提出一个很重要的观点，就是要给学生以猎枪，而不能给干粮，叫猎枪与干粮。就是说，你不能只给他知识，而是要教会他获取知识的能力。

谭：也就是授人以鱼不如授人以渔。

孙：对，就是说，我有了猎枪，可以自己去找食物，你干粮吃完就没了。这是很形象的一种说法，另外他提倡因材施教和个性发展，所以他在清华组织四支代表队：政治代表队——辅导员组成的；科学代表队，也叫"万字号"，全校挑选一批业务学习非常优秀的学生，组织起来，单独辅导让他多学一点；还有文艺代表队，体育代表队。这四支代表队里头出了很多优秀人才，这就是一种因材施教。当然过去我们的教育学苏联，太过于集中，统一要求比较多，强调个性自由地发展还是不够，但是就蒋南翔的时候这一方面还是做得不错，你看胡锦涛他就是文工团团长，对吧。我们当党和国家领导人和高级干部的校友不少是政治辅导员出身。在大学里头你不能光读书，书呆子是不行的，所以他提倡大学生要参加体育锻炼、文化活动，不能做"干面包"，要有多种爱好，还有"为祖国健康工作五十年"，你应该知道。

谭：知道。

孙：还有美育，我们学校的文艺代表队水平都挺高，学生里也出了很多优秀人才，他的这一套教育思想，我认为应该肯定，他们好的东西，我们应该学习继承。我们在清华学习那一段时间对蒋南翔教育思想有比较深的体会，我认为这种教育思想对我们的成长很有作用，这是个潜移默化的过程。再一个就是那个时候，虽然我们学习时间少一些，但是因为它有一个人才培养体系建立了，比如说实行教学科研生产三结合，教学为主，这个办学方针很重要，就是你只要按照清华的培养模式，加上全面发展的这个氛围和自己的努力，你就能够健康成长，而且能够成才。

谭：当时清华大概有什么课程？

孙：课程很多啊，一个是政治理论课，党史（后来叫革命史）、政治经济学、哲学，还有研究生上自然辩证法，另外还有形势学习。还有就是理论基础课，数学、物理、化学、力学、外语，这是最基本的，清华很重视。然后还有技术基础，比如说我们电机系，它就有电子学、电工基础，就属于技术基础。再有个就是专业课。有四种不同层次的课程，公共课、基础理论课、技术基础课，然后专业课，再加上你还要生产实习、毕业设计。那是"真刀真枪"地在那儿练，所以说我们那个时候学生一毕业出去以后就很快能够适应工作。所以我们班同学很多当上了总工、局长，为什么他能做事？因为他技术水平够，有这个基础。

谭：那您和同学之间发生过什么让您印象深刻的事吗？

孙：当时同学之间的关系非常融洽。我举个例子，我们那个时候体育搞"劳卫制"，就是劳动保卫国家这个劳卫制，从苏联那儿学来的。我是班长，但是我扔手榴弹老通不过，就等于我拉了全班后腿。后来就改成竞走，通过的那天，班里的一些同学围着，前面有人带着跑的，后面有人追着，就是前有领航的后有追兵，我就通过了，通过以后全班同学非常高兴，那就是团结友爱的一种氛围。

毕业以后我们班上同学来往很频繁，每年到校庆，比如 2011 年我们毕业 50 周年，那我们就都来了，能来的都来了，真是兄弟姐妹一样。清华的凝聚力啊，我认为比很多大学都要强，这是与清华的传统有关系。你看清华校庆的时候，多少校友，八九十岁的都要来，这种凝聚力是别的学校很少见的。

毕业留校，奉命"弃工从文"

谭：那您毕业以后是留在清华教书了，为什么选择留校呢？

孙：毕业以后，你问我为什么留在清华，我不知道，因为我填的志愿都是东北，我们发电专业嘛，都填到东北啊西北啊哪个电厂啊，我们那个时候因为经济困难时期，分配方案比较差，我们班的同学最北分到黑龙江的兴凯湖，最西分到内蒙古，最南的分到海南岛，真的是四面八方，留在城市的人很少，但是我事先也不知道，也没有人找谈话，说你要留校。就是开分配大会的时候，给我张条，条上就说，你到校人事处报到。我才知道我留在学校。留在学校干什么也不知道，后来才告诉我是留在学校做政治理论课的教师。我们又没有专业背景，虽然在大学学了几门理论课，什么政治经济学、革命史、哲学，学了一些，但是凭这个你当教师不行。

我们这叫大改行，学了五年工科，什么也没用，就改成文科，改成马列主义理论教师。这个是当年蒋南翔作出的一个决策，为什么呢，因为1957年的时候，有一些老的政治理论课教师被打成了"右派"，他们都是文科科班出身，而这样文科的力量就不行了，被削弱了。你从外面调呢，当时可能觉得不知底细，不知道调来的怎么样，当时可能还对文科出身的老师有点不放心，于是作出个决定，就从本校的工科毕业生里头选拔，当时认为是又红又专的、比较优秀的学生——其实我并不优秀，因为我在上大学的时候还有一门课不及格，所以我没有得到任何的奖励。虽然其他的成绩都还可以，但是我一直到现在搞不清楚，为什么凭我的水平就给留下来了。留下来就教政治理论课，所以我的功课学了这么多年等于没用。但是这种改行对我来说正好，因为我原来就喜欢文科。原来没考文科考了工科现在又回到搞文科去了。

我们那个时候叫"在战斗中成长"，就是一边去自学，到北大、人大听课；一边做助教，人家讲课我们帮着辅导。这个措施当时出人意料，有的人就说这么样不是胡搞嘛，但是说老实话，我们这拨人有我们的优势，因为我们是工科出身，工科学生的特点和思维方式我们比较熟悉。我们做辅导老师的时候，从白天到晚上都跟学生一起，到学生宿舍聊天，跟他们交朋友，所以工科学生到底思想上有什么问题，或者对国际国内的事情有什么看法，我们都非常了解。这个对于政治课老师来讲，是很好的，你必须很好地了解你的学生，把学生的想法收集起来后告诉主讲课的老师。你在讲课的时候要理论联系实际，你怎么针对学生的思想来讲。政治课如果不针对学生思想来讲，照本宣科，那人家肯定不爱听。后来我们这批从工科抽调过来上政治理论课的学生，许多成为著名教授，他们在恢复文科建设方面起了很大的作用。他们的讲课效果相当好，所以现在看来这个措施对学校来讲是有作用的。对我个人来讲，我觉得我重新搞文科，可能比我做工科发挥的作用还好。我乐意这么做，我这个经历跟其他学了专业就留在系里教专业课的老师都不一样，因为我们是完全大改行。但我们的适应能力比较强。

谭：也就是说你们之前学的理工科的知识和文科知识相结合发挥了很好的作用。

孙：对，所以我们经常说要文理结合。理科的思维比较缜密，文科形象思维比较多，这两个结合是相通的，不是完全割裂的，我觉着我这个改行本身说明这个问题，不是说只有文科毕业的人才能搞文科，理工科毕业的也可以搞文科，文科毕业的也可以搞理工科。我觉得，清华办文科就希望能走出这么一条叫文理结合的路子来，当然我们现在正在试验，包括我们中文系一直试验。

再讲一讲毕业以后。我真正做教学的也就两年多，做了两年多的助教后就派我去搞"四清"运动，"四清"运动不知道吧？

谭：不知道。

孙："文化大革命"以前，在农村里搞"四清"，什么叫"四清"呢，清政治，清经济，清组织，清队伍，叫"四清"。我是从1964年开始搞"四清"，一直搞到"文化大革命"，搞了两年半，先是北京的房山县、通县，然后延庆，好几个县。搞"四清"，我就脱离教学了，但是"四清"也让我受到锻炼，当然那个"四清"本身的指导思想也有问题，但是总的来说我们跟普通基层农民接触比较多，所以我们比较了解基层。

接着那几年因为"文化大革命"停课了。1971年我又从政治课调到校机关做文字秘书，给学校写各种各样的文章公文。二十年间我给学校写了一百多万字的各种各样的文章文件，有的发表了，有的就在档案馆里。我干应用写作干了二十年，应该说从实践里头积累了写各种公文的经验，在校机关给职员培训。

传承创新，伴随文科崛起

谭：清华的文科是怎么重新建起来的？

孙：（20世纪）80年代初，当时复旦大学的蒋天枢给中央领导写信，"文化大革命"不是文科都停办了嘛，他提出来，像清华大学这样有基础的学校应该首先把文科恢复起来，这封信后来陈云批示说同意，当时的校长刘达还有后来当教育部长的何东昌也联名在《光明日报》上写文章，讲要建文科。

就在这样一个背景下开始筹建文科，先成立社科系、经济管理系，然后外语系，慢慢都复建起来了。中文系是1958年成立的。中文系有一个同志叫张正权，他是北大经济系毕业的，跟著名经济学家厉以宁是同班同学。他毕业后分到清华，做了校刊《新清华》的主编。后来1985年让他去筹建中文系，是党支部书记兼副系主任。

中文系开始人很少，当时是搞文理结合的试验，办什么呢，办编辑学专业，第二学士学位和双学位。但是1991年冬天的时候，张老师去给学生上课时突然倒在了教室的走廊里，突发心脏病，心肌梗塞，没抢救过来去世了。他去世以后，学校1992年初才把我从校机关派到中文系接替他的位置，就是做党支部书记兼副系主任，后来徐葆耕做了系主任，我们两个搭档在中文系干了十年，把中文系从开始只有一个专业办到后来正式办本科，慢慢地重新崛起。中文系当时还有对外汉语教学，外国留学生慢慢也增加了。中文系在当时被叫作"八仙桌四条腿"，"四条腿"就是四个学科方向——科技编辑学、文学、语言学（包括现代汉语、古代汉语、计算语言学）和对外汉语教学。

谭：计算语言学是什么？

孙：计算语言学，又叫中文信息处理，建汉语数据库。计算语言学我们现在还有，再加上科技编辑学，从这个开始文理结合，实际上是工和文的结合，工学士加文学士，这样的一个培养模式。我们对外汉语教学起步比较早，所以有收入，中文系人很少，收入还很多，上交给学校很多，所以有一段时间中文系的教师的酬金是全国中文系之首，因为它人少钱多。我们花自己钱建了实验室，而且我们给学校捐了 30 多万元，买文科的书，给学校作贡献，所以中文系那个时候还挺有名气的。虽然它搞文科理科这种结合，传统的中文系可能看不上眼，说你那不叫中文系，中文系连文学专业都没有哪行啊。后来到 1994 年几个学科都有了，文学，包括现代文学、当代文学、古代文学，还有比较文学都配齐了；语言学，有古代汉语、现代汉语，还有计算语言学；然后就是编辑学，科技编辑，还有自己建的实验室、实践基地。咱们清华中文系的科技编辑学在全国挺有名的，因为它条件不错，跟国家科技出版委员会联合建研究中心。还有对外汉语教学，从原来只有 7 个外国学生发展到 200 多，教师的队伍也慢慢地扩大了。到了 1995 年建系十周年，公认清华的中文系从复建以后已经初步崛起了。1994 年开始第一次招本科生。当时招生是从理工科学生里招，因为他到了中文系不光是学文学，他要学很多科技的课程，包括计算机、现代物理、数学、生物都要学，是这么一个模式。当时应该说试验基本上是成功的，我们培养了不少学生到校外都很受欢迎的。

谭：后来文科又怎么发展了呢？

孙：文科复建呢，方针是九个字，叫作"小而精，高水平，有特色"。我们的文科规模小一点但是要精，要办得高水平，然后有自己的特色。我们这个办学道路有它的特色，但是入不了主流，因为传统中文系哪有你这样的。你要入主流，因为你要申请硕士点、博士点，你这个申请不了。

这时就提出"入主流，创一流"的要求。后来学校学科调整以后，我们的科技编辑专业分出去了，现在是新闻传播学院，这是从中文系分出去，从那个基础上长大的。我们对外汉语教学也分到院里去了。中文系就集中办传统专业，就是文学、语言学，中国语言文学系。到了（20 世纪）90 年代末，1998 年以后开始有硕士点。到 21 世纪，建博士点。然后建博士后流动站，建一级学科。现在我们中文系应该说入了主流，正在创一流。有些学科在全国文科里头应该说还是得到认可的，当然这是我退休后接班的一代作出的成绩。解放前的清华文科那是很有名，后来就中断了，但是人文的底蕴还在，历史文化的传统还在，所以在这个基础上建中文系，就走了这么一段道路。

经过几年努力，一共十来个文科的系所陆续复建了，包括社会科学系、外语系、中文系、思想文化研究所、艺术教育中心、教育研究所等等，把它结合，1993 年年底成立了一个人文社会科学学院。成了院以后呢，我跟系主任徐葆耕，我们两个。徐葆耕你知道吧？

谭：听老师说过。

孙：然后我们就同时调到院里工作，我后来就当了院的党委书记，他是主管科研的副院长，但是我们一直兼着系里工作，就是中文系的支部书记和中文系的系主任一直是我们两个兼职，已经干了十多年。所以我们在中文系，从复建到崛起，到初步兴盛，我们是伴随着走过来的，经过了一段探索试验，最后我们也进入一个主流的行列。我们对文理结合也不可能再像第一个班那样的教学计划，它理工科的比例太大了一点，最早百分之二十，后来下降到百分之十二，现在当然再也没有学那么多理科知识，没有了。

谭：听说现在人文实验班他们还学数学。

孙：数学，数学我们坚持要学的。现在人文学院又发展了，社科学院也发展了，现在分成两个学院了，你在社科学院对吧？

谭：对。

孙：现在两个学院已经很大了，每个学院都有自己的学科，从人文社会科学院里头又分出好多别的学院。比如说法学院，我在做书记的时候法学院是人文学院的一个法律系，后来单独出去成了一个法学院。现在又成立一个马克思主义学院，也是从这里分出去的。新闻传播学院、法学院、马列主义学院，还有艺术教育中心、教育研究院，全部是人文社科学院里头分出去的，生长出来的。现在清华的文科规模已经相当大了，很多文科的基本学科都有了，基本涵盖了所有的文科学科了，这是清华复建文科的过程。

我从 1990 年到 1998 年，先后当人文学院的副书记和书记，兼中文系的书记，应该说我参加并见证了清华文科慢慢成长的过程。当时恢复清华文科的骨干力量，好多是从工科调到文科的这一拨人，你看徐葆耕也是这样，徐葆耕是水利系的，我是电机系的，还有很多是别的系的，全部是这么一拨人。

谭：那么您做书记的时候感触最深的是什么呢？

孙：回想起来，做书记就职的时候，我不想讲大家都讲的那些套话，大家都不爱听，所以我当时提出四句话，第一句叫作"有颗公仆心"，要为群众服务，不要谋私利。第二句是"多点人情味"，我认为我做书记的时候我做得不错，经常跟群众一起，所以我们中文系大家一回忆起来就说像个温暖的大家庭。这是我们建系的一个很重要的思想，就是中文系要建成温暖的大家庭。第三句，"弹好协奏曲"。像我们院和系这一级是院长负责制，既然是院长负责制，你作为党委书记就要配合院长，因为主旋律是教学、科研、培养人，党的工作要围绕这个主旋律，你去做党的工作，主要起保障作用、助手作用。所以我跟徐葆耕在中文系配合得非常好，就是因为我的定位比较好。"弹好协奏曲"很重要，作为党的干部不能够什么都由你来做主，那不行，党政一定要配合好，党政一把手不配合，闹矛盾的话那这个系的工作根本就不行，这是我们从中文系的工作里头得到一个很重要的经验。第四句是"提倡和为贵"，一定要团结，党内要团结，党内外要团结，干部跟群众要团结，在中文系我们做的是比较好的。我回忆这一段，我觉得还是很有收获的，应该还是作出了一些成绩，当然主要是学校重视，全院的师生员工的努力，现在文科已经发展出了相当规模，我们只是做了一点基础性的工作。

谭：虽然说当时清华文科有发展，但是理工科分量还是很重，当时有没有给别的院系上的通选课？

孙：有啊，我们系最早就是给全校开选修课的，文学史学，都给学校开选修课。咱们学校恢复文科最早是建立一个文史教研组，在中文系建立以前，文史教研组主要的就是给全校理工科学生开设选修课，它自己没有系，没有专业，也不招生。后来慢慢就建了历史系、哲学系、中文系，就有自己的专业了。我在系里讲什么课呢，我到了系里工作，但光有了职务没有专务，怎么能够立足呢，但我讲文学也讲不了，后来我们就商量，就开写作课，徐葆耕讲基础写作，我讲应用写作。应用写作当时不太受重视，有的学校不开，我在我们清华一直在开，不仅是中文系必修课，而且是全校选修课，很多理工科的学生来选。现在有我的学生在《人民日报》是评论部副主任了，《光明日报》的记者部主任了，等等，他们后来回来就说，孙老师你那课，到了工作岗位才知道应用写作很重要。后来我退休了没人讲这课，这课就没了。现在部委、大企业他们搞干部培训班有时候请我去讲课，说明应用写作开始比较受重视了。

孙：清华还有双肩挑的传统，没有一个脱产的干部。我认为清华这个传统是好的，就是双肩挑，你看我又做党的书记，同时又讲课，还要搞科研，即使是学校的校长也要带博士生，朱镕基来兼我们经管学院的院长他还要带博士生，没有说我只做干部不干别的，这个业务跟政治是比较紧密地结合在一起的，这是清华一个很好的传统。当然你说在理工科这么强大的环境里头，文科的发展开始是有些困难，学校的主要精力不可能都照顾到你这个地方，但应该说我们学校历届领导对文科基本上还是重视的。当时我们的院长胡显章提出一个口号叫作"有为才有位"，你要有作为了才有你的位子，这就对了，你干出成绩来了，人家才认可你。我认为我们学校的文科的复建以后是因为有了作为才慢慢提高了它的地位，现在这文科在清华那是相当成气候了，各个学科都有了，而且文科发表的声音也在中央在社会上有一定的影响了。

笃学践行，弘扬清华精神

谭：那么您理解的清华精神是什么呢？

孙：清华的精神有很多说法，比如说我们校训，"自强不息，厚德载物"，我们的校风"行胜于言"，我们的学风"严谨、勤奋、求实、创新"，还有我们文科的学术发展之路"古今贯通，中西融汇，文理结合，综合创新"，还有就是朱镕基说的"追求完美"，还有就是陈寅恪提出来的"独立之精神，自由之思想"，还有我们自己提出来的"爱国、奉献、成才"，各种各样的表述。从这么多表述里头，我认为，做人，既要像校训讲的那样，要自强不息奋斗不止，同时一个人还要有宽广的胸怀，要善于和不同的人合作，另外就是朱自清先生说过的实干精神。

孙：此外我还要说清华的校色。为什么选紫色？这里是有讲究的，红蓝相配就变成了紫色，那么红代表什么呢，热情，有理想有热情；蓝是理性，把热情和理性结合，就这么一个理解。还有一种，认为红是中邦，蓝是西土，中西结合，这是紫。这含义我认为很好，我认为这些东西里头最基本的就是三个，一直贯穿清华一百年历史。第一个爱国，爱国是最基本的要求，你想想清华是美国用庚子赔款建的，它的目的是培养亲美的领袖，但是清华一百年来培养的学生绝大部分是爱国的，没有按照美国当时设想那样培养出一批一批的亲美的领袖来控制中国的发展。

你看清华毕业的这么十几万学生，绝大多数是爱国的。虽然解放前的毕业生有的到国民党有的到共产党，但是他们的共同点都是爱国，没有一个做了汉奸。清华党员，从地下党开始没有出现一个叛徒。不管是什么时代爱国是一直贯穿的，清华一百年我认为这一点是很突出的。即使我们国家很穷，很落后，有很多问题，但是不管多少问题，你不能光埋怨指责，你必须把它解决，这才是正确的态度。再一个我们借用朱镕基说的叫追求完美，后来改成追求卓越。清华人有这么一个传统，要么不干，干了就干得最好。清华都是要争一流，搞科研也是这样，体育、文艺也是这样。再一个就是实干，认准了的事儿你就要踏实地去干去落实，而不能停留在口头上说，所以我们校风叫"行胜于言"，和最近讲的"喊破嗓子不如甩开膀子""空谈误国，实干兴邦"，这都是一致的。有了一个爱国的思想，有了一个一流的目标然后为实现这个目标去实干，这是我们清华贯穿始终的一个精神，是很需要我们现在把它发扬的。后来还有个口号我觉得也是跟实干是一样的，就是"从我做起，从现在做起"，这是1979年化工系的学生提出来的口号，响遍全国，这就是一个行动者。

谭：那您觉得跟您以前做学生时候比，现在的学生在这个精神继承方面有什么变化吗？

孙：我认为现在的学生比我们那时候有很多太优越的地方，第一学习条件优越，再一个知识面广。我们那个时候现在回忆起来，尽管学生也讲究知识面要广一点，但是我们这个广跟你们现在学生的广没法比，现在学生学的那些数学，什么线性代数啊，等等，我们过去都没学过。时代在前进，科技在发展。年轻人现在面对着优良的学习环境和学习条件，他们获取的知识面更广，这是他们的一个优势。

但是我觉得现在的学生可能需要加强两个东西。一个是困难和挫折的教育，不要一遇到困难就感到灰心丧气，遇到挫折就怨天尤人，这不行，遇到困难遇到挫折应该感到这是锻炼我的机会，我怎么通过克服困难，通过这个挫折，然后从挫折中走出来，我的能力会有极大的提高，应该有意识地去锻炼自己。我们学校现在也搞实践，通过很多活动去弥补这个，因为这个东西是不能少的，你一个人的成长光是顺利、光有经验而没有教训，是不全面的，所以经验和教训都是财富，要善于吸取教训，所以我们为什么说强调大家要学历史，历史有很多经验教训，我们把它吸取了作为我们更进一步的方向的指导，这一点我觉得很重要。

再一点就是学生的解决实际问题的能力，特别是工科的学生，我听到有些反映，说清华毕业的学生到这儿来了，好多东西都还要重新教。这个不能怪学生，因为他们的学制短了，学习的理论的东西多了，实践环节相对要少了，但我觉得你不管有多少知识，你毕竟要用知识去解决问题，要有分析问题和解决问题的能力，独立工作的能力，还有创新的能力。

总之，经受挫折克服困难的能力，还有分析问题和解决问题的能力，这些能力需要提高。还有一个就是班级凝聚力和亲和力，我是听到的反映，是不是有的搞得好一些，有的不一定很好？

谭：这个是看各个班级他们怎么做。

孙：不一样，对吧。这个一定要强调，因为在一个集体里头，是在这个凝聚力很强的集体里头，应让人感觉到有意思感到温暖，不能搞得大家除了上课以外老死不相往来的。在人文学院成立十周年的时候我写过一篇文章，最后有这么一段，主要是写给从校外调来接班的同志的：

"但是同样毋庸讳言，这些同志由于初到清华，对清华的传统作风还有一个逐步熟悉、感受和适应的过程，因此我认为对他们来说，如何深入了解和自觉传承清华所特有的优良传统，并尽快地融入其中，就显得尤为迫切了。清华的'自强不息，厚德载物'的校训，行胜于言的校风，严谨、勤奋、求实、创新的学风，以及爱国奉献追求完美的精神，体现了中华民族悠久历史文化的精髓，也造就了清华人的强大凝聚力，只有认真学习体验并身体力行这些优良传统和可贵精神，他们才能在清华充分施展自己的才华，发挥更大的作用。"

现在很多老师是从兄弟院校调来的文科科班出身的人，他们带来了各个学校的不同的特色，便于博采众长。但是我还是希望他们能好好体会清华人讲究凝聚力的传统。

谭：好，我们今天的访谈就到这儿了，谢谢老师！

访谈感想：

通过访谈，我看到了这样一位长者，他对祖国有一种热爱，对工作有一种热忱，对他人有一种热情。无论是在哪个工作岗位上，孙殷望教授都能勤勤恳恳，

在其位谋其事，在教育、文书工作与清华文科复建的过程中都发挥了自己的才干，为清华立下汗马功劳。而从他对清华精神的理解中我们看到了教授对晚辈殷切的期望，愿我们年轻一代不辱使命，传承清华精神，建设伟大祖国！（谭思颖）

不可遗忘的五十年

——访外文系程慕胜教授

访谈时间：2011 年 4 月 24 日
访谈地点：清华大学 17 公寓（程教授家）
被访者：外文系程慕胜教授
访谈者：胡舒（英 71）
整理者：胡舒

程慕胜，清华大学外文系教授，1959 年毕业于北京外国语学院英语系，1984—1985 年在加拿大多伦多大学语言学系和英语系进修。曾在北京广播学院、清华大学任教，历任清华大学外语系系主任、北京市政协委员、北京高教学会大学英语研究会理事长及高等学校大学外语教学研究会副会长等职。教授英语历史、普通语言学、英语写作、英语语音、高级英语阅读等。主要作品包括：《英汉科学技术词典》总审校（1991年）、《汉英科学技术辞海》总审校（2003 年）、《新英语教程》（第三版）主审（1999 年），《光明日报》上发表过 4 篇有关英语教学的文章。现任北京市人民政府外办北京市民讲外语活动组委会专家顾问团副团长。

获奖情况：1991 年北京市优秀教师奖、2003 年清华大学教书育人奖、2009 年北京市人民政府外办颁发的特殊贡献奖"荣誉证书"。

访问程老师是在一个周日的下午。因为曾经选修过程老师的"英语史"课程，对她本人我并不陌生。可第一次上门拜访我还是有些忐忑不安。程老师的亲切与随和一如既往，我也逐渐打消了紧张的情绪。在一个多小时的访问中，程老师耐心、细致地回答了我准备的许多问题。程老师坚持对人对事的公允、公正态度给我留下了深刻印象。她对外语系（现改名为外文系）1952—2000 年历史的回忆、梳理，也让我在即将离校之际得以用崭新的视角重新认识外语系的光荣与传承。正如程老师所说，尽管 1952 年之后的清华外语系由于院系调整、人才外流等原因无法与之前的辉煌相比，但在最艰难的时候外语系的师生们仍然克服了重重困难，为国家社会作出了应有的贡献。如今清华刚刚庆祝完它的第一个百年诞辰，师生们更应该秉持清华"自强不息、厚德载物"的校训，为创造下一个百年新的辉煌而努力。

"五十年绝不是一片空白"

胡：外语系是1983年复系的，在复系之前，外语的老师是不是主要负责公外的教学？

程：1983年以前主要是负责全校的公外教学，也办过几届外语专业班，办过一个英语师资班。1974年毕业了三个班：英语、德语、日语。1974—1977年又办了一届，也是日语、德语、英语三个班，培养了几十名人才。虽然不是系，但也办班上课。像罗立胜，我下来之后的系主任，他就是1977年毕业的，也是我们自己培养的。那时候培养了很多人才。虽然不是系，是教研室。

胡：您是1972年来的清华外语系，在这期间有什么印象深刻、比较难忘的事？

程：印象比较深刻的事就是参与编了一部词典叫《英汉技术词典》，后来第二版改名叫《英汉科学技术词典》，觉得这个对社会贡献比较大。

胡：这是当时为清华编的吗？

程：不是。是为全社会编的，由国防工业出版社出版的。除了我们外语系自己的老师，其他系很多老教授也参加校对，比如钱伟长、孟昭英、王明贞等。现在他们基本上都走了。这几个外系的都是校对的自己专业的词汇。你是管电的，你就光看电的。你是电子的，你就校对电子的等等。所以参加这个工作的人很多很多。你看这么大的词典，缩印本的，现在已经印了400万册。第一版是1978年出来的，第二版是1991年出的。那个时候全校各个工科、理工科的系都知道这个词典。

胡：因为他们都要用到。

程：都用。可是我们现在外语系来的新的教师，2000年以后来的教师，他们都不知道。不但不知道，而且不感兴趣。我这儿（指程老师《百年清华口述史百年外文》中《我在外语系的31年：1972—2003年》一文，笔者注）都写了。"我系2000年前后开始引进很多新教师（包括十几名博士），他们今后是我系的骨干；我和他们交谈中发现他们对我系1952年前出的知名人才很清楚，但对1952—2000年的事了解得很少，也不大感兴趣，连我系出的大词典都不知道。"你跟他们谈起我们大词典的事，他们觉得词典算什么呢。这个我跟他们看法有一些不一样。他们认为目前就是写学术论文发表在什么国际期刊上才算是学术成绩。那个时候80周年（指2006年外语系80周年系庆，编者注）你还没来。2006年也开了一个会，也是在主楼接待厅开的。那次顾秉林校长来了。好多人讲了好多，我是排在后面讲。我说我就补充一下，别人说过的我不重复。我说那50年里头一个是俄语的老师也很辛苦了，本来学的是俄文、教的是俄文，但很短时间内要转教英文。然后我提了这本词典。当时下面其他系的人包括顾秉林校长都点头，就说明他知道这本词典。但是我们系新来的人不知道，这很明显。

胡：实际上这部词典对社会的贡献是很大的。

程：贡献很大。400万册。作为一个词典，尤其是个科技词典，这很不容易。

胡：现在风气可能是比较重视论文，因为评职称都是看论文。

程：这个我当年跟他们说过。他们说多少多少论文发表在什么什么地方。我觉得单从为社会做的贡献来说所有这些论文加起来对社会这个贡献可能没有我们这个词典贡献大。但是他们不一定认同这个说法，因为他们认为词典不算什么科研成果，词典就是词典。

胡：这个词典当时主要负责编审的都是清华的老师？

程：都是清华老师。李相崇教授也参加，他后来是外语系主任。还有丁孝弘等人参加了，也是外语系的。我们的工作就是干这个。那个时候说"三个单位时间"，指的是上午、下午、晚上。就是一天三个单位时间、整天整夜就坐在那儿。这就是作为我们的工作。现在这个词典已经印了400万册。词典主要的负责人付出代价最高。他眼睛本来不太好，我当时就看他每过几个月就换一副新眼镜。几十年下来他几乎已经双目失明，付出代价很大。

胡：付出的心血非常多。

程：我在这里也写过，"众所周知，1952年以前我系培养出很多著名的人才，如钱钟书、曹禺、季羡林、李赋宁、王佐良、许国璋、英若诚等。1952年院系调整后的50来年中，虽然与1952年前的成绩不能相比，但还是克服了很多困难，做出了很多成绩，对我国的社会主义建设做出应有的贡献，这50年绝不是一块空白。"因为现在来讲好像很少提这50年。这50年哪去了？没了。但它绝不是一片空白。

胡：确实是。我们刚进系的时候也是会感觉到系里面跟我们讲的成就都还是曹禺这些人。然后就会有一种感觉：系里是现在才开始发展的。因为现在好像系越来越大，招的人越来越多了，等于说从曹禺跳到了我们，没有过渡。

程：这50年（好像）是空的。啥也没干。因为1952年把一些骨干调到别的院校去了。李赋宁到北大，他本来也教英语、历史。还有几个有名的教授也调走了。结果剩下来的就是李相崇教授、陆慈教授等人。他们做了很大的贡献，在全国外语界很有影响。

胡：就是说忽略了这中间的50年，也是无形中遗忘了这些人做的事、付出的努力。

程：对。把这些人给忽略了，到时候都走了，谁来回顾这段历史？所以我也觉得是一个遗憾。

胡：这个（指程老师《百年清华口述史　百年外文》中《我在外语系的31

年：1972—2003 年》一文，笔者注）是系庆专门邀您写的文章？

程：不是。我这是给学校写的，学校去年跟我要的。然后今年系里请我写系庆的文章我没工夫再写，就给他们也发了这个。这五十年不是什么事没干。如果等将来再想把这段历史写下来就很困难。所以现在有机会写一写我很高兴。前几个月我和叶宏凯同志谈过这件事，他是原来组织部部长。我第二届做系主任时他是组织部的。所以他也了解这些情况。他现在校史办，也退休了。将来再过十年这些人也都基本不在了。你再找谁啊？谁也不知道。这段历史就是个大空白。

胡：其实对这个工作真正有记忆的，还是经历过这些事情的人。

程：对。其实做了很多事情。

编教材必须注重思想内容

程：关于外语教学中出现的"新的理念"、新的思想，我写过文章，不知道你看过没有。

胡：这些我倒是没看过。好像是在包天仁老师办的杂志上发表的，您当时谈到过些关于"新的理念"的问题？

程：对。这个国内外新的学外语的理念——只要你能表达思想，对方能听懂就行。我不同意这个观点。他们说选的课文要有趣味性、要地道的英文；我不反对趣味性，不反对地道的英文。但是如果不提内容、思想内容行不行？那个时候我是给清华出版社《新时代交互英语》第一版做读写译系列主编。社里邀我做主编，我说我可以，但是要有一个条件。因为我也参加过《新英语教程》编写，也做主审。所以我已经有个经验。什么经验呢？就是联系人选了一篇教材以后得先给我看。我看它合适不合适做教材。因为以前有人选了一篇没先给我看，他把练习和语法全都编好了才给我看。我说这课文根本不能做教材用。他说不行，已经都编好了，练习不用也得用。我跟清华出版社说可以，但是选了课文之后你先给我看。先别编练习也先别编语法先给我看合适不合适，能不能做教材。他们同意了。后来给我看。他们选的课文是美国的一套教材，社里买了它的版权。我一看他们选的几篇，其中有一篇说什么新疆离北京那么遥远，根本就不应该是中国的一部分。我说这个怎么能做教材！这是政治问题。我就把这套教材枪毙了。写那篇课文的人是个美国人，我觉得他的观点匪夷所思。你美国人知道不知道美国首都华盛顿离夏威夷有多远？离阿拉斯加有多远？不管怎么说北京跟新疆起码是连着的，夏威夷和华盛顿之间还隔个太平洋。

胡：阿拉斯加和华盛顿之间还有加拿大。

程：就是。英国人如果这么写还可以理解（当然还是不能用），因为英国就那么小一块地方——英格兰、苏克兰、威尔斯三个地区加起来的面积，还不够黑龙江省的一半！后来还有几个这样的例子，我就写了一篇文章——说明问题：虽然你认为这套教材里的语言很地道，有趣味性，可是它的思想内容你考虑过吗？

我认为教材的思想内容是一个很重要的部分。

胡：那老师您认为思想内容方面有什么标准呢？

程：起码不能说新疆不是中国的一部分，不能犯政治错误。还有一篇他们"选中"的课文，说戛纳电影节有个中国电影得奖了，听着是个好事，结果是说北京有个公共厕所里有人搞同性恋。我不是反对同性恋，我是觉得不应该选这种敏感题材作为教材。

胡：是不是说在考虑趣味性的情况下，更应该选择那些思想内容更健康的文章做教材？

程：起码是健康的。要是选用那些敏感题材做教材，就算卖出去，最后肯定也要收回来。以前有过这样的例子，有一套教材，没有经过我的审查，出了政治问题，都收回来了。

胡：您认为什么样的教学法适合中国的英语教学？您对之前比较时髦的李阳的疯狂英语有什么看法？

程：李阳我不愿意去评论，因为我没怎么看他的东西。我也是故意不去看他的东西，就是为了人们问我有什么意见，我可以说我不知道，我没看，不评论。但我看到"疯狂"两个字就不太喜欢，方法到底好不好我不评论。因为评论人家不好。算了，我不知道。

胡：其实李阳的疯狂英语比较早了。现在对英语学习冲击比较大的，是新东方这种针对应试的英语教学。

程：那不一样，它目标不一样。如果你要通过考试，那可能也只能借助这个方法。我不同意它这种 TOEFL 式考题。但如果说是考托福的话，那没办法。我也不愿意评价新东方。

英语是我的母语

胡：老师您学习英语的经历是怎样的？

程：我学习英语说不上什么经历。我从小就是在美国、在英语的听说环境里成长的，英语是我的母语。我五岁在美国上小学一年级才开始认字、识读字母。因为那个时候母亲工作、挣钱养孩子，她没教过我认字。我第一天上学看见黑板上写的字母表以为是一个很长的单词。后来才知道那是字母表。从那以后怎么学的我也不记得，回忆不起来了。到二年级的时候，一般小孩会的二年级课文，我都会、都能看。

胡：可能这种母语环境、天然的学习环境也很难向别人解释清楚。

程：说不好。我现在回忆半天感到很遗憾，为什么回忆不起来。我觉得很有意思。其实学英语不难。一点也不难。

教邓亚萍学英语

胡：我看到一些新闻报道，说邓亚萍在这里是您教的她英语。

程：对。她是个非常勤奋、很有决心的学生。她想做什么事一定要做成。当时她先在清华学了一段时间，后来他们体育队的领导说希望她能学说英语，参加一些各国运动员会议、国际会议、奥林匹克会议，否则别人都会说英语她老带翻译不合适。后来我们跟她说光在国内学习可能不行，因为国内上课时我们跟她说英文，但一出了教室的门她周围全是中文的（环境）。她非得有那个（英语）环境。她是个特殊情况，她更需要的是说话。所以我们当时建议她到英国去，我和吕中舌老师（建议的）。后来她去了，在诺丁汉大学上了一些课，回来后我们就对了一下哪些课能对得上我们英语专业的课程，算她的学分。最后毕业她写了个毕业论文，我带的她的毕业论文。

胡：她的毕业论文是写什么呢？

程：乒乓球是中国的国球。我这儿有一本。

胡：也跟她的体育专业相关，是用英语写的吧？

程：对。这个是我带的。她论文答辩头一天晚上来找我，我本来以为是说论文的事，结果不是。因为是刚好 2001 年，不是中国申办奥运会吗，她要到莫斯科去讲话，5 分钟。她那个发言稿跟我研究了好几次。一个是时间，五分钟，得卡。然后是发音、内容什么的。体育总局还有几个外国人，他们也（帮她）改。她有时候对他们改的还不太满意，她说我不是那个意思。我又帮她改。来回改了好几次。所以那时候论文答辩是没问题。她关心的就是莫斯科申办奥运。反正是挺有决心的。申办成功里有她的功劳。

北京高校教授英语史的稀缺人才

胡：您在清华教过些什么课？

程：阅读、高级阅读、英语报刊选读、普通语言学、英语历史、英语写作、英语发音等。现在我已经退休了，别的课，别人能教，就让他们教吧。而英语历史这门课，因为目前来说好像没有人教，也许是不愿意教，也许是教不了，那我就先继续教。（我正在）培养两个年轻教师做接班人，现在已经有一个方艳华老师，她上学期已经听了一学期的课，她是一个，还有一个，就是吕燕彬。这两个人先听英语史的课，将来让他们商量这门课怎么上好。李赋宁老教授专门研究英语历史，但据我所知，目前全北京高校只有我一个人教"英语史"这门课。北外、北大、北师大都不开。因为我觉得，比方说，一个中国语言文学专业毕业生，（胡：肯定要讲古代文学史）你说你一点不知道过去的汉语是怎么回事，你光知道今天的汉语是什么样的，一点都不知道今天的汉语是从哪里来的，你说是不是缺了什么东西?

胡:您刚来外语系是什么情况?

程:我原来在北京广播学院,就是现在的中国传媒大学。我本来毕业以后分到那儿去,广院在北京东郊那边。刚好 1972 年广院的教职工全在河南五七干校。后来因为我家里面,父母老人在家里没人照顾,我父亲那时是清华化工系的。他本来是 1919 年清华毕业的,后来到美国去,在哥伦比亚大学拿了一个博士学位,在那里跟我母亲结婚。1972 年的时候他们在这儿,住这个楼,我父亲搬进来是 1960 年。所以我们家住在这楼已经五十多年了。1972 年他们提出来身边没有人照顾,他们请清华把我从广播学院调过来。后来我去办手续的时候,那时候广播局就是在复兴门广播大楼那儿,我到人事处去办手续,人事处的人跟我说:要不是你家里有困难,我们不会放你走。来清华后,工作是教书、编词典、编教材。

英语专业学生语言功底应该要好

胡:对于英语专业的学生您有什么要求和期待?

程:我有一个看法,就是作为英语专业的学生,你专业就是英语,那么语言功底应该很好,包括发音,包括语法,会说,会写,写的基本上没有错。这是我的观点。可是有些人对这个语言功底好像不是太重视,比方说,讲翻译(就喜欢)搞理论。我说你这个东西翻译得好不好第一个条件是你两个语言功底好不好。你语言功底不好,你理论再多也翻不好。但是这个现在好像不是一个流行的看法。不单是我们学校,连一些英国人也是这样。比方说他们觉得英文发音不标准没关系,人家能听懂你说什么就行。我们都跟他们辩论过。(他们觉得)印度人说英文不是挺流利的嘛,发音不好反正也听得懂。我说如果我们学生是工程师的话,发音不好也就算了,能听懂就行。作为英语专业毕业的,语言功底应该好,发音应该好,你写出来的句子基本上没有什么错。现在就提倡 communicative approach,就是交际法。就是人家能懂你在说什么就行。我觉得对于英语专业的人这样就不够,光能把意思表达出来,连比画连什么那人家能懂这显然不够。你应该很棒。当然你可能做不到百分之百,但应该作为一个标准。你们英语史的卷子,一般地你们回答的语言的语法、拼写错一般我不管,因为我不是考你那个,是考你内容对不对。就是你语法错、拼写错,我也不扣分,除非实在没法懂。但是如果是写作课,要求语言应该尽量不要出错。我教过很多年写作课。就是这么说的。写作课教的学生一拨一拨的,但是同样的错误老在我眼前摆着。新来一拨学生,还是这些错,就是中国学生共通的一些错。

胡:我觉得是有点矫枉过正。比如说以前中国学生他不敢说,我觉得现在可能他英语就特别注重说。只要你能说,他就觉得你英语好。

程:对。这个不一样。听说是听说,读写是读写。因为在美国你可以找到当地人,是半文盲,他们字母都不认识,但说话很流利。你能拿这个做标准吗?它不一样。会说会听是一码事，会写会读是另一码事。它们是有联系的但是不能代替。不能说听说好就行，那写字一看拼写不对，语法也不对。有时候我看不懂他们写的句子，得把他们的英文句子、所谓的"英文句子"翻译成中文，才明白"哦！他是这个意思"。我觉得作为英语专业的学生的话，应该尽可能做到语言发音要好，说话要好，写要好。

胡：但比如说发音这个问题。我们比较早的小学开始学英语，比较晚的初中开始学，就觉得在上大学的时候发音已经差不多固定了。

程：对。这问题我知道。我教过三年的语音课。2003、2004、2005 教过三年的。反正我的体会是一开口就能听出哪个学生是外语学校来的。他一开口就能听出来外语学校来的就是不一样，发音基本上没问题。外地或者一般学校出来就是各种各样的问题很多。我教那个课说实在的很累，后来我都不愿意再教。太累。因为都是一对一地教。（胡：这种很麻烦。）跟大夫似的。我经过这事以后就对医院门诊大夫特别地同情，大夫每天坐那里 8 小时，病人一个接着一个来，每个人问题不一样。我请学生一个一个来，让他念句子、短文，他念的时候我有个白纸条给他写"诊断书"，你有哪几个地方要注意、怎么错的，然后还得告诉他怎么纠正，到他纠正为止，然后让他回去练，下一次我再听。但是就像你说的，他从小学、中学上来，如果哪个音念错，一直这么念，已经成习惯，很难改。所以抓，应该抓中小学英语老师的发音。到了大学来已经晚了一步。那个时候进来还没有口试。现在我不知道有没有口试。

胡：现在假如是通过高考的话也没有口试。如果是外语学校的话可能提前录取。那就肯定要口试。

程：外语学校毕业的一般问题不大。其他学校来的，我就告诉他错在哪儿，怎么发音对。我大概知道，你是什么地方来的，发音大概有什么问题。后来一般是到最后也能纠正过来了，但他已经习惯了发错误的音。比方说 famous，好多人年念 famours，加个 r 的音，问他为什么这么念。他说我中学老师就这么念。你说 us，谁不会念，我没有碰到过念不出 us 的人。他可能考试的时候念的句子 famous 念对了，考完了我说好你通过了。出了教室的门他的发音又回去了，还是 famours。他改不了了，因为已经习惯念错了。后来我给他们总结两个字，一个是 CAN，一个是 DO。CAN 就是你这个音能不能发对，这是我的问题，我得教你念对。但你念对以后，你会不会坚持念下去就是 DO，那是你的事，我不可能几十个人四年就一直跟在你后面看你改没改。后来算了，我也不教了，太累，实在是太累了。

胡：学生自己可能也觉得这是个问题。像我的家乡方言，我是江西人，r 和 l 分不清楚。我念那个 r 尤其在开头的时候，我就很容易把 low、row 分不清楚。

程：所以他什么地方来的，就知道他大概有什么问题。湖北人 l、n 不分等等。

胡：像我们一进学校我们也知道外语学校毕业的特别强。我觉得学外语就可能有这个问题。

程：起码第一个老师发音要对。第一个老师发音不对的话，学生肯定跟着错。而且他错了以后养成习惯，很难改。别说英文了，比方中文吧，上海来的人，现在可能好点，以前从上海来的，他到北京来可能二十年三十年一开口知道这个人是上海人。他普通话有时候听出来是哪个音不对，有时候很难说是哪个音不对，听他整个调就知道他肯定是上海人。很难改。母语就是那样的。外语就更别说了。

胡：老师你是回国之后再学中文的吗？

程：对。我那时候在上海，所以我普通话不好。（20世纪）50年代在上海几乎没有人说普通话。可是我也不愿意学上海话。现在不一样。现在上海年轻人基本上都会说普通话，但是也听得出来是上海人。有上海那个调，听得出来。所以我的普通话吃亏了。回国在上海待了七年，初三、高中、大学两年，所以那个时候发音没学好。我认了。我这一辈子，发音不好就不好吧。没办法，反正我也不是教中文的。

胡：其实现在教中文的老师普通话也不一定好，因为我们的中文是母语，也不要求中文老师发音要好。反而会评价一下教英语的老师的发音。

程：目前这个观点是比较流行的：他写的意思能明白，很好。以前我教的写作课，我都拿红笔修改。他自己能改的，我就拿红笔画出来，他拿回去自己改；我估计他自己改不了，我就替他改。但有人反对这样，他说学生看红笔太多，他就没有信心，打击他的积极性。我说他错就是错，就应该指出来；打击他的积极性，有什么办法？

胡：现在可能新思潮是说鼓励为主，把学生捧起来。

程：作文什么错也不给他指出来，下面写 very good，还给他，他自己也不知道他自己错在哪，这样的话永远也没法改，他怎么改啊。他不知道他错在哪儿。我教过写作课很多年，语音课就是那三次，2003、2004、2005年，以后不教了，太累了。

胡：那时候语音课一般多少人上？

程：全上，全系的新生都上，每个班一般20多人；2003年两个班，每个班有几个留学生；到2004年两个中国学生的班，一个留学生的班，留学生的班本来没有这门课，后来留学生提出来，中国学生有的课，我们也应该有，我就加了，加成3个班。秋天两个中国学生的班，春天一个韩国学生的班。2005年也是3个班，一上来就是3个班。现在听说有5个班，好家伙，那语音课的老师也太累了。

胡：现在也没有语音课了。

程：我知道现在没有语音课，首先如果老师自己发音不准，他怎么教别人。

胡：我感觉以前学英语是不怎么注重（语音），老师他自己语音不准，他也不敢教。

程：我系本来有语音课，本来是方琰老师教的，后来吕燕彬老师教了几年。

后来吕燕彬出国读博，她走了以后我去接的。我接了以后，教了 3 年。后来我培养了一个接班人，姓王，男的，他还可以。教了一年，后来他到德国去了。他的夫人在德国，去了没回来。他走了以后语音课就完了。有时候学生提出这个问题，要不要开这门课。我说要开的话，全开很难，人很多，老师都受不了；而且所有的班得同一个人教，不能这两个班这个人教，那 3 个班另外一个人教，学生肯定得比，你的老师怎么样，我的老师怎么样。这跟别的课不一样。别的课可以两个老师教，但是语音不同。要教的话，只能是重点的，比如精读课的老师，我这个班，我推荐那几个语音最差的，七八个人，那个班七八个人，就是每一个班选最差的几个人，凑在一起，（练练语音）外语学校的免了吧，只能那样了。对发音和写作，我觉得就是要语言功底比较好；别的课比如说翻译，你如果语言功底不好的话，翻译也翻译不怎么好，不论你理论再多。

胡：有的时候也觉得非英语专业的，他们说也说得好，他们听可能也听得不错，可能有时候区别就是这种翻译、这种英语写作的能力。因为说有些外系的也说得不错。

程：对。有些外系的是。公外我教过最好的班，也教过最差的班，最好的也相当好。反正有特别好的，也有特别差的。

感想体会：

因为正赶上校庆期间，程老师确实是在百忙中抽出时间来接受了我的访谈，在此要向她表示深深的谢意。与程老师的访谈，让我对我们外语系建系以来的历史有了新的、更全面的了解。1952 年院系调整以前是外语系历史上最辉煌的时期。2000 年之后外语系加快了发展的步伐。1952 年以后到 2000 年，这期间尽管外语系面临了重重困难但还是作出了诸多努力，编纂了发行量巨大的《英汉科学技术词典》，为社会培养了很多人才。这五十年之中，有无数人为之付出了心血与努力，这些人的付出与坚持值得敬重也应当被铭记。

程老师坚持不对她知之不多的人、事做评价，从中我也感觉到她身为学者求真务实的可贵节操。

蒋隆国教授与百年清华口述史

——蒋隆国教授访谈

访谈时间：2010 年 4 月 14 日

访谈地点：清华大学西南 10# 楼（蒋教授家）

被访者：外语系蒋隆国教授

访谈者：王倩、张震（美 710）

整理者：张震

蒋隆国，清华大学外语系教授，曾在北京外国语大学英语系就读研究生，师从著名英语专家许国璋先生，攻读实践英语专业，是著名的英语专家、翻译家和教育家。曾任北京辅仁外国语大学副校长。蒋隆国教授长期从事英语、语言文学、翻译和测试学研究，有"诗歌翻译家"的美称，先后出版发表大量论文、著作和译作（英译唐诗、宋词以及郭沫若、闻一多、艾青、臧克家、田间等近、现代著名诗人的诗作），并已被国家图书馆和超星数字图书馆收藏。口语教学成绩突出，曾获得清华大学优秀教学成果二等奖。从 20 世纪 90 年代开始参与大学英语四、六级考试及考研和托福辅导班的教学工作，教学成果显著，并因其命题切中率高，对考试大纲把握准确，深受广大考生欢迎。

一个阳光明媚的下午，我们拜访了蒋隆国教授，蒋老热情地接待了我们。客厅窗明几净，收拾得非常整洁。更让我们激动的是，蒋老细心认真地准备了我们即将访谈的问题，在大纲上用红笔写得密密麻麻。我们深深地被这种精神感动。和蒋老交流后，我们觉得他在英语方面造诣高深，谈吐不凡，幽默诙谐。并且我们发现蒋老身子骨特别硬朗，精神抖擞，有一股"不服老"的劲。蒋老年事已高，但仍奋斗在英语教学事业的第一线，真可谓是"老骥伏枥，志在千里"。

许国璋的得意门生

王：请您先讲讲您自己学习英语的经历，再谈谈您跟许国璋先生学习有什么特别的收获？

蒋：好。我本科是在广州中山大学念的外语系英语专业。在中学我也学了一些英语，但是真正打下一个很好的听说读写的基础还是在大学本科阶段，尤其是语法学得非常扎实。1959 年，中山大学毕业后我就考到北京外国语学院（现在叫北京外国语大学）英语系，做许国璋教授的研究生。当时许国璋教授经常提醒我们，要学地道的英语，而我当时并不懂什么是地道的英语。听了许先生的话以后，学习时便有意识地注意观察地道的英语。

我这里可以举一个例子，比如说我们中国人说"教外语的老师"，很多人翻译成"foreign language teacher"；还有就是"学外语的学生"，很多人就翻译成"foreign language student"。其实这是不对的，这不是地道的英语，这是中国式的英语。应该怎么说呢，"教外语的老师"译成"language teacher"就行了，"学外语的学生"叫"language student"就可以了。有一次在许国璋教授布置给我们的汉译英作业里，我就把"教外语的老师"和"学外语的学生"按照刚才讲的"language teacher"和"language student"翻译的。许国璋教授在作业讲评时，就把我的作业这两个地方画了红杠杠，而且特意当着大家面说："蒋隆国这个地方译得多好啊，非常地道。他没有说'foreign language teacher'，也没有说'foreign language student'。"所以许老（我们叫他"许老"）说："你们学习的时候就应该像蒋隆国这样，学地道的英语。翻译的时候要翻得很地道，不能用中国式的英语。"这是当时我觉得从许老那里得到的一个特别大的收获。

我从许国璋教授那里得到的另一个特别大的收获是：他经常提醒我们要深思好学。做学问一定要深思好学，尤其是学外语的人要活到老学到老，要学一辈子，因为语言是不断发展的，尤其是新词汇一直在不断出现。搞外语的人即使年纪大了，还得要吸收新词汇，否则就不知道，做翻译就翻译不出来。在教学生时，人家学生知道的新词汇，作为教师还不知道那就不行。我记得当时许国璋教授给我们举了一个例子，他说："我最近就从外国专家那里学到一个新词，这个词以前我是不知道的。"我就从这里得到启发，暗暗下决心，以后也要这样——不断吸收新词汇。许老发现了我这个优点，所以后来在我研究生毕业时，他给我写的毕业鉴定就是"深思好学"四个字，这就是他对我的评价。以上就是我从他那里得到的两个特别大的收获。

蒋老眼中的清华精神——严格、严谨、刻苦、努力

王：您没进清华时，对清华是什么样的印象？进来之后有什么和您想象不一样的地方吗？

蒋：原来，清华对我来说很神秘、高深莫测，或者说高不可攀。进清华以后，清华给我的感觉用一个字来说就是"严"。清华非常严格，"严"就是管理严，学校对老师的管理很严，对学生的管理也很严；老师对学生要求很严，学生要求自己也很严格。所谓"严"就是说，上课要求不许迟到，不许早退。如果学生迟到、早退，那当场就要被批评的。如果不来，一定要请假。不请假的话，就会通知班主任。还有就是在布置作业后，你要做得不好的话，那要被批评的，批评得很严厉。

王：这应该是一种清华精神吧？

蒋：我认为这是清华精神。清华精神我可以用八个字来总结，就是"严格、严谨、刻苦、努力"。"严格"刚才说过了，还有"严谨"，我觉得清华的教师们治学非常严谨。还有，清华的学生非常刻苦努力，当然清华的学生也是很聪明的。一般都是尖子嘛，都很聪明。当时清华的学生还有一个特点就是什么呢？与北外的学生不一样的就是，清华的学生都非常艰苦朴素。一般来说，女孩子也不是穿得很花哨，男孩子有很多甚至穿得非常一般。但现在情况就不一样了。

王：但是现在我们感觉老师没有以前那么严格了。比如迟到有时不会管得那么严，考勤也不是那么严。有的学生觉得如果老师讲课好，就是不用点名也会自动来听，您觉得这正确吗？

蒋：我不太同意这种看法，我认为学生总是应该遵守学校的规则的。如果说学生想来就来，不想来就不来，这就是不遵守规则，不成学校了，学校总应该有一定的规则。即使某个老师讲课讲得不是太好，但你根本就不去听，我认为这是对教师的不尊重。

"强娶的媳妇"——清华外语系重组的元老

王：您是什么时候到清华的？听说当时您是经我们蒋南翔校长特批进来的，荣誉很高，您能讲一下当时的具体情况吗？

蒋：我进清华是 1962 年 10 月 4 日，直接进入外语教研组。当时我们北外英语系只有四个研究生①，是解放后全国英语界招收的第一批研究生。毕业以后，本来北外决定我们四个人全部留校，教高年级英语。教英语跟教理工科是不一样的，对低年级教师的水平要求就低一点，对高年级教师要求就高一些。1962 年 9

① 1959 年，中华人民共和国决定招收第一批正式的研究生，而当时高教部规定北京外国语学院英语系也就是许国璋教授只能招收四名弟子，他们四人常被称作"英语四大才子"。

月初的时候，我们四个人，其中有两个同学已经决定留校，他们都已经定下来了，但我和另外一个研究生一直没有分配。我们非常焦急，不知道为什么。到9月中旬，我们就问系里的领导："怎么我们还不分配呢，是什么原因？"后来学校领导就跟我们说："现在清华要你们去，但是我们北外不同意。理由就是说，我们培养你们不容易，我们培养你们出来就是要留在北外，教高年级的学生。清华是一所工科大学，你们到清华以后恐怕没有用武之地。我们一直在和他们交涉，你们再等一阵子吧。"后来等到10月过完国庆以后，领导通知我们说："没有办法，你们必须去，因为清华坚持一定要你们去，我们'斗'不过清华。（大笑）但是过一两年，我们再把你们弄回来。"他们这样说，所以我们就只好来了。

来了以后，开始时不安心，有点闹情绪。觉得到这里来教"非英语"专业的学生，需要的水平不高。尽管清华是名牌大学，我们并不怎么想来，而北外是外语院校的名牌大学。由于我们不安心，清华的领导就给我们做工作，对我们说："你们还不愿意来，你们知道你们是怎么来的吗？是我们的校长兼高教部部长蒋南翔同志亲自特批把你们调来的，你们还不来？"听到这些我们很震动，觉得是一种荣幸。于是慢慢就安心留下来了，北外也再没有叫我们回去了。

王：当时清华的条件怎么样？

蒋：不是很好。我是1962年来的，到1981年才正式分了一套房子。我是1936年出生的，40多岁才分了一套房子。之前，刚结婚时没有房子就跟人家合住一个小套间。我们那个小间是6平方米，很挤，条件很差。但我们还是坚持留在清华。后来越发觉得当时选择留在清华是正确的。

英语四、六级专家解密英语考试

王：您从（20世纪）90年代开始参与四、六级英语辅导，还有托福辅导，命题切中率很高，很受大家欢迎，还上了《北京晚报》和北京电视台《北京人》节目。您当时有什么感受？

蒋：当时《北京晚报》还有北京电视台的报道出来以后，在清华可以说引起了轰动，也可以说是一鸣惊人，我非常激动，因为那是我第一次上电视。《北京晚报》介绍我的教学经验，我真的非常激动。一下子清华园很多人知道我的事，我听到有人说，电视上那个特写镜头不就是蒋隆国吗？许多人都看到了。

王：那您押题的方法是什么？

蒋：主要就是要把四、六级的考试大纲研究得很透彻，比如说当时词汇是要考的，考词汇就得把词汇大纲研究得很透彻。根据单词使用的频率，我把四、六级英语词汇分成四类：最积极词汇、积极词汇、次积极词汇和认知词汇，然后重点研究各个最积极词汇的用法和搭配。经过这番研究以后，押的题虽然很难说百发百中，但也八九不离十。

王：那您能讲一下英语四、六级英语考试，还有考研、托福，这方面考试的利弊吗？

蒋：可以。我个人的看法就是：有了四、六级考试，有了考研英语，有了托福，学生对英语比以前重视多了。我可以说，以前没有四、六级考试，没有考研英语，没有托福，清华的学生是很不重视英语的，全国更是如此。自从有了这些考试以后，全国的学生包括清华的学生，都重视英语了，而且英语水平有了显著的提高，这是利。至于弊呢，那就是搞这个四、六级考试，还是很难摆脱应试教育，可是不搞也不行。有些人要取消四、六级英语考试，我是不赞成的。四、六级考试要是取消了，学生英语水平肯定要下降很多，所以必须搞。当然，如果我们中学生的英语已经达到了很高的水平，那么我认为大学四、六级考试就可以取消。

王：这也是大家讨论较多的问题，就是应试教育是不是符合中国的教育国情。可能应试教育有时还是有它的必要性的。现在我们学生进入大学以后，虽然也有英语课，但水平会下降。课程量减少了，会不会和这有关？学习英语是应该靠老师，还是靠学生自己努力？

蒋：进大学以后，英语还会下降？（蒋老露出惊讶的表情）我觉得老师应该多想办法。俗话说，"没有教不好的学生，只有教不好的老师"。老师应该改进教学方法，激发学生学习英语的兴趣，提高学生的口语水平。

王：对清华大学未来的英语教学，您有什么建议？您对于清华英语考试标准有什么看法，例如清华的水平一考试，许多人都考不过。而考不过就不能毕业，你怎么看待这个问题？

蒋：学习英语除了学生自己要努力以外，老师的帮助也是很重要的。特别是在学习方法上，应该指导学生。其实我个人并不赞成清华要搞一个水平考试。我觉得清华的学生还是参加四、六级统考好一些。

王：但是有时候因为"水一"是学校自己出题，难度方面浮动比较大，有时候会比六级还难，有时候会比四级还简单，一些学生不管简单还是难就是过不去，尤其是口语这一关，特别难通过。学校这样的一种政策，您觉得是出于什么考虑呢？

蒋：清华的学生不参加四、六级考试，学校自己搞一套水平考试的原因是什么呢？就是当时清华的学生考四、六级在全国考得最好，通过率最高。当时学校领导就认为清华的学生，绝大部分可以达到四、六级的水平，比其他院校学生的水平要高很多，所以认为清华的学生没有必要参加四、六级考试，认为清华应该自己搞一套水平考试。我觉得我们清华的学生不管你水平高还是不高，都应该参加全国的四、六级统考。

百年清华口述史外语系的贡献——"两次争辩"及通用教材

王：根据您的经验，中国英语教学有什么变化？

蒋：好，我说说这方面的情况。我来清华的时候，当时清华的英语教学完全采用一种叫作"语法分析法"或者叫"语法翻译法"的方法。什么叫"语法分析法"或"语法翻译法"呢？就是老师上课完全用中文讲解，把课文里的句子拿出来进行语法分析：这个是主语，那个是谓语，那个是宾语，那个是定语，那个是状语。一堂课下来大部分时间就是分析句子，分析完了以后，老师把这篇课文翻译成中文，有时候让学生翻译成中文。可以说每堂课都是这样做的，就是分析句子，翻译，就这样。所以我们把它叫作"语法分析法"或"语法翻译法"。改革开放以后，国外像美国、英国的一些英语教学的先进经验也传进来了，我们学校进行了一场辩论。我们讨论，就是说到底，是"语法分析法"好呢，还是听说读写的这种方法好？像我自己就特别反对这个"语法分析法"，我赞成"听说读写法"或者叫"听说领先，读写跟上"的这样一种方法。在辩论中，抛弃"语法分析法"，提倡"听说读写法"这方面的意见占了上风。后来全国都抛弃了"语法分析法"，取而代之的是"听说读写法"。这是近年来我国英语教学的一个很大的变化。

还有一场辩论。清华大学原来是工科大学，而全国的工科大学是很多的。当时，工科大学的学生一进来就教他们"科技英语"。所谓"科技英语"，就是所谓和工科专业结合得较为紧密的英语。应该说"科技英语"是比较简单的，学生只是能从中学到一点科技单词而已。学"科技英语"对学生的英语水平并没有多大的提高。所以当时辩论的时候，我就坚决反对学生一进来就学"科技英语"。我主张学生一进来，不管哪个系、哪个专业都要学"普通英语"，叫"general English"，或者叫一般的英语。有人不同意，当时辩论很激烈，双方互不相让。后来要学"普通英语"这方面的意见占了上风。所以改革开放以后，不管哪个工科院校，或者说不管哪个大学，就是北大也好、清华也好，学生一进来都学"普通英语"。因为什么呢，刚才说了，"科技英语"比较简单，至于科技单词，学生到了高年级写论文的时候，或者毕业以后再去学都来得及。而"普通英语"要提高水平是不容易的，只要你"普通英语"学好了，"科技英语"是很容易学的。这是另一个很大的变化。

王：那这场革命算是由清华开始，扩展到全国的吗？

蒋：可以这么说。我们自己编了一套教材，这套教材经过多次修订，一直到现在全国很多大学在用它。另外，北京市大学英语教学研究会的会长，必定是清华的。谁是清华外语系的系主任，谁就是北京市大学英语教学研究会的会长。此外，清华外语系还有一些较大的贡献。在"文革"期间，别的学校都还没有搞教学改革的时候，清华、北大当时就在搞教学改革。我们系当时根据周总理的指示编了一套英语教材，派人直接送给周总理看，周总理看了说很好。再一个就是我们清华外语系编了一本非常好的词典叫作《英汉科学技术词典》，在社会上受到好评，还得了一个大奖。这本词典的影响很大，现在还有很多人跟我说："你们清华这本词典编得好。"

王：那按照周总理的指示编的那套教材，就是您提到的全国很多大学在用的那套教材吗？

蒋：不是。那是两套不同的教材，后来编的这套难度比当时那套要大得多，因为学生的水平要比当时高得多。

诗歌翻译家谈翻译

王：您是诗歌翻译家。您的论文、译作、著作已被国家图书馆和超星数字图书馆收藏了。

蒋：当我听到这个消息的时候，我非常吃惊！因为我从来没想到我的著作能被国家图书馆或超星数字图书馆收藏，当然也很高兴啦。超星数字图书馆还专门派人来征求我的意见，我当然同意啦。但是，听到这个消息我也感到自己责任的重大，因为自己的作品，被国家图书馆和超星数字图书馆收藏的话那肯定会有更多的读者来阅读。我给自己提出了一个要求就是，以后再出书的时候要更严格要求自己，尽量避免错误，免得贻误读者。

王：对于翻译方面您有什么建议？

蒋：我认为英译汉啊，最好由专业人才来译。比如你们是学美术的，你们英语学得好，将来你们看到外国有很好的美术方面的书籍，最好由你们翻译过来。学外语的人，他们不可能懂得那么多的专业。比如说清华有那么多的专业：机械啊，电机啊，自动化啊，计算机啊等等。我们又不懂，翻译这些专业的书肯定会很拗口的。学外语的人他们学的是一般的英语，他们只能翻译文学作品或者说一般的作品。

王：那就有个矛盾，比如说我们学美术专业的学生可能对英语这方面不太擅长，就像当时陈丹青老师，他也提过这个问题，他想要的研究生都因为英语这个问题给卡住了，要不上来。我们是学艺术的，在英语方面不行，就翻译得不恰当。这样，是不是可以找外语专业的人来译呢？

蒋：有可能的话，就是美术专业的人才和外语专业的人才合作翻译是最好的。再一种就是有的搞美术的人在国外留过学英语学得很好，他们翻译的话，可能会译得很好。

王：有一种翻译方法，说是比较科学的，就是把这一段读懂了以后，用自己的话讲出来，这样会不会是一种比较正确的翻译方法？

蒋：我觉得这种方法很好。

王：刚才您说，出国后外语会进步很大。但还有一种现象就是出国回来的那些"海归"，反而回来后还要参加一些英语学习班，来温习这些东西，或者说他们出国后英语水平没有提高。是不是因为他们虽然出国后有那种环境了，但没有主动交流，只是在阅读、词汇量方面有些提高。听和说都没有什么进步？

蒋：这跟他们自己努力不努力有关系。有的人在国外学了好多年，英语没有很大提高，这种情况是完全有可能的。比如说一个搞数学的人，他在美国跟一位数学导师进修数学，但是他很少跟周围的人交流，那他的口语肯定是不行的。所以到国外去，如果自己不努力，英语也不一定能学得好，自己还得努力。

王：在翻译方面清华外语系有什么先进的地方，或者对中国外语翻译有什么突出的贡献？

蒋：清华外语系曾经有一个翻译社，为校内外的单位翻译过不少东西，比如说为大庆油田翻译过很多资料，这也可以算是一点贡献吧。翻译社我退休的时候还在，活动了很长时间。

怎么才能出大师？

王：您从进清华到退休，清华自身的教学在师资、硬件设施、教育制度、人才培养等方面有什么进步吗？

蒋：师资方面应该说有很大的进步。像我们外语系，过去虽然有外教但是非常少，现在聘请的外教比较多；还引进了很多博士。硬件设施上，现在外语系建了一个非常先进的语言实验室，而且引进了多媒体教学。

至于教育制度方面，我想发表一点意见。就是我觉得现在还是管得太死。以我们外语系教师提升正教授作为例子，据说现在外语系教师要想升正教授的话，规定他们要在核心刊物上发表所谓高水平的论文，大部分是语言学方面的论文。我个人感觉语言学是从国外搬过来的，搬到中国以后用处并不是很大，跟我们的英语教学和翻译关系都不是很大。当然有少数人进行这方面的研究是必要的，但是要求或引导我们大部分的老师都去搞语言学，我觉得是不恰当的。为什么编写一些高水平的与教学有关的书就不能升正教授呢？为什么翻译一些散文、诗歌、小说以及其他作品也不能升正教授呢？

关于人才培养，就外语系来说，我认为可以根据学生的兴趣让他们成立各种兴趣小组。比如说，有些人研究翻译，有些人去做一些具体的翻译工作。有的人可以研究文学，有的人可以研究测试学，当然少数学生也可以研究语言学。一个人必须对自己所研究的领域感兴趣才有可能取得成功，才有可能成为大师级的人物。解放前的清华大学外文系（当时不叫外语系）就培养出好几个大师，像曹禺、钱钟书、许国璋等等都是。曹禺受莎士比亚作品的影响创作了像《雷雨》这样著名的剧本，当然他还写了一些其他著名的剧本，成为著名的剧作家。钱钟书创作了著名的《围城》等一些作品，成为著名的学者和作家。学外语的人也可以当作家、剧作家嘛，只要他有兴趣。我们的学生，不管是外语系的也好，美术学院的也好，或者是学工的、学理的也好，应该多给他们一些自由支配的时间。让他们根据自己的兴趣，自由地去研究一些课题，充分发挥他们的创造性。如果把他们框得太死，比如说作业布置得非常多，或者他们成天忙于考试，这样是很难出大师的。这是我的看法，不一定对。

幽默、独特的教学风格与"老骥伏枥"的工作精神

王：您获得了清华大学优秀教学成果二等奖，能讲讲具体的情况吗？

蒋：我获奖是因为我教口语选修课取得了一点成绩。根据学生反馈的意见，觉得我授课比较幽默生动，课堂气氛活跃，学生发言的机会很多，而且口语水平提高得很快。据统计，持这种意见的学生占85%～90%，所以学校就颁给我清华大学优秀教学成果二等奖。

我讲口语课是不要教材的。有教材就把人框死了，把教师框死了，把学生框死了。我都是自己收集专题，课程的大部分是讨论。有一次我们讨论的题目是"真正的男子汉应该是什么样的"，有个女同学就说："真正的男子汉应该长得很帅。"另一个女生就说："要有事业心，他即使很帅但没有事业心，我也不要他。"还有人就说："真正的男子汉对家庭应该有责任感。"等等。讨论这个以后，我们又讨论"什么样的妻子才是合格的妻子"，有男同学就说："一个合格的妻子应该很漂亮。"还有的男同学就说："即使很漂亮但是她不贤惠，我也不要她。"还有人说："她必须体贴丈夫。"等等。讨论这样的题目时，学生非常踊跃地发言，课堂就很生动。除此以外，我们还讨论"什么是幸福"，以及"爱情、家庭、事业"等题目，都是学生感兴趣的题目。他们愿意发言，课堂就比较生动，他们发言的机会多，口语水平自然就得到了提高。

王：但是现在还有一种很普遍的现象，就是大家不愿意发言。我选的英语课，是一门互动课程，其实大家都很怕老师把你单独叫起来对着大家讲话，大家更喜欢那种不要有老师监督，也不要有特定的观众来听，就是把学生分成几个小组，给他们一个题目然后让他们去讨论。是不是可能因为老师出的那些话题大家不感兴趣？比如说我们现在上的课，老师出的话题一般都是全球变暖等特别政治、经济化的东西。

蒋：是啊，学生不感兴趣的话题。

王：他出的这些问题我们不太感兴趣，不像您说的爱情之类话题。当然老师比较回避在课堂上讲这些问题。如果换成您的那种方式是不是会鼓励大家积极发言？

蒋：是，我有时候也把学生分成小组。让各组的组长来组织讨论。但是这种做法有时也有弊病，就是有的学生没有老师监督他不发言。他懒得发言，爱讲的人就讲得多，不爱讲的人就讲得少。在一个大班里面，是老师主持，老师就有意识地叫那些不爱说话的学生来说，这样大家发言的机会就比较均等了。

王：但那样会不会有点强迫性，因为有的学生可能是羞于开口。

蒋：这个就需要老师来引导，老师不要动不动就纠正学生的错误，你一纠多了，他就害羞，他就不敢说。不要纠他，我很少纠正学生的错误，要么就事后告诉他你哪个地方错了，不要当场纠错。当场纠错是最不好的方法，会打击学生

的积极性。

王：这也和学生不太积极有关系？

蒋：是的。另外我觉得也跟我们中国学生的特点有关系。中国学生跟西方学生比较起来，西方学生一般来讲比较活跃，比较爱提问，比较喜欢回答问题，比较喜欢跟老师争论。而中国学生比较含蓄，我们是东方人嘛，比较含蓄。老师说"Any questions?"的时候，很少人提问，你不主动叫他回答问题，他就不回答。这与民族性格有关系，我觉得是东方人的性格造成的。

王：您现在已经退休了，但还是宝刀不老，奋战在教育教学的第一线，出了很多著作。是什么推动着您这样做呢？

蒋：退休了，但我感觉身体还行。我搞了一辈子的英语，如果停下来什么都不干的话，就会觉得空荡荡的。我想做点事情，只要自己身体还行的话，我要把英语一直搞下去。这样感觉很充实，而且对延缓大脑衰老也有好处。

心系学生和宣扬中国文化的遗憾

王：我们特佩服您。您年纪比较大还能跟上时代步伐，而我们这些年轻人经常都跟不上。那您觉得还有什么遗憾的地方吗？

蒋：我有两个遗憾。第一个遗憾是什么呢？我觉得，到目前为止我们中国的大学生包括清华大部分的学生，当然英语专业的学生除外，总的来说英语口语水平还是比较低。有的学生你别看他四、六级都通过了，考研时英语也考得很好，但真正要他和外国人交流根本就开不了口。或者说几句就说不下去了，更谈不上流利。据说，印度大学生的英语口语水平要比我们的大学生高得多。但印度学生的发音不是很好，中国学生的发音要比他们好，而从流利程度来说，他们比我们强多了，他们英语非常流利。所以为什么印度的软件比中国发达呢，就是他们的英语占了优势，他们英语口语流利；而中国学生呢，英语口语不流利。这是第一个遗憾。我希望我们国家今后在英语教学方面，要加强口语教学的力度，把口语搞上去。因为很多工作都是跟口语有关的，比如说你们搞美术的吧，你要到国外去办展览，你就必须跟外国人交流，你口语不行的话就没法跟外国人交流。

第二个遗憾是，在向西方人介绍中国的文化方面我做了一点点工作，但是我觉得还远远不够，我还想做更多的事情。比如说，我想编一本汉英成语词典，而中国的成语要翻成英语是很难的，如果翻得不好，外国人是很难理解的。所以需要花很多时间才能把这部汉英成语词典编好。还有就是我想把我国一些经典的文学作品，比如说《诗经》等等介绍给西方人。而我现在年纪大了，身体虽然还行，但精力不如以前，所以说要短期内完成这些任务还是很难的。还有一个问题你们可能不太了解，将中国的文化介绍给外国人本来是件很好的事情，可是很多出版社不愿意出这方面的书。

王：为什么？

蒋：因为这些东西，读者不多。外国人可能很想买，但在中国读者就不多。在中国，与考试有关的书，读者就多。比如说，我主编的四、六级方面的词汇书，买的人就很多。买的人多，出版社就愿意出版，反之，买的人少就不愿意给出版。出版社只注重经济效益，不注重社会效益。这样的话，我这个想法就比较难实现。但是，随着我国国际地位的提高，现在世界上掀起了一股汉语热。越来越多的人想学汉语，很多国家都成立了孔子学院。外国人学汉语需要读中国的作品，读中国的作品就需要工具书。编一些汉英成语词典一类的工具书供他们参考，对他们来讲是一件大好事。还有，由于越来越多的西方人想了解中国，想了解中国的文化，将中国的传统文化和近现代文化介绍给他们，我认为是非常有意义的。所以我呼吁，我们国家要重视这方面的事情，我们的出版社应该重视这方面的事情。而且我也希望我们清华外语系今后有一些年轻人也能从事这方面的工作。

王：那就像您说的对于外国人他们很需要这样一本字典，因为中国的成语是很重要的。就像我们来拜访您就可以用到"三顾茅庐"这个成语，难道出版社考虑不到这一点吗？他们有没有想过要外销这些书，专门为外国人弄这些书？因为汉语越来越热了嘛。

蒋：极少数出版社已经意识到了这一点，但是大多数出版社还是很短视的，他们只考虑眼前的利益。

王：怎么真正让外国人体会到我们汉语语言的博大精深呢？

蒋：关键是要提高我们的翻译水平。

王：谢谢您。时间到了，就不打扰您了。咱们就说到这吧。

附①：蒋老关于学习英语的小贴士

突破发音

蒋：这几年有一些校外的工程师啊、企业家啊，找我学发音，纠正发音。北外有个教授叫张冠林，他编了一本语音方面的书，我就用这本书教了一批学生，应该说效果还是很好的。从音标练起，但不是孤零零地练音标，而是将音标放在单词、词组和句子中去练。然后，练发音技巧，比如连读啊，失去爆破啊，语调啊等等。没有经过语音训练的人，他就不懂得失去爆破。比如说"I Don't know"，/t/只做一个动作，不发出音来（蒋老示范失去爆破）。又比如说"good book"，/d/只做一个动作，不发出音来（蒋老示范失去爆破）。经过我的训练以后，很多人的发音都改过来了。

---

① 此部分是我们向蒋老请教英语学习方法的录音整理。

当然我觉得老师对于口音比较重的学生，也要谅解一下，不要过于苛求。发音有一点点毛病也没多大的关系。

记单词的技巧

蒋：不要孤零零地去记单词，要通过句子记单词，通过上下文记单词，或者说通过阅读记单词。阅读什么样的材料合适呢？从记单词的角度来看，最好多读一些比较容易的、生词比较少的材料。我就曾经读过很多简易读物，因为简易读物对我们来说生词较少。一篇文章生词比较少的时候出现几个生词你是最容易记住的。如果你读的文章很难，都是生词，你即使拼命去记，一个也记不住。另外，记单词除了有大家都适用的方法以外，也因人而异。对我有用的方法，对你不一定有用，要在学习英语的过程中摸索自己的方法。方法对头了，单词可以记得很快，英语可以学得很好，事半功倍。

朗读和默读相结合

蒋：对于课文或者对话（dialogue），朗读是必要的。但是像李阳的所谓"疯狂英语"，要求学生大声地喊，我觉得是不足取的。喊了以后把人搞得很累也就学那么几句，有什么意思啊！有时候你也可以默读，默读有利于思考，有利于体会文章的意思。

慢读与快读相结合

蒋：对于精读课文，我建议要慢慢地读，慢慢去体会它。因为精读课文一般都是有一定的难度，读快了不利于理解课文的内容。你慢慢读一两遍，边读边理解，你也就记住了。没有理解的东西是很难记住的，只有理解了你才很容易记住。对于泛读材料，你可以读得快一点。如果生词少，你甚至可以读得很快，这样你可以读很多东西，这叫大量阅读。大量阅读不仅可以增加词汇量，而且可以扩大知识面，提高阅读能力。

蒋隆国

感想体会：

那天下午的访谈非常顺利，因为蒋老做了充分的准备，所以效率很高，我们的谈话很快就结束了。蒋老给我们留下一些很深刻、很有用的东西，相信会对我们所有学生未来的人生有所帮助。我觉得老教授就是对清华精神最好的诠释：谦和的态度，深思好学的习惯，严谨的治学理念，细心认真的工作方式，"活到老学到老"的精神，心系祖国的信念等等。这是我们清华人都应该具有的清华精神。我认为这种传统是我们应该学习并继续发扬的，是一流大学所需要的精神支柱。

最后，衷心对蒋教授表示感谢，感谢他在访谈和几次文稿审阅过程中给予的帮助，感谢他热情地接待我们频繁的拜访，感谢他不辞辛苦地寻找与访谈有关的照片和文件，为本次口述提供了大量的资料。

自由学术，微笑耕耘

——萧家琛教授访谈

访谈时间：2010 年 5 月 14 日
访谈地点：荷清苑萧家琛老师家
被访者：萧家琛老师
访谈者：朱峰（新闻 91）
整理者：朱峰

萧家琛，清华大学外语系教授。
1952 年毕业于中国人民大学俄文系，同
年 6 月进入清华大学教俄文，1960 年转
教英语，1993 年退休。

在清华教外语，虽苦犹乐

朱：萧教授，您是哪一年进清华的？

萧：1952 年夏天 6 月。我是分配到这儿来的，跟你们不一样。1950 年我考上华
北大学俄文专修班。当时是全国招生，招的时候是 1949 年 12 月。考试很简单，只
考英语，第一道题写一个英语自传，第二道题翻译（英译汉）毛主席《论人民民主
专政》的几个段落，考完以后就在报纸上登出录取名单。我就是这样被录取的。

朱：当时的录取比例是多少呢？

萧：那搞不清。为什么要招我们这批人，因为当时急需俄语人才。要建国，
当时的口号是一边倒。怎么个倒法？倒向苏联。那苏联就要派专家来，他们是不
会讲中文的，我们就要培养一拨人出来，主要搞翻译。但是，当时我的年龄已经
不小了，20 多岁了，老师都是苏联专家，讲俄语的，还有一些中国的俄语老师。
但没上几天课，主要是思想改造，学制两年，我们搞了一年的思想改造，那俄语
就念不了什么了。除了俄语还有马列主义，政治课，还有联共党史。一个叫布尔
什维克，一个叫孟什维克，非常激烈的斗争。孟什维克后来变成了反对派。许多
中国人当时写信在后面的落款是用带有布尔什维克的简称："此致布礼！"我当时
经过了两年思想改造，学了点俄语。那俄语很惨，实际就会点字母。

朱：学俄语后面其实也没大用上，是吗？

萧：后来还是用上了，我分配到清华教俄文。我入学的时候是华北大学，到了1951年学校就改成了人民大学。我们当时在城里，铁狮子胡同，完全是部队的待遇。穿的是军装，吃的是高粱和小米。五一节穿着军装，从铁狮子胡同走到天安门，全身都是湿的，棉袄棉裤都湿了。中国人民大学成立的时候，我们都很光荣。刘少奇、朱德当时都来了。刘少奇有一句话，当时很有意思：我们这个大学，人民大学，就是党校，和外面的资本主义学校是不一样的。这言外之意，资本主义学校就把北大、清华都包括进去了。后来（20世纪）60年代，刘少奇的女儿，还有很多高级领导人子女，比如贺龙的儿子，还有乔冠华的儿子都来清华念书。乔冠华的儿子正好是我班上的学生。当时我是教英语的。

朱：您当时是教英语？

萧：来了清华之后，教了8年俄文，到1960年转教英语了。为什么要转英语呢，因为和苏联的关系搞僵了，当时的形势就是非转不行。原先有英语基础的人可以马上转过来，一些原来没有英语基础的人就面临一个很大的挑战。在中国来说，外语教学就是一个政治的需要。我们当时会点英语的人，也不敢讲英语。否则会给人感觉你留恋过去，漠视现在，还是莫奏前朝曲为好。

朱：您当时学语言除了国家和政治需要，有没有出自对语言的喜欢呢？

萧：呃，我数学是一塌糊涂。为了生活也不得不学外语。而且呢，有些东西迫使你走向它，但你逐渐走近，你会喜欢它。

朱：您教书教了多少年？您在整个教学生涯中有没有遇到什么大的困难，比如经济困难啊？

萧：我现在也数不清了。我是1952年暑假来清华，1993年退休的。退休后我又干了几年，参加研究生英语考试班的教学工作。当时在经济上，条件很艰苦。但是作为那个时代的人，真的是不讲待遇，多讲奉献，怎么苦都行。1952年来清华，1953年结婚，1954年有孩子，当时我和我老伴儿各自的父母还有我们自己的家，三个家就靠我们两个养着。刚进学校，也不可能马上解决住房的问题，住集体宿舍连厨房都没有。吃食堂还是比较贵的，还得养活三个家，日子就过得紧巴巴的。比方说，当时有布票、粮票。粮票都用完了，粮食是不能缺的。但是没钱用布票，许多布票都送人了。课堂上我穿的衣服，不如学生穿的衣服。我开始上课时没有手表，这是件很糟糕的事情。拖堂，学生很有看法。我一上课就问："哪位有表，借我用一下。"同学们非常乐意把表借给我。后来我就买了一个闹钟。那时候日子苦，但我们过得很愉快。（笑）

朱：您说那时候很愉快，是什么样的愉快？

萧：就是精神目标完全一致的愉快。我不知道现在你们有没有这种感受。

朱：精神目标完全一致？您是觉得所有人都得学好外语？

萧：学外语是为什么呢？为了要干革命，要建设新中国。当时这就是个总动员令，成为一切的动力，整个社会状况就是这样。这种总动员很好，大家都在革命家庭里，精神目标一致。学生学得当然有困难，但是你可以鼓励他为了革命要克服困难。这一点还真管用。比如大舌音，俄语的"P"相当于英语的"R"，这个字母要卷舌打个嘟噜，发不出这个音是很难讲好俄语的，就像法语的小舌音发不好也很难讲出地道的法语。每个人不一样，有的人一个学期下来进步不了多少。有的人很快，两三个星期苦练就可以过关，就是靠苦练。然而就像有些人天生唱歌五音不全，在发音上只能退而求其次，不可强求了。

"文革"中被温和处理，学术热情遭践踏

朱：您当初的学生和您后来教的近（20世纪）90年代的学生，有什么差别吗？

萧：有很大差别。要分的话可以分为"文化大革命"前和"文化大革命"后。"文化大革命"前学生的革命热情很高涨，"文化大革命"后的学生感觉到获取知识的途径被隔断了。因为在"文革"时期，知识无用，知识越多越反动，轻贱知识，鄙视知识，所有各类学校都要停课闹革命，上山的上山，下乡的下乡。后来复课了，上学了，倍感珍惜，求知求学的劲头是高涨的。

朱：在"文革"您有没有遭到过什么迫害？因为我接触过很多文学作品，不知道是事实还是夸张。

萧：这个词儿不要随便用。那些纪实文学作品没有夸张，绝对不会夸张。搞阶级斗争是为了能贯彻自己的政治主张，或者叫意识形态。

朱：ideology。外国人是不懂"ideology"的，我问过很多人，他们是不用这个词的。

萧：对，ideology。也许不问政治的人对这个词不熟悉，"文革"打政治仗的时候这个词是最重要的概念。我们当时不大用意识形态这个词，只说你是资产阶级思想，我是无产阶级思想，我们要把阶级斗争进行到底。这个 ideology 的作用是非同小可的。当时"文革"起来以后有句话，凡是带着"长"字的人都得挨斗。我在系里头是小组长，后来是大组长，也就是教研室主任的位置。我带了一个"长"，那就要挨斗。加上我是有所谓"历史问题"的，我是教会学校出来的，那就和外国人有关系。

朱：教会学校是什么学校啊？

萧：我是武汉人，教会学校是瑞典教会办的一个学校。日本占领武汉后瑞典传教士就在教区办了一个难民收容所。接着又办了小学、中学，抗战中一直在办，光复后停办中学，解放后小学被接管了。

还有一个问题，因为和家里关系不好，我高二离家出走，到鄂豫皖边区建国公学去了一个半月。"八一五"日本投降后又回到武汉。这两个问题连在一起，自然会引起许多猜测。在人民大学思想改造及两次政治运动中，我都做了认真交代。我一直从事公共外语教学，工作勤恳负责，和同事们的人缘也不错。虽然在"文革"中也被"革命群众"抄过家，被学生红卫兵隔离，学习《毛选》，当众

挨批挨斗两三次，这些遭遇和"文革"里"轰轰烈烈"的大行动相比，已是相当温和的了。当然，有的事也非常 ironical（具有讽刺性）。本来像我这种历史情况复杂的人，在"文革"里是被斗争的对象；可是在运动初期，工作组进校之后，我被工作组指定去大礼堂发言，那是全校性的大会，批斗校党委。这种情况在"文革"里也是屡见不鲜。批斗双方，常在朝夕之间角色转换。当然也有一斗之后从此永不翻身的。这实在是个 irony。

清华学风不比当年，恐再变成留美预备学堂

朱：我想知道，您"最学术"的阶段是在哪个年代？

萧：外语系在复建之前，是公共外语教研组，属于基础课的一部分。（20 世纪）50 年代初，中华人民共和国成立伊始，中学俄语教学还跟不上国际形势发展；学生入学后，有加强基础训练的必要。及至 60 年代初，学校设置了英语教学，面向 non-English majors。也因为中学英语老师严重不足，难以适应俄转英的改变，新生入学后仍需强化基础训练。大学外语基础课的教学要求并非一成不变，中学外语水平提高了，学校基础课的教学要求理应作相应调整，对这些 non-English majors 进行编班测试，开设提高班和普通班，以满足不同程度的听、说、读、写、译的"五会"要求。

学校十分重视学生外语水平的提升，改革开放后有个时期，新生外语录取分数线甚至高于北外、北大的英语专业。外语课的任务很重，每个教师四五个班（每班 30~40 人），一堂课下来，就是三四十本练习本。每天三个单元（早、中、晚）都填得满满当当。除上课外，教师要在办公室安排答疑时间，每人桌上都有一大摞待改的练习本。另外还有开不完的会。会议分两大类：（1）政治运动一个接一个，运动的要求和方式都要靠开会来解决。（2）业务类型的会，教师要参加集体备课，讨论、分析教学中的效果和问题。这些会都不能缺席。我的任务除了教课外，还有组织编写公用教案、集体备课、选编教材。工作中我不断成长和提高，当时气氛就是这样，形势的需要和压力。清华的学生入学分数本来就高，教与学都在高速运转。当时晚上学校图书馆里、所有的教室都是灯火通明，教师的宿舍也是灯火通明。都在念书，都在备课。现在好像许多教室晚上灯不那么亮了，图书馆周末也有闲暇的时候。

朱：你感觉出现这种情况的最大原因是什么？

萧：我也不清楚。可能现在人们生活在多元化的环境之中，强调 enjoy life 的人多了，他们要传扬个性，要活得轻松、自在、逍遥，唯愿生活负担少一点，精神压力小一点，其实这也无可厚非。

但大学是为国家培养人才的地方，如何培育出潜心学问、在学术上卓有成就的顶尖人才，以推动、引领各个学科领域向前发展，赶上和超过世界先进水平，这绝对不是"潇洒走一回"即可完成的任务。谁能摆脱它的负担呢？除非你不干。

拔尖人才不完全是那些在媒体上闪光、频繁上镜头的人（有些确实有真才实学，有些也不一定），更多的是那些默默无闻在书斋、实验室、研究机关里孜孜不倦辛勤耕耘的学者。为了学术追求，他们超脱于名利，耐得住寂寞。我们社会转型期的许多不良风气干扰和污染了学校教育，长期以来已经造成学术风气浮躁、好大喜功、急功近利，一味追求论文多产，课题跟风、课题费越多越好等现象。导师申请到课题后，"分包"给门下的研究生，"集体生产"，带研究生产业化，导师成为"包工头"。贪多求量，无暇顾及质量和实效。有人一次带10名研究生。论文要写摘要，学生不会，导师英语也不行，只能请人代劳。

朱：你认为清华文科到底在什么样的一个位置？

萧：从历史来看，我们学校文科的发展曲折迂回，只是在近年相继礼聘引进了一些有影响力的方家学者，才略见起色。文科出现人才断层自有历史原因。长期以来，社会上形成了重理轻文的观念，工科生需求大，文科生需求少，而且政治风险比理工科大。

清华人文社科的光辉时代肇始于1925年清华学校成立大学部和国学研究院，star scholars有梁启超、王国维（时至今日他的墓碑前也时有人献花）、陈寅恪、赵元任、吴宓，抗战时期西南联大的一代大师则有冯友兰、沈从文、闻一多、朱自清、王力、钱穆、钱钟书、朱光潜、金岳霖、陈岱孙等等。解放后院系调整，他们大多离开清华移教他校。清华成为工程师摇篮的工科大学，文科门类硕果仅存的就是政治课和外语教师了。而这批人在1957年"反右"时期受到很大冲击，很多人已不能上讲台了，有的调离清华，有的即使留校，也不可担任教学任务。后来因需要，陆续补充新生力量，并增设了新的文科课程。但长期以来，工科大学都有重理轻文的传统，人文社科在以理、工为主体的清华大学里不过是一种点缀，最多也就是充当一门辅助课程罢了。文科教师定位于开设全校公共课程和全校性人文选修课。"文革"后，为"新工人"（"文革"后留校当老师的本科生）和学校其他各系教师补习英语。我在大礼堂、西阶和旧东阶有400人的大课，堂堂爆满。他们工作量巨大，以致教师的学术研究时间受到很大限制。

在当前社会风气的影响下，人文社科和理、工科一样，面临着相同的问题。去年（2009）6月，有人在网上发帖说，清华有人将Chiang kai-shek译成"常凯申"，在同一著作中所引用的相关作者名、书名、论文名、学术期刊名、出版地名和出版社名，在译成汉语时有相当多的错误。在网上，人们由此联想到Mencius被译成"门修斯"，从而出现标题为《北大门修斯，清华常凯申》的评论网文。一时间，海内外各媒体和舆论对此都有报道和议论。其实60年前这种用Wade-Giles Romanization（罗马拼音/威妥玛拼音/韦氏拼音）拼写出中国人名、地名都一直在广泛地使用着。下面的一些人名甚至当时的中学生都耳熟能详，但随着时光流逝，它们好像变成古英语了。

Chiang Kai-shek　　　　　蒋介石
Madam Chiang Kai-shek　　宋美龄（蒋介石夫人）

Dr. Sun Yat-sen	孙中山（孙逸仙）
Generalissimo Chiang Kai-shek	蒋委员长
T. V. Song	宋子文
Confucius	孔子
Mencius	孟子

后二人是利玛窦对孔子孟子二人给出的译名，海内外沿用至今，与韦氏拼音无关。所有以上人名的拼音按约定俗成的译事规则，并将继续使用下去。

在把蒋介石的英译名误译为"常凯申"的著作中，另有一些著名的中外学人、专家的名字也出了不该有的错误，如费正清（美国人，牛津博士，哈佛终身教授，知名的中国通，中国近代史学家），他的原名是 John King Fairbank，不知为什么就拼写成了 Fairband，于是费正清就成了"费尔班德"。一些拥有汉语姓名的外国学人也随意按原文音译了事，而有名有姓的中国学者，因使用了韦氏拼音，也被编排得面目全非，造成人们对作者在该学术领域的了解程度不免有所怀疑，使作者和学校的声誉受到损害。其实，所有这一切都是可以避免的，查查工具书，"百度一下"，便可解决问题。我同意一些网民的看法，呼吁学者珍惜自己的学术声誉，摒弃不良学风，认认真真做学问。现在有了问题也不必退缩。复旦教授赵景深早年把 The milky way 误译为"牛奶路"，认了错。赵景深的"迢迢牛奶路"（鲁迅语）好像成了译事中的一段佳话。现在他的许多著作仍受到肯定和尊重，学术地位并未有下降。

学风问题是文科、理科教师都需要面对的，但文科学术领域的深入和拓展恐怕还有其本身的传统禁区亟须突破。虽然改革开放 30 年，在"闯禁区"上有了些成就，但是更多的人仍停留在闯而未进的局面。为开发和占领新的制高点，赢得发展先机和主动权，高等院校的学人和研究者，应有足够的学术勇气和责任感对那些从未有人敢碰的森严壁垒，大喊一声"掀起你的盖头来"，进而开展客观、科学、系统、深入的研究工作。

校行政和政府在这方面，开风气之先，需要给予应有的支持。如档案馆的解密制度的完善和实施等等。（20 世纪）80 年代，公共外语教师有勇者录下 VOA 慢语速的材料供学生学习，系里的干部在小范围会议上说三道四，但大势所趋，他们终未如愿。据说外语学院（北外）教师当时一直听 BBC、VOA 的英语广播，而清华英语教师却不让听，不知为何。当然现在形势今非昔比，广播、电视、电影、报纸、杂志，各类传媒原文的东西比比皆是，不用操心 VOA、BBC 了。旧事重提只是说明学校支持的必要性罢了。

朱：现在不少同学转系，您怎么看？

萧：我认为这没什么关系。设置选修课就是为学生留出足够的空间使学生根据自身兴趣或需要，自由选择学习课程。学生有权作出符合自己愿望的安排。即便是主修课，学生改变了原来的想法，只要合理，也应允许转系转专业。

我们外语系原来有一位女老师，解放前考入清华电机系。学了一年后，感到工科的课程负担太重，申请学习文科，转到外语系学英语。解放后还未毕业，被调往朝鲜在中国人民志愿军战俘营当翻译。朝鲜停战后回清华，学了一段时间俄语，便教俄语课。1960年公外设置公共英语课，她便回到原来的专业教英语。作为单亲家庭，她一个人带着三个小男孩，家庭困难比别人多很多。她在教学工作上是一位业务能力强、和蔼可亲、深受学生欢迎的好老师。她总是任劳任怨，从不挑剔，认真负责地完成给她的教学任务。

她的事例证明，在培养人才方面，应该留有足够空间，让学生有自选成才的就业道路和人生道路，能够学为所用，为国家为社会作出自己贡献的就是好人才。在当前社会条件下，学校教育宜宽不宜窄，太小太精细，对将来工作业务上的发展不利，也不利于创新精神的开发。有选择、有转换，对创新是一种启发。

朱：我报了英语双学位，英语是一门工具嘛。报双学位时发现一种趋向，好像现在清华仍然是一所"留美预备学堂"。各学科之间是否存在歧视呢？

萧：曾经在（20世纪）80年代后期掀起一股强烈的出国热，英语理所当然成为达成此目的的工具。那时公共外语既很"吃香"，也"挨骂"。不管听的是什么课，台下总有学生在"苦"念英语。尤其是政治课受到的冲击最大，老师也只好睁一只眼闭一只眼了。专业课老师也在会上会下表示不满。他们说，英语在学校是"第一世界"，怎么搞得这么霸道？英语好的学生希望马上办出国考试培训班，成绩一般的学生也在加倍努力。我教的班是成绩较好的两个班，电子系和生物系。他们中有的只念了一两年基础课就跑来找我写推荐信。凡成功出去的，大多从此杳无音信。我退休后的情况是怎么样就不太清楚了。

外语系英语专业的学生学习英语不免把英语看成一门工具或手段，即便将来研究美国文学、英国文学、语言学、比较语言学、比较文学、比较文化等等，作为学科领域他都自有一套有别于语言本身的学科体系，在这个意义上，语言就相当于一门工具了。

现在清华是否还是"留美预备学堂"？我看这是社会问题，学生出国留学，清华并非独此一家，不必指责清华如何如何。现在上至高干子弟，高等院校教授子女，下至一般家庭出身的学生的家长们，只要提到自己的孩子在国外留学，他们无不感到自己是 proud mother/father。若干年后，国家经济高度发展，软、硬实力都足以支撑国家列入世界强国（不仅是大国）之时，出去的人才自然会少了。实际上，情况正在发生着变化。归国效劳、贡献自己才智和财力的人才在不断增加，我校软件学院的建立便是一例。

关于学科间有无存在歧视的问题，我觉得"歧视"一词不恰当。"歧视"常指教师生活待遇、社会权利、义务的不平等。学校里面各学院学生都住同样的大楼，吃同样的食堂，同样享受学校教职员工的服务。有的实验室实验设备价值高达成千上万元甚至几十元、几百万元。你没有资格去，是你没有必要去，不需要，不是对你有歧视。课程时间的安排一般也是根据需要制定的。不是边缘化某一门学科，如觉不合适，可以要求调整时间。我们公共外语也许在经费上最少，后来虽然建立了语言实验室，若和理工科的实验设备比，其花费恐怕相差十万八千里，这也是需要问题。外语在相当长的一段时间里非常吃香，当然英语和小语种比也有差别，原来占优势的俄语让位于英语了，那时的英语也曾有过备受冷落的时期，这种转换是历史或社会需要造成的。社会的变革、发展常会使某些学科及其研究领域淡出、消失。这也是客观需要的问题，并非主观歧视。

当然还有一种普遍存在的现象，人们不知不觉中往往有各自的优越感和自卑感的存在。搞艺术的也许会觉得，你们不懂我的作品，那是我超前，有艺术天才。学理工的认为自己从幼儿园到大学都是最优秀的，功课比你们好。因为理工科也有一种议论，在（20世纪）50年代，有人说机、动、电比土、木、水、建高级。文科对理工，我曾听到一位文科的学生说："土木系，又土又木。"这些都是闲言碎语，关键是要摆正心态，正确对待自己、对待他人。要自信，不要 feel superior，尊重别人，即是尊重自己，行行都有状元，优秀与否要看对社会的贡献有多大。

朱：那你觉得现在清华对于学生的爱国教育如何呢？

萧：清华做得还是不错的。你看，美国总统、英国首相还有其他政要来过好几次，咱们都应对得很得体，特别是传媒系的人，都是不错的。说老实话，来的全都是有影响力的领袖人物，要为自己国家利益推广其价值观，作为访客来中国后，我们自应待之以礼；同时也要向他们表达我们的价值观，使他们理解我们国家利益的关切点，开展应对得体的相互对话，进行高智商的博弈。这时候你就要表现，你到底站在哪一方。用我们革命前辈的话："你屁股坐在哪个凳子上？"

清华人是阵阵清风

朱：那您对今后的教育方向有什么建议和想法？

萧：北大的传统是爱国、科学、民主、进步，爱国排在第一位。梁启超早年用"自强不息，厚德载物"激励清华学生，也是有感于当时中国积贫积弱，科技与文明不如西方发达国家。因为国家要自强，人就要先自强，后来这八个字被用作清华的校训。在我国社会转型、经济高速发展的今天，出现物欲横流、市侩气息盛行的商品社会，要求改良社会风气、提高文明素质的呼声日益高涨。素质的培养就是讲究如何做人。素质高的人会坚持自己的道德操守，不为歪风邪气所左右，倡导新价值观，抵御不良风气，移风易俗，推动社会前进。

清华学生毕业，当方家学者，杜绝抄袭剽窃、学术欺诈；开公司当经理，消除施贿索贿；步入仕途当公仆，制止贪污腐化、权钱交易。清华人的先进者都能而且正在这样做的，社会上这样做的人逐渐多了起来，给社会带来一阵阵清风，社会上的歪风邪气自会收敛，正气得以上扬，为振兴中华、民族复兴起着积极正面的作用，可以说这就是很好的爱国行动。

做清华人要发扬我校百年来先哲先贤立德立言善政的传统，以严谨、勤奋、求实、创新的工作作风在各自的行业顽强耕耘，艰苦劳作，热爱自己的工作，珍惜清华人的称号，热爱培育自己的学校，维护清华大学的令名。

学校教育即传道、授业、解惑的过程，传道的理念包括提高志行品德、坚定气节操守，强化社会责任感和指点江山、以天下兴亡为己任的使命感。做什么样的人、如何做人是包括爱国教育在内的学校教育的核心内容，从入学到毕业都应贯彻始终。

朱：好。谢谢萧教授。我们作为新生，只知道看到了上课和生活的这个校园，但是校园百年的历史并不了解。所以我们就要做这样一些工作，想多拜访一些老教授。

萧：对，我不知道你们还有没有什么计划。我觉得你们还应该找一些原来出过国的老教授，理工科的，让他们讲讲，我觉得他们肯定有很深的体会。要找一些真正做学问的人，他们有自己的体会，老一拨的，也有新一拨刚回来的。老的现在剩下都不多了。年龄大了，说话都困难。我现在脑子也不行啦，经常手边一本英文字典，一本新华字典。

朱：您还念《参考消息》呢，一进门就发现了。

萧：报纸，平面媒体还是要看的。

朱：萧老师，那我们就不打扰了，谢谢您！

萧家璘

感想体会：

访谈后，我突然有种感觉——自己不仅仅是9字班、"90后"，也是清华人。所谓窥一斑知全豹，通过了解这位外语系退休教授，我看见了清华之风，山高水长。

说起访谈所得，让我想起周总理曾说过的："为中华崛起而读书。"教授谈起他当时的学习热情，是为了让祖国变得更美好。这一点在我们这一代正渐渐消失，许多年轻人过于浮躁，而忘记了治学应有的素净和安静。谈话中，我们聊到有许多人出了国门便不再回来。服务国家、为国家培养人才，是清华大学的神圣责任和光荣传统。我始终铭记，我的学习不仅仅是为了自己，更是为了国家，我的职业选择是与祖国的需要牢牢联系在一起的。

教授对"百年清华口述史"这一工作的意义大为赞赏，希望这件事能做好、做完整、做深入，他说自己非常高兴能为此做一些事情。于是整个访谈过程中，我跑了好几趟教授的家，再回去精心整理、打印，渐渐忘记了自己是在完成一项课程作业，而是全心地投入这个了解清华、记录清华的工作中去了。通过此次经历，我

的确收获颇丰，发掘了清华，懂得了倾听。即使这个课程结束了，也许自己还会继续去关心这项工作。

之前的访谈遇上了许多困难，谢谢老师给我足够的时间和宽容，才使最终的稿件得以完成。这一段访谈整理，于我是难得的一课，它已经深深印入我的心里。

细数四十年清华点滴

——方琰教授访谈

访谈时间：2010 年 4 月 20 日
访谈地点：清华大学蓝旗营小区（方琰教授家）
被访者：方琰教授
访谈者：舒畅（英 62）
整理者：舒畅

方琰，清华大学外语系退休教授，在功能语言学和应用语言学方向造诣颇深。退休前曾任清华大学人文学院学位委员会副主席和清华大学语言研究中心副主任。她现仍兼任中国功能语言学学会名誉副会长、国际刊物《语言的功能》（*Functions of Language*）咨询委员会委员。方琰教授曾先后在北京大学和澳大利亚悉尼大学求学，又先后在北京大学西语系和清华大学外语系任教，在清华已近 40 年，见证了清华成长的点点滴滴。

方琰教授接受了邀请，我们在她蓝旗营的家中开始了访谈。当天，方琰老师拿着三页稿纸，上面密密麻麻记着她对我事先发给她的访谈提纲中问题的回答。这让我们非常感动。

清华风物——"从绵阳分校到清华外语系"

舒：您能介绍一下您进校时（1972 年）清华的情况吗？

方：因为我先生的缘故（当时他是清华无线电系的老师），1972 年从北大调入清华。那个时侯，由于中苏关系紧张，清华就在大后方四川建立了基地，叫清华大学绵阳分校，一旦打起仗来，整个学校就往那儿迁。我先生所在的无线电系，和另外几个工科的系先迁到了绵阳。我作为英语老师，也进入了无线电系教公共英语。当时清华大学外语系还没有复建，所以还没有英语专业。我在绵阳分校待了六年，一直到1978年，打仗不大可能了，于是绵阳分校被撤掉，教育走上正轨，我们也才回到北京本校。

当时的背景下，没有正规招生，学生都是各个单位推荐上来的工农兵学员。"文革"开始后，从1966年开始停课，一直到1977年底、1978年才恢复高考正式招生。我进校教书的时候都是采用推荐学生的制度。对于他们来说念大学的目标是"上管改"——上学、管理和改造，学习似乎不是最重要的。所以学生们当时也不太愿意学英语，觉得没什么用，因为毕业大多数人还是回到以前的单位，基本用不着英语，加之他们年龄差异也很大，从二十多岁到三十多岁的都有，学习的动力尤其是学习外语的动力较小。即使这样，我也常常跟他们讲道理，让他们不要短视——中国的科技要发展，英语一定是会有用的。而我跟学生们的关系也还不错，现在有时校庆大家也会聚一聚，有人还说：方老师，当时真该听您的话，好好学外语。

对于教师来说，搞科研是非常少的。尤其是我们搞外语的，能够动员学生来上课就算是很不错的成就了。至于上课内容，就是从最基础的ABC开始。虽说最基础，但是对于他们来说真的很困难，而且他们真正能学什么东西，那要看他自己。受"文革"影响，当时的教科书意识形态很强，课本很简单。科研是谈不上的，也没什么学术交流。加之当时清华和北大在"文革"期间是重点被批判的对象，不断的批判运动极大地占用了老师们的时间和精力，学术气氛基本没有。"文化大革命"如火如荼，大家对前途，说实在的，失去了信心——看不到学术的前途，看不到国家的前途，看不到人民的命运、自己的命运。

和北大相比，清华有什么特点

舒：现在北大、清华全国第一之争非常激烈，老师有北大和清华两方面的背景，不知道对两个学校有什么看法，过去北大、清华之间的竞争激烈吗？

方：我在北大当了五年学生，是北大西语系英语专业的。1963年毕业后在北大英语专业做助教。1972年我进入清华，到现在已经是38年了，所以说在清华的经历是比在北大的经历要多得多，时间也更长。但是，这两个学校的特点我还是可以谈一谈。

北大学术氛围比较自由，老师学生都比较敢说。这跟北大传统有关系。北大在解放前后都一直以学术独立出名，无论在什么运动中，北大人都很强调独立。这跟北大的第一届校长蔡元培也有关系，他和后来几任校长都提倡学术的独立性，提倡不同的学术观点应该自由地交流。那个时候有几年，陈独秀、李大钊他们宣传共产党，还有其他的很多相反的观点都可以同时存在，也邀请各式各样的人发表自己的观点，像胡适等。解放后的"反右"等运动在一定程度上压抑了北大，但是由于文科学生多，学历史学哲学，思想就会比较活跃，还有学外语的从国外接受的思想，所以思想也比较活跃。所以总体来说北大的人比较自由，这是一个方面。另外呢，相当一部分的北大人，我也不知道是否准确，比较傲气一些，觉得自己有点儿独立性，敢于说话，所以北大人为什么要跟清华的来争呢，也是因为他们觉得要有一种很独立的精神在里面，不管是好的坏的，他们都有这方面的精神，所以，以前你经常在北大的三角地看到各式各样的小字报。

但是北大有的学生和老师不如清华的有一点，就是嘴说得比较多，踏踏实实动手做得比较少，这是我的看法。这两个地方我都待过，加之我的先生是清华的，我是北大的，所以我可以比较出来——我是比较敢于说话的，动手能力是他慢慢给我培养的。清华师生都很聪明，理科好，文科也不错，文采是相当出色的，我先生就是一个例子，而且动手能力比较强。过去是这样，现在的学生动手能力怎么样，我打一个问号。清华学生的踏实跟我们的校训有关——"勤奋，求实"，至于创新够不够呢，解放以后就很难说了。

至于两个学校的竞争，我觉得是应该竞争，因为各自有特点。这个特点现在可能不如以前明显了。现在我觉得全国高校的特点都不分明，都一律化。

舒：当时两校学生像现在这样互相戏谑吗？

方：当时我们学生之间也有互相开玩笑的。我有一个弟弟也是清华的，他就老笑我。他自己常常光着脚去上课。在北大，学生们上课穿戴都比较整齐，所以那时我们老觉得清华的学生全部穿得乱七八糟，学校又大又脏。现在学校是越修越漂亮了。

清华园越来越漂亮，越来越学术化、国际化

舒：除了校园越修越漂亮，这四十年来您还觉得清华有什么大的变化吗？

方：变化非常大。我来的时候是"文化大革命"期间，当时没有学术氛围。但在当时，清华的老师就已经在努力探索教学的新方法、新路子了。在那样一个成天被批判的环境下，能做到这样还是相当不容易的。当时我们英语教师也积极探索，虽然当时没有外语系或者是英语专业，我们都被下放到各个系教公共英语。清华在总校有个师资培训班，我因为在绵阳分校所以没有参加过，但是像罗立胜老师等一批优秀教师就是在那个时候培养的。

（20世纪）70年代后期，变化就比较大了，从邓小平1976年重新上台开始就急剧地变化。第一就是邓小平开始恢复高考制度的问题，1976年夏招来第一批学生。第一批学生，虽然我教的还是通信专业的，也就是无线电系的，但学习进度就跟以前的学生不太一样。他们是高考进来的，知识掌握程度以及对英语的重视程度是不一样的，对老师的尊重程度也大有提高。然后到1978年，我调回本校，本科教育开始走上正轨。

80年代学生的学习积极性是最高的，比我后来教的90年代和2000年后的学生学习积极性都要高。这一年代学生的积极性最高的原因有很多，最重要的是在这么多年停学了之后，学生渴望学习，珍惜学习的机会。所以这些学生都是出类

拔萃的。虽然我当时教的还是公共外语，但是这些学生学习都很刻苦，我教的无线电系的学生是全校最好的，是实验班。

从 1979 年开始，教师的队伍有变化了，因为从那个时候开始，教育部开始大量地派送教师出国培训、做学问。像咱们系，从我那个时候开始，每年都会派出教师到国外，到澳大利亚、到英国去学习。一直到现在，学生和老师，每年都有出国名额。这种机会越来越多。我觉得对一个学校来说，办学应当比较开放，开放性就是知道世界上发生了什么事情，别人在学什么，在做什么，我们的差距在哪里，我们有哪些优势，他们有哪些优势。这样交流，尤其是跟国外交流，对自己非常有益。这样的开放办学路子是很对的，从老师来讲他可以提高自己做学问的水平，他可以在做学问这条路上走出来。

从学位来讲，原来只有培训，就是英语专业毕业，没有学位。到 80 年代的本科生有学位制，一直到 1985 年开始设硕士研究生，招收语言学的硕士研究生。到 2000 年以后招收博士生，到今年还设有博士后工作站，这样整个系统建立起来了。全校更是这样。就全校来讲，外语系不是最先进的一个系，但是这一套完整的体系是建立起来了。这 40 年的变化是太大了，形成了一个完整的大学教育系统。

还有一点就是中国的学者，包括我本人，还有其他很多学者，不仅多次参加国际会议，而且多次到国内外各种学术点进行交流。清华在国内也举办了很多次国际会议。全校的其他系的国际会议那是很多的，我们系呢，国际会议也不少。据我所知的，一个是 1995 年 7 月我们在清华举办了为期三周的系统功能语言学的夏季培训班。这个培训班是在北大召开第 22 届国际系统功能语言学大会之前开设的，培训了国内外十个国家和地区的 130 多个学者和学生，是对中国系统功能语言学发展的一次推动。另一个是 2009 年 7 月 14 日至 18 日我代表清华大学主持的第 36 届国际系统功能语言学大会暨第 11 届全国功能语言学研讨会，大会的主题是"系统功能语言学在理论和实践上面临的挑战"。参加会议的正式代表共 300 多人，来自世界五大洲 22 个国家和地区，宣读论文 250 余篇，共有 9 名国内外著名专家学者应邀做了大会发言，包括系统功能语言学创始人 M. A. K. Halliday。这个学派几乎所有顶尖的最有名的学者都来了，中国也有很多学者参加。这是历年系统功能语言学大会规模最大的一次，举办得很成功。

另外还有个变化是，教师不仅要教课，还要搞科研。原来是只教书没有科研，要搞科研也只是什么心得体会；现在呢，外语系几乎所有的老师都在搞科研，不管是大科研项目还是小科研项目。这是学校的要求，大家都在探索，每个人都有每个人的兴趣。

舒：大家都说在院系调整之后清华外语系被极大地削弱，您认为我们想要恢复当年的光芒需要作出怎么样的努力呢？

方：调整以后，清华所受损失是很大的。以前清华外语系是很强的，培养了很多国内的大师，如钱钟书等。但是后来外语系就变成了公共外语，没有俄语专业，也没有英语专业，都被分到北大、北师大和外国语学院。到了 1962 年外国语学院分了两个研究生到这儿来，加强了英语教学，1982 年开始恢复英语专业。"文化大革命"以后培养的人现在都成了顶尖力量。

我不太赞成现在一切都不如解放以前的笼统说法，现在也有进步：一是清华培养的人多了，多了数倍，而且现在搞科研的普及面也比较大，虽然教授的质量问题是应该考虑。第二是现在人的理论水平不见得比过去差，但是哲学的高度肯定不如以前好，而且大师级的人物确实不多，至少我还看不出来。

我觉得有两个方面的缺陷。第一是解放后的学者，比以前的学者汉语功底差；第二是哲学的底子比较薄弱，我觉得搞语言学研究，哲学应该达到一定高度。要想超越过去我觉得要从以下几点努力：一是现在对于数量的要求太高，削弱了对质量的要求，我认为这一点很不可取；其次现在的学术商业味太重，文化底蕴很不够；另外就是要重视团队精神，现在搞科研，团队合作太少，个人力量有限，所以很难搞出创新性、有影响力的东西。总之，我不赞同说今不如昔，但在有些方面，如文化修养等方面，确实比不了过去，比不上过去的学者，还需要继续努力。

名师风采——退休之后继续科研

舒：您任教这么多年是怎样一步步做到今天这样的？

方：1963 年我从北大西语系英语专业毕业后，留在本专业做助教。当了两年教师后，1965 年 11 月去了怀柔参加"四清"——当时很多教师都主动要求去人民公社参加"四清"。我是 1965 年去的。1966 年，是 5 月 25 日吧，北大贴了全国第一张大字报。不久，一个星期以内，老师们就被调回来参加运动。所谓参加运动，就是停课了，一直到 1972 年，有六年，我没教书也没做学问。但是当时我有空的时候会看看毛主席的著作，英文的，算是复习巩固自己的英文。后来去绵阳分校教学生的时候，从 ABC 教起。我当时身体不好，眼睛出了问题，算是勉强应付。

后来我们系送老师出国培训，第一个出国的就是罗立胜老师，他到新西兰。我是第二个出国的，1982 年到澳大利亚悉尼大学。本来作为进修教师，国家是不希望我们拿学位的，但是我问了胡壮麟教授的意见，因为他比我先出国，他是1979 年去，1981 年回来的。我去问了他要不要拿学位，他说如果不拿学位就是在外面晃两年，这两年应该好好学习，弥补在"文革"中失去的学习机会。那时我已经 43 岁了，但我听了他的建议。我们那组去的是七个人，只有两个人拿了学位。我就是在那儿接触到了系统功能语言学的创始人韩礼德（Halliday）教授的，他当时是悉尼大学系主任，大概 1987 年退休的吧，所以我是很幸运的。在他的指导下，上他的课，就是功能语言学课，听他二年级关于语言学的一个课程，里面讲到中国古代汉语。我也是在他那儿慢慢学来的怎么做学问。当时我们的学习动力都很大，因为知道要争口气。但是难度也很大，因为英文在那十几年中荒废了很多，需要补的有很多，除了语言学的东西，还有文学的东西、哲学的东西，以及澳大利亚的社会和意识形态等。我只有慢慢地入门，开始学做学问。那个时候我还是属于比较尽力的，拿了一个硕士学位回来。当时在我们那一届（1984年）拿到这个硕士学位很不容易，在全国也是凤毛麟角。

回国之后，我还积极参加国际会议，有五六次了吧，分别到加拿大、英国、丹麦、日本、中国香港开会，在国内就更不用说了。我在2002年被选为国际系统功能语言学协会执行委员会副主席，直到2008年。

舒：我了解到您退休之后还在继续进行学术研究，是吧？

方：我确实是还在做研究，但做得很慢。现在做的动力跟原来不一样，完全是个人兴趣。还有就是我觉得一个人对生活的希冀，对生活的追求不一样，我这个人不喜欢完全闲着，我认为完全闲着的人生没什么意思，能在有生之年做一点东西会更有意义。而且年轻人喜欢跟我探讨，他们有时候跟我从网上或者来信探讨，甚至到家里来探讨些问题，我都愿意跟他们交流。因为这样一方面可以给别人一些启示，另外一方面跟别人交谈对自己也有补益。交谈不仅是付出了，也学习了不少东西。其实在交谈的过程中我常常觉得年轻人的思想很活跃，可以影响自己，身心方面比较健康一些、愉快一点。

我现在还做几件事，一个是在修改从功能语言学和符号学解读《清明上河图》的论文①，在等它最后定稿。终稿已经交给编辑了，可能还有一些地方要最后改改。另外就是编辑去年（2009）国际大会的论文集，可能要编三本。一本想在英国出版，包括国际上有名的学者在功能语言学大会上的报告，其中也包括一些国内的学者，有十几个人。最近也在编一个70人的论文集②，每一篇论文2000～3000字，大都是年轻学者的论文，希望能给年轻学者一些鼓励和一个发表论文的机会。目前正在跟澳大利亚的学者合作编这个论文集，准备5、6月份出来。还有一个就是高等教育出版社准备出版的论文集③，作者都是在中国有些影响的学者。就这样，可能要出三本论文集，肯定是两本，国际上的那本现在还没谈妥④。

另外还在跟浙江海洋学院搞英语写作教学研究，已经搞了四年，四个周期，我们总结每一个研究周期的优点缺点，不断改进我们的实验。在这个基础上我们在想还要编一个教科书，介绍"Genre-based approach"，因为目前全国没有这样的教科书。而我们的实验结果表明，这个"Genre-based approach"对普通院校的效果很明显。现在在编这个教材，什么时候出版不知道，什么地方出版现在也正在联系，不过我希望出版⑤。

---

① 这篇论文已收入由 Palgrave 2012 年出版、Wendy Bowcher 主编的 MULTIMODAL TEXTS FROM A-ROUND THE WORLD：CULTURAL AND LINGUISTIC INSIGHTS 一书中。

② 已于 2010 年出版。

③ 已于 2011 年由高等教育出版社出版。

④ 目前已经编辑完成，由英国 Equinox 出版社于 2013 年底或 2014 年初出版。

⑤ 这本教材已由浙江大学出版社于 2011 年出版。

百年寄望——"我为清华大学取得的成绩感到骄傲"

舒：在清华大学百年校庆之际，您有什么话对学校对校友对学生讲吗？

方：我热烈祝贺我们清华大学即将建校 100 周年，同时也为过去 100 年清华大学取得的成绩感到骄傲。虽然我不是清华毕业的，但是我从到这儿工作到现在为止已经 38 年了，算是一个地道的清华人。清华如今的成绩有每个人微小的贡献，哪怕只是一点点，所以我觉得很自豪。

我现在最大的希望，就是整个清华大学在不同的领域都能尽快地真正建成世界一流的名校。不仅是理工科，文科也需要建成跟名校可以相媲美的程度，像哈佛啊什么的。要尽快，当然尽快不是说不要质量，质量上肯定也要保证。

最后对清华人的寄语，我希望发扬清华人热爱祖国、奉献祖国的传统，不断地开拓创新的领域。清华人应该为国家和人民生活的提高继续努力，要为祖国的现代化事业脚踏实地地在自己的学习工作岗位上不断地勤奋努力。

感想体会：

访谈过程中，方琬教授一直和蔼可亲地跟我进行着交流，之后还热情地向我展示了她的一些研究成果。中途教授接到一个电话，无意间透露她为了这次访谈刻意将自己的先生支去超市逛逛，以保证访谈高效率地进行，让我对她这种认真慎重的态度感动不已。

其实她这种认真谨慎都充分体现在整个访谈过程中了，包括她事前对于此次访谈的充分准备，以及在谈话过程中不断地追求最精准回答的努力。而最让我感动的，莫过于她在退休以后仍然有对于学术的坚持和在谈起学术时两眼放光的激情。在访谈后回家的路上，我一直在想从她身上我看到了清华人的坚韧、低调和奉献精神。于是记下这一点感想，希望能够在今后自勉，更希望其他的清华人，尤其是年轻的清华学子，能够学习前辈们身上的清华精神，能够像方琬老师所期望的那样，为母校尽快建成世界一流名校贡献绵薄之力。

经管学院巨大贡献者

——赵纯均教授访谈

访谈时间：2011 年 4 月 14 日
访谈地点：清华大学伟伦楼
被访者：赵纯均教授
访谈者：张瀚光（电机系 08）
整理者：张瀚光

赵纯均，汉族，1941 年生于四川省。中共党员。1965 年毕业于清华大学电机系后留校工作。1984—1986 年，赴维也纳国际应用系统分析研究所（IIASA）做研究学者。1995 年 8 月至 1996 年 6 月，在美国 Wharton 商学院 MIT Sloan 管理学院做富布莱特学者。自 1986 年 2 月起在清华大学经管学院工作，历任院长助理和系主任、常务副院长/第一副院长等职务。

2001 年 6 月至 2005 年 10 月，担任清华大学经管学院院长。

在伟伦楼赵纯均学长的办公室中，我们深切体会到学长身上那种儒雅的气质，这些都来自于学长丰富的人生经历，在学长走过的路上，学长始终把自己的事业和国家的需要联系在一起。

艰苦奋斗，拼搏进取

张：学长，你们当时学习的情况怎么样呢？

赵：大学时光无疑是一个人一生中最美好的时光，在清华大学的时光必定是最美好的。当时我们的物质条件不如现在这么优越，自行车算是稀有物品，每天我们都在教学楼和宿舍之间步行。生活条件虽然艰苦，但是我们的学习的热情没有一丝一毫的减少。当时我在大学期间刻苦学习，同时还担任班级和校级多个职务，工作和学习的双重压力没有压倒我。在毕业那年，我还获得了校级"优秀毕业生"称号，这在当时的电机系，也算是前三了。眼界决定境界，基础决定高度。在学生时期培养的扎扎实实的基本功和严谨认真的求学精神，为我在留校工作后的道路上提供了很大帮助。你们也要注意，要扎扎实实学习好基础知识。

参加活动，服务同学

张：学长，刚才您说到您参加了很多学校的活动，能介绍一下吗？当时您是抱着怎样一种心态参加这些活动的呢？

赵：作为一名青年、一名清华学子，应该树立服务意识，而社会工作是服务同学的最好的平台。社会工作是做人的工作，是课本上学不来的另一种财富。但是这里面有一点一定要注意，那就是平衡好社会工作与学习之间的关系。我当时参加社会工作，都不是那么理性，工作热情一来就只顾着工作了。但是如果学习成绩不好，同时又有很多社会工作，可能就会起到坏的影响，得不偿失。所以首先要把学习搞好，然后再投身社会工作。我当班长时，总结了"不过一"，就是班级组织活动一周不超过一次，这样既能利用周末时间进行班级工作，同时也不至于给主要干部增加负担。

服从组织，转行经管

张：学长，您是电机系毕业的，是什么机缘巧合让您今天成为经管学院的院长呢？

赵：我曾经在绵阳当过车间主任，之后回到了自动化系，在我出国留学后，回国重新分配任务，我就被分配到了经管学院。就像你刚才说的，电机和经管，看似毫不相关的两个学科，我努力把它们结合到了一起。当时转到经管，基本上是组织上的意思，自己其实没有太大的兴趣。但是我身为一名党员，一定要服从组织的分配，把自己的精力完全投入经管学院——学校最需要的地方。

电机与经管，在数学基础上还是有很多相近的地方的。只要打好了基础，彼此之间还是能很好结合的。电机是工科，非常细致和理性，人在其中是非主动的客体；而经济管理学则要求人是一个完全主动的主体，所以在处理相关问题的时候，单纯的工科思维是不够的。但是我并不是说你们也要学经管，因为现在任何的工作都不是纯粹的技术的，需要的更多的是知识、视野。

投身学院，尽心尽力

张：学长，您在经管学院的发展中都作出了哪些贡献，能简单介绍一下吗？

赵：经管学院的首任院长是朱镕基学长，也是电机系毕业的。但是当时朱镕基学长在1986年后先后任过市长、总理等职位，无暇照顾经院，因此我当时主要负责经院的工作。

在 20 世纪 80—90 年代，我们与国外的差距还是比较大的，尤其体现在学术方面。国外的学者研究的一些前沿课题，我们都没有涉及。1993 年我去台湾时，发现台湾的学校在这方面也比我们要好很多，那时，我感受到了很大的压力。同时我也充满动力，我们找准自己的定位，摆脱传统文科的研究方法，重点培养人才，在其他方面充分利用清华理工科的优势，将清华经院建设出自身特色。

经过广大师生的共同努力，清华经院已然成为国内商学院的一面旗帜，在国际上的声望也不断提高。经历了 20 多年的发展，清华经院取得了令人瞩目的成就，这些成就离不开广大师生的共同努力。

感悟：

通过和赵纯均学长的聊天交流，我们体会到了老一辈清华人的艰苦拼搏的精神。在经院创建伊始，学长付出了极大的努力。我们也要向学长学习，在校期间打好基础，走上工作岗位后才能有长足的发展。

有一种丰富叫简单

——访廖元秋副研究员

访谈时间：2013 年 3 月 14 日
访谈地点：照澜院商业楼 301 室清亦华专利事务所
被访者：廖元秋副研究员
访谈者：张竹新（法 11），赵丽明教授
整理者：张竹新

廖元秋，1946 年出生，1970 年毕业于清华大学精密仪器系光学专业。1970—1984 在清华大学电子工程系从事光电子的科研教学工作。自 1984 年起从事专利、版权代理，知识产权教学工作。1985 年底至 1987 年初曾在美国两家专利及商标律师事务所进修。任中华全国代理人协会第一至第四届常务理事，中华全国代理人协会侵权鉴定专家委员会成员。1984 取得专利代理人资格，代理了大量涉及通信设备、计算机程序、电子电路产品、激光器、半导体集成电路、精密测量仪器、纳米技术等专业方面的申请上千项，以及专利复审、无效、专利侵权诉讼等；接受法院委托，参与涉及电子、光学技术的专利侵权判定；从事技术转让、合同签订以及其他法律咨询；多年的工作积累了丰富的专利工作实践经验。

推开 301 室的门，首先入眼的是满柜的案卷，案卷旁一位慈祥干练的奶奶，正和别人讨论专利申请事项。黄色的毛衫，泛霜的短发，认真的神情。虽未曾谋面，但我知道，眼前的人就是我今天要访谈的对象——廖元秋。

廖老师已经退休了，但每天都会来清亦华专利事务所。清亦华专利事务所原本叫清华大学专利事务所，它成立于 1984 年，在那个大多数人还对专利一无所知的年代，廖老师和她的同伴们，已然用自己的汗水和心血，为这个行业开了一个好头。这背后藏着怎样的故事？拥有从工科转文科经历的廖老师，在这个晴好的午后，向我们娓娓道来。

那时正年少——"有时做梦还总梦到那个地方"

张竹新（下文简称张）：廖老师您好，您是哪里人？您的高中是在哪里上的呀？

廖元秋（下文简称廖）：我祖籍是四川。老家在四川南充的一个县城。我从小学就跟父母来北京，在北京女八中上的初中、高中。女八中你知道吗？因为鲁迅在那儿执教过，所以后来又改称鲁迅中学。

张：是不是刘和珍君在的那个学校？还有那女校长杨荫榆。很有名的学校啊。

廖：对，他们的纪念碑还在那里。我读书的时候校长是王震将军的夫人。现在我有时做梦还老梦到我们的校舍，对面就是清华的夜校。现在已经又改了好几次名儿，不再是女子学校了。

张：您是什么时候进清华的啊？当时是在哪个系？

廖：我是1965年进的清华，就是"文化大革命"前的最后一届。我学的是精仪系，学了八个月就开始"文化大革命"。当时清华是政治中心，学校停课闹革命。大家写大字报、揪走资派。当时群众已经分成两派了，一派保校领导，一派斗校领导。后来工宣队进校了，让我们到工厂去实习，把我们分成几个小分队，我们的小分队后来有很多去了绵阳，也有一些留在了北京工厂。

张：你们上课的那段时间，您觉得课程多吗？

廖：我们觉得课程容量还好吧，负担好像没有现在这么重。当时上高中考大学都没有那么紧张，不像你们，我们当时该玩就玩，上大学后我还参加了武术队。那时学校很重视体育，当时女生少，我从大一开始参加体育代表队，吃饭也是另外的伙食，课后再参加武术训练。

张：当时您住在哪儿呀？女生可以去男生宿舍吗？

廖：住在六号楼。那时候没有现在这么严格，都可以自由进入。

张：那肯定得有谈恋爱的吧？有什么浪漫的故事没有？

廖：哪有呀！没有人谈恋爱的。直到后来"文化大革命"没事儿的那几年，才有个别的人谈。

有一段历史叫"六五一"——
"懵懵懂懂就上火车去了"

张：其实上学的时间很短啊。1969年之后又发生了什么？

廖：1969年，有个一号令，一些军工专业的师生到了三线城市，我们班去了一半，我也去了四川绵阳。在绵阳待了八九年。1969年去的，到1977年、1978年，等邓小平执政才回来。其实绵阳分校是周恩来总理布的点。

张：那是什么事儿？你们是不是作为党和国家的精英去的？

廖：其实是为了备战，保存一些科研力量。我们绵阳分校叫"六五·一工程"，北大有个"六五·二工程"，是1965年开始建的。工程因为"文革"停办了五年，房子也只盖了一半。当时把国防专业的一些学生和老师调到那去"三线"搞科研。北大在汉中，我们清华在绵阳。

张：我们清华好像有些点儿啊，一个绵阳，还有一个江西，是不是？当时是不是觉得挺光荣的？因为国家重点"三线"需要。

廖：江西那是"文化大革命"对知识分子改造的地方。而绵阳这里是办学。江西那里是改造，有好多老师染上血吸虫病。两者不一样。我们当时去绵阳是稀里糊涂的。（笑）不知道去干什么。那时候根本不知道，一下子懵懵懂懂就上火车去了。去了在那边从建校开始。因为刚选址，刚要建。

张：你们去了多少人啊？

廖：当时基本上整个无线电系都搬去了，再加上一些配备的系，像冶金系、自动化系、建筑系也去了些人。包括一些学校工人师傅也去了。因为要建校，所以还在当地招了青工。我是精仪系的光学专业学生，我们班可能属于军工的光学，所以也去了。到底去了多少人我记不住了，没数字概念，不过我们专业，老师和学生共去了几十人。

张：当时你们是坐火车去的吧？一下火车然后呢，那儿远吗？

廖：肯定是坐火车呀。我们要去的是绵阳涪江边上的一个叫青义镇的地方，离火车站有十几里、二十几里路，都是石子路，我们坐汽车去的，车一直在颠簸。到了那里，其实是一个山头，周围是农村。当时宿舍区、教学区、科研区、行政楼基本上已经规划了，但房子还没盖好。所以我们要去盖房子。

张：盖房子？不是跟精仪专业差远了嘛。那些东西有的是小工干是吧？

廖：不是。就是我们这些学生干的。那时候我们哪学过土木呀，就现学呗。我们修过房子，拿着长长的钢筋走在正在盖楼的墙上。我们还种橘子树。运石头，盖一种叫"干打垒"的房子。

张：那个时候很艰苦的啊。我读过回忆绵阳分校的文章，那里面的老先生，还说他自己养过猪呢。你们养过吗？

廖：我也养过猪啊。一开始是盖房子，后来还养猪、种菜，大家都轮流去劳动。养猪可赔本了，我们都是用玉米糊糊喂的猪，那猪吃得可好了。当时不是单单搞这些，还要参加运动，进行政治学习，一会儿批林批孔，一会儿反右倾翻案风，常常开会。1970年就开始招工农兵学员了。其实我们也刚毕业，自己没学多少东西，靠自学就去当老师。

张：那当时工农兵学员是怎么招的？有没有考试？

廖：没有。都是各个单位推荐的，工厂的、部队的学员很多，如雷达专业大部分是从部队招的。那些工农兵学员的水平参差不齐。有的没有上过学，就从小学开始教；有的比我们小不了几岁，上高三，因为赶上"文革"没有上大学，基础好就从难一点的内容开始教。他们相互之间年龄、文化程度上差距很大。

张：那招的学生，招了多少届？每年招几个班啊？多少学生啊？

廖：从 0 字班开始，1 字、2 字、3 字、4 字、5 字、6 字，好像都招了。以无线电系为主分多个专业，我们精仪系的老师和同学，都合并到无线电系了，和无线电系的老师一起组建了一个激光教研组。

张：激光，当时肯定很领先啊。激光这个概念对于我们而言，是很晚的事情，计算机出现以后才知道。

廖：对。所以其实我也是赶上比较前沿的东西了。无线电系有两个老师，很早就已经开始搞激光了，包括部队用的测距仪呀等等。在他们打的基础上组建了激光教研组。我当时是做气体激光管。那时制作气体激光的所有工艺我都能干。我们也在当地招了些青工。还有个老师傅是吹玻璃管的，现在都已经去世了。

张：当时您就是搞技术？有没有当过老师？

廖：当时我没有做过讲课教师，但搞过学生工作。当了班主任或辅导员，负责他们的日常管理，帮助他们日常生活和学习，给他们做一些辅导，负责一些政治学习。当时是开门办学，我们一起下厂。我们老师、学生都打成一片，我还教他们武术呢。

绵阳的日子——"一个会战接一个会战"

张：那时候的生活怎么样？

廖：那个时候很艰苦。因为形势也不好，所以生活也不好，工作也挺累。那时候比较难受的两件事是肝炎和拉肚子，也就是水土不服。咱们北方人不太适应那边的水土。

张：那时是住分配的宿舍吗？

廖：是有宿舍，宿舍也是我们自己盖起来的。后来成家了也是住在那里。我老伴是无线电系的，比我去得晚。我是第一批去的。我们分校就是在农村里面圈一块地。（笑）上班、家，都在这儿。那时候生活也比较简单。家从来也不会去装修啊。桌子、椅子、床都是公家的。连我们人也是公家的。

张：我听有些教授说，那时待遇不是很好吧？

廖：待遇全国统一，一毕业 46 块钱，一年后转正 56 块，大家都是这样的。那个时候看病不花钱、住房不花钱。要买个自行车要攒几年的工资才能买，还要等分配，拿到买自行车的票。我们这一代经历的变化还挺大的，从以前的国家计划，到现在的市场经济。

张：您老家是四川的，那几年在四川回过老家看看吗？

廖：没有。那时候是军事化的管理，非常严格，没有现在这么自由。那时没有双休日，只有单休日，单休日也经常加班，而且一个会战接一个会战地搞科研任务。

张：您刚说会战，我差点儿没反应过来。感觉那时候工作怎么跟革命一样？都喊口号。

廖：是啊，我们那时要献礼，做出激光管完成上面交的任务，就是一些口号。"大战几十天""为……献礼"呀，气氛完全和现在不一样。现在是吃喝玩乐，（笑）国家也是号召全民要促进消费。那时候很封闭，就在那个小圈子里面，也没什么大娱乐活动，下班后大家在楼前打打排球。逢年过节，发的是半斤花生，半斤瓜子啊，每家都一样。串门也是，大家都摆上这么几样。

张：那期间那么辛苦，中途有回来的吗？我看网上这么说："当时绵阳城市小，名气不大，环境差，生活艰苦，而且有夫妻两地分居，所以最后大家强烈要求回到北京。"是这样的吗？

廖：不完全正确。其实一开始好多老师解决了夫妻分居问题。一些无线电系的老教授，他们是北京户口，但配偶是在外单位、外地，夫妻原本是分居，于是1969年把她们带到绵阳，她们就都变成北京户口了。但后来我们的一些男同学，回老家找对象，对象在老家，他在绵阳，这又造成新的夫妻分居了。所以是老的夫妻分居问题解决了，新的夫妻分居问题又产生了。主要还是绵阳生活不习惯，信息又闭塞，大家看不到前途。

张：后来是什么时候从绵阳回来的？当时有多少人回来？多少人留下来？

廖：我是在1977年之后回到了北京，在清华的无线电系。其实原来从北京去的没有人留下，因为绵阳分校已经交给地方，变成四川建材学院，现在叫西南科技大学。尽管没有人留在四川建材学院，但我们的同学回来的时候已经流失不少了。当时安徽一个部队的学校来招老师，有不少人去了那里。我的同学现在在那儿的，有的已经是将军了。

从无线电到专利法——"实际上都是学校安排的"

张：您后来又转做专利，那是哪一年？

廖：我是1984年做专利的。我国《专利法》1985年生效，1984年学校就开始从几个大系各抽调一人去科研处学专利，我就是被抽调的人员之一。我们夫妇俩都在无线电系。我们那拨留在清华很多，但是大家都想往外走。那时候在深圳也有分校，走了一些人。系里为了把我老伴留住，就向学校推荐了我去学专利，结果，我们俩都留下了。不是说我喜欢专利，我才报名，实际上都是学校安排的（笑）。

张：您当时就是服从学校安排，就没自己的想法？

廖：对。我们当时没有太多的想法，比较听话、简单。包括留校也是一样。那时留校的很多，也有一些坚决不肯留，觉得学校知识分子扎堆，没有意思，结果他们被分配到很艰苦的地方，分到小县城。我们留下的反而条件比较好。现在想起来，那是学校很重要的一个政策，"文革"前最后两届留下了800人，工农兵学员留的很少，我们考进清华的这一批，基础比较好的，留下的很多，否则学校老师就断层了。当然，这里面也含有政治方面的考虑，我们这一批被叫作新工人，是用来改造老的知识分子，叫作掺沙子。

张：当时知道专利是什么吗？

廖：一开始，到底干什么我也不清楚。当时组建这个队伍的陈圣信老师对我们说了专利的重要性，后来我们听到报道，也知道一些。等后来我真正开始学，特别是做这么长时间的代理人，现在我很喜欢自己的工作。从意义上来讲，我做的是保护自己国家知识分子的知识成果的工作。像我们不懂专利时，一开始有好多外国人拿专利来唬我们，说你们用这个专利要交钱，其实他们的专利在中国并不受保护，因为专利的地域性嘛。有些专利可能已经都过期了，也不清楚，花了很多冤枉钱买他们过时的东西。同时，我们清华大学本来就是理工科很重要的大学，每年有大量的科研成果。我的工作就是为这些科研技术人员服务，为保护学校的科研成果服务。

张：所以你们做专利是有一个大的国际国内背景的，是吗？

廖：是，中国实施专利法也是世界形势的需要。要用法律来对智力劳动的成果进行保护。要保护科技方面的这些成果，就要成立专利法。咱们清华就是搞科研，并且面向实用的，属于专利法保护的客体。专利法没生效之前，国家已经开始组建法律队伍，清华也是很早就意识到这一点，于是从各个系抽调人员。在五个大系共抽调五个人。教育部当时有20多个出国学习专利的指标，送到国外培养，指标分给了各个大学，其中清华有两个，学校把它给了我和罗老师（罗文群）。学校也有别的途径，就把我们五个都送到国外。

张：送出去？您还在国外学过？在哪里啊？

廖：在美国。到美国就是去学专利代理啊，学人家怎么做专利代理。我当时先后在美国的两个事务所实习，去看人家怎么干这些事儿。当时我们到国外是学人家的，像我到美国就得看美国的专利法。丁英烈是到日本。我们去哪个国家其实也没限制。我们想去哪个国家，就去发一些申请信，人家愿意接收就可以。实际上我们国家专利局的第一批人是从中科院调去学专利的，多半是在德国学的专利法，回来在专利局各部门工作，所以我们专利法的体制比较靠近德国法的体制。

张：您那时英语还记得吗？你们都没怎么上课。

廖：英语是突击出来的。那个时候我们搞科研当然要看文献，也是自学的。我原来学俄语，语言方面是比较亏的。因为女八中是教俄语，所以我从初中到高中学了六年俄语。结果到了大学，你在中学学哪国外语，第一年还继续学，再让你巩固一下。我英语没有基础，只有自学。在国外也是挺困难，有点哑巴英语，可是没办法。反正他给我看美国的专利法，我就看呗。不过我实习的那个事务所里有一个华裔，原是香港人，我跟他交流学习，还挺方便。我学了一年多回国。

张：后来你们学完就回来了？

廖：我们清华出去的都回来了，但我们第一批出国的 20 多个各个学校的人，要么就没回来，要么就离开学校了。好像只有清华的人回来并留在学校了。因为清华对我们有一个吸引力，大家就不想出去，就是这样。其他学校的基本上都跑了。后来学校又在各个系抽了一些教工学专利做了兼职专利代理人，还留在系里，而我们五个人的编制是归学校机关。我们五个，我和罗文群老师，现在还是我们俩搭档在这里做代理人。王兵老师、丁英烈老师，还有一个是机械系抽调出的一个老教授，叫章瑞溥，他现在八十多岁了。你想他那个时候岁数也不小了，让他去德国学，后来实在是他岁数太大了，又让另外一个年轻的去德国学的，结果那个人也走了，还是章老师留下了。

张：他们为什么要走呀？

廖：人家想奔更大的舞台。当时这方面人才国家很紧缺，他觉得其他地方可能发展前景更好。当时好多人到这个领域都成专家级别的了，现在好多都已经去世了。

张：做专利难吗？从无线电系到学做专利，转变很大吧？

廖：没那么难。我们学的专利法只有薄薄的一本，不像你们学法律专利的书那么厚，本科要背那么多。我们做的专利法的对象就是工科这些领域，而我们本来就学工科的，所以我们要理解的东西还是技术问题，只不过要将技术内容按法条规定写出来罢了，并没有一个很大的转变。搞知识产权的，都是要求有大学工科背景的。因为它要处理的东西都是技术性的。包括专利局的人，也基本上是工科出来的。当然了，现在法官好多是学法律出身的，所以遇到知识产权问题有时会请一些技术专家协助审判。

事务所开张——"专利法实施第一天清华就放了一个炮，147 响"

张：出国回来后就建立专利事务所了？

廖：是，我们五个都陆续回来了，但出国前就建立了清华大学专利事务所。指导我们工作的是专利法，专利法是属于法学里很小的一个部分。因为清华是理工科大学，科研成果多，需要保护，老师不懂如何保护自己的成果，所以需要有那么一拨人改行做这件事。

张：还记得当时专利法实施第一天的场景吗？

廖：记得。我们五个与兼职代理人在专利法生效之前，在专利局的人的帮助下，收集各个系的科研成果，写专利申请文件，专利法实施第一天我们就放了一个炮，递交了 147 项专利申请案，一个单位，一天这么多件，这在全国名列第一。其实那些专利申请案都是已经累积了好多年的成果。专利法实施的第一天，我们提着装有申请文件的几个大皮包到了专利局，那里已有很多人排队等着专利局开张，航天部的代理人早在一两天前就等在那里了，他们拿到了中国专利第一号，而我们是以量取胜，大家都非常兴奋啊。

张：当时是在哪儿申请的专利？

廖：就是在现在蓟门桥的东北角，是一个很大的楼，那是德国专利局援助的。当时主体还没盖好，就在后面临时的一个小楼里申报的。

张：1985年，这是很了不起的。中国开始有了知识产权法制度，还是第一次。你们是新中国第一批从事维护知识产权的工作者。

廖：我们是1984年调来的，在专利局举办的香山班学的专利法。我们把香山班比作当年的黄埔军校第一期，我和罗老师是香山班的学员。当时是专利局的人当教员，专利局的人比我们更早学习专利法，是从中科院调了一些科研人员到国外学。所以搞专利的头一批都是半路出家的，都是科技这方面人转过去的，因为它的保护对象也是科技领域，没有工科背景干不好专利工作，专利是科技和法律的结合。所以我觉得我们做专利代理还蛮有意思。

张：我们学校的专利量有多少？第一次一百多个，后来第一年多少个？

廖：第一次那是积累下来的，后来就几十个。到现在已是每年上千个吧。现在这里（指身后的案卷）有一部分是清华的，但我们也对外服务。学校一千多项申请案我们也就做一百多项。

张：那这些工作，老师都受益了是吗？

廖：老师有的是受益了。专利也是评估科研成果的一项指标，它跟论文可以相比。除此之外，还有部分属于市场应用范畴。市场开发由科技处成果办负责。我们就是负责报专利，把科研成果写成专利文件，送到专利局。专利局审批过程的事务我们也负责。这不都我们的案子嘛！（后面的书架上的案卷）我们就是做这个。

张：有时会有纠纷吧。你们管吗？

廖：纠纷是后面的事，那种情况是，你申请的成果获得了专利权，别的人若没有经你同意用了你的专利技术，你就要告别人侵权。他们为了避免侵权赔偿，就会告你的专利无效，专利权人就变成了无效诉讼的被告方。这种案子一开始我也参与过一些，现在已不干了。我们现在的工作相对简单一些，就是申请专利。但有时候专利局也会将申请专利的案子驳回，申请者要觉得没有道理，就要求复审，这又是另一个程序。

张：现在知识产权"热"不"热"？我感觉现在的学生好像报民商法多一些。搞知识产权是不是最好有工科背景？

廖：我们一开始也承担了学校的知识产权选修课，就是给搞工科的学生打个专利法的基础。

张：那是什么时候？

廖：1990年前后，或者（20世纪）90年代初。我们在学校开了一门选修课。

那时候学校没单位专管这工作。法学院那时还没成立。理工科的学生对它还是感兴趣的，因为是保护他以后的成果。现在我代理的这些，都是这些系的研究生、博士生和他们的老师申请的。

张：那时候您讲过课，给全校，开了多长时间？每次多少人听？

廖：我记得大概三年。我上的是大课，每次听课的人数一百多到三百多人不等。后来也规范化了，有经管学院，他们开了这门课，我们就不开了。后来法学院成立，那就有专业课了。我们当时都是应急的实用课。我们当时的工作，一是自己写专利，二是对专利法做普及工作。那时代理的案子很少，一年写的案子不像现在这么多。多数时间是用在普及专利法上，包括到校外的科研院所去讲课，人家都想知道这方面的信息。

张：在您工作的时候，有没有遇到过什么印象深刻的案例？

廖：现在航空航天学院的宋耀祖老师，他在我们这儿申请了"黄磷燃烧热能回收与利用装置及其热法磷酸生产系统"专利，他那个技术效益挺大的，别人就仿制，好多工厂侵权，他就向法院提出侵权诉讼，这个侵权官司我参与了。最后和解了。另外一个是热能系的老师，他跟一个公司搞合作，后来闹翻了，人家还用他的专利，我代理了这个专利侵权案，拖了很长时间。那个对手公司的老板从一个小伙子都变成了孩子爸爸，官司才结束。有意思的是后来通过这个官司，对手更了解专利法了，他们公司报专利都找我做，他后来又跟紫光合作成立了公司。还有电子系有一个搞太阳能膜的老教授，殷志强，他的技术也是我给他做的专利申请，是 1985 年第一批批准的专利权。他是那个太阳能膜的老祖宗。他这个膜转换效率特别高，在世界都是领先的，现在大家还都用他这个膜。咱们学校也利用这个专利技术成立了一个太阳能的公司。

我眼中的清华——"感觉清华现在味道有点变了"

张：不同的清华人对清华的感悟不一样，你觉得清华给你带来了什么？你为什么喜欢清华园，不想离开？

廖：这个真是说不出来了。你问我们，我们这里有更老的教授，也有年轻的人，包括我儿子也是清华的学生，我们对清华确实有一种感情。这东西，不好表达，它就融在你的血液里、生命里了。但我感觉清华现在味道有点变了。

张：这个我也想问。你觉得清华跟以前比变在哪儿了呢？

廖：现在不像以前。以前的清华学生比较实在，学风也是比较务实，说一是一，说二是二。对于外面的名、利都不在乎。其实我们很多老师真的非常敬业。以前那时候，无线电系的那些老师，晚上都是自觉加班，好多老师假期都基本没怎么休息过，都去搞科研，其实那时候也不可能是为了加班能有加班费。他就是想搞出成果来，想为国家作贡献，在其中也能够体现自己的价值吧。

张：现在我们再说想要报效祖国、奉献国家，会被别人笑，有时会有这样的感觉。

廖：其实这种也不要挂在口头上，我们老师也不会老说报效祖国之类的话。（笑）我们就是想赶快完成一项一项的科研任务。另外，清华的老教授比较严谨，其实科研工作不像社会科学可能有一定的灵活度，个人可以表达不一样。科学它是一就是一，是二就是二，尤其搞科研搞久了性格都会很认真很严谨的。

张：现在那些申请专利的教授，他们工作应该还是严谨的吧？这能问吗？（笑）因为我们前几天老是说一个上海交大造假案。这现在还会有吗？

廖：现在的年轻人，有些还是不够严谨的。我不太理解现在有些校机关抽调一些博士生做管理工作，他们自己也不愿意在第一线工作，因为第一线竞争比较厉害，压力也很大。我就觉得放弃原来的专业做管理是很可惜的事。所以现在的价值观念或是其自身对前途衡量的标准已经不一样了。以前不爱当官，不愿调到系机关、校机关做行政工作，就愿意在系里干科研。但我觉得现在干我这个专利代理还挺好的。

张：那您对于我们晚辈有什么想说的吗？

廖：其实我们这些人从计划经济转换到市场经济，这几十年变化特别大。我去美国的时候，看到人家有双休日，心里特别羡慕，觉得我们什么时候能有双休日就好了。在国外，当时打个电话都很困难。我在国外的那个华人老板，过春节的时候，他说你打个电话给家里吧。我才打了几分钟电话，这时我出国已经好几个月了。我主要是写信，写信要半个月才到。现在你们即使写信也只以为是一种怀旧情结。其实怀旧，怀的是什么？恐怕是那个时候的人际和人情。那时候人与人之间的关系不像现在，因为当时贫富差距不大，就那么些简单的物质，大家也是挺快乐的，治安也很好。时代不同了。实际上我们的思想也要转变。那时候就是一心为了一个目标就去奋斗，没有人想过要多挣些钱让自己活得更好，大家觉得生活就是那样，唯有自己出个成绩的时候很高兴。现在呢，国家都提倡促进消费，我开玩笑说，国家是提倡我们"吃喝玩乐"。其实我觉得，支撑这个社会还是要靠很多人的辛勤劳动。我们需要有奉献的人，努力的人，这样社会才能进步。我觉得，你们现在的年轻人要多了解了解清华老一辈们的历史。至于清华精神，我也不会总结，但我觉得你们可以自己去领悟到的。

张：谢谢廖老师！

感想体会：

访谈结束后，我不禁感叹道："廖老师，您的经历也真的挺丰富的。"廖老师忙摇头："我也是挺简单的。就是在四川老家生，在北京长。在清华学习工作待着一直到现在。"

　　周国平曾说过："对于心的境界，我所能够给出的最高赞语是：丰富的单纯。"我想这句话用来形容廖老师可能恰如其分。回忆往事的时候，廖老师微笑着，不断提醒我："我是说实话啊。""不是你们想的那样，我当时迷迷糊糊的。"她没有拔高自己，也没有流露骄傲的神情，仿佛那些在我们眼中光辉的经历，不过是生命中简单的一页。

　　这样简单的丰富真好：尽管鬓霜已染，心灵依旧芬芳。

胸怀理想，奋斗不止

——访法学院王兵教授

访谈时间：2013 年 3 月 18 日
访谈地点：清华大学明理楼一层办公室
被访者：王兵教授
访谈者：张竹新（法 11）
整理者：张竹新

王兵教授，安徽人，1946 年出生，1964 年考入清华化工系，1970 年取得清华大学化工系高分子化工工学学士学位，1970—1984 年任教于清华大学化工系；1984—2000 年在清华大学科研处工作，其中 1984—1997 年担任清华大学专利事务所代理人，1998 年被国家科委和司法部评为 1994—1997 年间"全国知识产权工作先进个人"，1989—2000 年担任清华大学科技处副处长，开创了国际科技合作的局面；自 2001 年起在清华大学法学院任教，创建了知识产权法学学科，曾是知识产权法学学科的学科带头人，曾任法学院副院长。王兵教授现任中国法学会知识产权法学研究会副会长、中国知识产权研究会理事、中国高等学校知识产权研究会副理事长，曾任中国版权研究会常务理事、中国商标协会理事、中国许可证工作者研究会理事。王兵教授在高分子化工、科研管理和知识产权领域共发表主要论文 70 多篇，并有多篇被收入论文集和书刊杂志中。

清华百年访谈的任务出来时，我几度搜寻，曾以为清华法学院已经没有清华出身的老清华人了。然而一个访谈线索使我得知明理楼其实还是有纯正的"老清华教授"——王兵教授，我从院办老师处取得了王老师的联系方式，王老师爽快地答应了我的访谈邀请。

"小张，你好。"初次见到王兵教授的时候，他正拎着一只黑色公文包，步履匆匆，见到我，微笑着打招呼。王兵教授亲切、健谈，尽管拥有许多傲人的成绩，但他待人谦和。那个下午，王兵教授回忆了许多往事。我小心翼翼地拿出录音笔，将他精彩而又丰富的一生录之于机器，再诉之于笔端。

青葱的学生时代——"要求进步，热爱学习，锻炼身体"

张竹新（下文简称张）：王兵教授您好，请问您什么时候来清华的？是哪个系？

王兵（下文简称王）：我是 1964 年来到化工系，当时离"文革"还有两年。

张：您就是北京人吗？

王：我是外地人。老家是在安徽。安徽当年全省就 35 个人考上清华。我是从农村考过来的，山沟里面考过来的。那时候名额少。考大学比现在难，招的少。每届只招 1300 多人。现在每届招 3000 多人。

张：那个时候学费贵吗？

王：是免学费的，还有助学金。基本上每个人都有助学金。助学金能管吃饭。一开始来，是十二块五吧，后来就变成十五块五了。上大学几乎不用掏钱。我上学家里要管的就是买衣服之类，其他没有什么开销。

张：你们当时都住在哪儿啊，男生可以进女生宿舍吗？

王：一开始在 8 号楼。8、9、10 是男生宿舍，我们都住在那一片儿。男生随便进女士楼，没人管，没有门禁。学校有保卫处，但是楼里面没有保安，大家都是随便进随便出的。

小偷也不进来，那时候治安很好。所以女同学不用害怕。当时我们都不谈恋爱的。大家都在学习，要求进步。热爱学习，锻炼身体。

张：清华比较重视锻炼身体。那个时候跑步吗？

王：每天下午四点半以后就锻炼，大家养成习惯了，停下学习去操场上锻炼。都是自己自由地锻炼。但那时候就有个别同学没养成习惯，不出去，班干部就时不时地叫一叫，催一催。我那时是班长，我就经常催他们。

张：您还是班长？是竞选的吗？

王：不是竞选。是入学不久由班主任老师指定的，也不是同学选的。当时有要求，班上主要干部都必须学习好。头一学期是指定的，因为大家来了还不了解嘛。后来学校有要求，学习成绩必须 4 分以上，满分 5 分嘛，所以主要班干部还要选择，范围就小了。原来指定的班干部学习差一些的，达不到学校的要求，就被换了。

张：您成绩应该挺好的。

王：我成绩还不错。（笑）所以就继续当，班长、团支部副书记，现在老同学见面了还喊我班长，每次开会、聚会都要我组织，都说"班长组织啊"。（笑）

张：你们那个时候课程多不多？要做实验吗？

王：我们化工系课程挺重的，因为它化学要学的东西多，数学和物理的要求也比较高，所以负担比较重。实验肯定是要做的，它是我们化工系学生的基本功。

张：那时学术氛围怎么样？老师怎么样？

王：老师挺好啊。班主任也一天到晚跟同学在一起。每天都来同学宿舍，她自己也有教学和科研工作，但每天体育锻炼的时候会来学生宿舍看看。特别是晚上，晚上有时候政治学习，班主任要找学生谈心。还有像我们班干部，班长、书记，要找每个同学谈心。班主任基本上每个晚上都来。我们也是天天来。同学主动约我们这些班干部聊天。我都要安排谈话时间，几点到几点，和谁谈。晚上基本上用来做政治思想工作了。下午4点半以后一定要去锻炼。不像有个别同学还做作业，我们干部带头锻炼。学习的时间比别的同学少许多，所以我们就在提高效率上下功夫。

张：后来就是"文革"了，那就停课了吧？

王：当中停课停了一段时间，不算太长。1966年的3、4月份开始，到1966年年底，到1967年年初就开始上课了。尽管上课了，但还在闹。我们的课到1968年武斗时停了。不能上课了，就走了，直到1968年底11月份回来，接着又间歇地上课，开始主要是政治学习。清华园武斗听说过吧？土坦克呀，土枪什么的。武斗一开始就有人走了，到后来动枪了的时候大家都走了。回家躲着，学校没法儿待了。

张：那之后结束了有人通知你们回来吗？

王：没有，大家知道学校没事儿了，就回来了。但是后来有回来得早的，有被打死的。有一个女同学从主楼前的东门回学校，就被来自主楼的子弹打死了。那时也没电话，同学互相写信。后来有同学写信说，学校很安静了，工宣队进校了，我们就回来了。

毕业季——"当老师不考试啊，简单多了，对不对"

张：您一直上学上到1970年？

王：上到1970年3月份毕业。毕业后就留校了。留在化工系高分子教研组，还做学生工作，还当班主任、辅导员。

张：从学生到老师，转变大吗？

王：转变还不是很大吧。因为我本身也是班干部，所以就比较适应做学生工作。学习学得也比较好，所以还行。当老师不考试啊，简单多了，对不对？（笑）但是在清华当老师，训练也比较严格。我是从助教当起。刚当助教的时候不能上课。像我们就是在实验室里，洗瓶子洗罐子，为学生做实验做准备，带学生实验。后来就是为学生改作业，然后就讲课。这样一步一步地往前走。

张：助教当到什么时候？

王：那时不像现在。那时年轻教师没有职称，老教师有教授头衔、讲师头衔。1958年以后毕业的，就没有头衔儿了，都叫老师。所以我们也叫老师，也不叫助教，但实际上就是助教的活儿。后来评职称了，就是讲师，助教没评过。评职称比较晚了，1984年吧。

张：您在化工系一直待了多久？

王：从1970年一直到1984年，待了十四五年吧。1985年后就跟廖元秋他们一起搞专利。当时搞专利是有考试的。我是一个偶尔的机会改做了专利代理人。化工系的一个书记调到学校宣传部当副部长。我原来是做学生辅导员，就直接在他领导下。在系里面表现还可以吧，领导就让我双肩挑。有一回在工字厅门口，中午，我从高分子教研组所在的化学馆到照澜院买菜，经过工字厅时碰上那个调到学校的副部长了。我当时就下车和他打招呼，因为他原来是我的领导。打完招呼后他说："哎，听说专利法要实施了。要挑人出来做专利代理人，需要一个有化工专业背景的老师做专利代理人，你有没有兴趣？"我就问专利法是做什么的，他说就是学校老师有什么发明啊，替他们写申请。我说有没有意思啊？他说专业性要求比较高，又是个新东西。我觉得你比较合适，你做过学生工作，又有化工专业的技术背景，做这个也可以。我一听是新东西，就有兴趣了。

张：您喜欢尝试新的。

王：对。他说我去科研处给你报名。我表示同意。但实际上也没当一回事儿。过了一周，科研处就通知我参加外语考试。考完后，过几天就说，录取了。我就转到科研处来上班了。

张：当时你们学英语吗？

王：我中学学俄语。我们化工系是这样，到学校以后，继续学俄语。俄语有一个通过考试。我们参加了通过考试。通过后就开始学英语。我通过了就开始学英语，但后来被"文化大革命"中断了。"文化大革命"期间，英语不开课。英语实际上只学了九个月。"文化大革命"中没有机会学了。后来到改革开放，我就自学。

张：那个时候您都是老师了，还自学？

王：1976年以后自学，就听中央广播电台英语广播，天天早上起来六点半开始听。那时做老师，自己还要进修好多课呢。一边教学生，一边自己进修，负担还挺重的呢。家里有小孩儿，家务事儿还挺多，买菜做饭，接小孩儿，然后要上班，教学科研之外还有学生工作，自己还要学几门课。基本上每天六点早起，忙到到晚上十二点。从早忙到晚，都这样。很紧张的。英语就那么学的。到科研处后，就参加国家专利局的专利代理人培训。

张：到科研处是哪一年？

王：应该是1984年9月。培训以后就做专利代理人。专利法实施的第一天，清华要递交专利申请，我就跟廖老师他们一起，准备专利申请的事儿。

调到科研处之后，领导就说，在科研处做专利代理的四个人，你们要出国培训。然后我们就参加出国留学的英语考试。我考得还挺不错。我们几个人里我考得最好。所以我实际上就没有认真参加语言学院的出国英语培训。

张：您自学能力特别强！

王：也不是，就是努力，持之以恒吧。通过后就去加拿大留学一年，做专利代理人。接收单位是一个综合律师事务所，我在那里实习。同时我还在渥太华法学院听知识产权的课。当时的律所是我自己找的。我们原来教研组有一个年纪比我大一点，应该是我老师，他在教研组当过老师。后来调到贸促会的一个专利事务所，比清华搞得早。这个老师在那里是个领导，她就给我介绍了加拿大这个律师事务所。

张：当时科研处的领导给你们开会，分好了留学的国别？

王：对，分好了。我去加拿大，廖老师去美国，罗文群老师也去美国。那是不能变的。我去了一年，就回来了。

加拿大的日子——"我每天背到 300 个单词"

张：去加拿大感觉怎么样？

王：当时对比差别很大。那时候国内工资低嘛，一个月 56 块钱。那时外汇很紧张，国家给我们一个月 399 加元，不算少，兑成人民币的话，相当于每月 700 多块钱，相当高了，国内才拿 56 元。英语差别也很大。因为我学英语不是跟人学的，从来没听人说过话、没跟人说过话，都是听广播学的。广播英语，跟实际说话英语差别很大。那时候广播的陈琳老师，原来是学俄语的，所以他那发音应该说也不像现在条件那么好，但已经很不错了。

张：去那儿您得过语言关。

王：对。下飞机以后我住旅馆，就发现我说话人家听不懂，人家说话我听不懂。跟那个电台里学的英语差别很大。加上电台里的英语是更靠英国一点的。加拿大是美国英语嘛。本来就有差别。老师又是学俄语出身的，带着俄语的、汉语的口音，差别很大。语言感觉到比较困难。这是一个。第二个就是进大学学知识产权的法律也有很大困难。好像那个时候学的中国专利法，是老式打字机打字并用油墨印出来的专利法的条文。那儿都是英文的，并且不光专利法，其他法律都要学。加上外语也是自学的，听说都不行。当时我的外语和我要学的东西相比，差距很大。

张：那怎么办？

王：努力呀。国家花那么多钱派我出来，不学好可不行。就每天背单词。我每天大约背 300 个单词。自己原有的词汇量太少。你到他那里学法律，特别是在法院听课，知识面是很宽的。自己听中央广播电台学英语就是日常生活，吃什么喝什么。日常对话和专业课差别很大。专利法、商标法啊，词汇又有政治，又有经济，又有商业，又有科学；科学里面一会儿化学，一会儿电子，一会儿自动化，一会儿机械、水利，什么都有。

张：是，涉及面太广。

王：所以天天背。每天至少300个单词，然后一周再复习一次。另外，我在的那个事务所还不错。派了一个年长的女秘书帮我。每个律师都有秘书嘛。我们去的时候，中国人很少，他们很热情。加拿大女士，特别是这位女士，早上吃得少，中午不吃饭，只吃个苹果，晚上回家吃点。减肥嘛。中午休息时间比较长。不管男人女人，冬天夏天，特别是夏天，一般人都到外面晒太阳。大街小巷，那里草地多，都在草地上晒太阳。这个秘书比较好，也可能是律所安排的，她每天中午不出去，跟我聊天，这挺好。

张：那口语得到锻炼了。

王：锻炼了。每天中午聊天，一方面我英语听力提高了，另外增进了我对加拿大社会的了解。她讲了发生在她身边的好多故事，这是书上学不到的。比如说，谈到他们家，她丈夫做两份工作，因为一份工作养不活他们全家。他的丈夫也是一个很普通的工人。在教堂打扫卫生，还有一份志愿的工作。两份工作。她讲到她女儿长得漂亮，又说他们事务所的一个律师好像要追她。她说，这个律师，你不要看他穿得挺好，实际上他就是要离婚，想找个年轻的。还讲她年轻的时候，去教堂里做礼拜，正在专心祈祷的时候被那个神父给抱住了。就讲这些故事。我们过去在上英语课的时候，哪知道他们那些事儿。她几乎每天要给我讲一个故事，我的听力提高了，对加拿大人内部一些情况也开始了解了。

张：您有什么比较深的感触？

王：我去的这个律所很大，300多个律师，而且他们非常客气。基本上每个周六，律师就轮流请我去做客。所以跟律师们接触比较多，了解了他们的家庭。有时我也被他们邀请去律师俱乐部。律师俱乐部，你看那门口，就跟普通的房子没什么区别，但一到里面去，非常豪华。俱乐部里吃啊喝啊都是免费，都非常高档。你看，一方面这个秘书的丈夫找两份工作才能养活家庭，维持生计；但律师呢，有这么好的俱乐部。所以对贫富差距的感触是比较深的。

外面的世界很无奈——"没想到在美国会有黑人找你要钱"

王：在加拿大留学的那年夏天，从加拿大到美国去玩，开始感受一下美国社会。那时候我比较穷嘛，钱少，就坐那个长途巴士叫 grey hound，翻成中文名叫灰狗。美加那一带都是连锁经营，所以很方便，也很便宜，我基本上在渥太华坐晚上的巴士，在车上睡觉。第二天早上就到了纽约。然后在纽约玩一天，晚上再上车去华盛顿。到纽约以后，看见纽约这个脏啊，比北京脏多了。

张：比北京脏？它不是很繁华吗？

王：是啊，可是纽约的街道上净是纸片。没人打扫，地上铺满了，就像一层雪似的。然后汽车一过纸片就飞上天了。飞上天还没掉下来，第二辆汽车过来又把它弄上天了。就像百老汇那些豪华的地方，都那样。那时美国很乱。坐美国地铁，又脏又乱。里面到处是灰尘、垃圾、纸、果皮，还听说有黑人在里面作案、抢劫。我就感觉纽约怎么这么脏这么乱啊。下午我回到纽约汽车总站，准备坐车到华盛顿去。正要准备上车时，突然一个黑人站到我后面，对我大喊："给我25美元！"

张：天哪，就来抢劫了！

王：那时候25美元对于我们不是小数啊。那时0.7加元等于1美元，25美元相当于国内一个月工资了。我也没有带那么多零钱。因为没想到在美国会有黑人找你要钱。所以没有思想准备，就很紧张，说对不起，没有。他瞪着我，还跟我要钱。我开始很害怕，接着就想怎么摆脱他，我就赶快坐电梯，上二楼。我上电梯，他也跟着电梯过来了。我目光一扫，看见厕所外站着一个警察，我就从电梯下来赶快站在警察背后去了。他又跟着过来，之后没追我了，但他的眼睛还瞄着我。心想这下完了。听说美国有枪，我很害怕。当时灵机一动，正好警察离厕所不远，我就进男厕所了。一看厕所另外一边还有一个通道，我进去以后马上走另外一个通道下去了。下去了以后又从电梯下到上车的地方。因为是换车换到华盛顿嘛。结果我在换车的地方，一看那个黑人又过来了。（笑）我吓得够呛。我赶快上了另外一辆不是开往华盛顿的车。

张：对，赶快先甩了他再说。

王：我就在车里躲着。然后等这个车要开前5分钟时，检票了，我从那个车里出来，赶快进了去华盛顿的车，这时候看见他还在老远的地方盯着我。这件事挺可怕，这是第一次去美国的经历，印象深刻。纽约到华盛顿也是晚上开，早上到华盛顿，时间是四五点，到得比较早。我看了地图以后就想到咱们使馆附近去看看。

张：那您怎么过去？坐公交车？

王：那时候公交车还没有开，天太暗了，还早。再加上当时钱少，舍不得坐公交车，就步行。所以就壮着胆子从华盛顿汽车总站往使馆的方向走。一路就看到沿街有好多人躺在黑色的塑料袋里面。

张：应该是穷人吧？

王：对，无家可归者。脚丫子从黑色的塑料袋中露出来。当时我还弄不清楚黑色塑料袋是干嘛的，现在明白了，黑色塑料袋是美国的垃圾袋。我就看到大部分脚丫子都特别黑，脚心有点白颜色，稍微偏一点看到脚背是黑颜色。街道两旁睡了很多。因为夏天华盛顿并不热，也不冷，在外面睡没问题。我偶尔能看到警察逼着黑人，让黑人脸冲着墙，举着手，（笑）然后那个警察就在他身上摸。估计是罪犯检查，看到两三次。走啊走，走到使馆的时候，天开始蒙蒙亮。

张：走了大概多久？

王：快两个小时吧。街上能见到好多现象。当时我觉得美国就是比较乱，无家可归的人比较多。所以第一次到美国，这两件事儿印象比较深。一方面是高楼大厦，很豪华；另外一方面就是穷人很穷。另外一个感觉就是，和国内比，我们和加拿大、美国的差别很大。那时候国内还是计划供应，没有超市，买肉买鱼啊等等还要限量。

张：还是限量的？

王：是。售货员站在那儿，你去买东西她爱搭不理的。商店东西也不多，比较匮乏。你到那儿看人家，超市跟我们现在一样，大超市，东西应有尽有，花样很多，吃的、喝的、穿的，都有。差别确实很大。我感到身上的责任重大，要为祖国的富强和人民的幸福而努力奋斗。

张：您在美国的时候是多少岁？

王：39岁不到。我跟廖老师同岁，比她大几个月。我们都差不多。

科研处的日子——"我是起了好几个头"

王：国外回来以后就跟廖老师他们一个律师事务所嘛。我这个人就是事业心比较强，觉得律师事务所事儿太少，一年搞专利代理，十来件案子，都是文书性质的，虽然也很有意思；但就是工作量不满，比较闲，我就跟科研处说要回化工系，但他们不同意。

张：为什么不同意？

王：因为我已经调到科研处了，就应该做这个。所以后来领导就把我安排到科研处的科研科做管理。这时候我就变成主要工作在科研科做科研管理，同时也做专利申请。我在科研科从科员干起，然后副科长、科长，后来当了科研处的副处长。随着改革开放形势发展，我在科研处也将外语用上了，后来我就把学校的对外科技合作这块儿开展起来了。开始是国际会议，就是管学校牵头的国际会议。到后来的科技合作。随着形势发展，我的外语、知识产权的知识正好用上了。

张：又是您起头了，好多件事儿都是您开始的。

王：是，我是起了好几个头。我启动了学校的国际科技合作，科技合作主要是跟外国人谈判，经费啊、知识产权怎么处理啊，等等。我做管理工作的同时，业务也提高不少，外语也提高了。知识产权管理这块儿也学了不少。对方好多是国外大公司。旧的模式就是对方出钱，我们学校拿了经费以后，就在学校里做科研，跟他们谈判签合同。合同里两个事儿最关键：一个是钱，给多少钱，干多少活；第二个是，科研成果出了后知识产权怎么处理。尤其是后面这个，我一边干一边学，外语也是。当时谈判的时候学校找不出来英语翻译，学校也不可能给配另外的翻译，那时候也没有这方面的专门人才。即使外语系来的，外语比较好，但是科技方面还不行。

张：人才也是匮乏。

王：这块又是科技英语，又是法律，谈判内容涉及面很宽。今天化工系一个项目，明天电子系一个项目，后天机械系……专业词汇又不一样。里面知识产权处理的时候涉及法律、合同，我不断提高自己，边干边学，有压力、有实践，英语也提高了，知识产权的知识和经验也增加了。后来我就直接用英语谈判。一开始是跟人家学合同，人家给一个合同文本，我能看得懂，但谈判时，基本上谈不了几句就没有话了。虽然留学一年，但毕竟还是比较差，勉强能应付。后来就变成一个项目来了以后，我们先用英语起草一个合同。以我这个蓝本，跟人对话。英语提高了，业务水平提高了，所以到后来做到英语思维了，谈判比较流利了。

从访问学者到博士生导师——"不行，这里有技术秘密"

王：我在科研处期间后来又出去留学了两次。1993 年出去了一次，就是留学。留学学什么呢，不是学知识产权，学我原来的高分子化工专业。

张：为什么又学化工了？

王：不是刚才说我事儿不够，不安心嘛，就去做管理。做管理我也觉得，专利这边做得不好，业务也不够。所以回到化工系去继续兼职做科研。但主要在科研处做管理，国际合作这块儿，开国际会议，管国际合作。然后不是还有精力嘛，就在原来的那个教研组继续带研究生、做项目。1993 年有个机会，就是出国留学，学高分子化工。

张：这次去的哪儿？

王：美国的俄亥俄州立大学，Columbus，去了 11 个月。在那儿应该说表现得还是很突出的。这次本来是去做访问学者，三个月。后来也是赶巧了，我在清华，基本功还不错。一开始做访问学者，对方教授让我做个小项目。其实又难又不难。

张：怎么说？

王：就是把一种高分子材料染色。因为高分子材料是白色的，但要做成各种家具，就要染不同颜色。现在用得很多，像浴盆、浴缸，还有桌椅、厨具，包括飞机上的部件，都用这种材料做的。厨房里要白的、蓝的、红的，做家具也是啊，都要染色。染色要染得漂亮，染得均匀。所以那个教授就是让我做染色工作。染色怎么染得均匀。这个看起来挺简单，但实际上做的时候就有难度。原来让那些访问学者或者留学生做，都做不好，都做不均匀。我在那儿干三个月，弄得还特别美，特别均匀。当时跟我在一个实验室做实验的，是一个白人博士生，美国人。跟我合作的教授祖籍台湾，他带的研究生里面大部分都是内地跟台湾、香港的华人，包括美国来的也是华人，只有两个白人。其中跟我在一起做实验的那个白人，我的导师后来告诉我，他是最难管的一个学生。我也感觉出来，因为他有时跟我发牢骚，知道他不喜欢我们。他做动力学实验前也要先做染色好的样品，得到合格的样品后再聚合嘛，学过没有？

张：没学过，是什么呀？

王：开始低分子，然后通过反应变成高分子。他要做反应动力学的博士论文，看看在染色的情况下，这个反应的热量、温度怎么上去。可前提就是要把颜色均匀了，然后才好做啊。要是用混不均匀的样品做，根本就不真实。他自己也做样品，我们一个实验室里前期的实验都差不多，就是做出染色好的样品。他的样品老做不好，混不均匀。我们俩材料都一样，染料是一样的，红的蓝的绿的。那个高分子原材料也是一样的。他就是做不均匀，我这里做得很均匀。他也看到了我俩的差别。有一天，他就问我，以前他叫我都直接叫我名字。这次呢，改成了先生。

张：（笑）改成先生，一下子尊敬了许多。

王：他就说："王先生，你那个样品怎么做得那么好？"我也看出他不行，我说这里面有技术秘密。"那你能不能告诉我？"我说这不行。因为我知道他导师对他不满意，他经常说牢骚话。我说这里有技术秘密，（笑）不能随便教你。完了他说："你那个是什么时候做的？是今天早上来混的，还是昨天下午做的？"我说昨天晚上做好的，今天反应的。他要我当着他的面做一个。因为以前我做都背着他。我说这不行，这个不能看。接着他改口说："王先生，你能不能给我做个样品？"我说这可以，给你做可以。然后我说你晚上下班以后回家，之后我给你做一个。我们俩就隔着一张桌子，是一个屋子里嘛。我说做好后放在你实验台子上，明天早上你用。

张：然后就给他做了？

王：是。第一天晚上十一点多钟我做完，放在他的实验台上才离开实验室。第二天早上他九点钟来，见到我给他做的样品染色很均匀，很高兴，马上说："Professor Wang，这是你做的呀？"我说是呀。他说："是你今天早上做的吧？""不是啊。"我说，"我也是刚来。怎么可能今天早上做呢。我是昨晚给你做的，是十一点多钟做好的。""哇，这还是那么均匀！"（笑）他说，"真好，真好。我可以拿这个往下做个实验了。"我说可以啊，下面你就做反应吧，你就做动力学实验，曲线就可以出来了。然后他特高兴，到下午的时候反应就做完了，曲线都出来了。他非常高兴。然后他说："王教授，你能不能给我再做一个？"我说："再做一个可以。但事不过三，最多做三个。我马上就要结束研究工作，要回中国了。"他很高兴："做三个，行，今晚给我做俩。"我说："行，今晚给你做。明天早上，我十一点钟到实验室，你九点钟来。"和第一个一样，我也是等他晚上走之后做。样品经过一晚沉淀，第二天早上还很均匀。第二天中午我来吃饭的时候见到他，他非常高兴，他说："哎呀，王教授，这做得太好了。我的实验可以做下去了。"他此后就一直叫我教授，不叫先生，更不直呼我的姓名了。

张：那您为什么会在那儿待11个月呢？

王：就是因为这个白人博士生。等到我访问结束前两周，那位台湾籍教授就找我了。他说："王教授，我跟你商量个事儿。"我以为他要请我吃饭。（笑）他说："你能不能跟你们学校说说，你在这儿再延长一年，至少半年。"我说这个，学校可能有点难办。学校不会给经费，说好的三个月。他说："经费没问题，我给你经费。"我说："为什么还让我留你这儿呢？"他说："是我那学生要求的。因为他觉得没你他的论文没法儿做。样品做不出来，没法儿做。所以他希望你作为他博士论文的指导教授。他提出来，我看确实也应该留下你。他说我们俩一起指导他的博士论文。延长时间的经费我拨给你。"我说这事儿我做不了主，必须先写信、打电话回国请示。后来这半年，我名义上就是他的博士生导师了，指导博士论文了。（笑）后来我负责帮他做样品。他做动力学实验，我们一起讨论实验成果，制订下一步实验计划等，实验完成后我就指导他写博士论文。

张：您的实验为什么做得这么好？

王：就是因为清华这种训练好。做学生时训练，后来做助教也训练，像这种在罐子里搅拌，训练了很多。到那儿，这两种东西，一种是做高分子材料的原料，是液体的；一种是染料，有机的，无机的，固体的……各种各样的，要混得均匀，需要基本功、需要动脑子。就是什么时候加、什么样的温度、搅拌多长时间、搅拌的速度。先搅后搅，都有门道。这个东西我们原来在实验室里就做过，接触过。不像美国那学生，只做过几次，他不知道搅拌这里面也有一些规律。所以他做不了。

张：后来怎么样了？

王：后来我等于是他的博士生导师，和这学生合作发表了两篇论文。他很服我。后来我走的时候那导师说："哎呀王老师，这个学生在我这儿待这么多年了，没有一个人能管住他。这次你把他管住他了，帮他顺利完成论文。真要谢谢你呀。"（笑）

不做学者做学生——"别念啦，都晕啦，身体弱"

王：2000年，我第三次长期出国留学。我从科研处出去，到美国的富兰克林·皮尔斯法学院去留学。那里知识产权学科当时是不错的，以前在全美排在第一，后来排在第三第四，去年排第八。

张：也是去做访问学者？

王：访问教授。这个机会是怎么得到的呢？咱们法学院请了一个美国的教授来讲学，由美国富布莱特计划支持的，是一个法学教育交流计划。美国富布莱特基金出钱，让他在这儿教一年课，开知识产权课。我听说他开知识产权这个课，去三教听了他一堂课。美国人不是喜欢在课堂上提问题嘛。

张：对，和我们不一样。

王：对，咱们中国学生基本上对提问题都不起劲儿。因为他提问题，我就回答问题，而且我还给他提问题。那堂课搞得比较活跃。他还感觉到我知识产权方面还是懂一点的。我也没当回事儿，这堂课听完就回去了。这位教授一年以后回到美国，突然给我发了一个电子邮件："王教授，我还希望跟您在知识产权方面搞点合作。我们一起到美国国务院申请一个中美法学教育交流的一个项目，可以不可以？"我回答："可以啊。"这样，以我们俩的名义申请这个项目，项目拿下来了。项目当时我记得是 20 万美元，钱数不少。

张：很多了。那项目是做什么的？

王：基本内容就是，他们老师三年之内，分别要来清华法学院待一个月。我们这儿派三个老师到他们那儿，学法律，学知识产权，每个老师去那儿待一年。全部费用都是从项目中出，给得挺高。一个人一年约两万美元。这个项目拿来了，但我在科研处啊，我心想这是法学项目啊，就跟法学院联系，那时我是法学院兼职教授。

张：您那时在法学院已经兼职了？

王：我 1995 年就开始兼职了。法学院一成立我就开始上课了，就教知识产权的课。那时候法学系刚成立，只要是学校里搞法律的人，都给张罗来了，因为人少嘛。于是让我做了兼职副教授。因为我是学知识产权法嘛。实际上在法学系成立之前，1985、1986 年，我给全校老师开了专利法的课。后来我还给经管学院开了国际经济法。

张：您经管学院也待过，您待过好多院系啊。

王：只是课在那儿。讲的是国际经济法。法学系成立时知道我在经管学院上过课，也是学过法律的，讲过知识产权方面的课，就让我做兼职副教授开课，开中国知识产权法。陈建民老师来之前，这课都是我开，包括研究生、本科生的课都是我开。

张：一直开到什么时候？

王：一直开到陈建民老师来，我就不开了，大概是 1996 年吧。我挂名还是法学院的兼职副教授，但人在科技处。有一段时间，我在法学院也有业务，在化工系高分子学科也有业务，但主要是在科研处做管理。后来忙不过来的时候，将在化工系的业务放弃了。直到刚刚提到的这个项目，给法学院一个名额，给了崔建远老师。他先去，中途是我，然后科研处一个老师。三个人去，一共大概两年半，中间有交叉。于是 1999 年，我就去做访问教授，跟崔老师一样，听听课，就完了，没有别的事儿。但我这个人有点闲不住，听课听了两个月，觉得听课对我来讲好像比较容易，学不到太多的东西。所以我当时就产生了在那儿读学位的想法，通过当学生学到更多的知识。

张：念学位？您当时已经五十多了，竟然会想去读学位！

王：嗯！读他们那个法学硕士，LLM。知产的法学 LLM。就向他们提出来，在你们这儿念学位行不行？他们院长听了后说这个挺好。美国人就是这样，只要你提出什么想法，他们一般不会拒绝你，就怕你没有想法，有想法他们都会支持。他就说我们研究研究，你岁数也不小了。当时已经五十四五岁了。他说你岁数也不小了。另外你的时间就一年，已经过了两个多月，剩下时间也不多了。研究一周之后呢，院里面同意了。同意了就等于是学费不要什么都不要，然后还说你复印什么东西都免费。还给了一台电脑，给我学习用，还很优惠。所以我看这机会挺好，就学。哪知道学得太猛了。因为我剩下九个多月不到十个月时间，美国的课也很重。

张：那个 LLM 应该是两年的课吧？

王：一年的课。一年学 26 个学分，比较重。一上来就选了七门课。做访问教授就是带耳朵听课，上课没什么压力，没作业，听懂听不懂无所谓。这一念学位就大不一样了。选了七门课，压力大，需要下功夫。一开始，基本上是早上六点钟就起床，晚上十二点半、一点钟睡觉。每门课教材都要看，要听课，弄得挺紧张。我是 54 岁啦，就很难应付。后来有一天就在学校晕倒了。

张：天哪，您怎么晕倒了？

王：（笑）晕倒一次还没什么，第二次又晕倒了。那时候我爱人正好陪着我去了。我第二次晕，她就着急了。那时候好多中国同学在那儿，台湾的、内地的、香港的。崔老师当时也还没回来，他也是一年，我们俩搭界要搭那么三四个月。所以我爱人就搞宣传，有一天她把他们包括崔老师找到一起，帮我来开会，都做我工作。就是说王老师不要念了，念什么啊。崔老师说："王老师你还念什么，你都是教授了，念这玩意儿干吗啊，也没有用的，对不对？"我说我念这个主要是想多学点，跟做访问学者听课，总是不一样的，是真的要学懂才行。主要是这个目的。他说："别念啦，都晕啦，身体弱。"（笑）我爱人很着急，开了两次会，第二次我就答应她了。我说不念了，我跟学校院长说说。后来我就找院长说："这一段晕了好几次了，岁数也大了，不想念了。"院长说："王教授真的不容易，我们也是作为特殊情况让你念了，不容易。这可能前一段你学得太紧张，你也不要那么紧张，放开了念，不要觉得教授学不好会怎样，及格就行了。你放松下来，再试两周，如果你还学不下去，还是晕，那时再给你退，你先试试。"他这么一说，我后来就比较放松了。结果两周后就没事儿了。我就跟我爱人说："我没事儿了，可以继续念了。"我跟院长说："我没事儿了。"我没有心脏病，我身体很好，没病，可能就是太累了。这样就一直到期末考试，其中合同法还考得不错。

张：成绩还不错。

王：因为我们那个学校全世界各地学生都有，一百七八十人学，合同法第一名是一个台湾学生，A＋。我的合同法成绩也不错。所以我自己也有信心了。因为这学期学下来这几门课都还不错。院长他们也听到了，所以认为这个王教授还挺行。

正好到第二学期，咱们法学院一个代表团访问哈佛大学法学院。先到哈佛，后来到耶鲁。哈佛不是在波士顿嘛。我们这个学校正好在波士顿附近，一个小时车程。当时崔老师在那边，我也在那边。所以这个代表团的书记、院长、副院长这几位老师，就到我们那学校做一个访问。访问期间，美方院长就把我的情况和学习过程介绍给代表团。所以访问以后，院长、书记找我，说："王老师，你回国以后，不要回科研处，你回法学院吧。我们法学院正好缺一个知识产权老师。"我自己也想去法学院。因为在科研处干了很长时间了，马上就要退休了。我想搞几年业务。所以当时在美国我就答应了。我说："行，我就是铁了心了，就在你们那里干。这里边的人事关系、学校的事儿你们去协商。我来的时候是科研处派出来的，所以要科研处那边同意放我才能到法学院。"

从科研处到法学院——"他以为我嫌官小"

张：所以您是这样到的法学院，因为 LLM 的学习和院长的表扬。

王：对。后来下学期顺利拿了学位，我就回来了。回来后就到法学院上班。实际上那时候科研处那边还没同意放人。

张：没同意？没同意就先来了？

王：先来了，因为我铁了心了，不想在科研处那儿干了。法学院这边要，我就在这儿上班了，科研处不放我也得来。后来主管科研的副校长，龚克教授，在天津大学、南开大学当校长的龚克，找我谈了三次。第一次就说："王老师回科研处吧，科研处需要你，科技外事这一块儿，现在还没有一个人可以接上你。这个对外语要求比较高，还要懂法律，没有合适的人，你还在这儿干吧。""不行，"我说，"我在科研处待的时间太长了，做管理做的时间太长了。临退休前几年想搞点业务。"我没有同意，他也不好再谈。第二次再来找我，他说："王老师我明白你的意思了，这样吧，你在科研处换另外一个地方，去学科办公室。"他以为我嫌官小，要给我换个正处级！我才是个副处长嘛。他说："你来当主任，正处。但是你在科研处这里还做指导。"我说："我不是为了当官、嫌官小。我确实是做管理时间太长，自己又喜欢做业务。我离退休不远了，我今年 56 岁了，60 岁退休嘛。我就想留几年时间给我做业务，没有别的要求。我到法学院也没别的要求，就是做点业务。也不是想在法学院搞个官啊，没有这个意思。"他看我是真的想搞业务，说："好，研究研究。"他原来以为我嫌官小。（笑）第三次他又找我了，他说："经过研究，同意你到法学院去了，反正你也没多少时间，要有思想准备，业务要适应，你要有思想准备。"我说："这个我不怕。既然去了，有多大困难我也能克服。我不在乎这个。"

初来法学院——"你这个处长不一般"

王：我 8 月底到法学院正式报到。当时院长对我说："王老师报到以后，你把陈建民老师那门知识产权课接下来，再开一门科技法，然后你自己再选一门，开三门。"

张：快开学了。

王：对，快开学了。（笑）时间紧，一个是感觉压力大，另外也感觉是院长对我的考验，你是不是真的能够当个老师。我接受了任务。至于自己开新课，我思考了一下，说这样，我用英文开一门，给研究生开中国知识产权法概论。我这

话一出，院长眼睛就亮了，看着我："哟，王老师行吗？你行吗？"我说："要说行不行，我既然提出来就有一定的把握。但也不能保证百分之百。"他说："我们法学院有留学经历的，在国外拿到法学学位的老师不少啊，到目前为止还没有人提出用英文开课呀。"我说我试试吧。所以一个秋季学期下来，我开了这三门课，我还组织了一次国际会议。

张：国际会议？那是什么时候？

王：是11月份开了个国际会议。当时，我们法学院开另外一个国际会议。这两个会议是我们法学院第一次搞国际会议，我这个国际会议来了24个外国人，还都是白人，人高马大。（笑）另外一个国际会议，有几个日本人，还有几个台湾人。我这个国际会议还像模像样的，真是国际会议。欧洲人很多，美国人很多。因为原来我在科研处也做研究，也有项目，开会也接触到一些欧美的学者，所以我这个会议像个国际会议。秋季学期一下来，到了学期结束的时候，院长找我谈话了，说："哟，你这个处长不一般啊。跟别的处长不一样。"意思就是说我这一学期做下来还行，这个做管理的人业务上还行。三门课开下来，还搞了个国际会议。然后他就说："知识产权这一块，你就牵头吧。我们成立一个知识产权法研究中心。你就当主任，以后你就把这一块搞起来。"这就等于给一个任务了。这说明院里面，至少院长这块儿对我信任了。

张：所以后来在法学院应该走得比较顺了。

王：对。后来我这主任的衔儿就戴着，就把这一块儿，这几年就搞起来了。包括后来知识产权单独招生，单独排课。等于知识产权法从传统的民法脱离出来——原来是放在民法领域，归马老师领导——后来我们独立出来，完全独立了，从学科上表明知识产权是一个独立学科了。人也增加了，从两个人变成七个人，现在六个人。在法学院立住了脚，在知识产权学术界也立住脚了。后来有个有趣的事儿。一学期下来，正好第二年院里面改选，把我选成副院长了。我那个时候根本没有当头的要求，只是想做业务嘛。这一学期下来到改选的时候，副院长也选上了。

在法学院这十年还是挺有意义的。也很辛苦，不懈地奋斗。发挥清华人的这种务实、不张扬。因为在法学院教授里面，清华毕业的正教授就我一个人。其他都是引进的优秀人才。在法学院我注意发挥自己的特色，我法律的功底肯定不如这些引进的教授，因为他们原来是学法律的，我原来学理工的。但是我有清华的作风，勤奋踏实，不张扬，我的优点是有科技背景、有管理经验，外语比较好，这些有利于我搞知识产权法学，这是我的优势，我就发挥这个优势。

张：短短几年做到这么好，真不容易。

王：是。到法学院，我就把知识产权这个学科弄起来。开始还是陈建民我们俩。后来到我退休的时候，我们经过十多年奋斗，应该说这个知识产权学科，在法学院也站得住脚了。在整个国内知识产权界也算前几名了，在国际上也很有名了。在过去12年里，我在法学院主持召开了6次高技术知识产权保护的国际会议，我一直任会议主席，在国际知识产权届界影响。我也从原来是一个知识产权法学学会的会员，到理事、常务理事，后来到副会长。（笑）一步一步，经过十多年的奋斗取得了这点成绩。这里面有不少艰辛，确实遇到过许多困难，但我没有退缩，而是奋斗、奋斗，始终有用不完的劲，没有松懈，没有停止。回过头来看，现在觉得不容易。

张：确实，我知道您有好多头衔，什么法学会知识产权、法学会常务理事……一直到理事长之类的。

王：高校知识产权研究会副理事长。反正就是这十多年的奋斗。辛苦，很辛苦。基本上都是没有周六没有周日的。节假日也没有，什么十一啊五一啊，没有。

张：那是要做什么？

王：看书啊。一边教课啊，一边学习，做课题啊。有时候我一年做四个知识产权课题。到后来做得有名了，我就不用出去，人家把课题送到我这里。我还帮年轻人接课题。要充分发挥清华这种务实作风。一开始做课题，我每接一个课题，就认真去做，务必做好，做好了后人家非常满意。不管是政府的还是国际跨国公司的，都很满意。慢慢地，信誉和声誉就起来了，人家都找上门来。本来像这些跨国公司前些年的课题主要是给其他学校的，后来慢慢转到我这儿了。因为我有清华的特点，就是踏踏实实、不张扬。还有说到做到，做得水平很高，人家非常满意。

张：做法学，做知识产权课题，跟以前化工课题有什么差别？是不是法学这边主要是多读书？

王：不仅仅是读书，这里差别太大了。两个学科，就是从思维逻辑，方方面面都得变。从理工科转来学法律，这个转变是很大的。我能到这边来而且有的特点，包括我在知识产权界，所以我一直注意发挥自己的特点。如果不发挥自己的特点，而是跟在人家屁股后面，绝对不会走在人家前面。要把自己的特点发挥出来。

关于知识产权——"你不搞枪炮行吗？"

张：其实，对于知识产权，有人说我们中国搞知识产权是由于外来经济和政治压力的结果。还说中国搞知识产权带点功利的色彩在里面？您怎么看？

王：确实是有外来压力的因素，但说它"功利"不完全对。其实是这样：知识产权这个学科一直到现在，我们还处于弱势。外国人的要求，不断增加压力，这是他们的利益所在。但是在那个阶段，你要是不搞知识产权，就会影响到我们改革开放。人家不放心，人家把好东西弄过来，好技术弄过来，结果被偷了。他不放心。所以那个时候知识产权是配合国家改革开放，配合国家引进外资，发展自己、把自己的产品打到美国市场。原来以前我们的产品都进不了美国市场，不保护知识产权人家不对你开发市场，人家不把技术给你。所以那时候知识产权要配合国家总体战略。

我们从长远来讲，从自身来讲，将来要真的成为一个世界强国，不是说光有钱就行了。一定要在知识产权上占上风。所以我们搞知识产权也是一个学习的过程，锻炼自己提高自己的能力，然后经历一个知识产权由弱变强的过程。等到我们知识产权变得很强了，那时候才真正算得上世界强国。所以，我们不搞知识产权肯定不行。在开始阶段要受压、学习。学会了以后再增强自己的能力，到一定阶段，就变成跟他们博弈了。

张：有点"师夷长技以制夷"的意思。

王：对，绝对要这样。有很多好的东西，你不懂规则，不会玩这个规则就不行了。这跟过去说你是大刀长矛，人家是枪炮，刚开始的时候你一定受压。所以你不搞枪炮行吗？你还是用大刀长矛，老落后了。对不对？所以造枪造炮，你需要引进。可能刚开始弱一点，经过一段时间你炮就造得好了。像现在，很多方面已经好了，但是跟美国仍然有差距。就是有这样一个历史过程。

张：那知识产权引到中国可能有一些新的问题，比如中国有中药啊之类的。所以它要保护可能就要麻烦一些了。

王：也需要保护啊，你也需要琢磨怎么用知识产权保护我们自己的一些优势。我们也有优势的地方，但总体来讲还处于弱势。宏观地说，整体上弱势是主要的，强的地方很少。但慢慢我们会有些强的东西。

我眼中的清华园——"清华的特点是什么？敢闯"

张：您觉得和您在清华学习以及工作的那段时间相比，现在的清华，变化在哪儿？

王：好坏都有。总体来讲应该是比过去要好。我在科研处当副处长当了十年，我清楚这个情况。总的来看，教学科研这一块儿。在我们做学生时候，应该说清华还是以教学为主。主要是上课、教学，科研比较弱，当然可能相对其他高校强一些。我们高校科研这块儿比较弱，经费很少，当时国家钱也少。国家的经费主要是给科学院，科学院专门做科研了。高校被认为主要是教学的，所以教学为主，科研少。这么多年下来，这个转变过程我也看到了，国家政策也变了。国家发现科研光给科学院，水平上不去，必须把高校力量调动起来。国家政策也在调整。清华又是个重点学校，这个调整过程中，清华科研比重就加大了。到现在应该说，从教师人数、经费方面看，是教学和科研结合的一个综合型大学、研究型大学。这个转变很明显。无论从科研经费，还是从师资队伍看，都要比那时候要强。

张：那么研究的态度呢？

王：研究态度，这几年我不太清楚。清华的校风之一是务实。你看外面揭露一些学校假论文，清华好像还没有一个老师被揭露出来，没有一个教授被揭露出来。（笑）还是比较务实的。

张：你们一直都是双肩挑，又红又专。您就是典型的清华人。

王：对，我就是。这个双肩挑，过去比较多，可能现在比较少了。

张：现在有的教授好像只是专门做学问。

王：对，现在有个变化。一个是教育和科研的关系在变。还有一个我感觉到的就是干部，特别是校机关的干部。过去老清华时候，像我们这些干部，都是在底下做老师，搞教学搞科研搞了很多年，而且表现还比较突出的，然后被调上来做干部。像我实际上就是从校机关的科员做起。你看我在高分子化工专业待了十五六年了，做了那么多教学、科研和学生工作，而且我还算比较活跃的老师，还不错的。调到校机关以后就是科员。现在呢，好多人毕业都是博士头衔，然后直接到校机关，没有在下面搞教学、科研的经历。前几年的情况是一到校机关至少是个长，有的还是副处长，没有做过科员。所以普遍感觉到校机关干部对底下老师们的科研教学的实际情况不了解，他们没有实际体验。所以由他们在上面搞出来的一些政策，有些地方就比较脱离实际。不像我们那时候。像我在科研处当了副处长，需要动脑袋想政策。比如说知识产权怎么处理，对外科研经费和知识产权关系怎么处理，然后出相关的政策。因为自己从底下做过来，搞出来的政策就比较切合实际。已养成了接触基层实际的习惯，也希望跟老师们去聊天、去了解新的问题。所以很多东西，学校的政策，包括人事管理等相关政策，我在清华大学法学院当副院长时接触这些政策，好多是脱离实际的，是做不下去的。底下反对意见也很大，也说明这个问题。这是一个比过去相对要差一点的地方。第二个比较差的就是理论与实际相结合这块儿要比过去差。

张：理论不能与实际相联系。

王：是。这一块儿也是我在法学院做法学教授，发挥我特色的地方。老的清华传统就是理论联系实际。我要做老师把课讲好，一定要做科研。在法学院我接课题。课题做完以后课题里有新东西，放在我那课堂上讲，这样学生能接触到最新的东西。这个是我跟别的教授相比时的一个特点。有的教授满足的是从书本到书本，没有做课题。这几年稍微好一点。我刚开始来的时候，我做副院长经常讲这个。我说教学一定要做科研，而且做科研的题目一定要和实际结合。从国家、从企业那儿接些实际的题目来做，与教学结合。开始的时候有的老师还反对："看书就行了，看看那案例就行了。"现在慢慢对科研重视了，但总体来讲还不够。理工科那边也是，学生脱离实际的比较多。比如很少有人去工厂。学生暑假各种实践机会，有的是走过场，糊弄糊弄。

张：（笑）我们实践确实不够。你们那时候呢，是怎么样的？

王：我们过去带学生，真到工厂里去，大学的毕业设计，我到东方红炼油厂，做他们一个设备的改造，带七八个学生，在工厂上班倒班，把那个设备的问题弄出来。问题在哪儿，怎么解决这问题呢，书本上看的不管用。我们还做调研，到其他的厂看人家有什么好设备。然后选了一个好的设备，把设计图纸做出来，再到加工，最后安装、运行这样做完。一个大的炼油厂里面的设备，那一组的学生跟着我做了以后，解决了实际问题，动手能力也强了。现在老师里面有几个这样做？有的人在实验室会做，但真刀真枪去工厂、基层单位解决实际问题就不行了。这方面，理论联系实践方面比较差。我们现在外语比过去好。计算机这块儿肯定比过去好。但是，动手能力、解决实际问题的能力，比较差。最典型的是，有一次我对一个研究生说，你到北京一中院查一个案子。一个女同学，我的研究生。她说："北京一中院在哪儿呀？怎么去呀？"我说："这个事儿你还来问我？不知道怎么去，你查地图啊，打电话啊。"这说明她实际动手能力差，闯劲差。另外要有自学的能力、敢于接触实际问题的能力。碰到实际的问题知道我应该怎么做，不害怕不畏惧。相信自己能解决，总能找到办法。确实在实践中动脑子想办法。比如说我在科研处当副处长的时候，基本上不写东西，只要动嘴就行了。

张：负责管理。

王：对，出主意。比如说我要写个什么报告，不需要我写。我管两个科长。我说写什么报告，起草一个政策等等，我把基本想法一说，然后科长就给写，写完后一看，一改，这样就大致可以了。到了法学院来，角色就变了，当老师啊，要上课啊，谁帮你写啊，什么都要自己写，要自己打字，Power Point自己做，备课笔记自己弄。

张：我看您一直处于学习的状态，是吧？

王：一直在学，就是要有这种清华精神，相信自己的能力，动脑子想办法解决问题。我原来没学过打字，我自己想办法，这手指头应该怎么摆，渐渐地我就能盲打。所以我现在打英文，照着写好的稿子的时候，眼睛只看稿子，不用看键盘。我没有看教打字的书，都是自己琢磨出来的。这手指头怎么排，几个手指头各管哪个，哪个放在中间等都是自己想出来的。一个偶尔的机会，我的女儿给我一本学打字的书，她说："爸，你看这本，这不是有书吗？这教你怎么打。"我一看书，书上写的跟我琢磨的一样。这就是实践当中动脑子，找到规律了，发现它的规律，很快就学会了。我刚来法学院的时候，自己备课，来了才十几天就要开三门课了，其中还有一门英文的，我能完成，那就是一种能力的体现。

张：就像您刚说的，实践能力、学习能力，这都是清华带给您的。那您觉得清华对您最大的影响是什么？

王：怎么说呢，最大的影响就是上进、钻研的精神。当然就是为了国家。这个过程中的变化，主要还不是想着自己怎么样，像我这工作变了，是新工作，就有兴趣。就是求新、创新精神。前面多少困难我没有考虑，只要这东西是新的。比如我学知识产权，搞专利，听人说是新东西，它业务性很强，就有兴趣了。到这儿来辛苦不辛苦，工资是多少，这些都考虑得很少。考虑的是需要这个就来干这个。没干过没关系，没干过我就学。主要是这样一个思路，这样一种作风，这样一种自强不息、追求卓越的校风。

张：谢谢王教授，谢谢您！

访谈感想：

访问王兵教授的时候，我发现一个有趣的现象，他喜欢用"业务"这个词，无论是谈到化工系，还是科研处，甚至法学院的经历，他都离不了"业务"二字。有人说，隔行如隔山，可见改业之难。可王兵教授这么多年都在不断翻越山头；而那些于祖国有益的"业务"，便是他眼中绝好的风景，遍布山野。

如今的王兵教授虽已退休，但还是每天来明理楼从事教学和研究工作，就在我访问他的过程中，他还接到有关专利代理事务的电话，工作之繁忙可见一斑。或许清华的教授们的字典中本就没有"退休"这个词。于他们而言，学习和工作已成为一种生活方式，生命不息，奋斗不止。让我们向这些老教授们致敬！

我和清华的六十年情缘

——李学勤教授访谈

访谈时间：2011 年 4 月 11 日

访谈地点：文北楼李学勤教授办公室

被访者：历史系李学勤教授

访谈者：姜明慧、张敏、陆一（研）

整理者：姜明慧、张敏、陆一

李学勤，1933 年 3 月生于北京，1951—1952 年就读于清华大学哲学系，1952 年"全国高校院系调整"离开清华，进入中国科学院考古研究所（今属中国社会科学院）工作。1954 年进入中国科学院历史研究所工作。曾先后担任中国社会科学院历史研究所所长、清华大学思想文化研究所所长、国务院学位委员会委员、历史学科评议组组长等。现任清华大学历史系教授、博士生导师、国际汉学研究所所长、出土文献研究与保护中心主任、夏商周断代工程专家组组长、首席科学家、中国先秦史学会名誉理事长、国际欧亚科学院院士。

老清华文科的最后一班学生

研：今年是清华的百年校庆，说来也巧，整整 60 年前，您也是刚刚踏进清华园的学生，我们都想知道您在清华当学生的时候是什么样的感受和心情？

李：我常常说我的经历不足为训，因为很少有人会有我这样的经历。我是 1951 年进的清华，不久院系调整。1952 年调整以前，我是最后一班文科学生。1952 年以后清华就没有文科学生了。我们那时基本上还没有经过教学改革，和老清华差不多。我常常说的，我是老清华文科最后一班学生。而且我就是清华的学生，因为我没去北大。院系调整，许多人都去了北大，我没有到北大去，我没有在北大注册过。当时我就调到中国科学院的考古所去工作，所以我只读了一年的

大学，我比你们确实差多了。（笑）

研：当年您为什么选择到清华读书呢？60 年后的今天，您又为什么回到清华当老师呢？

李：虽然我在清华只读了一年，可是对清华的感情还是非常深刻，忘不了。我在中学的时候就读过很多清华老师的书，比如金岳霖先生，因为我当时实际上是想学现代逻辑，所以我考的就是哲学系，就是投奔金先生。我不单读过金先生的书，还读过冯友兰先生的书，还有其他老师的书，差不多都读过，你们都知道冯友兰先生的"贞元六书"，"二史六书"记得吗？"二史"就是《中国哲学史》《中国哲学简史》，"六书"就是《新理学》等六本书，我在中学时代都读过。我的兴趣很广泛，我特地来学这个，就是投奔他们来的。

那真是一个人文辉煌的时代

李：到清华来见到很向往的老师，心里很高兴。我也对图书馆的先生们说过，我之前对清华印象特别深的就是清华的图书馆。因为我在中学念书的时候，到很多地方去找书读。大概你们在中学的时候很少看课外书，我们那时没有过这种现象。现在是学习压力特别大，我们那个时候没有这事儿，我下午三点以后出去看电影也没事儿，我还参加学生运动。现在学生上课上到五六点，我们那个时候时间非常充裕，所以我读了很多的书，科学的、哲学的。

我这人特别喜欢符号，所以我就去读这些书。当时国际上一些比较前沿性的书，在外头很难找到，比方说我很喜欢看卡尔纳普的书，他是奥地利学派的成员之一，讲逻辑哲学的。那时候卡尔纳普的书在北京图书馆一本也没有。我到了清华，拉开书目抽屉，他的代表作都在里头，非常方便，印象非常深。所以那个时候清华理科方向我不清楚，在文科方向是非常前沿的，而且这个前沿是国际的，它能跟得上国际步伐。当时有像冯友兰、金岳霖这样的大师在。我们系里的张岱年先生，是非常有名的资深教授，但当时我还没听过他的课，因为那个时候的教授太多了。那真是一个人文辉煌的时代。

兴趣是最好的导师

研：李老师，现在社会上对清华的普遍看法是工强文弱，这和您当年在清华读书的时候有很大不同，您如何看待这一现象？

李：现在清华人文的氛围是比以前要差一些，但是现在的问题是大气候的问题，不是我们小气候的问题，不是清华局部的问题。前几年，《中国教育报》来找我，问教育的最大问题是什么，我说，最大的问题就是功利化。我们那个时候没这个思想，你们可能想象不到的。你要知道，我们那个时候的物质生活条件比你们现在差多了。我在中学时候，一般是不可能买新书的，我只能买旧书，因为新书贵。记得我当时想买一本中央研究院的院长李书华写的一本《科学概论》，我就想买这本书，可就是买不起呀，真的。那时候也不好意思问家里要那么多钱，那怎么办呢，我就不吃饭，把钱省下来。

那个时候上学都是走路，不像现在这样，还有校车，我们就得走呀，走得远，随身就要带点钱到外面吃饭。那个时候攒几天饭钱才能够买那本书。虽然那么困难，而且那时候社会动荡，正是战争的时期，解放战争时期，可是我们脑子里头从来——至少我认识的同学里头——没有一个想着将来我学什么能够挣钱。你们可能都觉得有点不可思议，可是确实如此，我不知道你们是怎么想的，至少我认识的人里面是这样的。所以我考哲学系，哲学系一定没饭吃，可是我没想过。

研：那么，在您看来，清华人文学科的教学和科研该如何重新找回从前的辉煌呢？

李：可以说完全就在于兴趣和爱好。我当年想学这个现代逻辑，就来学了。现在能做到这一点的人真的很难找到，这是社会风气。现在连幼儿园小朋友都满脑子功利金钱，我们那个时候根本就没这事儿。这是怎么回事，你们可以体会体会。

在这个方面，清华学生做得特别好。十几年以前，南方的一所大学，校长跟我很熟，请我去，意思是让我在他们那儿做点儿什么，帮他们建个研究所，条件足够好。可是我一看那个氛围就觉得不能做，这研究所不能成立，因为成立之后，我们无法给他们提供挣钱的机会，学生也不会来读。

工科学生也有人文素养的需求

"百年清华口述史，人文日新"，清华大学有着深厚的历史积淀。我们都知道清华的历史，它是从庚子赔款来的，所以很长一段时间，清华不是属于教育部的，它是属于外交部的，叫留美预备班。有四个班，胡适就在其中，那个时候学生的出路是有保证的，就看你读得好不好，当时的整个社会风气跟现在是不一样的，当然也有些人为了功利跑来跑去，可是有成就的人不是那样的。我可以对你们说，如果不是凭兴趣，在任何学科中都不可能取得成就，包括文学在内，如果人太功利，拼命写也写不好。梁启超就说："一般做学问的人是把学问当手段，但真正做学问的人是把学问当目的。"没有兴趣是不行的，最近我看一个工科的院士写的一篇文章也是讲这个问题的。

在现在比较功利的环境下，清华和清华人要怎样才能做好学问呢？我觉得目前只能将这两者结合起来，对自己的兴趣、爱好方面进行一些引导和培养，这是很重要的。我给大家讲的还是那句话，不是从学术性的追求出发的，一定达不到好的结果，这是我可以保证的。

研：清华以工科学生居多，您觉得在提高自己的人文修养方面，他们该怎么做？

李：在个人修养方面，清华大部分是工科学生，但也有人文素养的需求。做学问从兴趣出发，看书也是这样，别开一个什么最低限度书目什么的。你要给自己开个书目，越有计划越不成功。不久前看了上海的一本科学杂志，里面就有一个统计，美国的研究者找到200人，100个人是事业特别成功的，另100个是特别会做计划的，结果那些成功的都不是会做计划的人，而会做计划的人往往最后不成功。

教师死于讲台

研：您这些年来一直在开课，而且经常开全校通选课。慕名而来的学生具有各自不同的知识背景，却都爱听您的课，您是如何做到这一点的呢？

李：我想我讲的课，唯一的优点，就是常常讲一些心得，讲一些新的东西，而不是照本宣科。学校对于我讲课没有什么要求，如果不讲课，照样拿工资。但是，我自己要求讲课。因为我觉得当教授不讲课有点不像话。我这话说出来登在报纸上过，当教授不讲课不教学生，你干什么？当然我讲不动了，讲不了了，那就没办法了。

梁启超说，战士死于疆场，教师死于讲台。梁启超一直到晚年还坚持讲课，直到病重。一个学校、一个学术单位，很重要的一个方面还是培养学生。我在学术领域工作了50多年，在很多大学都讲过课。和同学们多接触一下很有好处，对我也有好处，我觉得这还是很必要的一个事情。也正是这些接触让我能更好地体验学生所关注的、所感兴趣的东西，讲课时自然也能更好地偏向他们的心理。

专业面越窄，越是需要多学科的材料

研：您是一个文科背景的老师，但来听您的课的学生中有很多是理工科的，他们有些甚至对您的专业研究，比如古文字、历史等特别有兴趣，您如何看待这种现象呢？

李：这是普遍的，是一个大的问题，就是理工科的学生对文科有兴趣的面比较广，文科学生对理工科有兴趣的就少多了。这主要原因是工具问题。实际上，理工科学生对文科有兴趣，所知道的也是皮毛，对于深入的问题也不了解。比如学文学的要学到文学史，而仅对文学有兴趣的人对文学史就不一定了解了。理工科解决问题主要是工具，在工具层面，因为理工科的研究不是以历史为基础的。学文学一定要懂文学史，但理工科不一定关注理工科史。最近霍金出的新书《The grand design》，我只是翻了翻，也没有细看。实际上，叫我说，它不只是本科学书，不只是本物理学书；它是本哲学书，谈的都是哲学所涉及的问题；但是它真正属于物理学的部分，比如黑洞为什么有辐射，这我们就讲不明白了。我一直认为，知识是一个整体。知识是整体的，每一个人限于能力，只能研究其中的一个部分，可是其他的东西也应该知道一点儿。如果一点儿都不知道，连常识都不知道，那么就很差了。

我的兴趣比较广泛，研究哲学、考古、历史等。这种多学科的背景，对我的讲课也很有帮助。因为现在学科主要的发展方向是细化，越是分得细，越需要综合，因为每个专业和其他专业交叉的会越多，这是必然的道理。在这种形势下，我们需要的知识面就越广。现在的研究生教育都是精深方向的，专业面越来越窄了。专业面越窄，越是需要多方面地涉猎，因此必须在很多方面或多或少知道一点。

研：说到研究生的教育问题，能请您给我们现在的研究生说一点鼓励启发的话吗？

李：可以。我最常写的话，就是"锲而不舍，金石可镂"。（对研究生来说）现在能踏踏实实做一些研究工作，是非常不容易的。我们大家应共同推进清华的传统。你看咱们清华的校训，都说是所有大学校训最好的，是从《周易》里来的，以后再有机会给同学们讲讲咱们的校训，这个我能办一个讲座了。（笑）

李学勤

访谈感想：

春日清朗的早晨，我们来到文北楼一层，只见西侧白漆的木门上贴着打印在 A4 纸上的"李学勤"三个字，还没来得及想象一位古典学泰斗的办公室应该如何脱俗，李老师的办公室已经拙朴可亲地近在眼前。在这个不大的屋里，一面墙摆放着整套木柜装的《四部丛刊》，对面是会客沙发和几张椅子。窗下有一张办公书桌和一盆绿色植物，阳光静静地洒在上面，就再无更多的器物了。李爷爷（研究生们由衷的称呼）笑盈盈地请我们入座。从秘书那里得知，他主持"清华简"的研究工作和校庆相关的各项事务相当繁忙。不过李爷爷见到学生来访总是很乐意，对我们的提问一一作答，谦和而睿智的谈话令我们深受熏陶。这个早晨，这一段当代真正的国学大师畅谈与百年清华口述史的情缘，可能在很久以后愈显珍贵。

三十年文科崛起，一百年清华口述史希望

——胡显章教授访谈

访谈时间：2012 年 5 月 2 日

访谈地点：清华大学明斋 102

被访者：胡显章先生

访谈者：荀慧仪（生命学院　生 11）

整理者：荀慧仪

胡显章，1957—1963 年就读于清华大学，毕业后留校工作至今。曾任校党委副书记、校务委员会副主任，兼任人文社会科学学院院长、新闻与传播学院常务副院长、21 世纪发展研究院副院长等，参与清华大学文科恢复和建设的领导工作，为文科复建作出了重大贡献。

胡先生积极投身中国当代大学生的文化素质教育中，从 20 世纪 90 年代中期开始，参与全国文化素质教育的策划组织工作，2002 年又出任北大—清华—高等教育出版社联合组建的大学文化研究与发展中心首届轮值主任，对推进清华大学乃至高校的文化建设发挥了积极作用。胡先生曾编著多本著作，并发表论文百余篇，主持或参加多项国家及部委哲学社会科学和教育研究课题，并获得国家级教学成果一、二等奖，北京市教学成果一等奖、北京市哲学社会科学二等奖。

一个阳光明媚的下午，我拜访了胡显章教授，胡先生热情地接待了我。访谈在胡先生的办公室进行。整洁的办公室显出胡先生的认真和细致，我一入内便被感染。与先生的交谈很愉快地进行着，虽说是访谈，然而我更多地感觉到，与先

生的交谈让我得到的远超出了访谈所及。我们谈了很多，而我也从中深受教育。我不得不折服于胡先生的言谈艺术，也深深被先生所体现的精神感动。

"我与清华同转型"

荀：请您简单地谈谈您的学习经历和留校之后的工作。

胡：好。我刚入校的时候学的是机械制造。因为在儿时我看见农民干活儿用的拖拉机是外国造的，想要中国自己造出拖拉机，所以就想长大当个机械工程师，因此以第一志愿考入清华机械制造专业；后来1959年成立光学仪器专业，就被调整读光学仪器了。结果6年制本科学习，毕业的时候我留在精密仪器系教研组，后来也到过光学仪器教研组、机械制造教研组，在这几个地方根据需要调动。

同时也做了一些行政工作，开始的时候是担任系教工团总支书记，大一学生辅导员，然后是教研组教学副主任、教务科副科长、教务科科长，主管教学的副系主任。与此同时我也在上精密仪器设计基础课，参加科研，譬如说制造半导体的设备自动分步照相机、图形发生器等等。所以当时留校就是双肩挑的状况。1987年到1989年我在美国国家标准技术研究院研究纳米技术，那是一项精确到10^{-10}米的定位技术。回国后，在系里担任系党委书记，同时着手开展纳米定位和有限元计算方面的工作，但是不久我被调到学校工作了。

在学校开始是主管宣传，接着发展文科。文科的面非常广，文史哲政经法、教育、艺术等等，我都比较生疏。虽然过去也有一些爱好，但是要去管理、去指导，就不可以简单的只是业余爱好了。所以我当时做了一个决定就是要与清华同转型。

清华从一个综合性大学在1952年的时候变成了多科性的工科大学，1980年开始向综合性大学回归——这不是简单的回归，它是一个螺旋式上升的过程——在（20世纪）90年代初期加快了这个进程，学校明确了要建成综合性研究型开放式的世界一流大学。

而对于我自身而言，我是理工科出身，学校让我管理文科，我自感相当困难。怎么办呢？就得学。向书本学，向能人学，自己给自己加了比较重的学习任务。当时，我几乎每天三个单位时间用于学校工作，所以每天早上挤出大概一个半小时看书，研究清华的文科、清华文科的历史、文科大师们的著作，也了解国内外文科发展的动态。所以这是一个我跟学校一起转型的过程。清华人都有一个发展的基本规律，就是跟国家和学校事业的发展一起发展，在为国家学校事业取得的成功当中自己成长，在适应环境的过程中得到锻炼，反过来更好地适应环境。所以我走了一条交叉发展的道路。

后来 1993 年人文社会科学院建立，我是常务副院长，协助当时的校友、社科院的副院长藤滕工作。1996 年开始我兼任了人文社会科学院的院长，同时兼任 21 世纪发展研究院的副院长，当时的院长是方惠坚书记兼任。在新闻传播学院的前身传播系成立后不久，我又兼任了传播系的系主任，并筹建新闻与传播学院。2002 年新闻传播学院成立，我是常务副院长，协助范敬宜院长开展工作。在（20 世纪）90 年代，我还具体负责法学院、公共管理学院的筹建工作以及学校的文化素质教育工作，担任清华大学国家大学生文化素质教育基地主任。就这样，我做了一系列文科的管理工作。

综合性大学，文科大迈步

荀：众所周知，您在文科发展中做了很多重要的工作，请您讲述一下清华文科发展过程好吗？

胡：嗯。清华发展有轻重缓急的步骤，每个阶段都有其重点。清华大学当时是工科为主的，在发展综合性的时候首先关注了理科，没有先进的理科，很难建设先进的工科。在理科有了基本的架构以后，学校开始重点发展文科。

我在学校工作正好处在清华文科加大发展的阶段。但那时候清华文科的基础是非常薄弱的，一直到（20 世纪）90 年代中期，清华文科的着重点就是为了提高人才的素养，是作为理工科的辅助性教育。跟学校确定的综合性的世界一流大学的目标比较，文科的差距还是相当大的。1997 年，武书连的排名，清华文科是122 名，在石油大学这样一个专业的单科性的工科大学之后，且不说与浙江大学、华中理工大学（现华中科技大学）相比，差距是明显的。这说明当时清华的文科与综合性大学比是十分的不一流。

当时在认识上，全国都有一种不重视文科的风气。1996 年全国文科大学校长会，我被邀请去参加，会上普遍反映文科没有得到重视。当时重庆某综合性大学管理文科的副校长就说："我们在学校没有什么地位，没有发言权，在校领导班子上有人说：'文科有什么用啊，不就是研究《红楼梦》是怎么回事儿吗？'"我们学校其实也有相似的议论，说："文科不就是出几本书吗？建立那么些个系所中心干吗呢？"当时认为清华要建立世界一流大学是靠理工科，文科起不了什么作用的看法比较普遍。当时一个说法就是建世界一流大学要有一流的成果，一流的成果就得靠理工科。就像打枣，那树顶上的大枣只能靠理工科的长竹竿才能打下。我们当时提出了一个"木桶论"，南方打水的木桶有很多板块，外面用箍子箍在一起，水桶盛水量取决于最短的木板，叫作"短板效应"。如果清华大学就是一个工科大学，那么文科弱一点，相对来讲影响不是很大；但如果要建综合性大学，文科那么弱，一定会拖后腿。而且中国有那么悠久的文化，研究中国的历史文化，难道不应该出世界一流成果吗？中国有那么重大的社会问题，要解决这些社会问题，如果有所突破的话，难道不能出世界一流成果吗？所以文科也能出"长竹竿"。

　　1997年暑期干部会，在校长书记支持下，我做了一个大会发言，讲文化素质教育。最后我提到，素质教育上文科要发挥重要作用。实际上，我当时主管文科，借这个机会为发展文科发出声音，提出了发展文科，学校要达到三个认识一致。第一，对文科在国家的发展和清华实现一流大学目标中的地位和作用认识要一致。第二，对清华文科的历史、现状和今后发展的目标、规模、侧重点认识要一致。清华发展文科不能和其他院校完全一样，因为清华历史上有最强的文科，四大导师时期清华的文科比工科明显要强，在这方面有很好的基础，大家对我们有很大的期望。第三，文科发展和理工科不同的特点以及发展文科的政策要认识一致。会议以后校长书记一个学期就把校领导班子带到文科去考察研讨了14次，去听取意见，表现得极为重视。王大中校长很有思想，而且工作十分务实，他抓理科时就是下去开了一系列调研会，明晰了发展理路，达成发展共识。贺美英书记出身人文世家，十分重视文科建设。这种做法在高教界都成为佳话。1998年的寒假，学校领导班子开务虚会，听我关于发展文科的汇报，达成了高度一致，明确了清华大学要建综合性的世界一流大学，必须建立一流文科。当时，梁尤能副校长称，这次会议是一次对清华文科发展具有里程碑意义的会议。所以1998年开始，文科是真正地大步发展了。

　　在武书连的评估体系中，1997年文科排名是122位，到2005年我退休之时，已经跃至第8位，尽管评估体系自身有片面性，但是清华文科在不长的时间里有了很大的发展是一个公认的事实。现在大概是整体上在五六位的样子。这是由于当时王大中、贺美英等主要领导看得高远，学校领导认识高度一致，有明确的办学思想和切实的、大力度推进文科发展的举措，使清华文科走了一个跨越式的发展道路。

新百年任重道远

　　荀：那么您，或者说清华整个学校，在全国的大学生文化素质教育工作中，是不是起了一个很好的模范带头作用呢？

　　胡：清华在文化素质教育方面的确起过开拓引领和辐射作用。

抓文科的同时，我也抓了一些文化素质教育、大学文化研究工作。1998 年和 1999 年教育部成立文化素质教育指导委员会和全国大学生文化素质教育基地。清华担任教指委副主任委员，而且是首批基地之一，我兼任清华国家大学生文化素质教育基地主任。2002 年清华、北大和高等教育出版社成立了大学文化研究与发展中心，我当了第一、三届的轮值主任。这两方面的工作是有联系的。

1995 年教育部提出要抓好大学生的文化素质教育，后来又明确了科学和人文要并进。我们提出一个基本论点就是认为，大学文化建设是文化素质教育的重要氛围，没有很好的文化氛围，文化素质很难提高和深化，而文化素质教育则是大学文化建设的一个重要渠道。从开始抓文化素质教育到提出大学文化建设是一个应运而生的事情，也与整个国家开始重视文化建设相关。

我们于 2002 年 9 月 1 日成立大学文化研究发展中心，当年的十六大提出了"三个代表"重要思想，其一就是"中国共产党代表先进文化前进的方向"；现在清华百年校庆的时候胡锦涛同志提出了文化传承创新是大学的基本功能。这些说明了我们发展文科，加强文化素质教育，深化大学文化建设是适应了时代发展的需求，当然这还只是一个起步，清华在发展过程中，还在进一步做好文化建设的规划，加强对文化素质教育和文化建设的领导和投入。

我们面临着新百年的两个大任务，一个是，2020 年我们国家实现向创新型国家转型和全面建成小康社会，我们在创造性方面面临比较多的压力；另一个是本世纪中叶要实现民族伟大复兴，民族伟大复兴首先是文化的振兴，十七届六中全会提出的"文化自觉、文化自信、文化自强"就是适应民族伟大复兴的需求。而这两个事情是密切相关的，也是清华在未来发展中需要为其他院校作出表率的地方。清华大学的前身清华学堂曾被称为"国耻纪念碑"，我们也希望，清华可以见证的不仅仅是国耻，更有民族的辉煌。

追求——灵魂的卓越

荀：那您对民族伟大复兴的发展有什么看法呢？

胡：现在人们容易产生一些偏见，认为国家向创新型转型或者说我们要培养创新能力——这是我们的薄弱点——就是一个科学技术问题。科学技术是第一生产力，是很重要的，但如果没有一种精神的导引和追求，很难实现向创新型国家转型特别是实现民族伟大复兴。我们在清华进一步发展中有比较大的压力，表面上看来似乎是没有拿到诺贝尔奖等等，但在这个问题上，不能陷入单纯的工具理性的影响当中，实际上工具理性和价值理性应该是一体的，为人和为学是分不开的，要防止追求失去灵魂的卓越，这是哈佛大学前哈佛学院院长 Lewis H. 提出来的，他写了一本名为《失去灵魂的卓越》的书，说到哈佛领导人是怎样忘记教育宗旨的，他批评哈佛的一些学校领导，屈服于用人单位和家长的压力，忘记了教育的根本宗旨——首先要培养有责任感的领导层。

现在大家很提倡要弘扬陈寅恪先生在王国维纪念碑上那两句话，"独立之精神，自由之思想"，这一点非常重要，现在我们确实缺乏这种氛围，或者这方面的追求，我们的师生这方面可能还是有差距，但是，是不是仅仅是科技方面的差距呢？

人文学院的一个硕士生，毕业后去了边疆，他说了一段话："清华园里有两个纪念碑，一块是位于一教北侧的海宁王静安先生纪念碑，一块是位于水木清华北坡的'祖国儿女，清华英烈'纪念碑。王国维纪念碑，它的含义是'学问'；英烈纪念碑，它的含义是'责任'；清华就是'学问'和'责任'的统一体。"这一段话说的是很到位的，我们过去的一些学校领导、名师大家，都很重视学问和责任的统一。梅贻琦校长就曾说大学做学问的最终目的、最大精神就是"大学之道，在明明德，在亲民，在止于至善"，他要求同学们对自然科学、人文科学、社会科学都有所掌握，强调"通识为本，专识为末"，强调成才必先成人。在电机系建系六十周年纪念的时候，朱镕基学长给电机系写了一个贺信，说到他念书的时候，章明涛系主任告诉他们"到清华，要学为学，也要学为人。首先是要为人，如果说为人不好，为学再好也会成为害群之马"，朱镕基学长提出了"为学在严，为人在正"；在蒋南翔掌校时，要求同学们做好"又红又专，全面发展"。这些都给我们学校办学和学生的成长从历史经验和发展道路上指引了方向，所以我们现在，无论是对于学校办学还是学生成长来说，怎么样做到工具理性和价值理性的统一、为人为学的并重，都是很重要的。

我认为现在一手要抓价值观，明确为谁而学、为谁而教，为什么而学、为什么而教；一手要抓创新文化，使"独立之精神，自由之思想"得以弘扬。这两个是不能分的，要放在一起才行，这就要求学校教师和学生在文化建设中能够做到两手抓，使我们培养的同学能够为中华民族伟大复兴、或者是我们国家向创新型国家转型进而实现伟大复兴，能够直接作贡献。这一点也是教师和同学的共同追求，对同学来讲，到大学念书，不仅仅是长知识增智慧，还有文化成人、精神成人的问题。这方面我们解决得并不好，这也是今后全校要采取切实行动来推进的。

在此过程中我尽力做了些工作。在校庆纪念活动中组织出了两本书，一个是《自强不息　厚德载物　清华精神巡礼》，对清华精神作了梳理；另一个是《世纪清华　人文日新——清华大学文化研究》，对清华的办学理念与大学精神、学术文化、学生文化、制度文化、环境文化作了梳理，希望能够对大家进一步提升文化自觉、增强文化自信、促进文化自强起一点作用。

清华精神之我见

荀：之前您说到那位研究生学长的例子，他说了清华园里的两块碑及其象征意义，究其根源其实都是一种品质一种精神。那么您觉得清华精神最重要的是什么？

胡：我在那本书里面把清华精神归纳为四个方面：

第一是明耻图强的爱国奉献精神。一般的大学生都有爱国心，但清华师生的爱国情怀可以说是一以贯之的，因为清华大学的前身清华学堂是一个留美预备学校，是美国政府为了从精神上控制中国，退还了部分庚子赔款，在清华园办的一个留美预备学校。当时的师生叫它是国耻纪念碑、民族耻辱柱，以雪国耻图富强为己任。"七七事变"后，清华大学被日军占领，受到严重的破坏，我们被迫与北大、南开一起南下，组建了著名的西南联合大学，在校歌里就写有："千秋耻，终当雪，中兴业，需人杰"，也表达了一种明耻图强的爱国奉献精神，这是清华最重要的文化基因。

第二是严谨务实的科学求真精神。我想留美预备学校给我们留下了比较积极的影响是使清华比较早比较多地受到西方比较科学的办学理念的影响，同时由于清华的一些名师在哲学理念方面做了许多传承创新的工作，特别是后来，受到了辩证唯物主义和历史唯物主义的影响，讲科学严谨、按客观的规律办事，讲实干。所以这种严谨务实的求真精神，是清华大学比较鲜明的特色精神。说到严谨，老清华的时候严格到什么程度呢，当时淘汰率超过50%，如物理系录取时50多人，毕业时只有十二三个人了，大部分被淘汰了，因为要求非常严格。举个例子，刘仙洲先生，机械方面的领军人物，后来清华大学的第一副校长。他当时要求非常严格，譬如说考试，别说作弊，就是他定的考试时间也一点不马虎，他规定十点半交卷，就必须十点半交卷。有一次，十点半一到，他把试卷收走，一个学生跑到走廊把卷子交给他，他当场就把那个学生的卷子给撕了，相当严格。两弹一星的功臣王希季讲了一个《没有当年的零蛋，就没有现在导弹》的故事，他说，中国在航天器上的成功率是最高的，我们的第一次返回式的卫星实验就相当准确地落到了预定的地点，美国是12次失败，第13次掉到远离预定地点的大洋中。有人问："为什么中国会达到这样的成功率？"他给讲了一个当年的故事，刘先洲老师布置了一个作业，要求准确到小数点后三位小数，当时没有计算机，他用的是计算尺，可以估算到小数点后两位。他没用手算，上交的作业只估算到了小数点后两位，后来发下来，零分！他很难接受，就问刘老师，刘老师告诉他："对于一个工程设计人员，首要的是明确设计的要求，要千方百计地满足设计要求，你这点做不到，就不能给你分数。"后来在主持导弹、卫星工作时他就要求"零失误，零缺陷"。他说如果没有当年的"零蛋"那样严格的要求，他就做不到后来那么严格地去主持航天工作。所以清华的这种严谨求实的作风是非常宝贵的。还有务实、实干，1920级的毕业生送给母校的礼物——日晷，上书"行胜于言"，表示不要空谈要实干，朱自清先生也说清华精神是实干。严谨求实是清华的一种非常重要的精神，在清华的学风、校风中都有体现。

第三，海纳百川的包容会通精神。其一是在清华大学办学初期领导就非常注意的，讲团结、要凝聚，只有团结凝聚才能战胜列强。后来，梅贻琦主持西南联大工作，也是体现了包容的风范、凝聚的精神；到了蒋南翔，特别强调党的团结、上下左右的团结，面对极"左"的思潮，提出清华党委要有团结百分之百人的勇气。团结、凝聚成为清华的好传统；而另外一个，就是强调一种包容、会通。比如国学研究院，虽然从 1925 年到 1929 年它只存在了 4 年的时间，它的影响力却到现在还存在。其他学校也有国学研究院，却都基本无声无息了。为什么只有清华的国学有这么长久的影响力呢？那是由于当时的四大导师所开通的学术研究的一种理路，以宽阔的视野、博大的襟怀去兼容不同的文化，形成了一种中西融会、古今贯通的学术范式、学术研究方法。后来这些在清华一直得到继续的发展，也就是现在所说的"中西融会，古今贯通，文理渗透，综合创新"。这种海纳百川的包容会通精神，是我们清华的第三种精神财富。

第四就是人文日新的追求卓越精神。大礼堂有个匾，"人文日新"，是 1926 级学生送给母校的礼物，它表明清华师生在思想道德境界和学业上要不断地求新，而且要做得最好，清华过去有个口号，"DO YOUR BEST"，做得最好，现在我们提追求卓越。朱镕基学长 2002 年辞去经管学院院长时所作的报告中就讲，为人为学追求完美的清华精神对他的影响十分深远。这就是人文日新的追求卓越精神。

清华精神的集中体现就是清华校训，"自强不息，厚德载物"。1914 年著名的历史学家、社会活动家梁启超先生到清华作的《君子》为题的演讲。他用了周易的两个卦象，一个叫乾卦："天行健，君子以自强不息"，就是天上的星体是按照一定的轨道在运行，不受外界的影响，我们在确定目标后，就得要排除万难，不达目的誓不罢休；坤卦描写的是大地，就是"地势坤，君子以厚德载物"，大地以博大襟怀承载和孕育了万物，我们的胸襟应该像大地一样，责己严，责人宽，听得进不同意见，兼容不同文化，以宽厚的道德去承载历史的重担。后来"自强不息 厚德载物"成为清华大学的校训，体现了一种不断的奋斗，同时能够以一种开阔的视野博大的襟怀来团结大家，共同来为既定的目标奋斗的精神。这些精神，是我们的宝贵的财富。

荀：现在的清华，在抓文化素质教育，其实也是在发扬和加深清华精神的教育。

胡：对。实际上现在看来，我们继承了清华精神，但好像相当一些人对这种精神缺乏更加深刻的了解，没有非常自觉地来体认这种精神。譬如谈到严谨勤奋，现在抄袭作业习以为常，甚至有考试作弊不以为耻的现象，与我们传统的精神是相违背的。另外有人说现在清华自强不息尚可，厚德载物不足，意思就是说清华的一些师生包括一些中青年干部在追求功利性的目标上好像还相当努力，但是在人文关怀方面，在包容团结上做得不够。

我们需要很好地去传承传统，在新的环境中能够不断地赋予它新的内涵，特别是把人文日新的精神发扬到极致，一方面体现在道德境界上不断的追求上；另一方面要不断地创新，而且做得最好。

荀：我就听过一次讲座，当时在校内争议较大，很多同学都在议论。其实我觉得对于社会上比较热点的事，个人的观点主观因素比较强。我们需要培养的是一些自主的思考。

胡：且不论演讲人观点如何，如果能起到一个鼓励同学思考的作用的话，也还不错，能够促进大家独立思考，而不是受名人光环所影响。任何人说任何话，我们都要思考其是否正确合理，自己也应该学会怎么判断，怎么去思考，怎么去做。如果你很难对到底谁是谁非作出一个直接的判断，但如果能促进你去思考这样一个问题，而且能够提升分析判断能力，我认为这个讲座就达到了一定目的。

荀：事实证明清华学生在独立思考方面还是做得很不错，讲座之后我也看到不少清华学生写文章来说明自己的观点。

胡：学校应该有这样的氛围，大家都能关心一些热点问题，而且自由发表意见，每个人都应该有自己判断问题的视角，形成一种比较宽松活跃的氛围。陈寅恪"独立之精神，自由之思想"谈的很重要的一点就是追求这样的一种氛围。学校是一个文化学术的共同体，大学的生命力在于对真理的追求，这种追求不是以某一种权威来进行判断的，而是通过大家的独立思考去进行选择、分析，大学给我们提供了这样一个场所。如果这些讲座，有助于学校形成这样的氛围，也是颇有意义的。

责任与自由，人生与境界

荀：应该说大学形成一种言论自由氛围对学生的素质发展还是挺有好处的。很多国外的学校对于这种自由思考方面的一些教育还是很重视的，清华现在言论也算是相当自由的，自主学习也做得比较好，那么就您在国外交流和在国内工作之间对比，您觉得国外和中国比较大的差别在哪里？

胡：最近我看国外的一个报道，对于中国和美国的体制进行了报道，它的题目就是"中国的模式更优越"。它说美国人往往把自由作为最终目的，而中国是在不断扩大民众自由的同时关注民众的切身利益。比如说，美国的国会看着比较自由，但奥巴马推动美国医疗改革三年毫无建树，因为很自由，自由地表达和坚持他们所代表的集团利益，所以最后拿不出共同意见来；但是中国在医疗改革方面迈了很大步伐，覆盖率从 2003 年的 29.7% 提高到 2011 年的 95.7%，就是说，中国政府把老百姓的民生问题作为主要关心的问题，而且下大力气来解决这个问题，同时也给自由的方面不断地营造更好的氛围，实际上，改革开放以来，公民的自由度已有很大的提高。如果不看这些民生，中国这么大个社会，这么复杂的社会，如果可以爱怎么讲怎么讲，爱怎么干怎么干，社会必定大乱。当然，在政治体制改革方面，我们国家还有长长的路要走。

现在后欧洲中心主义受到批评的同时，中国模式受到最大的关注，为什么呢？一方面，中国创造了经济奇迹，在历史上没有一个国家在这么短的时间之内解决这么多人口的贫困问题，而且国家的经济实力增加到这样的高度，没有体制的优越性做不到这些。也是外国人进行的比较：美国的风灾之后，警察都不敢进去，因为里面的抢劫行为等等现象非常混乱，只能派军队进去维持秩序；但是中国的部队不是这样，他们一进去就救人、救财产，而且各方力量，八方人员都过来抢救，美国就做不到。汶川地震之后，各个省、自治区分配了任务，在灾区盖房、建设道路等等，西方学者们说在美国根本做不到，在国外，人们认为"我这个州纳税人、我的钱就是给我用的，我没这个义务去支持其他州"，在中国全国一盘棋，相互支持这就体现了一种体制的优越性。为什么有的时候我们可以在更短的时间之内做一件大事？这就是由这种体制的优越性或者说社会主义的优越性提供的力量。美国是发展了二百多年，我们才六十年，把这样的两个国家放在这么一种历史长河当中进行比较，那么中国取得这样成就，是非常了不起的。所以很难完全按照美国那种方式来要求中国，当然中国也不会。中国虽然走过弯路，但是现在的道路是比较成功的，各个国家在特定的历史条件下有自己的发展道路。

我1月31日到2月4日在俄罗斯远东研究所进行了一次访问，这是一个俄罗斯汉学家的集中地，他们关注的问题是，现在中国和美国竞争，是不是不仅是经济竞争，而且是制度竞争，到2030年，中国的模式在世界上会不会成为一个最好的模式？中国的模式对俄罗斯的适用性怎么样……他们现在不仅在思考经济问题，而且思考社会模式。我们现在有一些人就认为西方的模式是最好的。

我在美国也待了一段时间，美国的确是有很好的适应他们社会发展的东西，他们确实是比较自由，但自由也不是完全的，对媒体也有控制，有些东西该报道不该报道也控制得很严，但是总体来说是显得比较自由。现在如果把我们当今的情况跟三十年以前"文革"期间的情况放在一起，就根本没法比，已经有了翻天覆地的变化，不仅是经济上有很大的变化，在政治上、意识形态上面都有很大的发展。以前我们精仪系一个学生，不小心坐着一个有毛主席像的报纸在大操场听报告，一站起来被人看见了，就打成了现行反革命。那时候是不能说一个"不"字的，反"右"的时候对党支书都不能说一个"不"字，党支部书记代表党。现在你可以批评中央领导，我们同学当中应该也有不少的言论，若是在以前，那可了不得！若是私下议论毛泽东，或者江青，那必然是后果很严重的。这方面已经有很大的发展了。

但另外一方面，关于自由和责任的关系上，必须在一定的历史条件下有一定的均衡。实际上西方也有人讲，责任越高的话，自由越少。你肩负的责任越重的时候，你自己的自由度会减少。自由是个好事，但是如果把它当作一种最终的目标，为自由而自由，那至少是不适合当前中国的局面的。现在讲人权，首先要解决温饱权，基本的衣食住行的权利要得到保障。但是当人的经济达到一定程度以后，可能会越来越多地关注自由、道德、平等、公平、公正。这些问题要有一定的环境，在一个时代背景之下作出判断，而且不能把自由作为唯一的追求。

荀：在清华这个大环境来说的话，责任还是比较重要吧。

胡：是的。我感觉还是那个同学说得很好，这两个纪念碑都要放在心上，一方面你要记得爱国的责任和对社会的作用，另外一方面其实就是学术上、思想上，你还要有独立和自由的追求。我很赞成杜维明先生在 2001 年我去哈佛大学访问学习期间他讲的一段话，他说"现在大家都提倡批判性思维，我是赞成一种建设性的批判思维，而不应该是一种情绪性的批判思维"。什么意思呢？情绪性就是我认为什么不好就反对什么，而不是理性的；建设性的就是一种理性的思维，对于问题的来龙去脉前因后果进行了分析以后，提出你的批判，希望能够有利于这个社会的发展、进步。我想这就需要一种建设性的理性批判。所以我们感到这一点很重要，这也就是把学问和责任能够联系在一起，想得更加清楚了。所以完全追求个人的彻底自由容易误入歧途。

荀：清华培养研究型的人才，那在科研中是应该责任多一些，还是自由多一些？

胡：这个问题很难笼统地去回答。科研有一个为国家或者是为追求真理去奋斗的动机，本身是一种责任，在这个过程中必须有一种"独立之思考，自由之精神"，要弘扬这种精神，不是说每一件事情你都想一想责任如何。有的时候搞科学研究，有的人确确实实发自兴趣，有的诺贝尔奖的突破，也不是为这种明显的功利的要求，我们还是要提倡从兴趣出发，最后整体上对人类的进步有利。总体上大概有这样一个要求。从一件具体的事情来看，在某一种情况可能更多看到的是责任，另一些看见的是一种学问，不是说都要非常细致地做一种平衡。有的时候科学家确实就为科学而科学，我们还是应该有这种氛围的，这个时候可能他更多的是追求学问，我们也允许有这样一种科研性质的存在。但是从整体上、或者每个人从长远的宏观的目标上，我们对学生的要求确实应该都是责任和学问两个方面处理好。

工具理性与价值理性

荀：我是学生物的，最终也会做科研。但是目前中国这个学科的发展和美国是没法比的。

那么除了中国发展的历史原因，基础不如国外很多地方之外，您觉得有没有其他的什么原因？

胡：生命科学学院最年轻的一个教授颜宁，她是随施一公从普林斯顿大学回来的。她说由于我们的学生有良好的素质，有充裕的研究经费以及自由、安静的科研空间，所以"取得了同样时间内在美国肯定实现不了的成绩"。施一公也说"我回国以后所出的成绩是国外没法比的"。他们在 2009 年 5 月份到 2010 年 5 月份，有 8 篇文章被 CELL、SCIENCE、NATURE 接收，第一作者都是学生。所以不要简单做判断，说我们不如美国，必须了解，现在生命科学学院这个环境已经受到世界的关注，为人才成长和基础科学的发展创造了很好的条件。

荀：嗯，对，生命科学学院最近几年、施一公院长回来之后的确是发展挺快的。但是国内有一种说法，说现在做研究的很多人过分地注重发论文。

胡：我跟施一公谈过一次，他说"我都知道，如果我就以发论文作为我的目标的话，我现在可以发更多的论文"，他说"我现在还是以培养人作为自己的主要目标。我回国，两件事情，第一件，培养人"，他寄希望于年轻的一代，"第二，对现体制当中一些不合理的东西进行一种理性的批判，希望推动体制改革"，这样做下去的话是很不错的。

现在，我们还是应该对我们自己的发展抱有希望和信心，确实他们也感到，包括饶毅都感到我们现在体制当中有不少问题，他也认为制度是要改的。是不是存在当今有人以追求论文作为目标，因为现在评估体系容易会这样。但另外一个方面呢，你必须看到现在的进步。为什么说要文化自觉、文化自信和文化自强呢，就是因为现在有人是缺乏自信的，但不是说我们没有问题，我们确实需要改进。

现在我们文化传承创新是三个层次，按照组织文化学的一种洋葱理论，它的外表是物质，中间是制度，内核是精神。现在比较普遍的是过分关注物质，关注物质文化的成果。第二个层次是制度，就是体制的这些问题，实际上这些问题要花大力气进行改革去推动它，这个就是你刚才说的，有人确确实实是为论文而论文，要改革评估体制。第三是精神，就是价值取向、理想信念、创新精神，这个是核心的，三方面都不能少。但是现在更加重要的是把主要的着力点放在制度和精神上，这是我们文化传承创新的核心和灵魂。所以既要看到问题又要看到进步，更要看到责任。

荀：这种功利主义可能是影响了不少人，学校在教育的过程中，可能也会涉及很多关于这方面的教育，不能够过分地去注重物质、注重名利，应该务实求真，体现清华的精神。

胡：这个很重要。

文化表层是物质文化，中层是制度文化，内核是精神文化，不能仅仅看到表层，还要关注体制制度的革新，精神的继承、创新，不然的话就会是失去灵魂的卓越。

我在书中举了个例子，1999年清华、北大开始的赛艇比赛，本来希望成为百年友好赛事，但搞了十年就夭折了，为什么？两个学校都不愿意拿第二，但实际上输赢是很正常的现象。后来就请国家队的教练到千岛湖进行集训，对方也这样，还是有输赢，怎么办？就把国家队的退伍队员招来当学生，那么最后就淡化了这个赛艇项目锻炼大家身体、激励大家意志的目的。有一次我看中央四台播清华、北大在福州比赛，清华以比较大的优势冲线，但最后被取消了比赛资格，为什么呢？因为其中有个队员是国家队下来的，比赛在8月份，入学注册在9月份，他在法律上还不是清华的学生。北大把这件事告到组委会，清华被取消资格。这种就是不应该做的事情。好像拿个第一很卓越很光彩，实际上背后有些事情就很不严谨。作为教育工作者特别要注意的，就是要将坚持精神的追求和育人放在第一位。

首要的一直是教育

荀：您刚刚提到了淘汰率。刚刚建校的时候淘汰率挺高的。我之前在校史馆也看见当年的一个记录，各系淘汰率都挺高的。现在淘汰率已经相当低了，那您认为清华前后的淘汰率对比反映的是什么呢？

胡：我们现在也有淘汰，但是主要不是靠淘汰，首先得靠教育和严格要求，需要大家自我要求高一点。在当今的情况之下，很难采取高淘汰，因为从小学一直培养到大学，家长或者中学小学的教师包括个人都付出了很高的代价，一下子被淘汰，多年多人的心血都会付诸东流。当然实际上，现在不是说没有淘汰，有的同学入学以后网瘾很大，亮红灯亮得太多了，最后按照学校的规定，被退学了，以前我们也处理过这样的情况。必要的淘汰还是需要的，我想永远不会没有淘汰，但是更多地要通过教育通过激励，通过老师学校同学共同努力才行。淘汰是作为教育的一种辅助手段，惩罚对他自己和其他人都能起到一种警示作用。

淘汰率其实反映的是一个社会情况的变化，我们需要对每一个学生负责任，对全国这么多学子家长的期待作出答复，更多地就要选择比较理性的教育方式。对于学生的教育，不能限于知识，我们如果能够让学生深刻体会践行清华精神，把做人为学统一起来，那就是一种成功了。

调动潜能，全面成人

荀：那么最后谈一下，您在清华工作学习这么多年了，见的学生老师也很多，其中有很多成功和失败的例子。对我们这些刚刚入校的学生，还有以后即将进入清华的学弟学妹们提些建议吧。

胡：首先要明确上大学的目的。上大学不完全是来念书的，在清华除了需要在知识上的积累，还要有智慧上的发展，更要有精神上的成长，应该真正地关注"德智体美"全面发展的问题，把这个处理好，特别在当今情况下要关注文化成人或者是精神成人。这也分为两个方面，一方面，就是价值观，要解决好为谁学习、为谁工作、为谁活着的问题，在学校里要深刻思考；另一方面，就是同学不能把自己看成信息存储器，还要做信息处理器、信息发生器，也就是说，人是要有一种精神的，我们现在跟西方大学的明显差距，就是学生的主动精神不如人家，所以我们讲理论创新、制度创新、科技创新，但是最根本的还是人的精神生命的创新。进了清华以后，要努力使自己真正做一个有理想，有信念，有独立判断能力、独立地分析问题解决问题能力、高素质的人。成长应该是全面性的，不要停留在学知识、技能，这样你在离开学校的时候，就不会感到遗憾。我们在学校学的好多知识，现在都忘了，但是有些做人的素养、处理事情的一些基本方法，还有些习惯，包括锻炼身体的习惯，这些影响是一辈子的。

你在清华是学习的方面比较多的，不仅仅是书本知识，但书本是要学的，不能仅仅关注书本知识或者拿一个好的成绩。曾经有这样的调查分析，说在社会上最有贡献的或者说最成功的往往不是高考状元，大致上处在前10名左右的人，可能比第一、第二名要好，因为那些第一、第二名的人可能过于去追求分数，是有这样的情况。既要关注分数，又不要被分数引入歧途，追求得太厉害。比如说陈寅恪到过很多国家，很多大学，听过好多课，却没有拿过一个学位，但他是真正的大家。人不要被眼前的东西困住，要看得远一点。王国维的"治学三境界"，第一个就是登高远望，"独上高楼，望断天涯路"，站得高看得远才行。然后呢，还不甘寂寞，"为伊消得人憔悴"。最后，还要有个悟，就是"暮然回首，那人却在灯火阑珊处"，这样才不致成为一种简单的知识存储器。今天听老师讲，从书本上往头脑里存储知识，进而考试时把知识调出来应付，这不是真正的清华学生应该有的学习风格。

文化成人方面你就要有一种比较广阔的视野，即使在学习方面也不能完全跟着老师、按着老师的思路去学，还得有自己的一些判断。我当时在清华就读时大量的时间花在图书馆。我从图书馆借了好多书，甚至老师哪里讲错了，我都可以在笔记本、书上做批注。你必须有独立学习的能力，学校给你创造了条件，你不要完全按着既定的框架，要从我们自己的实际情况出发，最大限度调动自己的潜在的能力。

全面成人要关注文化成人和精神成人。精神成人实际上是两方面，就是人文和科学的发展，既要有基本的价值观，又要有创新意识、创新能力，有求实求真、独立自主的思想和精神。这两方面都要有才行，所以在精神成人和文化成人方面你们要做一个比较自觉的人，这样的话才能做到文化自新、文化自强。

感想体会：

胡先生很健谈，他说话时的从容和井井有条一直给我很深的印象。毫无疑问，此行收获良多。

胡先生一直与我谈着关于清华文科、素质教育、精神文化的问题，让我从先生的视角看到了一个在清华多年的清华人对于清华精神的阐释，也体会到了先生对于清华这个园子深切的感情。可以说，先生说着的清华精神是理论上的，但他身上所体现的，是最真实可感无可替代的清华气息。

　　他的思想精神既是清华百年优秀精神的积淀，也是先生自己崇高追求的升华，我这个刚刚入校的清华学生在先生的讲述中颇受教育，文化意识、精神意识都有所觉悟。虽然谈不上本质的飞跃，但是我想，这一番谈话中我所获得的，也必将影响我一生的生活学习为人处世的。

致 知 格 物

数学，是美的最高境界

——萧树铁先生访谈

访谈时间：2011 年 5 月 22 日

访谈地点：萧树铁教授家中

被访者：数学系萧树铁教授

访谈者：肖艾（经 02）、胡佳胤、闫浩

整理者：肖艾

萧树铁教授，1929 年出生，湖北黄陂人，应用数学家、数学教育家。1952 年清华大学数学系本科毕业，1955 年北京大学研究生毕业；先后担任北京大学数学力学系微分方程教研室主任（1960—1966），清华大学应用数学系主任（1984—1995），第四、第五届中国数学会常务理事，中国工业与应用数学学会（CSIAM）首届理事长。

1958 年起开始应用数学在中国的推广，参加大量石油勘探和水文地质实际工作；1980 年后参与重建清华大学数学系，作出基础性贡献，培养了一批应用数学专业的学生，在渗流力学和非线性扩散研究领域的研究得到国际同行的高度评价；1990 年发起创建中国工业与应用数学学会；1996 年后重点关注中国大学非数学专业数学教育改革，完成《21 世纪中国高等教育改革——非数学专业高等数学改革研究报告》（白皮书）。

千里考清华

肖艾（以下简称肖）：您是怎么进清华的？也是高考吗？

萧树铁（以下简称萧）：就是高考进来的。那时候还没有走后门之说，只能考试。那时候高考还没有全国统一招生，各个学校自己招考。所以高中毕业生就特别要考虑了，因为全国好几十个大学，都在考。不像现在，现在你任何地方都有考场，我不知道你们是哪来的。你是哪的？

肖：我是四川绵阳的。

萧：哦，绵阳。你呢？

胡佳胤（以下简称胡）：我是湖南岳阳。

萧：岳阳？不错啊。算是中等城市。不是大城市也不是小城市。

我当时考了三个大学，一个是清华大学。清华大学只在五个地方招生，一个是北京，一个是重庆，因为重庆当时是国民党中央政府的陪都，所以在那里招生。还有南京，这是首都。还有上海、长沙。清华只在这五个地方招生。你要考清华必须到这五个地方去考。我另外考的是浙江大学。浙江大学当时在上海、南京、杭州、广州这四个地方考试。你要考浙大必须到这四个地方去考。所以那个时候，一个没钱的人连考试的地方都到不了，像你们岳阳，你要跑到长沙去考清华。你要考浙大，那就非要到南京、上海或者广州，跑那么远了。像你们绵阳那就更困难了。绵阳除了在重庆考清华以外，像浙大、其他学校，一般都不在重庆招生的，那只能考四川大学了。从绵阳到成都还是比较近的。可你要考别的大学就没办法了。如果你有钱，那没问题，如果你家里面经济不是那么宽裕的话，你这个路费都出不起啊，而且那个时候路费特别贵。

所以我考大学的时候跟现在完全不一样。高中毕业生考大学被认为是一种奢侈。不像现在，高中毕业不考大学好像是让人觉得很奇怪的事。那个时候高中毕业生愿意考大学的人是很少的。全国大学没几个，包括各种师范学院，全部算进去，也就100来个。而且每个学校招生都很少。清华招个100来人吧，全校所有的系。像数学系就招了6个人。其他系有多有少。也没有觉得考大学是非做不可的事。一般地说，家里经济不太困难的，或者是有兴趣的，愿意念书的，才会考虑。当时从来没有想到上大学还可以有铁饭碗，将来终身有职业，没这问题。因为当时考上大学，大学毕业之后，是失业的，没有分配，也没有说来招工的，都是自己去找。你要上什么部门就自己跑去问要不要人，或者托亲戚朋友给你联系。所以那时上大学是亏本的事儿，要花很多钱，最后也不见得有职业。（笑）

我那时候为什么要考大学呢？我中学是在厦门毕业的。厦门，大学都不在那里招生。除了厦门自己有个大学，如果你想在厦门本地，不愿意走很远的话，那只能上厦门大学了。我就选了两个：清华、浙大，那就要跑到上海去考。那时从厦门到上海，没铁路也没公路，就靠坐海船，坐了三天两夜，才到上海。而且中间还碰到台风。那还不是非常严重的台风，颠簸得不得了，吐得不得了。到了上海已经是一点精力都没有了。我为什么要到上海去考呢？一个当然是他们在上海招生，另外我有个叔叔在上海，有一个落脚的地方。在上海就考了这两所大学。考了后觉得可能还不保险。因为当时这两所是很难考的，怕考不上，那就补充一个吧，万一考不上还可以去。当时就在上海找了一个复旦大学。当时复旦大学，就是解放前，是个没有什么名望的大学，跟现在的复旦大学完全不能比。所以我想，如果我浙大、清华考不起，就到这儿去吧。后面又报了复旦。

这样，我就报了三个大学。最后，清华最早公布，取了我，我就到清华去了。到了清华之后，浙大通知我，也录取了。当时从上海到北京是很困难的，那个时候快解放了，铁路什么的都不通，只能坐船，从上海坐船到天津，天津再坐火车到北京。我已经到了北京，浙大通知我家里，说录取了。我爸爸就愿意我到浙大。因为浙大在南方，当时离解放还远，而清华已经很快就要解放了。那时三大战役还没开始。不过北京也很危险了，国民党准备撤退了。所以我爸怕我出危险，就鼓励我回浙大。不过我在清华已经报到了，浙大报名期也过了。后来浙大那个教务长，我爸跟他是中学同学，所以就托他。他很好，看到我的成绩就说可以收，特批，就是说开学以后随时报到都可以。但是我一到清华之后我就不想走了，因为清华的地方很舒服啊，（笑）我想我何必再跑来跑去呢，（笑）我就不愿意走了。后来我爸也没办法，他说已经跟浙大联系好了，保留学籍一年，什么时候报到什么时候收。结果我没去。又过了很多时候，复旦也取了，因为复旦是最后考的，最后通知的。那我就不考虑了，就是清华了。就是这样，很简单。当时没有"志在"非要到哪里不可，没那个意思。就是好一点的学校，水平高一点的，到哪都行。（笑）那个时候完全凭兴趣。

胡：那时候清华和浙大难道是说都差不多吗？实力？

萧：清华还是比浙大稍微强一点。浙大不管怎么好，它到底是个地方性的。清华是带有全国性的。所以全国人都往这跑。浙大是南方人往那跑，北方人在那里的很少。

与数学相遇

肖：您为什么考数学呢？

萧：跟现在（大家的想法）是完全不一样了。没什么热门不热门的问题，没有去考虑将来的分配问题、职业问题。就考虑兴趣。我当时对什么有兴趣呢？就对宇宙的起源很有兴趣。我觉得怎么会有这么一个宇宙，怎么会有人类，中学时我一直在琢磨这个问题，当然这种问题根本琢磨不出来的。（笑）

我看了很多这方面的书，都说不出个道理来。后来大家告诉我，你要解决这个问题，你得学哲学。我第一志愿想报哲学，但是还没报，有人劝我说哲学千万别报，他说哲学学到最后学得不好就是个很普通的人，没什么创造；你要真学得好，在哲学上有创造的话，你肯定是个疯子，就一定会是神经病。并且举了个很有名的例子，就是尼采。当时尼采在中国还是很有名的。甚至还包括叔本华。叔本华不是真正的疯子，不过也有病。后来我就想，求其次吧，哲学不敢报，就报天文。宇宙起源嘛，当然得是天文。当时清华没有天文系，浙大也没有天文系。当时全国唯一有天文系的是中央大学，就是现在的南京大学，有个紫金山天文台。像清华、浙大都没有天文系，也报不了。后来想了想跟这个最有密切关系的就是数学了。最后就报了数学系。就是这个原因上了数学系，并不是我对数学有特别大的兴趣，或者是我对数学有特长。都不是。我的数学只能说是一般的水平。我的志愿是天文，上清华之后还是看了很多天文的书。清华的藏书是比较丰富的。一些在厦门大学看不到的书，在清华都能看得到。所以我对天文学，业余还是有点兴趣的。不过那已经很淡很淡了。刚进清华的时候我拼命地看天文的书，数学倒不太看。后来慢慢跟学数学的人接触多了，对数学感兴趣了，看天文书就少了。但主要一个原因还是当时学天文在北京只能是纸上谈兵，看书。因为没有天文台，什么也看不见，你天文不搞观测那没什么意思。所以这种兴趣就没有了，就专门念数学了。

奋斗的四年

肖：您本科四年在清华，印象最深的，您现在可以想到的，一些事或者人，可以给我们讲一讲吗？

萧：没太多印象，极其平淡。上课，考试，讨论。主要是讨论。我觉得清华一个最大的好处就是相互讨论的风气，这个好处就是说师生之间没有什么界限。因为当时整个清华数学系的老师不到 30 个人，学生四个年级加起来，还不到 30 个人。最多的一个班，丁石孙他们那个班有 10 个人，我们班 6 个人。所以 20 多个学生，20 几位老师，不但认识而且非常熟。那时候到老师家里去吃饭是平常的事儿，同学之间也是非常亲密的。一、二、三、四年级没有区别的，大家都在一起讨论。我在数学系，基本上是从讨论里得到的知识。自己看书加讨论。上课基本上没学什么，因为当时运动很多，比如什么抗美援朝啊，参军参干啊，"三反五反"啊，等等，有很多很多运动，经常不上课。靠什么呢？就靠放寒假暑假。你们现在的学生，一到寒假暑假就急于回家，或者急于去玩。我们那时候寒假暑假就是最好的念书时间。那时候我们住在平斋，现在是不是都没有了？我一年级住平斋，二年级住新斋，三年级住明斋。

胡：现在新斋和明斋还有。

萧：新斋、明斋、善斋、平斋，四个宿舍嘛，我就善斋没住过，其他三个都住过。平常大家就上课，讨论，搞运动，等等。一到放暑假了，课也不上啦，每天早上挺早起来，就带着书，在现在气象台，理科楼后边，很平的一片草地，我们就躺在草地上，自己看书。看一上午书。从早上吃完饭，六七点钟，就跑去看书。一直看到十一二点钟吃饭。吃完饭回来睡午觉，睡完午觉马上就走路到颐和园去，游泳。下午就睡午觉，游泳。暑假，很热啊，念书也念不了。又回来，吃晚饭。暑假就这样过。冬天就躲在图书馆，从早上去图书馆，开始念书，上午念一上午，下午一般我们都不念书。所以我念的这点东西，全靠自己看书，再加上同学之间及跟老师之间的讨论。主要靠这两样。很多课都没上或者没上完。说实话，现在吹嘘清华老师上课怎么怎么好，我似乎缺少这种感觉。因为当时我在课上听老师讲的东西，很多时候也没讲完，讲到一半就搞运动了或者放假了什么的，就不讲了。所以我从课堂上得到的东西很少，和老师私下讨论收获很大，跟现在是不一样的。那个条件现在没有啦。学生要少一点，这种条件下才做得到。现在教员当然也多了，不过学生比教员多好几倍。一个教员，他连学生都认不齐，还谈得上什么交往啊，什么讨论啊，那根本不可能。

我在清华四年基本上进城去玩也就玩过两三次。因为那个时候进城，公共汽车也没有，就清华有部校车。我记得每天早上它是八点或是八点半进一趟城，就一辆车，坐二十几个人吧。然后晚上大概五点钟回来。每天就这么一班车。可是说来也很奇怪，坐二十几个人，清华当时大概连教员一起有两千多人吧，坐这个车从来没挤过。你要想进城，早上去坐，准能坐上。没多少人进城，大家都不进城。所以跟你们现在很不一样。

历院系调整

肖：您本科是在清华，硕士研究生是在北大，这跟院系调整有关系吗？

萧：院系调整，当然现在看起来有得有失了。我现在想，可能是失多一点。清华本来是当时很好的一个学校，文、理、工、法、农，大概有五个学院。北大当然有很多学院。清华跟北大有很大的不同。因为清华是局限在清华园里面，交通极其不便，所以当时是基本上不进城的。大家在一个封闭的大学里面处得非常好，有各种讨论等等。

北大就不是。因为北大在城里，它也没个校舍，就有几座楼，大概四五座楼，教室什么的。人住外头，没有宿舍，都是租房子。教授是租房子，学生也是租房子，在外面租个民房。所以很多人是老死不相往来。两个人，同一个系毕业了，都不认得的。过了好多年见面，哇，原来你也是数学系毕业的，相互间都不知道。师生之间来往、同学之间来往都很少。

1952年就学习苏联，进行院系调整了。调整经过一番斗争，当时调整的一个基本思想就是按苏联的做法。把学校都分成专科学校，只留下几个综合大学，像北大、复旦，都很少。其他的都分专业了。像清华就变成一个纯工科的。此外建立了什么地质学院、石油学院、航空学院、矿业学院、医学院等等。这些学院原来都是清华北大的一些学院。像清华的农学院，现在变成农大了。清华的文学院，并到北大去了。清华就剩个工学院。我们是数学系，属于理学院。理学院清华不办了，就都合并到北大去了。北大在城里没什么房子，所以就把北大挪到燕京去，就是现在北大的校舍，它原来是燕京大学。

清华数学系一分为二，一部分就并到北大，是搞数学的；另外一部分就留在清华，干什么用呢？就教工科的高等数学。数学系也撤销了，搞的高等数学教研室。就没有数学系了，数学系到北大去了。当时是分配的，学生都是分配的，不是自己选择的。当时我们那年毕业，是两届，就把我们下一班，念到三年级，提早毕业。因为当时建了很多新学校，像刚才说的那几个学院，全国的都这样。教师很缺。因为原来大学少得很。我们四年级，该毕业了，另外把三年级，他们有十个学生，算比较多的了，也提早毕业，三年级就让他们毕业。所以我们那一届毕业是两个年级，两个年级毕业之后就分到各个大学去了。我是被分到北大当研究生。当时研究生不是考的，是分配的。王老师，我的爱人，她就是比我低一班，三年级毕业的，她分配到北大当老师。我们这一班6个人，低一班10个人，一共16个人，分到北大就两个，一个当研究生，一个当助教。其他人，大部分，有七八个吧，留在清华，教高等数学。还有一些就分到什么航空学院、地质学院、矿业学院、石油学院等等。

当时清华以钱伟长为首的一批教授反对这个院系调整，他们认为把大学变成完全培养技术人才的学院，就是只有技术、没有理念的人，他是反对的。当时他们提了一个方案，建立一个大清华，比原来更大。原来清华不是一共5个学院嘛，他说要变成八个学院。又加了医学院、地球学院什么的。结果受了些批判。中央要把清华拆了分成那么多，他要把清华不但保留下来还扩大成八个学院，一个大的综合大学。

结果这样一来，清华的文科，文学院，基本上都分到北大去了。理学院，也基本上分到北大去了。单独成立政法学院。农学院就是农业大学了。清华就解体了，就剩下一个工学院。目的就明确了，培养工程师。一调整就成了"工程师的摇篮"。这个事情有利有弊，我觉得弊多于利。首先，当时教育部的领导对大学的概念，说老实话，是很错误的。他们以为大学就是给国家培养一点技术人才，一些高级工匠。他们并不认为大学是培养国家的一种比较理性的全面发展的人才。

赤诚公益心

闫浩（下面简称闫）：当时的学生心比较静，只是学习，没什么活动。

萧：这话就不对了。当时清华学生有一个很大的特点，有很多很多的社团活动。都是自己组织的，跟学校没有关系。有很多很多社团。几乎一个学生要是不参加社团的话别人就会觉得挺奇怪的。像我进去不久，就有人动员我了。当时清华没有现在这么大，周围都是农村，基本上附近没有小学，没有中学。所以当时就组织一些人，专门为清华周围的这些农村小孩儿办了几个识字班，因为它办小学还不够格。当时一共办了四个识字班。我上一年级不久就有人动员我参加，我也很愿意参加。我那个识字班就相当于现在新清华学堂那个地方，当时在清华园外面。走到那大概有十分钟。学生一共有四五十人，也不算少，分成六个年级，不过不叫小学，还是叫识字班，用的东西都是跟小学一样的教材。我开始当教员，后来有兴趣了，就下了功夫，因为这些学生非常可爱，还总是跟他们家长聊聊，对农村的情况也了解很多。那时候跟老乡的感情、跟学生的感情都很好。

我的一些好朋友都是各个系的、参加这种工作的人，因为跟他们有共同语言，搞得非常熟。所以清华一般的大学生都经过这种社会工作的训练。有人参加军乐团，有的参加管弦乐队，有的参加登山队。社团特别多。还有专门考古的，调查清华周围过去皇家的一些园林，因为清华周围有一些清时代王公大臣或者是太监的墓地。有些人专门去研究那些墓，而且都是自愿的，没有任何人强迫你参加，你随时都可以退。

重返清华园

萧：为什么到清华呢？一个原因就是在北大搞应用数学是比较难的。因为北大传统是搞纯粹数学，所以搞应用数学人家都另眼相看。清华是工科，它对应用还比较感兴趣。后来清华要恢复数学系。清华不是从1952年就没有数学系了嘛，都到北大来了。到1976年、1977年，他们就需要搞数学系了，要恢复理学院了，数学物理都要恢复了。当时清华校长就找到北大校长，要北大支持清华办数学系。他提了三个人，一个姓丁，一个姓林，比我高一级，也是清华毕业的。还有一个就是我。丁当时是系主任，林是总支书记，我是教研室主任。丁后来做了北大校长，校长候选人，所以他不放。林他们也不放，因为林在北大数学系长期以来一直当总支书记，对北大数学系非常熟悉。唯独我，在数学系比较无足轻重，所以他们同意放我走。我当时正好苦于在北大找不到应用数学的出路，所以调我到清华我就非常高兴。后来清华就开始重新建系。首先改名应用数学系，不是数学系。这么到清华来了，这是1981年的时候。

肖：那您在清华重建数学系的时候，具体是怎么重建的？

萧：我觉得清华，这也是清华的一个好处，我不是跟你说我在清华参加了很多社团活动，参加了识字班的很多活动，参加了别的一些活动，因为那时候清华人少啊，认识很多人。这次我一回清华来就发现，当时，除了党委书记不认得，副书记、教务长还有几个，都是熟人，所以来清华我就非常高兴，因为我在北大时间虽长，人都还不是很熟。

所以我来清华并没有到一个新单位的感觉，却有一种回家的感觉。我在清华到处都有人支持，包括当时下面的什么科研处处长啊、教务处处长啊，这些人都比我年轻，他们对我都非常客气。比方说我在清华想做的第一件事就是搞应用数学，把数学和清华工科的一些研究项目联系起来。科研处处长亲自带着我一个系一个系地跑，找系主任、搞科研的副系主任谈合作。这要是我自己去找就不那么容易了。

所以我觉得在清华办事比在北大痛快多了。我在清华觉得环境还是挺好的，心情比较舒畅，干事也比较顺利。当时招了研究生，搞了很多项目。主要是做了两件事：一件是鼓励教师都尽量做点研究；二是进行工科数学课程内容的改革。此外还引进了一些人才，开展国际交流。

文理不分家

肖：我们现在文理分科，感觉就是，如果你选了文科之后，你对理科，很多东西根本就不会去学了；理科生也是，一些政治、历史、地理，他们也就不怎么感兴趣了。您觉得我们现在的学生，文科生应该有怎样的理科素养？理科生应该有怎样的文科素养？

萧：文理科其实是一回事儿。我问你，你们算是文科了，你认为文科学数学有什么作用？

肖：我觉得就是培养一种思维方式，比较理性，不像文科，有时候太感性了。

萧：对。你能提出这点就不错了。数学，我认为所有人都该学，包括文科、艺术或其他的。理科工科的就不用说了。数学最基本的三个作用，每个人必须知道，必须做的。

第一个就是你说的，数学是理性思维的源泉。你都要讲理性，最后归根结底就是数学了。因为数学是最理性的。第二个，它是一个工具。你用数学来处理一些东西，简单，比较容易弄清楚，是一个很好的工具。但是在我国流行一个不好的看法，就是只把数学当工具，有用我就学，没用我就不学。这个看法很影响大家学习数学的积极性。第三个就是培养你的美感。数学是最美的东西。例如数学追求简洁，简洁是美的最高境界。

所以这是数学的三大作用，你们必须掌握这个。

理科学生学文也非常重要。因为文科是一种心灵的自由，它就可以凭想象，什么都可以说。千万不要故步自封，说我是学理科的，不要看小说啊，不要看画画，把自己限制住了，说是浪费时间。其实很多人不知道，这就是一种对心灵的训练。

走自己的路

肖：您对我们现在的学生，做人和做学问方面能提点建议吗？

萧：没有什么建议。走你的路，不管人家说什么。不要太听别人的意见。一个人做事瞻前顾后，这个人没多大出息。你认定的一个东西，想好了，你就好好做。碰了钉子，检查一下，如果我真做错了，重来；我没做错，就继续坚持。完了。不断地自我反思，不断地走。不要看人的眼色。不要看时尚不时尚，要按自己的思想。

感想体会：

访谈进行了一个多小时。萧先生很健谈，拿着一个问题的线头，就可以抽出许多往事的丝线。他很喜欢和年轻人交流思想，人很开朗、乐观。这次给我们的最大感受就是：每个老年人都是一本历史。萧先生经历了从中华人民共和国前到今天的所有历史阶段，他是中华人民共和国前考上的清华，却在本科毕业之后由于院系调整到了北大；他在北大经历了"文革"浩劫，又在"文革"结束后回到了他挚爱的清华园，重建了清华的数学系。

萧先生对我们畅所欲言、毫无保留，让我十分感动。他的真诚、开朗、乐观以及面对世事的豁达，都让我们学到了很多很多。

清华数学的重建者

——萧树铁教授访谈

访谈时间：2012 年 5 月 12 日

访谈地点：清华大学理学院数学系图书馆

被访者：数学系萧树铁教授

访谈者：傅德禹（基科 04）

整理者：傅德禹

萧树铁，应用数学家，数学教育家。1952 年清华大学数学系本科毕业，1955 年北京大学研究生毕业；先后担任北京大学数学力学系微分方程教研室主任（1960—1966），清华大学应用数学系主任（1984—1995），第四、第五届中国数学会常务理事，中国工业与应用数学学会（CSIAM）首届理事长。1958 年起开始应用数学在中国的推广，参加大量石油勘探和水文地质实际工作；1980 年后参与重建清华大学数学系，作出基础性贡献，培养了一批应用数学专业的学生，在渗流力学和非线性扩散研究领域的研究得到国际同行的高度评价；1990 年发起创建中国工业与应用数学学会；1996 年后重点关注中国大学非数学专业数学教育改革，完成《21 世纪中国高等教育改革——非数学专业高等数学改革研究报告》。

在 5 月份的一个清晨，我几经周折终于在系图书馆见到了萧老。萧老是个很乐观、很开朗的人，我们很谈得来。我们从他北上清华求学聊到清华园解放，从那时的伙食好坏聊到了那时同学们不分寒暑地用功苦读，从院系调整时他去到北大聊到 30 年后他再回清华重建清华数学。访谈过程中，萧老先生谦逊随和、乐观开朗的精神和质朴美，深深感染了我。从这次的谈话中我了解了很多地不为人知的历史，也感受到了老一辈清华人那种执着而专注的学术精神。

冒着战火坐船北上求学

傅：请问您当时是怎样来到清华学习数学的？是机缘巧合还是早有目标呢？

萧：当时我对哲学比较感兴趣，对世界是什么样的感兴趣。中学毕业的时候，终极志愿是学哲学。不过我知道，学哲学比较空洞，所以想要借助学一个东西逐步进入这个学科。我那时的想法是天文学，从宇宙的结构和宇宙的来源，进入哲学。当时全国一个天文系也没有，求其次就学数学，数学和天文联系最紧密。当时全国最好的数学系是清华跟浙大。那时候招生不是像现在这样招，是各个学校自己招。每一个学校有五六个地方招生。清华在北京、重庆、武汉、上海、南京这5个地方招生。我不得不从厦门，先到上海，然后在上海考清华。浙大也有四五个地方，我记得有上海、杭州，其他我不记得了。

傅：那时候考试也不是全国统一的吧？

萧：不是！各学校自己出题。我就在上海考，那时已经快解放了。我大概7月份考的，8月初，清华的通知就给我了，就录取了。当时我家在厦门，家里人不大愿意让我到北京来。因为北京离南方太远了，当时交通不方便。可如果等浙大通知，我也没有把握一定能取上。如果我们不去清华的话，浙大万一再不取我，那我就没大学上了，呵呵。最后还是下决心北上了。当时清华组织得很好，清华校友会就组织了一个北上会，年年都有。

傅：北上会？

萧：北上会。把南方的学生集中起来在上海，上海有校友会，就让他们出面。然后就包了一条船，因为当时火车是完全不通的，南方到北方的火车全部断了，只能坐船。

傅：是因为在打仗吗？

萧：在打仗。那时候从上海到北京只能坐船出发到天津，天津再到北京。当时清华的学生，组成了北上会，我就参加了。大概是9月份从上海出发，坐轮船到天津，到南开大学住一晚上，最后再到北京。北京和天津的火车是通的。当时跟我同船一起来的，都是清华的，新生老生都有。其中数学系船上就三个。一个是我，考上来的新生。另外一个是福建师大，年纪比较大的，考上了研究生。还有一个是转学生，就是丁石孙。

傅：丁石孙？

萧：就是后来当了民盟主席的那个丁石孙。

傅：他是我们数学系的吗？

萧：是的，比我高两届。他当时在上海大同大学念数学，后来因为参加了反对蒋介石的游行，被开除了。

傅：所以就在南方待不下去了？

萧：是啊。大同大学是私立的，他被开除之后就考清华，就被录取了。他是转学的，他一来就是三年级，我是一年级。

大概是在天津，出了一件很意外的事，因为当时秩序实在是太乱了。我家里因为怕我一到北京之后，北京解放了，那我的经济来源就没有了。所以就倾其所有，把家里东西都卖了一些，最后换了 70 块金圆券。70 块金圆券就相当 2000 多万法币。全都给我，至少可以过一年。其实估计错了，不到三个月那 70 块就一钱不值了。我刚从上海到天津的时候，在码头上，这 70 块钱就让小偷全部偷走了。那也没办法，只能算了。到北京之后，我有个亲戚在北京，所以我就找到他借了钱。不过后来发现，到了清华之后其实根本用不到什么钱。清华对困难学生还是很好的。我一分钱没有，自然属于困难学生了。因为钱丢了，学生会马上给我申请所谓的救济。这些都是学生搞的。所以那时候觉得丢不丢钱其实根本无所谓，清华绝不会让你饿肚子的。

清华解放，遭遇轰炸，师生亲如一家

傅：那当时学校里是什么情况呢？

萧：当时我们数学系连教员带学生不到 50 个人。最大一个班是丁石孙插班的那个二年级班，有 10 个人。我们这个班是 6 个人。

傅：全系只有几十个人？

萧：对，10 个就最多啦。二年级有 4 个人，三年级还有五六个人，全加起来也不到 30 个学生，教员也不到 30 个。虽然小，却是全国最好的。我到了清华之后，我的家人告诉我，浙大也录取我了。我当然就不能去了，我已经到北京了。

傅：您来清华之前对清华有什么样的印象吗？

萧：没印象。那时候根本不知道那么多。不像现在，一说升学就不得了了。我们那时候，升学是少数，即使是最好的中学，升大学的也是很少的。考的人就很少。我后来知道，全国清华的考试点，报考数学系的不到 30 个。

傅：那您进来之后对清华的感觉是什么样的呢？

萧：当时对清华最大的感觉就是师生关系非常融洽。全校我不好说，我跟外系没什么联系。数学系因为它太小了，师生加起来几十人，所以老师和学生都像一家人一样，经常在一起聊天。哪像现在到毕业老师还不认得自己的学生啊。那时候我们刚来两三个月，全系的老师就都很熟了。

傅：那后来呢？

萧：我是 9 月二十九日到的清华，然后到了 12 月 13 日，这个日子我记得非常清楚，清华就解放了。当时我们正在同方部上经济学概论，陈岱孙老师讲课。这时候就听外面的炮声大起。当时大家都很镇静，因为我们都知道这迟早要解放的，所以也没那么紧张。那陈老师就在讲课，一句话都没停，一直讲到下课。下完课之后我们就赶紧跑去善斋，因为善斋的楼顶是可以上去的，别的宿舍就不行。

傅：当时善斋还是用来当宿舍的吗？

萧：对，是有肺结核的人在那里住，为了隔离。那时候我们一下都赶紧跑到那，站在高处往北边看，当时的善斋后面就是围墙了。

傅：就是往外边看呗。

萧：对，我们就看到国民党的败兵。虽然他们也很从容，但是衣服已经穿得很不整齐了，像个败兵的样子，队伍也是稀稀拉拉的。枪都背着，抱着，从北往南撤。不是很惊慌失措跑的，但也绝不是很整齐的，就像闲逛似的，有的还推着小炮车。我们当时看了很高兴。

傅：对你们这些学生没有影响么？

萧：一点影响也没有。第二天我们才知道，清华园已经解放了，国民党兵已经全部撤走了。虽然炮声很多，其实没有打起来，国民党很快就退到南边去了。第二天，解放军就在学校西门外贴了布告，严禁外人进清华，防止有人骚扰。有解放军站岗，出去可以，进来不行。当时周围有很多地痞流氓，还有很多特务。这里完全是郊区，清华是个完全封闭的在郊区的园子。旁边的燕京大学也是很封闭的园子。外面全是庄稼田地，哪有现在这么多房子啊，根本没有。

傅：解放之后有什么变化呢？

萧：解放之后，第二天或者是第三天，国民党就派飞机炸清华。那是吃午饭的时候，清华同学在大食堂吃午饭，突然听见飞机响。大家也不足为奇了，因为当时国民党的飞机经常来来去去的，结果这回扔了炸弹。这炸弹一个扔在西院，就现在一进西校门的那一带，还一个炸弹扔在工字厅的前面，炸了个大坑。

傅：那会儿工字厅就是清华的中心了吧？没有炸到人吗？

萧：是啊。炸弹扔在空地上，没炸到人，也没炸到房子，大概炸弹也不是很大。

傅：那他们为什么要往这扔炸弹呢？

萧：大概是警告或是什么。炸弹扔下来，一个人也没伤，一个建筑物也没有损坏，都扔到空地上了。不过这样，当时本来还有一些对国民党同情的学生，都大骂国民党。学校就赶紧采取紧急措施，所有的学生、教员就搬到各个楼的地下室去住。本来我们住在平斋，数学系的教师、学生就全部搬去了科学馆地下室，那是当时清华最好的楼。

傅：那个楼我都没进去过啊。

萧：当时我们数学系就在那儿。一层就是数学系，二层、三层是物理系。数学物理两个系住在里边，在科学馆的地下室。住了三四天吧，飞机也不来了。这件事直接效果就是所有的老师、学生一下子非常熟了。睡觉在里头，吃饭也在里头。吃饭都是食堂往里头送。

食堂与宿舍，艰苦而温馨

傅：当时食堂在哪呢？

萧：就在明斋的后面，现在已经拆掉了。

傅：万人食堂那里？

萧：对，万人食堂那里。当时食堂完全是学生自己组织的。一个是普通学生的伙食团；一个是体育代表队的，他们要吃得好。体育代表队也是学生自己组织的，经常拿冠军。还有个肺结核食堂，叫营养食堂，他们也单吃。

傅：当时流行肺结核？

萧：当时患肺结核的是很多。因为那时候条件很差，好多学生入学的时候很用功，伙食又差，就累倒了，染上了肺结核。然后他们就自己组了个伙食团。这伙食团呢，采购、核算都自己弄，还要自己聘请厨师。

傅：钱是大家一起凑的？

萧：是规定好的，参加哪个伙食团就交多少钱。体育代表团和营养食堂吃的好一些，也贵一些，不过也可以不去。因为要贵一点，有的家里困难的就不去，宁可跟我们一起吃，完全是自己选择的。我们在食堂吃饭，8 个人一桌。

傅：这样是大家坐好了统一吃吗？

萧：没有座的，都是站着吃。到吃饭时间就响铃，你就去食堂，8 个人一桌。桌上已经摆好了 4 个菜和 16 个碗。最先到的人，就把那 4 个菜平均分为 8 份，每碗里面有 4 种。大家就自己喝汤吃饭。

傅：那住宿呢？

萧：当时规矩就是谁先来注册谁就先入住，然后够四个人就住在一起。

傅：就是说同一个宿舍住的不一定是同一个系的，都是看报到时间的。

萧：对，也不一定是同一个年级的。这有一个好处就是交友的面会广一些，我们宿舍有一个是机械系的，一个是外语系的，还有一个是历史系的。当然我们大家感情都很好。

讲座让我收获良多

傅：那上课呢？

萧：国民党炸我们时正好在放寒假，也没影响上课。

傅：那当时的课程是什么样的？

萧：我们数学系就是微积分。数学课就是初等微积分。还有两门课是物理和英语。那时候英语就是老师用英语讲，我们用英语和他对话。还有两门课，一门是叫作人文课程，一门是叫作社会科学，是自己选的。人文我选了历史，中国通史。社会科学我选了经济学，是陈岱孙老师的，他是中国经济学界的泰斗。这两门课我们那时候叫入门课，都是上大课。那时候说是大课也就是100多人，就这两门。这些课当然很好了，不过那时候我觉得这些课对我并不起很大作用的。真正对我起作用的，是当时的讲座。当时，清华有很多讲座，有很多清华的教授、北大的教授，还有燕京大学的教授，每周都有很多讲座。

傅：就是各个学科的都有吗？

萧：对，各个学科的都有。给我印象最深刻的是吴有训来作的报告，吴有训当时是南京中央大学的校长，他来清华作报告。他的一句话我记得非常清楚，他说"一个大学，如果没有数理化，三门，再加上文史哲，三门，那么没有这六门，那这个大学就不是一个大学"。就这六门，这六个系，构成了一个大学，没有这六个不能叫一个大学。

傅：他是蒋介石的嫡系也能来清华讲座？

萧：他不是蒋介石的嫡系，解放后当了中国科学院的副院长。

只要有书念，就很幸福

傅：放寒假也不回家吗？

萧：那会儿除了北京城里有家的以外，根本不可能回家，因为没交通工具。而且当时，寒暑假是我们最重要的读书时间。因为当时刚解放，平常那些运动、开会什么的都很多。

傅：看来那会儿学生们学习都是很主动的。寒暑假还都在学校学习。

萧：是啊，那时候上学都是要克服许多困难的，学费也很高，一般人付不起。而且出路也不好，没有毕业分配，也没有什么招聘。毕业之后失业的很多很多。找到一个中学教员的工作就算很不错的了。不像现在，好像孩子不上大学就怎么着了，那时候不是这样的。

傅：也就是说那会儿来上大学的都是真心想搞学问的吧？

萧：对，你这话就对了。出路是完全没有想过的。要想出路的话他根本就不来考了。所以我们全班人都是带着这种愿望的，都是想做学问的人。那种想搞职业混饭碗的就不来了，去考个专科学校，吃饭更有保障。平常活动不是很多嘛，开会啊什么特别多，所以一般我们就在寒假和暑假学习。冬天就到图书馆，夏天就到气象台。气象台你知道吧？

傅：是天文台吗？

萧：我们那时候叫气象台，那时候还没有望远镜。底下那会也没有房子。我们早上吃完饭，之后就拿上书，跑到那草坪上看书。

傅：这是暑假的时候？

萧：对。到了寒假的时候，图书馆的暖气很好，所以我们就去那里。

傅：宿舍的暖气怎么样？那时的条件好吗？

萧：暖气还好。我们1948年、1949年来北京的时候，春天沙土很大。

傅：是沙尘暴？

萧：比现在的沙尘暴还严重。像平斋，玻璃都是双层的，这在当时也是很先进的了。即使是这样，每天早上，起来一看，桌子上，被子上，满满一层灰，地上都是黄的。我们起来都要赶紧把桌子擦一擦，被子赶紧抖一抖。那双层玻璃还是挡风挡得很好的，要是一般的土房子就更不得了了。不过当时我们丝毫没觉得苦啊，都很高兴。饭吃得饱，还有书念，那当时觉得非常好了，就已经非常高兴了。

傅：后来呢？

萧：我们经历了好几次大的运动。像抗美援朝，我们就组织宣传队，到远郊区去宣传。还有发起参加志愿军。有的同学就报名去参加志愿军了。这个时候生活很动荡。

傅：好多人这时候其实读不完大学？

萧：对，像我们读完的应该不是大多数。当时我们主要是靠自学，听老师讲课很少。因为当时很乱。上课的时候，经常上到一半，就突然传来抗美援朝第几次战役取得重大胜利的消息。然后大家就欢呼着跑出去了，课也上了一半就不上了。所以这样上课基本上也就没有什么收获。主要的收获还是在暑假和寒假，一个在图书馆，一个在气象台。气象台下那个草坪，夏天的时候特别好。我们上午去学习，中午吃过午饭睡过觉，可以走到颐和园去游泳。因为颐和园那时候的水特别好。没有什么交通工具，自行车都是极少数人有，一般都是走路的。我们是走着去颐和园游泳，再回来。生活得非常愉快，很充实。

院系调整，我还没毕业就成了教员

萧：当时我们三年级读完了，就赶上国家院系调整，要把清华改成工科大学。北大就改成文理科大学。为了进行彻底的改革，就从部队、工厂调了一批念过高中的，到清华来学高中的课程，叫干部补习班，准备让他们进清华读书。我们四年级基本上没念书，为他们讲高中数学，代数、几何。1952 年院系调整时他们大部分就上清华了。

傅：他们听了你们一年的补习之后，就直接上大学了？

萧：对，直接上清华了。所以后来清华的一些中层领导干部都算是我的学生，（笑）不过我毕业之后马上就到北大去了。

傅：那您去了北大觉得和在清华时有什么区别？

萧：院系调整后，北大数学系的教师由原来清华、北大、燕京三个大学的数学系合并而成。其主力还是清华。我毕业后就去北大，去做研究生。

1952 年大规模招生，第一年招生是四百人。那个时候，哪里还轮得着我做研究生啊，赶紧当教员去吧。四百个人上课，原来那几个教员哪里应付得过来。再后来就紧急刹车，这四百多人有一半以上就提早分配工作了，因为实在教不了。一直到 1980 年我才回来，再回清华。

清华数学重建，三十年后再回清华

傅：1980 年再回清华？

萧：清华这时候要恢复数学系，就向北大要支援。最后北大把我派回来了，就一个人。当时说得很明确，就你自己一个人回去。

傅：您当时是自愿回清华的？

萧：我是清华毕业的，所以很愿意回来帮忙。

傅：那您 1980 年回到清华之后都具体做了什么？

萧：第一个就是调整了一下教员。当时拉一个人过来都特别难。因为清华已经三十年没有数学系了，所以数学人才特别缺乏。再就是成立了一个工业应用数学协会。给想做这方面事情的人一个平台。还有就是让中国应用数学进入了国际应用数学界。另外就是在全国范围搞了数学建模。数学建模的确不是高水平的数学，但是必须搞。因为我觉得万物必须有开始，从这里开始我们才能真正提高中国的数学水平。没有低水平的哪来高水平的？

心系中国数学，我们怎样摆脱"半殖民"数学？

傅：这样就能提高中国的数学水平？

萧：当时主要的一个原因是我想搞应用数学，这对中国数学的发展是有长远作用的。因为中国数学开始的发展是带有半殖民地性质的。我们的第一代数学家，最早的主要是靠留学出去，跟国外的某一个老师，做了科研题目，读了博士，然后回国，之后呢，就当教授了。他回来之后就把他的题目带回来，然后再小打小闹小改进，在国内的地位就权威了。他的根还是国外的，就是他的导师。

傅：也就是说这样成不了体系？

萧：对，远远成不了，他就干一个小题目。可是国内特别在意这个，比如经常说某人解决了某人提出的难题。在外国数学界没有这种事，你解决一个难题算什么呢。像你们年轻人，智商高一点，技术好一点，解决一两个难题并不稀罕。不过要是系统地占领一个领域，那就很难了。你数学要是真正有水平了，你自己提出题目，对某一方面有系统了解了你自己出题，提出一堆想法把别人吸引过来做。我觉得出现这种问题归根结底是因为我们的数学和实践结合得太差了。国外为什么能提出那么多问题？因为人家和实践联系得很紧密，像工业啊、国防啊。因为尖端的问题是需要数学的。遇到问题了就要想新的办法，想新的办法就有新的启示，这点是当时国内完全没有的。所以我的感觉就是，第一，要发展应用数学。先把全国的所有大学整个的数学水平提高，然后这些工程师，他自己学的数学水平比较高了，遇到问题就会想怎么用数学的方法解决。这就促进了数学家想一些新的思路，创意出来。我当时为什么愿意到清华来呢，因为清华是培养工程师的。我觉得培养工程师的数学素养比培养数学家的数学素养更重要。中国的数学需要一个土壤。

傅：这好像跟现在老师和我们说的就不太一样啊。

萧：完全不一样。现在你们的老师都是按老模式培养出来的。但其实他们所搞的数学在工程师看来，或者说在学数学以外的人看来，并不欣赏。就他们自己非常满意。在很小一部分人中间互相吹捧，互相欣赏。中国数学的这个传统并不好，可是大家也很满足于这样，老说中国数学能很快赶上世界。总这样的话，永远也赶不上。真正地，数学界并不是很看重解决某一个难题。

傅：那数学界看重的是什么呢？

萧：看重的是你是不是真的提出了新的思想，而且能用这种新的方法和思想去解决其他问题。这正是中国的数学家不擅长的。至少在国内的数学家很少提出来。所以我回清华重要的目的就是想提高工科的数学水平。因为不少有一些成就的数学家，很鄙视数学与工科发生联系，觉得搞那些是低水平，没什么意思。这就是标准的问题。什么是有意思，什么是没意思？我就认为提出新的有用的理论比解决人家出的题有意思。在这方面的工作我当时也只是稍有头绪，后来年纪大退休了，我也就不搞了。后面再像我这样想的人就很少了。现在数学系越来越想赶超别人，总注意清华数学系在全国的排名。领导也很注重这点，清华有钱啊，所以就请了很多国外的牛人，其实他们对你也没有什么兴趣。他们也就是作几场报告就走了，并没有想在清华做什么事业。这样的东西不是你的东西，这是人家来给你做点缀。真正想把数学变成国家的事业的人，还是很少的。实际上清华的数学在国家急需的事业上有没有发生过深远的影响？要追求大的问题，不能总去解决人家的小问题。我觉得，中国数学要真正进入世界前列，一个很重要的标志就是能够我们提出问题，让别人来解决。

傅：谢谢萧老师，希望还能再和您聊天。

感想与体会：

上了大学之后，总感觉懵懵懂懂，找不到自己的目标。来到了清华，却也一直没有真正懂得清华精神的内涵。但是这次和萧老的交流让我对清华精神有了重新的认识。这些清华的老一辈学者身上少了我们的功利，多了一份那个年代特有的单纯与执着。萧老的一句话令我很感动："我们丝毫没觉得很苦啊，很高兴，饭吃得饱，还有书念，那当时觉得非常好了，就已经非常高兴了。"他们只是因为理想，因为对自己所学科目的热爱来到了清华。不求出路，不计回报，只为自己所爱的事业奉献一生。这种精神可能正是我们这代人所缺少的。但是我也看到清华里有那样一部分人也拥有这样的品质，我相信他们一定能把这种精神继承下来，薪火相传，生生不息。我希望，我也能尽快找到属于我自己的那条路，那条可以让我带着清华专注、执着的精神走下去的路。

当一颗"螺丝钉"

——物理系丁慎训教授访谈

访谈时间：2010 年 5 月 1 日
访谈地点：丁慎训老师家中
被访者：物理系教授丁慎训老师
访谈者：周末（生 95）
整理者：周末

丁慎训，1956 年江苏省泰州中学高中毕业。1956 年至 1959 年在清华大学电机系学习。1959 年改学物理。1962 年 1 月从清华大学物理专业毕业，后留校任教至今。1985 年提升为副教授。1989 年提升为教授。

1978 年以前主要从事超声和激光应用方面的科研，取得多项科研成果。1978 年以后主要从事教学工作，兼搞科研，并先后培养研究生 5 名。1995 年底开始参与创办中国第一个电子连续出版刊物——《中国学术期刊》（光盘版）。1977 年以来 4 次被评为校先进工作者，4 次被系表扬或评为先进工作者。1989 年被授予"北京市优秀教师"称号。1992 年 5 月出席在钓鱼台国宾馆举行的当代中国物理学家联谊招待会，受到党和国家领导人的接见。1992 年 10 月起享受国务院给有突出贡献的专家颁发的政府特殊津贴。

今天是五一劳动节，我们一同来到丁老师家中。房子不算大，但布置得很温馨。我们一到，丁老师就非常热情地给我们倒水，拿出糖果请我们吃。之前我与丁老师接触过一次，开始我们称他为"丁教授"，可他坚持要我们叫他"丁老师"。他的和蔼亲切、风趣健谈、谦虚谨慎以及"钉子精神"，无不给我们留下了深刻印象，使我们受益匪浅。

同学怂恿考清华

周：您来清华以前对清华的感觉是怎样的？清华是您从小的梦想吗？您收到清华录取通知时心情怎么样？

丁：我对清华的感觉，在我几岁时就产生了。那时我父亲在姜堰一个前店后厂的地方工作。我不上学的时候就在那边玩，后厂里有个七八十岁的老先生，当时他给几个老板的小孩教书。他跟我聊天说他有个儿子，在清华读中文。他跟着他儿子去清华看过，清华的校园很美，学校也很有名气。那时清华大学在我幼小的心灵中就留下了深刻的印象，但具体的不太了解。后来到1956年高中毕业时，我有个要好的同学，他哥哥是清华航空系的学生，他哥哥给他从北京寄回来一本关于清华的书，类似招生简介之类的，我们几个同学就很感兴趣地围着看，看完以后，几个要好的同学就一致跟我说："丁慎训啊，你就适合考这个学校！"

周：您当时的成绩一定是名列前茅的吧！

丁：我高三的时候是班长，高二是学习委员，学习在班上还算靠前吧。正好我又比较喜欢动手。我有个要好的同学，现在在美国，成绩很好，但是他不太爱动手，一画工程制图就觉得很棘手。我们一合计，他说："你就考清华，我就考北大物理系。"

后来报考的时候，我就填了清华大学。其实我并不想离家太远，因为父亲去世早，母亲一人在家，所以并不想走得太远。当时是填五个志愿，每个志愿三个学校，我除了第一志愿的第一个学校填的是清华大学，其他志愿都是离家比较近的学校，像交大、浙大、南京工学院等这些学校。收录取通知书那天是有些戏剧性的，那时我在家整理初中同学寄来的照片，两点多就有同学收到消息，说："某某拿到录取通知书啦，你有没有？"我说："不知道，没有啊。"一直等到四五点，我还没拿到，姜堰市的其他同学基本上都拿到了。

周：您紧张吗？

丁：紧张倒是不紧张，我知道录取是没问题的。我们当年是先填志愿后考试，虽然到现在都不知道当时考了多少分，但是考完就知道自己考得还可以。化学没发现有错误，物理估了96分，数学错了一道大题，应该90分左右，语文还行，政治也不错。那时候时事政治考得比较多，我初中开始就是班上的读报委员，对国家大事比较关心，所以对能考取大学这点是放心的，但是对考取什么学校一点底都没有。一直到五点多，邮局的人在我家门口喊："丁慎训你的信来了！"我高兴地想："可能是录取通知书来了。"一看，果然是。当时我收到的是一个小信封，下面有很小的"清华大学"四个字，而且那个地址还是报考志愿的时候我自己填的。我知道被清华大学录取了，高兴得不得了！

周：还记得您第一次置身清华园时有什么感受吗？

丁：印象挺深的。我们那一批到北京的有7个人。从姜堰到北京很困难，要三天多时间。先从姜堰坐汽车到镇江对面，叫六圩，然后坐一个多小时渡轮到镇江码头，到了码头再坐三轮车到镇江火车站。到了镇江，坐火车到南京，再坐轮渡到浦口，接着坐火车到徐州，当时没有直达北京的火车，我们几个就在徐州火车站等了整整四个小时，拖拖拉拉快四天才到北京。到了北京站后，清华就有校车来接我们了。那是当时唯一的一辆校车，叫斯柯达，捷克产的，一直把我们拉到清华。当时清华校门是现在的南门，前面那条大马路原来是铁路，清华园火车站到八达岭长城的火车从这里经过。到了清华里面，就像进了公园似的，路两边都是树，我还以为在学校外面，直到到了二校门，看到"清华园"几个字，才知道这是学校了，其实不知道自己早就在学校里面了。到了以后就办手续等等，我们临时被安排到了善斋，住了几天，还没确定住哪个宿舍。后来具体分专业的时候，才被分到二号楼。

周：当时住宿条件怎么样？您花了多长时间适应大学生活呢？

丁：住宿条件比你们现在差远了。五人一间十二平方米的房子，三张双层床，两张双人桌，但不能保证每人有一张，只能保证一人有一个抽屉。我爱逛，因为早来两天，我就花了整整两天时间把学校逛了一遍。学校真是大呀！当时我们班那么多人，就一辆自行车，全班人都骑。我们那时候还是挺辛苦的，有时候上午连续两节课，第一节在化学馆，第二节要去焊接馆，就是现在新清华学堂东边那栋四层的楼，中间就20分钟课间休息时间，必须使劲儿赶，甚至要跑步，不然就会迟到了。

"整风反右"影响大

周：在清华学习期间对您影响最大的人或事是什么？

丁：影响最大的人就难说了，很多的。对我们来讲，影响最大的事要算1957年的"整风反右"，那时我们刚刚一年级。开始时党号召全国人民，尤其是全体民主人士帮助党整风，学校许多老师就对党和国家近年来做的事提出意见，指出一些不足。因为从小地方来，那时我还不会写文章，也不敢在大庭广众下说话，性格比较内向。但是对国家大事还是很关心的，就到处看大字报，到处听自由论坛。印象最深的是当时清华著名的教授——钱伟长先生，他站在自由论坛上批评当时教育的一些弊病，他主张理工合校。因为1952年学习苏联，清华变成了唯一的工科大学，理科被划到北大去了。钱伟长教授和许多其他教授认为这样不利于工科的发展，就进行了许多演讲，呼吁要求"理工合校"，后来他成了清华大"右派"之一。这个给我印象很深。到了1958年2月，又划了一批"右派"出来，我们班有个同学没毕业就被送去劳动教养了，过了两年才回来继续学习。这是我到大学后，最早经历的最重要的政治运动，对我后来的发展影响颇深。

周：我在网上看到一则消息，是关于王明贞①先生的，她当年被打成特务坐了几年牢。她回忆说，她从牢里出来吃的第一顿饭是在您家里吃的。

丁：她当时是被打成了特务。王明贞先生是我们学校1955年从美国回来的一位很有名的教授，她的导师是美国著名统计物理学家。她解放前在美国一个搞雷达的研究所工作，想回国可是美国不让她回来。她就辞职了，在美国一年多都没工作，故意使自己掌握的技术落后，后来终于争取到机会回国了。回国以后，她就给学生讲统计物理课，主要是给工程物理系的人讲。后来我调到物理培训班要补课，也是学她的统计物理课。"文化大革命"开始不久，很突然地，他们夫妇就被抓起来了，说他们是特务。她在牢里住了近六年，她先生俞启忠先生住了七年，很苦的。王明贞先生住的是一个当时算很好的三居室的房子，她现在还住在那里。"文革"期间，说她的房子太大了，需要分掉两间，她就自己留了一间，一间给一位力学系的老师住，一间给一位外语系的老师住。我和我爱人结婚的时候没有自己的房子，还住在集体宿舍，等到我爱人怀孕好几个月的时候，学校才给我们分了一间10平方米的房子。后来学校找我，一是说要改善我们的住房条件，二是说希望我们能帮王明贞先生家照看房子，让我们搬到她家旁边一间17平方米的房子里。王明贞先生出来前，系里通知了我。我们想，她是一个人出来，又是南方人，就特地给她做了鱼吃。

像雷锋一样当一颗螺丝钉

周：您本科上的是电机系，后来是什么原因让您对物理产生兴趣，并一直从事物理学工作呢？

丁：其实我改学物理专业完全是服从组织分配。1959年，学校要加强基础课，就从各系调出一批学生，改学物理、化学、数学、力学和物化。记得那时我正放暑假，回到姜堰老家刚过了两周，就接到一封电报——赶紧回学校，有重要事情安排！我也没搞清什么事，就立马买了火车票赶回北京。到了学校，辅导员找我谈话，说学校有一项重大决策，要从各系抽出一部分人支援基础课，经过研究，调我去物理系。

周：是不是成绩好的才能被调出去？

① 王明贞：物理学家。对统计物理学，尤其是玻耳兹曼方程和布朗运动有深入系统的研究。从1953年开始，王明贞为回归祖国做了不懈的努力。她在美国是物理学博士，又在雷达研究所工作，参与了"二战"期间美国的雷达研制，属保密工作，移民局不可能放她回国，于是她毅然辞职。1955年，在周总理的直接关怀下，她和丈夫终于回国。同年9月，王明贞来到清华大学任教授。1968年，已62岁的老教授王明贞被"四人帮"迫害入狱，整整5年8个月的铁窗生活加在了为人谦和、热爱祖国的老知识分子身上。生活的艰苦、精神的压抑并没有把她压垮。她在监狱里，想着自己没有做过对不起祖国和人民的事，下决心一定要坚持活下去。出狱后，67岁的老人没有发过怨言，仍旧抓紧时间，埋头工作。

丁：我也不清楚，反正全电机系一共十多人被调出来，就两个分在物理系，我和周铁英老师，第二天就去基础课报到。我记得在二教的楼上，蒋南翔校长给我们 100 人讲话，讲他的战略决策——年轻人要"占领阵地"！

当时的想法是对的。1952 年后清华就没有物理系了，但是基础课还是要的，工科学生都要学数学、物理、化学的。几年下来，蒋南翔等学校领导觉得基础课力量比较弱，不能适应学校的发展，因此决定抽调本校工科各专业的学生，培养成数、理、化、力各专业的基础课教师，这些学生毕竟是各个省市高分考进来的。当时没有物理系，物理教研组的老先生就专门给我们制订了物理学习计划。我们原来学工的，数学、物理全部要重学，然后再学四大力学、数理方程等等，毕业的时候照样做毕业设计，要按物理学专业的水平写毕业论文。虽然对物理不是特别感兴趣，但我想学习还是要认真学的，考试成绩还可以，毕业的时候，我和我爱人都是班上五个学习优良奖状的获得者之一。"文革"以后，我们这一批人大部分成了各个岗位上的骨干，确实起到了重要的作用。

周：那后来学了物理以后，是不是对物理开始产生兴趣了呢？

丁：其实我对物理谈不上感兴趣。我们这辈人，不像现在的年轻人。党和国家把你放到这个岗位上，你就要像雷锋一样当一颗螺丝钉，所以那时我们工作还是很努力的。我从 1960 年开始就算是参加工作了。我工作本来是在实验室的，1960 年全国科研搞"大跃进"，大搞超声波，我就搅和到超声波科研组去了。

超声波知道吗？声学中，声音的频率大于两万赫兹后，人耳就听不见了。像 B 超、超声清洗、超声切割应用都是很广泛的。我被分去搞超声科研，后来就被留在了科研组，一搞就是 10 年。前 10 年我基本上没有搞教学工作。到 1973 年的时候，又接了一个新的任务，这是我没有想到的。当时国际上出现了一种新型精密测量仪器——双频激光干涉仪，能够精密测量长度，精确到 10^{-6}，但不能进口。国内就计划自己研制，北京市也想研究，就找清华，清华就自己成立了一个班子。当时我们物理教研组搞激光器是全国领先的。光学仪器是光学仪器教研组负责的。计算机计划是让计算机系来承担，但是计算机系把原理结构弄清楚以后，发现当时的计算机运算速度达不到测量要求。后来就让物理教研组来承担这一任务。用计数加运算的办法来解决运算速度问题。测量过程中激光器发出光束，照射到一个移动物体上，移动物体的距离就是被测量的距离。移动过程中需要不断地计算，及时地把长度显示出来。经我们了解，知道不能用常规的计算机模式，需要变通。就是用一个计数器来数数，相当于把激光的一个波长变成计数器的一个脉冲，得到一个数，再把这个数用另外一种运算方法变成一个长度值。

我干了 10 年科研，但是对激光一窍不通，电子学只学过电子管电路，半导体电路还没学过。后来让我管专用计算机这一块，当时毕竟有 10 年的科研经验，就勇敢地接下了这个任务。从 1973 年开始干，干了一年，我当时半导体电路是现学的，数字电路压根儿就没有学过，就找了一本清华大学的老师编的数字电路教材自学，学完了就给我们科研组的其他人讲，讲完了大家就开始设计电路，一年以后就搞出来了。但是波长值还需要人工修正，波长值与光在空气中的折射率是有关系的，折射率又跟温度气压这些物理量有关，所以要测温度测气压，对折射率进行修正，显示的才是真正的长度值。把这套自动的测量补偿系统研究出来又花了一年多的时间。当时正是"文革"最紧张的时期，白天搞运动"批林批孔批邓"，晚上吃完晚饭，六点钟开始搞科研，干到十点钟吃夜宵，然后继续干到一点钟左右，回家睡觉。第二天七点半起来上班，继续搞运动。那时候就这样，白天搞运动，晚上做科研。经费还可以，因为是北京市重点科研项目，北京市拨款到清华科研处，科研处再分两批拨给精仪系和物理教研组。物理教研组分两个组，一组搞激光器，由张培林教授负责，一组搞专用计算机，就由我负责。最多的时候，我们组有八十人会战，搞印刷电路板的布线。印刷电路板、整机线路全部是自己焊的。先把计算机调了，再把光学那一块调通了，最后机光电三部分再调通，才能进行测量。

这套工作真的很不简单，确实是国内先进水平。搞出来以后，手动补偿这部分 1978 年得到全国科学大会表扬，自动补偿这套装置得到了 1980 年国家发明三等奖，北京市科技成果一等奖。我作为这个项目的代表参加了一次全国科学技术奖励大会，在人民大会堂，当时是赵紫阳做总理，他给我们作的报告。我去人民大会堂还开过几次会。有一次是 1989 年被评为北京市优秀教师，教师节开大会，听李鹏总理作的报告。

周：那您后来就开始搞教学工作了吧。

丁：对，这以后就以搞教学为主了。"文革"中武斗的时候，我们办公楼科学馆在大礼堂旁边，当时是武斗据点。武斗中，楼顶都被烧掉了，实验室仪器被大量损坏，只残存了一部分。1977 年恢复高考，物理实验室要重建，领导就要我来承担这项工作。物理实验室有四个分实验室——电学实验室、光学实验室、演示实验室和近代物理实验室，一共四十多人。当时物理系还没恢复，只有物理教研组，是全校最大的一个教研组。我压力挺大，但是胆子也大，领导跟我一说，我就说："行吧。"其实那以前，我一直搞科研，基本没搞过教学，但后来也就管起来了。三分之二的老师岁数比我大，都是老先生，我当时算是年轻的了，还是讲师。总之管得还可以，我是总实验室主任，兼近代物理实验室主任。近代物理实验室后来是工科院校中水平最高的，在全国高校中，也仅次于北大、复旦、南大的吧。从 1978 年到 1996 年，干了 18 年以教学为主的工作。

谈中美学生考试成绩与能力

周：1985 年您作为清华大学理学院五人考察小组成员之一随组赴美国参观考察，您认为中国学生与美国学生相比有什么优势和劣势呢？

丁：我到美国考察时，与美籍华人的专家教授接触比较多。大家普遍感觉，中国的学生在考试成绩上绝大多数比美国学生好，特别是像清华、北大毕业去美国读研读博的，成绩一般都很拔尖，但涉及科学研究，他们的能力，尤其是在创造性上，比不上美国优秀的学生。那时候去了美国不少好大学，波士顿的麻省理工、哈佛，纽黑文的耶鲁、匹兹堡大学，洛杉矶的加州理工、加州大学洛杉矶分校、圣迭戈分校，旧金山的伯克莱、斯坦福等等。去这些学校的时候，我们听了不少大课和小课，也看过学生做教学实验。我感觉大课进度很快，一节课讲教材上的三四十页内容，基本上就是讲大致内容，不去具体探究，课后要求学生自己看书研究。大课课堂很活跃，上课的时候学生可以随意提问，课堂氛围比较轻松自由。课后就自己做题看书，他们的作业都能在图书馆里找到答案。我们就问美国的老师，你们不怕他们抄答案？他们说不用担心这个问题，你在一个好大学学习，就是要学到一些东西，抄的话毫无意义，所以想学习想提高能力的学生是绝对不会抄答案的。在美国工作，能力是很重要的，要混个大学文凭很简单，但要学到知识、培养能力就必须靠自觉了。

退休支教去，管饭吃就行

周：听说您和陈惟蓉教授是大学物理的"黄金搭档"，可以讲一讲你们 2002 年去青海大学支教的一些经历吗？

丁：在西部大开发的大背景下，全国选出十所院校来支援西部的十所大学。领导安排我们去并不是突然想到的，支援物理教学必须把实验教学和课堂教学结合起来。我是搞实验的，我爱人是讲大课的。我那时不当实验室负责人，有时间了，我爱人也快退休了。学校知道我们的情况，就想让我俩去。其实我和我爱人早就想过，将来退休后就找个边远的地方去当志愿者教教课，只要管饭吃就行了。我主要是负责帮他们搞好实验工作，指导组织物理实验。我爱人陈惟蓉就帮他们指导课堂教学工作。我们两人一起去了四次，2008 年我又去了一次。清华大学对青海大学这种一对一模式的想法是很对的！清华大学的教学首先是抓基础课，一所好大学必须先把基础课搞好。学校选了六门基础课——数学、物理、化学、力学、计算机、外语课的骨干教师，去青海大学支教。我们先听课，了解他们的教学情况，看他们的教学大纲和教材，指导他们进行修改。有的考题不严谨，甚至个别题目还出错了，所以我们还要帮他们修改考题。然后给他们建实验室，订计划，指导他们怎样选择实验题目和仪器设备等等。现在青海大学硕士点、博士点都有了，学校大楼也盖起来了。我 2008 年去看到的情况，已经和当年大不一样了，发展得很不错！

"又红又专""服从分配"的自豪的清华人

周：下面是关于清华的一些问题。您怎样理解清华精神？

丁：清华精神，现在强调得比较多的是"自强不息，厚德载物"，老实说，这些提法我当学生的时候是很少提的。听得比较多的，就是两条——"又红又专""服从分配"。通俗地说，就是要听话、出活。我觉得这是比较朴素的清华精神。从培养出来的清华人来看，效果是好的。当时蒋南翔校长提倡"双肩挑"，说的就是"又红又专"，就是既要做好政治工作，又要搞好业务工作。当时清华有好几个有名的教授，例如谭浩强。我当学生的时候，他是清华大学学生会会长，和我一样是电机系的，毕业以后担任了党的干部，做政治工作，"文革"时也积极参加。后来因为种种原因不搞政治了，开始写 BASIC 语言、FORTRAN 语言的书，是全国最早的这类书籍，并且在全国发行量是最高的，对计算机语言的普及起到了很大的作用，全国闻名。你看他本来是搞政治工作的，后来却成了计算机语言方面的教学专家。这就是蒋南翔时期培养出来的清华人。还有清华后来一位校长张孝文，是王大中校长的前一任。我们当学生的时候他是团委组织部长，后来是党委的组织部长，但是后来改做教学，自己搞科研，当了博士生导师，后来又成为教育部副部长。清华这种人是很多的，工作能力很强的人，业务基础也很扎实很突出。包括我们现在的一些国家领导人，他们都是在业务工作上干得很出色的人。

周：您对我们当今的清华学子在为人为学方面有什么建议？

丁：第一个要好好学是肯定的，不学真本事肯定干不了什么事。从我的角度看，基础课是很重要的。科学发展很快，在以后的工作中真正起作用的，还是基础课。而且学习基础课对你学习能力、工作能力的提高很有帮助。学好基础以后，在工作岗位上要努力，要踏踏实实地干。还是那句话"服从分配"，你让我干这个事，我就好好地干，既然做了一项工作，就要尽自己最大的努力把它做好。我在很多岗位上做过，领导同事都蛮喜欢我的，我要调工作的时候他们都会挽留我。所以在工作岗位上，你只要努力，还是受欢迎的，总是能作出一些成绩的。先且不用管成就大小，这与个人能力、机遇、工作环境都是有关系的。我们那时并没有事先给自己设计一条个人道路，走到哪里就是哪里。

周：清华即将百年，您作为一名老清华人有什么感触？

丁：挺高兴的。在清华受到的教育对于我的人生非常重要，在清华的学习是决定我命运的一段经历，我一辈子忘不了。再加上后来留在清华工作，当了一名物理老师，相当于在清华待了快一辈子，对清华是挺留恋的。明年刚好是我毕业五十年，也是我的大庆！作为一名清华人，我很自豪。尤其是（20 世纪）80 年代以后，我去外面出差，被别人知道是清华的，立刻就会有种崇敬的感觉。有一次和我们系的两位年轻老师去广东中山做调研，去买东西开发票的时候，让售货员写上"清华大学"，她态度马上就不同了。清华确实培养出来一批很有用的人才。前几天校庆，我带过的一名研究生回来看我，了解到他现在的情况，感觉挺欣慰的。他现在干得很好，在南京炮兵学院工作，研究与军队系统结合紧密的专用计算机及其软件。

"这辈子总体还算愉快"

丁：前几天我接到一个老师的电话，说建了一个校史陈列室，让我寄一些论文资料和我写的一些书回去。

周：我知道您主编过物理实验的书。

丁：是的，我主编的《物理实验教程》曾获 1995 年国家教委优秀教材评比一等奖。校庆那天，我在签到簿上签完名字后，一个同学在别在胸前的那张名签上面写我名字的时候，边写边说："哟，我知道，您是编物理实验的老师。"我会心地笑了。

周：您平时有什么休闲娱乐活动？准备出去旅游吗？看您身体很好。

丁：明天准备去顺义那里看郁金香花展，自己开车去。身体还行，没什么大毛病，血脂血压有点偏高。精力不错，体力也不错，前几年去爬黄山，一直爬到顶，好多年轻人都爬不上去的。回头看看，这辈子总体还算愉快吧。

感想体会：

丁老师爽朗的笑声始终贯穿一个多小时的访谈中。从他的笑声中，我们看到了他积极乐观的良好心态。访谈过程中，他时不时提醒我们喝水吃糖，我们感受到了他为人的谦和与待人的真诚。"行吧""干就干吧"，他有自信、敢担当的气魄叫我们钦佩。"像雷锋一样做一颗螺丝钉"，他兢兢业业的工作态度和无私奉献的精神值得我们学习。

　　在我即将完成这些文字的整理工作时，窗外传来庄严的校歌声，心里突然涌出一种感动，肩上似乎多了一份责任。我走进美丽而又充满魅力的清华园快一年了。这期间，我受益于许多老师的谆谆教诲。如今，清华即将百年，我想用一句庄严的宣誓为她的百年献礼——我要向老一辈清华人学习，踏踏实实，勤勤恳恳，做一名合格的清华人！像他们一样，为祖国，为人民，奉献自己的一生！

跌宕一生，奉献清华

——访何其盛教授

访谈时间：2010 年 4 月 13 日
访谈地点：清华大学何添楼
被访者：何其盛教授
访谈者：张静（生81）、王昕（人文8A）
整理者：张静

何其盛教授，清华大学化学系离休教师，2005 年荣获清华大学"离退休工作先进个人"称号，《清华大学志》中化学系部分的撰写者。清华大学 1947 级学生，进入清华大学前曾在战时儿童保育总会的四川分会第三保育院学习和生活，1951 年清华大学化学系毕业。何教授经历了抗日战争、解放战争、新中国的建设和"文化大革命"，经历跌宕起伏，与祖国、与清华的命运息息相关。现又为百年校史研究人员之一。何教授还编写过一些清华杰出

参观社会主义新农村——韩村河

人物的生平传略，与清华有着"清华育我，我爱清华"的深厚感情。

劫数中华天作孽，鸡鸣风雨海扬尘。国难当头，11 岁的他，跟随西迁的百姓，漂泊在战火硝烟之中，如无垠之水无根之萍，唯有手头一卷书本不释，心中一缕信念不灭。与无数烽火孤儿相比，他幸运，但亦付出了和平年代的我们无法想象的勇气与勤奋。而他，只是感念恩师同窗，心怀祖国故土，将那段书中苍白的历史，演绎成五彩绚烂的人生。

何其盛老师（二排右一）

老师的老师是清华留美音乐家黄自

张静（以下简称张）：在那动荡的年代，您是怎样艰难求学的？您是怎样认识清华的？

何其盛（以下简称何）：我对清华是从小慢慢开始认识的。小学历史书上，有一张图片叫作《圆明园废墟》，圆明园先是 1860 年英法联军烧毁的，后来 1900 年八国联军打进北京，再次被掠夺焚劫。满清政府被迫给侵略者赔了不少款，称"庚子赔款"，美国还回了一部分，说可用此款的利息派人到美国去留学。那时我还是小孩，并不知道挨着圆明园还有个清华大学。对大学也不懂，后来慢慢长大了才懂了一些，对清华了解也越来越多。

抗战时期我们逃难到重庆，重庆有个沙坪坝，沙坪坝有个重庆大学。我家曾住在重庆大学一个叫"刘家坟"的院子里。重庆大学旁边有个中央大学，它是从南京迁去的，校舍环境很差，校长是罗家伦。我曾在中央大学校门口的全校师生大会上（露天）旁听过他的讲话，后来凡有关罗家伦的消息和报道我都会关注，曾买了他的著作《新人生观》一书，经常阅读。我到清华上学，才知他在任中央大学校长之前，当过清华大学校长，在生物馆的奠基石上有他的名字。重庆大学里的大楼和大操场，是抗战前修建的。附近还有个南开中学，那时它正在大兴土木。后来我才了解到正统的南开中学、南开大学是在天津，后来让日本人给毁掉了，现在是在重庆重建。

我当时到处都去，把重庆大学都跑遍了，每个学院、每个楼，都去看，觉得新鲜。正好有一次跑到重庆大学理学院里头，看到有一个大会议厅，是开参政会的地方，当时觉得很大，再看那主席台布置，挂着"精诚团结"的大条幅——国民党口号，这里将是举行第二届国民参政会的会场。抗战初期，共产党和民主党派为争取抗战胜利，要求国民党开放民主，于是成立了"国民参政会"。第一届国民参政会是 1938 年在武汉召开的，1939 年春天开的是第二届参政会。经过抗战环境的影响，我们那时候虽然年龄很小，但很关心国家大事和世界形势，参政会就在这儿开，所以我很感兴趣，也很兴奋。

张：在这不断的逃难期间，您有没有碰到什么特别的人、特别的事？

何：当时很动荡，发生了好多事。那时重庆大学有个教授叫马寅初，是重庆大学商学院的，他对国民党四大家族利用抗战机会发国难财提出意见，把他们揭穿，提出要他们把钱财交出来做抗战经费。后来蒋介石就派人把他抓起来坐牢。我们的中学老师中有一个是在重庆大学学经济的，给我们讲国内外形势时给我们谈马寅初事件。马寅初怎么被捕是他讲给我们听的。所以我们从小就接受这些国家形势教育，各方面的社会动荡对我们都是有影响的。我上初中时就知道皖南事变了，老师给我们讲这些不能在公共场所讲的事。当时我们在山里面，虽然与外面很隔绝，可是老师做这些仍是有特务监视的。后来两个老师中的一个被国民党特务逮起来了，另一个老师也只得离开了。

王昕（以下简称王）：这两个老师后来您又见到了吗？他们怎么样了？

何：那个后来走掉的老师是重庆大学学生，跑到我们这里来当老师，是因为马寅初被捕以后，凡与马寅初有关的人都可能被捕，所以他就逃到我们这里来教我们簿记。我们那时除了一般的文化课，要学点本事，学学簿记，将来好就业，所以我们学簿记还是很认真的。

另外那个被捕老师的经历就复杂了。清华有个留美的毕业生叫黄自，是个音乐家，教钢琴、作曲、写诗，是中国音乐界的开路先锋。他从清华学校（当时还不是清华大学）到美国留学，学了音乐回国。我们这位老师是山东聊城人，就读上海音专，是黄自的学生。老师一见我们就说："俺是学音乐的，学钢琴，俺的老师是黄自。"所以那时候我们就知道清华出了个老师叫黄自，后来我们唱的歌里头，就有他作的曲、写的词，可抗战爆发不久他就去世了，许多音乐家都受过黄自的培养。当时感觉旧社会真黑暗，真正的爱国者，真正为人民做事的人没有一定的地位，反而是把你当反叛者抓起来，关起来。

张：当时被抓的人很多吗？您经历过吗？

何：国民党办的集中营到处都是，有的一关就关到死。抗战的时候我们逃到武汉，家住蛇山附近。我们家旁边有个军营，在训练战时干部，简称战干团，是国民党搞的。好多年轻人天不亮就起来跑步，喊口号，天天操练，就是不给他们安排工作。后来这战干团随着国民党撤退也被带走了，从武汉撤到湖南，撤到广西、四川。有的人到解放都不给他安排工作，时不时对他进行政治审查，找个碴儿又把他关到另一个集中营去。有的人一辈子就在一个地方，这是我从后来人写的回忆录中得知的。皖南事变后，一些新四军就被抓到上饶集中营去了，只要进了集中营，关起来就把你折磨死。当时我们做学生的时候知道社会很黑暗，不知什么时候你的命就丢掉了，或者找不到出头之日，所以我们那时候上学都很努力。我很关注中国怎样才能找到一条让人民解放的道路，那时候对共产党很感兴趣，知道《新华日报》是共产党办的，但拥护共产党可能要掉脑袋。我想看《新华日报》怎么办？让卖报的偷偷给我，在马路上不能拿起来看，不然人家就会跟上你了。我公开订的报纸是《大公报》。这是我中学时候经历的事情，一直到后来日本投降，日本投降是 1945 年 8 月的事。

行路难：迢迢逃难路

何：我家是农民家庭，家里有几亩地。因为我父亲身体很不好，不到 50 岁就去世了。母亲带着我们兄弟四个，每年辛辛苦苦，顾了上顿，顾不了下顿。我几个月大的时候他们就抱着我下地。到我会走路了，就田边地头跟着他们转，所以农业生产我基本上都懂。蔬菜怎么种，庄稼怎么弄，一年四季，什么时候该种什么，什么时候该收什么，我都很清楚。

可是日本人在 1937 年 7 月 7 日发动"卢沟桥事变"，8 月 13 日发动上海事变，先在上海打了两个多月，攻下上海。国民党守军就溃退到苏州，纷纷西撤。当时我们弟兄四个，三哥比我大九岁，快十八九岁了。我母亲说我们家里有三个成年男人了，总要送一个去抗日，我大哥和二哥在南京工作，就把我三哥送去了。他是工厂的工人，正好工厂受到日本飞机的轰炸停工了。然后工人就受军事训练，每人发一支枪，那枪是假的，训练用的枪。我也喜欢拿着那枪练瞄准，好多抗日的军队路过我们那里，就到我们村上住。那时候我们也不上学了，看着军人训练，也恨不得跟他们一起去打仗。我家不远的一个地方驻有"军事委员会参谋本部要塞工程处"，组织民工专门修建炮台，挖机关枪阵地，挖战壕。前方打仗，后方修工事。正好我母亲把我三哥送到工程处去了，就帮他们做饭，闲下来也去挖工事，也学了许多土木结构技术。后来工程处撤退，我三哥也随着他们撤退。日本人已经到苏州了，我二哥带着我母亲、姐姐，还有同一村上的人，一起逃难到南京。一到南京发现到处都是军队，可是他们手里没有武器，跟无头苍蝇似的，其实把这些人好好组织一下，一人拿把枪，日本人能不费吹灰之力打到南京来吗？南京能被他杀掉 30 万人吗？

后来我回想，这 30 万人里面包括我见到的人。当时的国民党领导早就跑了，那些军人也就没有斗志了，没有人组织他们，他们就活活地被掩埋，送到长江边被集体屠杀。

我们离开南京，先到安徽芜湖躲一躲，估计战事一平我们就回来。谁知这已是不可能，必须继续西进。轮船票买不着，后来只好雇了个很大的木船，带我们走。船老板要回江西老家，于是我们 40 多人上了那条船，就在安徽贵池靠岸，一上岸，当地人了解我们是逃难到那里，就说："我们都忙着要走了，你们还到这儿来躲，那肯定不行。"船老板就要我们别上岸了，一起去江西，就把我们带到江西去了。

沿着长江一直到鄱阳湖，到了一个叫吴城镇的地方，是船老板的老家。一到夏天，鄱阳湖水涨，这地方就会淹掉。我们住的楼是两层的，据说一到夏天水就会快淹到二楼楼板了，在那里只住了一个月，当时是冬天，没看到夏天的景象。等我大哥赶到我们就离开吴城，去武汉。我们在武汉一直从春节待到 6 月份，6 月 27 日离开武汉。那时候郭沫若正好在武汉，组织抗日宣传运动。创作《黄河大合唱》的冼星海，还有很多有名的演员，都住在武汉，他们上街演出。郭沫若专门写了一部书叫《洪波曲》，讲了武汉三镇的抗战热潮，捐钱支援抗战、游行，还介绍冼星海们在武汉抗战时候的各种活动。我被他们组织去参加了多种活动。

张：老师，您的青少年时代就是在这样的逃难中度过的，当时您身边的人心情怎样？

何：我们当时生活很艰苦，但是咱们中国是不会亡的。上海抵抗的时候，有800 名壮士奋勇抵抗。共产党八路军、新四军，英勇顽强，国民党不给他们一枪一弹，他们就开到敌后，夺取敌人武器弹药，来武装自己。

我们对抗战必胜的信念还是有的，抗战是个持久战。国民党实在是腐败，老是失败，我们逃难到哪里，日本人的飞机就轰炸到哪里。1938年春天我们到武汉，6月底到宜昌，7月7日正好卢沟桥事变一周年，规定中午12点时候要放汽笛，大家为死难同胞默哀三分钟，我还记得当时我在低头默哀的情景。那时我还天天在街上看报纸，了解欧洲的形势、全世界的各种动态，所以我也知道大概。

张：这些报纸都是什么人贴上去的？

何：报馆、邮局。送报有任务要贴墙报，有钱人可以买份报纸看，没钱的看墙报，我就是看马路上的报纸、宣传标语，自己提高文化，了解国家大事。当时我已经失学了。

到处奔波转校，我的名字成了何其盛

何：从1937年暑假到1938年暑假，再到1939年春天，我们全家到了重庆，大哥曾在南京公共汽车上售票。一到重庆，发现有一个上海资本家运了一些汽车来，开了一家公司叫"中央汽车公司"，但招不到司机，也招不到售票员，我哥就被招去了，专跑从重庆市中区到沙坪坝的重庆大学，被称为"重庆大学校车"的线路。然后我哥就把我送到小学去上学，学校就在重庆大学旁边，我二哥原来在南京教小学，在陶行知领导下在武汉成立教师服务团。他和南京的好多老同事和老朋友参加教师服务团，到四川永川去教小学，所以他比我们先到四川。

家里争取多出几个有文化的人，就多了一些谋生之路。我在沙坪坝实验小学上学，这个小学是四川省立教育学院办的，五年级是最高班。我只读了一个学期学校就停办了。暑假后我转入小龙坎的私立树人小学读六年级。报名时一个老师把我的名字由"何其圣"误写成"何其盛"，我也就认了，一直到今天没有改回去。但是只读了半个学期就退学了，因为我准备去五通桥战时儿童保育院。

1938年，邓颖超在武汉从事妇女工作，其中有一项工作叫抢救战时儿童。清华电视台转播的一个频道——《老故事》，有个电视片叫《难童》。讲抗战时郑州快失陷的时候突然发现好多小孩到处乱跑，一听口音，一口东北话。大人们就给小朋友说不要乱跑，日本人快要来了，被打死了怎么办？小孩却说："打死就好了，我就成英雄了！"大家就奇怪他们为什么说这种话，后来一了解才知道他们受过日本人的训练，是被派来的侦探。他们是中国东北的小孩，和我年龄差不多，不懂事，日本人就利用他们来当侦探。后来中国妇女界包括李德全，还有好多名人的夫人组成"抢救战时儿童小组"，不能让难童落在日本人手里，被日本人拿来"以华制华"，而要把他们送去接受教育。后来我二哥到儿童保育总会下面的保育院当老师，他就给院长说："我家里有个弟弟，还有个侄子，现在都在念小学，家里条件挺困难的。"那院长就让我们两人到五通桥保育院读书。

我和侄子就从重庆坐汽车到成都，然后坐船到乐山。一下船大家就跑出去看乐山大佛。我只看到大佛膝盖以下，没有看到大佛的全身。我比侄子大两岁，他还不到十一周岁，我们两个人抬着行李跟同路的人一起走。他们大多是中学生，从成都放了寒假回五通桥老家。他们也跟我们说说笑笑，有的人也帮我们拿行李，带我们到五通桥，我们两个走了30多里路到保育院，天都黑了。五通桥保育院是在深山里一个叫"多宝寺"的庙里，见到了久别重逢的哥哥，我当然非常高兴。保育院里有400多个学生，都是逃难来的难童，湖北人占1/3，河南人、安徽人各占1/3，还有个别其他地方的，像我就是江苏的。400多人在一起生活，早晨起来上操，唱歌，一天三顿饭，每周洗次澡，换衣服。老师也都是逃难出来的，把我们当作弟弟妹妹来爱护。

五通桥保育院学生半天劳动，半天上课，星期一上午做了"总理纪念周"后休息，其他日子上午上课的，下午到生产车间劳动；上午劳动的，下午上课。一年分三个学期。我是从事打袜子的劳动。我那时念六年级了，曾写了一篇《持久抗战必胜》的文章，我是根据老师讲的意思写的。日本人虽然力量很强大，但它只能占领我们的一点一线，占领不了农村广大地区，所以就会顾此失彼，我们就可以积极地和他们作斗争，我们最终就会取得胜利。老师说我写得挺好，还贴在壁报栏里让大家看，实际上就是毛主席《论持久战》里的一些观念。我们那时候就是对抗日要坚持信念，要努力学习，班上的学生都学得很好。那时候我们保育院的院歌，是田汉的夫人安娥写的词，张曙作的曲，是这样唱的："我们离开了爸爸，我们离开了妈妈，我们失去了土地，我们失去了老家。我们的大敌人是日本帝国主义和他的军阀，我们要打倒它！打倒它！打倒它，我们才能回到老家；打倒它，我们才能见到爸爸妈妈；打倒它，我们才能建立新中华。"关键是最后一句——建立新中华，就是毛主席要建立的人民民主共和国。我们唱歌就是要国民党好好抗战，每年元旦都讲今年是胜利年，但每年年末带来的都是失望。

张：那您的初中是怎么过来的？

何：后来小学毕业，国民党教育部不解决中学问题，我们就要自己想办法，我们五通桥保育院的经费是盐务总局给的。不像河北省旁边有海，用海水来晒盐，四川五通桥是地底下有盐，用水化了以后打上来熬成盐，都一大块一大块的，所以叫盐巴。盐都要经税务局抽税，叫盐务税，由盐务局管理，所以盐务局就拿一部分钱，给保育院当经费。我们没地方上中学，就去找盐务局。他们告诉我们四川万县有一个万县慈幼院也是盐务局提供经费，成立了中学部，于是我们就去那里上学了。我们一共25个人，20个女生。经过考试，我们都符合入学条件，就都成了中学生。

中学时代　　　　　　　　高中　　　　　　　　大学毕业

双清别墅与慈幼院寻踪

　　何：北京香山有个"双清别墅"，有两条清水在这里汇合，乾隆在山上题了"双清"两个字。山上有个小院子，住的主人是熊希龄和毛彦文夫妇，把它叫双清别墅。双清别墅就是毛主席写七律《人民解放军占领南京》之处："钟山风雨起苍黄，百万雄师过大江。虎踞龙盘今胜昔，天翻地覆慨而慷。宜将剩勇追穷寇，不可沽名学霸王。天若有情天亦老，人间正道是沧桑。"

　　毛彦文是一位很有名的女教授，做教育工作，是国民党的国大代表，也是熊希龄后来的妻子，有着非常传奇的一生。熊希龄的地位是很高的，袁世凯做大总统的时候，他做过国务总理，又是财政总长。熊希龄在北京香山办了一个专门收容灾民子女的慈幼院。抗战爆发前他在青岛募捐。卢沟桥打起来了，他只好去上海。不久上海也打起来了，他就组织救伤兵难民，去了香港。向华侨募捐，为慈幼院弄经费。后来不幸在香港去世了。毛彦文有个堂弟叫毛松友，是个摄影记者。毛彦文就请他到香港协助料理丧事。熊希龄在香港的墓碑是教育总长蔡元培题的词。当时塑了个铜像，存放在许地山的家里。许地山是个作家，笔名叫落花生，他说："花生好吃，它的花钻到土里头，才长出来。"许地山祖籍在台湾，住在香港。因为香港很小，那么多墓，那么多人凭吊；毛彦文就想把熊希龄的遗骨取出来，洗洗干净，火化了装进骨灰盒，运到北京来安葬在香山，了却自己的心意。这是（20世纪）80年代末90年代初的事。香山公园旁边有个墓地，就是"熊氏墓地"，熊希龄的母亲、原配夫人以及原配夫人生的一个儿子——得小儿麻痹症去世了，都埋在那里。

　　当年香山慈幼院的学生，在北京有个校友会，促进了这一迁葬工作。香山慈幼院原来在香山。解放后党中央从西柏坡迁到北京时，选香山为党中央所在地，毛泽东主席住"双清别墅"。香山慈幼院迁入北京城，后来在阜外大街白堆子建了新校舍。香山慈幼院后改称"立新学校"，从幼儿园到高中各级，学校都设立。校友会找人帮她把墓地整理了，把遗骨送到那埋葬，埋葬的时候我还去了。当时我有个同学正好要从台湾来看我，我就写信告诉他要他去找毛彦文一趟，并告诉他毛彦文将提供迁葬金给校友会当经费。我同学就去找毛彦文，告诉她我们是毛松友的学生。那时她精神还挺好，记忆还很清楚，就说："毛松友是我的堂弟，过几天就让你把这钱带到北京去。"后来我们一起把钱送到毛松友家里，毛松友把钱交给校友会，校友会派人来取这钱，我们俩都在旁边见证了这件事。

当年毛松友在香港处理完熊希龄的丧事后，同盐务局的局长坐飞机到桂林。盐务局局长就说北京香山慈幼院全国都有名，熊希龄的事业还要有人继承下去，毛松友就说愿意继承他的事业。盐务局局长给了他一笔经费，就办了万县慈幼院，还成立了中学部。正好我们小学毕业要上中学，就到了万县，进了万县慈幼院中学部学习。毛松友对我们很和蔼，很爱护我们。他是浙江江山人，曾到万县警备司令部去营救我们的老师李士钊，经过一段时间的努力，李老师获释，恢复了自由。

万县慈幼院一直办到1948年才结束。新中国成立后，毛松友来到北京，先在科普协会，因为他照相技术非常好，制幻灯片制得很好，后来他到新华社当了摄影记者。那时天安门游行，我们见到他就站在天安门前面的梯子上照相。清华的很多照片都是他来清华照的，韶山毛主席故居第一个去照相的就是他。鲁迅、萧伯纳（20世纪）30年代的会面照片也是他照的，当时还有蔡元培、宋庆龄在场。

他的摄影技术非常高明，有一次抗战前上海募捐的五架飞机要起飞，他把刚上天的五架飞机照在一张照片上，上午起飞，晚报就登出来了，轰动了上海，因为没有其他摄影师能一下把五架飞机都照在一张照片里头，以后有机会我会把毛松友的摄影集给你们看。

我在清华加入了地下组织

何：毛松友招聘了李士钊，还招聘了高履芳和她的妹妹。高履芳的丈夫叫王冶秋，王冶秋是个学历史的文学家，他哥哥1925年在龙华被国民党杀害了。当时很多文化人，都是在龙华被国民党处死的，包括作家丁玲的前一个丈夫胡也频也是在那遇害的。

王冶秋和鲁迅很要好，常去看望鲁迅。1940年王冶秋那时候在重庆，可他失去了党的关系，后来联系上后，他就去给周恩来做秘书，一直做冯玉祥的家庭教师，工作很忙。王冶秋解放后当了国家文物局局长，他的夫人高履芳则是国家文物局文物出版社社长，文物局就在原北大红楼。因为王冶秋当时做秘书工作很忙，夫人和孩子就顾不上了。正好报纸上登报招聘教师，高履芳就到万县来做我们的班主任，是带着她妹妹还有她两个孩子一起来的。两个孩子是姐弟俩，长大后她女儿在外交部工作，儿子到苏联学油画。除教课外，还让我们阅读课外书，其中有冯玉祥写的《我的生活》，还有好多鲁迅、巴金、茅盾等人的著作。这些书对我们的影响还是比较大的。

冯玉祥是西北军的第一把手，好多将领都是他的部下，有的革命到底，有的中间叛变了。他跟蒋介石有矛盾，蒋介石表面上给了他一个大官——副委员长，但冯玉祥批评他不努力抗战，蒋介石就把他的官抹掉了。日本人投降后，冯玉祥跟共产党的关系非常密切，所以蒋介石就送他去美国考察水利，冯玉祥在美国到处宣传，希望美国不要帮助蒋介石打内战。冯玉祥想去解放区，就从美国买了船票，到苏联去，到了黑海，在船上看电影时失火了，冯玉祥和他的一个女儿被烧死了。同行的他另一个女儿和夫人李德全没有遇害，但火到底怎么烧起来的没有人清楚。

王：去年建国六十周年放映的《建国大业》，里面提了几句冯玉祥离开美国去苏联，然后在船上被烧死了。

何：电影里放映说本来要冯玉祥回到延安开政协会议。李士钊一直在上海等着冯玉祥，冯却不明不白去世了。周恩来非常生气地说："你们做的什么工作，怎么没有保护好冯玉祥！"冯玉祥的原籍是安徽巢县。安徽巢县出了三个上将，一个是冯玉祥，一个是张治中，再有一个就是我们党专门做地下工作的李克农。

何：抗战爆发之前，在北平有个"一二·九"运动，好多青年学生都踊跃加入了民先队——抗日民族先锋队。我们老师李士钊，跟李大钊的名字差一个字，对现状比较愤激。山东人的性格，很直爽，比我大十岁，我那时十三四岁，他也就二十多岁。他除了学习音乐，还加入民先队，参加抗日组织。当时他们老家聊城有个地方武装，负责人是范筑先，共产党和他合作共同抗日，我们老师李士钊就做了他的秘书。在抗战中范筑先将军牺牲了，队伍也就瓦解了。范筑先一牺牲，李士钊就说去重庆汇报范筑先牺牲经过。打着旗号要去重庆，其实是想半路去延安，因为国民党特务到处都是。结果到延安那条路没有走成，只好去重庆。半路上到了成都，他就考上了国民党的中央军校，结果因为他对时局不满，鼓动部分学生起来闹学潮，被开除学籍，关禁闭。他们编的通信录，每个人都有照片，都有自己的家庭情况和经历，但他没有照片，只有名字，他拿给我们看说："你看我在那里上过。"当时正好万县慈幼院中学要聘请教师，他就去应聘，结果被聘中了，就来万县做了我们的老师。他又教英语，又教音乐，还教我们军事训练，带我们出操，给我们讲时事。

解放后过了一段时间，他见到我时告诉我，他去万县查问当年国民党特务是如何监视他的，得知邮局专门有个小组查看他的信件，小组以为他是地下党，就把他抓起来了。他被抓的时候已经不在我们学校任课，是我们的一个同学回家去，看到有两个国民党兵用枪押着他去上厕所。回校后告诉我们李老师被万县警备司令部抓起来了！后来从万县押送到重庆去，轮船要坐三天两夜。正好我们有二十多个同学从万县到重庆去，在船上碰到他，看到他时同学都哭了。他鼓励大家："你们不要哭，没关系，我坐牢是光荣的。"这些事情对我们都是教育。

日本投降后，冯玉祥离开重庆，1946年端午节，他们全家从重庆坐着轮船去南京，当时这条船上人很多。第二天我正好路过朝天门码头，看到好多标语："热烈欢送冯玉祥副委员长凯旋"。我就想这船上很可能有王冶秋他们一家，很可能有李士钊先生。张自忠的女儿写了一篇回忆文章，写了船上的情况，其中提到了王冶秋和李士钊，说李士钊在船上天天刻钢板、编小报，把各方面的情况写成文章、诗，刊出供大家传阅。北京解放后不久，我有一天看到《光明日报》上一篇文章是李士钊写的。我就写信给《光明日报》说李士钊是我的老师，他们就把我的信转交给李士钊，当时他在西苑华北革命大学学习。他是我初一时的老师，是我政治上的启蒙老师，分别了这么多年，所以他看到信后马上来清华看我，讲他的经历。当时他先跑到新斋到我的房间，我那时在化学馆做有机实验，时间很长，他以为我吃完晚饭就会到宿舍，其实我吃完饭又跑回实验室了，所以他就跑到化学馆找到了我，我们俩一边聊，一边送他走。后来我又去看望他好几次，他就告诉我高履芳在哪儿住，王冶秋在哪儿任职，然后又讲到毛松友的万县慈幼院。

张：那时候解放了吗？

何：北京已经解放了，新中国尚未建立，是1949年春天。1948年秋天，北京还没有解放，东北辽沈战役正在进行，济南已经解放了。济南解放的时候解放军的入城布告讲：首恶必办，胁从不问，立功受奖。对于国民党的军队第一条是首恶必办；胁从不问，就是你是被人家抓来的就不问；立功受奖，就是你要敢起来揭发斗争立大功，所以当时起义的特别多。那时还是解放前，我参加了地下组织，有人把这些文件的前面加了一个封皮，封面印上《济公传》，第一回和第二回也是《济公传》里面的内容，后面就是布告的内容了，让我看后传给别的人看，所以懂得特别多。

清华有个"一二一图书馆"

张：您在上学期间肯定参加过很多学生运动吧？

何：昆明发生"一二·一"运动时，是1945年12月。过不久消息就传开了。当时我在四川江津读国立九中，有人就告诉我，在昆明国民党开枪了，然后学生就起来罢课，有四个人被国民党用枪打死了。那时我们快高三了。因为我上学老是受耽搁，抗战逃难的时候耽搁了两年，所以应该毕业的时候还没有毕业。应该暑假毕业被弄到寒假毕业，寒假毕业却要等一个学期才能考大学。所以到暑假时我还有一个学期才高中毕业，毕业后还要等半年才能考大学。1946年我用同等学力考上了重庆大学，又回到了小时候我家所在地。那时候正值"五二零"学生运动，"五二零"学生运动是清华打头阵。我们在重庆大学上学，心中惦记着清华，关注着北平的学生运动情况。所以在重庆大学1—6月份放假我就盼着赶快回江苏，在南京重新考大学来清华。我来清华的时候重庆大学来了好几个同学。有一个原来和我是一个班的，来了清华却没有在一个系。还有个女生在重大的时候就不跟我一个系，不过我认识她，她不认识我。

1947年11月，浙江大学的学生会主席于子三被国民党特务杀害，叫"于子三惨案"。那时我到清华才一个多月，北平的学生也起来游行，抗议国民党的暴行，结果有好多学生被国民党抓了。清华的学生也去游行，为"于子三惨案"表示抗议，同时也营救北平被捕的同学。我也跟着游行，沿着铁路走到西直门再到城里的北京大学，那里有个民主广场。晚上，国民党同意放了北京的大学生，而且还用卡车把我们从城里送回学校，好几十辆大卡车把我们送回清华，一路上灯光照着海淀。我们很兴奋——我们游行了，抗议了，示威了，成功了，国民党还用车把我们送回来了。

王：刚才您说到"一二·一"运动，我好像还听说过有一个"一二一图书馆"。

何：那是 1945 年 12 月 1 日，昆明发生国民党军警杀害进步师生的惨案。我们学生听老师讲时事，他们就开枪，不准那样开会，我们大家就游行，结果还是死了四个人。1946 年夏天，国民党特务又在昆明暗杀李公朴和闻一多，所以我们就很气愤。1947 年我到清华上学时，清华就办了一个"一二一图书馆"。图书馆的书是哪来的呢？那时候国共谈判，叶剑英还有其他一些人都在北京，后来谈判代表撤走，他们有好多图书，不知道怎么处理，于是说送给清华图书馆，运到清华学生自治会。自治会很需要这些书，有《中国革命与中国共产党》《论联合政府》《新民主主义论》……好多都是毛主席的著作，还有许多有关共产主义、马克思主义、列宁主义的书。一有空我就去"一二一图书馆"看书，后来干脆就在那里帮助管理图书。有中学生来借，我也借给他，外校的大学生也可以借。可是当时很不安全，从清华到城里去，骑上自行车一出西门，过了现在 101 中学的地方，就有人要看你的学生证，甚至还要翻你的书包，翻到这些书肯定就会把你抓起来。到了海淀、西直门还要搜查一次。坐校车从城里回来也要查你。当时清华教务长周培源，国民党一个特务要查他的身份证，他十分生气："我这么有名的大科学家，你们这样子侮辱我的人格！"但这事也没办法。那时候进步思想是不让你学的，现在我们学校给你们讲革命的大道理，给你们指明方向，那时候就是自己在黑暗中摸索，很多人是通过"一二一图书馆"的书籍，自己慢慢地进步。当时文学院也好，法学院也好，理学院、工学院也好，地下党组织都是有的，然后是外围组织，你看我一来，就到了"一二一图书馆"，就是外围，地下党就注意到我了。很快 1948 年夏就有人来告诉我："我们去解放区刚回来。"我就说你怎么不告诉我一声，我也想去看看，他就知道我有加入外围组织的可能了，过些时候他就对我说："有人会来找你的，他说什么你就该说什么，就算联系上了。"

张：听起来学生运动充满危险，您在学生运动中有什么趣闻吗？

何：我第一次在清华参加学生运动就是"于子三惨案"发生后。那时我们房间住了 16 个人，后来地下组织一公开，16 个同学里面有五六个人都是地下党的外围组织成员，其中两个是介绍我的。

清华的考题都是弯弯绕，要拐个弯多想想

我们来清华的时候，清华大学有五个学院：理学院、工学院、法学院、文学院、农学院，26 个系。那时候文学院里有中文系和外文系。经济系最大，与政治系和社会系属于法学院。政治系里头学生不多，有些学生思想还挺什么的，我们贴了大字报他给你扯了，一扯就被我们同学捉住了，查出来他是三青团，学校就出布告：查得某某破坏民主，撕大字报，开除学籍。后来我看到毕业名单上还有他，没有真的被开除。理学院有数学、物理、化学、生物、地学、气象、心理，那时考物理的人特别多，考数学的也很多，可是数学系一到二年级就没剩下几个了。物理系也会临时走掉一点，但大部分能够留下。化学考进来的时候就是二十多个，然后就保持数字，可是学生老换，有从上一届下来的，有从别系转来的，还有的下学期就转到文学院或法学院去了。地学系人比较少，实际地学系很重要，解放以后特别需要地质方面的人才。生物系人数比化学系稍微少一点，有时候人数比较多，因为它下面办了一个医学预科班。他们要学很多化学课程和生物课程，念三年，然后到协和去读五年医学，最后从协和毕业拿博士学位，跟我们现在的学制差不多。

我们化学系是四年，物理系也是四年，但是真正四年毕业的人，占不到一半，大部分要念五年，都得延长一年才能毕业。化学最讨厌的就是实验太多，我那时候就是一、三、五实验，星期天也在看第二天的实验讲义，都是英文的，要搞清楚为什么要加这种试剂，会出现什么现象，你不做实验猜不出来，做过之后当然就记住了。一上实验课就是做实验，看现象，记现象，解释许多问题，最后交给老师签个字。当时实验报告要用英文书写，如果书写不是很清楚，指导老师就拒收你的实验报告。所以一、三、五做实验，二、四、六你就得预习实验，还有一晚上做数学或其他的作业。时间都是很紧张的，一到课上都累得打盹儿，因为做实验是站着的。那时候实验条件很差，玻璃试管，一刷就漏了。

那时候我们国家很落后，要什么没什么。可是我们实验要求很高，老师要求很严。化学课程考试出的题目都是弯弯绕，我现在都能说那时候清华没有直路，从哪一个校门进来都要弯弯绕。清华的考题出得就是那样子，你不会绕你就弄不懂，弄不懂你放弃，那么你的分数就没了，可是你拐过弯多想一想就好了。负担重是重，但老师都是高水平的，或者留学归来，或者是高才生留下来的。师生关系也是很好的，老师们差不多都请过我们去他们家里玩。系主任每年都要叫上我们到他家里吃饺子，吃炸酱面。有一次一个教有机化学的老师从国外回来，我们就说去看看他，他们家正好蒸了一锅包子，然后我们就把包子吃光了，结果要再做一笼，想想我们当时也真不懂事。当时的经济条件不是很好，国家在打仗，时事报告会、学术报告会都很多，特别是文科方面的，都在说对时局的看法，很多有名的学者都来讲，对我们都有很多启发。

"文革"，烧锅炉——苦中有乐

张："文化大革命"期间，您是怎么过的？

何：1969年，"文化大革命"还在进行，工宣队进校，住在静斋，我在静斋烧锅炉。我也在气象台旁种过水稻，先是有人用拖拉机耕出了一块地，下一步怎么办拿不定主意，工宣队让我去抓。我就提议种水稻，但还没有等到成熟，我就被调到江西去种水稻了。我是系里的教务科长，每个系有四个科长——人事科长、行政科长、教务科长和科研科长，因为科研科长是女的，就没有去烧锅炉，人事科长大概也没去，就剩下行政科长和我去了。当时我们都给打成当权派了，就要我们去帮锅炉工推煤、打扫。早晨天还没亮，我就起来，吃完早饭，跑去把锅炉通开赶快供暖，总不能冻着工人师傅。过了八九点钟，就把它封上，一直到第二天早上才捅开。实际上我们就是铲两车煤，掺点黄土，搁在水里头搅拌，炉子是工人捅，我捅不动。那些工人对我挺客气的，喜欢听我讲清华的故事，他们也讲清华的故事。其中一个老工人曾参加修建化学馆，就说修建化学馆的时候，老返工，因为高崇熙管得很精细，虽然他是个大教授，还是系主任，各方面都很忙，教书的任务也很重。

张：化学系开始建立的时候，是什么情况？

何：清华化学系是1926年成立的。实际上1925年清华就已经成立了大学部，当时不分系。1925年入学的新生，都要学化学，有的人不敢学，当然也就进不了化学系了。选了化学的同学如果考试成绩不够70分，也不能进清华化学系。大一的新生，化学学得都非常好，再学一系列课程后，有的就坚持不下去。1929年第一届学生毕业，1933年就是第五届，你在学校里如果看到第五届书写的纪念碑，那就是1933年毕业生建的。

西南联大怎么能够出那么多人才

张：那清华在西南联大的情况是怎么样的？

何：我没有进过西南联大。七七事变，抗战爆发，清华大学转移到湖南长沙，与北京大学、南开大学组成长沙临时大学，后来到了昆明，改称西南联合大学。清华化学系所有的图书资料、期刊、报纸，都带到了昆明，所以三个大学的化学系并在一起，图书资料都是清华的，都是高崇熙精心筹划的。西南联大期间，没有清华化学系的这些图书、期刊的话，教学就很困难，清华化学系的仪器也带去不少。在昆明，化学系系主任是南开大学的杨石先——原南开大学的化学系系主任，他比高崇熙资格老，比张子高稍微浅一点，也是用清华庚款赴美的留学生。清华北大也有自己的系主任，管理自己系务工作，所以高崇熙在西南联大是清华的系主任，管理清华老师和学生。

原来一门课在自己学校是一个老师教，到了西南联大，有好几个老师教，每个老师都教自己最精通的，学生们就学得特别成功。现在大家就很奇怪，西南联大怎么能够出那么多人才，这就是所有人的长处都发挥，集中起来教好学生。本来跟着自己学校去的学生，到了西南联大还是和在自己的学校似的，在昆明招的学生就合在一块，不分自己原来是哪个学校的。直到日本投降以后，再征求他们的意见，愿意去哪个学校就去哪个。

张：您在清华毕业以后去了哪里？

何：我还没有毕业时，组织上就问我毕业后愿不愿意去工农速成中学任教。当时要从毕业生中挑选工农速成中学教师，就来找我，说我去最合适。因为人家知道我是农民家庭出身，而且到哪里都跟工人、农民谈得来。1950年全国就有了工农速成中学，教育部开第一次全国教育工作会议，第一个决议就是教育要为工农开门，像革命干部、先进工人，应该赶快让他们提高文化，掌握科学技术。不仅是为现在已经参加工作的工人、农民、解放军的教育开门，他们的子女也要有入学条件。当时教育部办了一所"实验工农速成中学"以积累和总结经验，并要北大清华等高等学校也创办工农速成中学。清华大学于是积极行动，到应届毕业生中挑选教师，当然我积极响应，表示同意，这是1951年初的事。当时来找我谈话的人说："你还得安心完成学习任务，等毕业后听从分配。"因此我们还是照常努力学习，并且对自己提出了更加严格的要求，以便自己能做一个称职的工农速成中学教师。清华工农速成中学从1951年到1958年，共招收了四届学生，合计1189人，毕业903人，升入高等学校学习的567人，其中进清华大学学习的共195人。没有毕业或未升入高等学校的同学，有的回原单位，有的重新分配工作。由于提高了文化，提高了工作能力，他们都在各自的工作岗位上发挥更大的作用，许多人成了我国社会主义建设的高级技术人才和政治干部。大批工农干部进学校，这是中国教育史上一个"特殊篇章"。1991年和2001年，当时清华工农速成中学的师生回清华纪念清华工农速成中学建校四十周年和五十周年，纷纷写文并编辑成册，使这段历史有了文字见证。每集编者的话，都是我起草的。

"化工"又"工化"，学生就可以培养得很好

张：化学系的重建工作，您参加了很多，能讲一下情况吗？

何：我从工农速成中学回来的时候，清华正好要办工程化学系。抗战前，清华没有化工系，只有化学系，清华是1946年才开始有化工系的。抗战前化学系里面专门有一门课，叫化学工程，也叫工业化学。第一届的一个毕业生，叫张大煜，是江苏江阴人，很有才华，而且眼光特别远大，他考虑问题都是从国家长远利益考虑，其实他在做学生的时候，就写了很多论文。他先是留校当助教，后来考到德国去留学，得到博士学位后仍回到清华来任教，升为教授之后专门教工业化学。九一八事变以后，他就研究制造防毒面具供给军用，他的实验室里头就有

好多这方面的资料。日本人占领化学馆之后，就把他房间的桌子和上面的东西都拿到日本去了。

高崇熙说："只要你把化学系的化学都学好了，再把工业化学这门课学好了，你到化工厂去再熟悉熟悉流程，基本上能当工程师，没问题的。"所以当时清华化学系学生，后来从事化工的人很多，像我给你说的曹本熙，他就是化学系毕业的。（20世纪）80年代学校编人物志，就找我来写曹本熙。我并不是他的学生，因为我读的是化学，但是我一到清华化学系就住在二院，就是现在水利馆所在地。二院是从同方部到北边一共是五排房子，第五排的西头就是化工系的办公室、图书室。我是住在东头。第五排的后头就是化工实验室，我常到化工实验室去参观，曹先生就跟我们讲："在清华办化工系，非常好办，因为化学有化学系给我们开课，化学以外的课（包括数学测量、物理制图、电机、力学、机械）由数学、物理、土木、机械、电机系为我们开，我们只要把一门化学工程课教好，把实验设备弄好，学生就可以培养得很好。"果真化工系办了不到六年，就在全国很有名气了，因为那时候化工系特别注意能源问题。

化工系改名为石油系，后来分出去成为北京石油学院

过去咱们中国能源只能利用煤炭，煤炭产量又不是很高，只有玉门的一个小石油油矿，也没产多少石油。后来新疆发现油田，那都是解放以后的事了。解放以前，咱们国家能源是个大问题，石油不够，咱们化工系就研究怎么把煤转化成石油，所以就有了石油研究室。院系调整的时候，愿意搞化工的到别的有化工系的学校去，愿意搞石油的留下来，所以就把化工系改名为石油系，随之化学馆腾出来就变成石油系的系馆。我一直对研究石油有兴趣。1950年我就到抚顺矿务局参加工厂实习。那里煤是露天矿，一层一层地下去，一个一个大台阶，一直到底下。在远处什么也看不见，就像一块平地，一走近才发现跟大海洋似的。铲煤的机械掘了之后，于是就把煤层上的油母页岩装车运到炼油厂，干馏后可以出油，这是日本人弄出来的。日本人在一厂、二厂炼油。日本人也在抚顺研究如何把煤转化成油，德国也在这研究这些。抗战胜利后这些全由中国接管，解放后回到人民手里。所以咱们石油系都能跟国际挂上钩的，假如我不到工农速成中学的话，我可能也去搞煤炼油。

1958年，从工农速成中学回来，我立即参加了筹备工程化学系。咱们学校正在建土电厂，叫燃料综合利用实验电厂，对煤进行综合利用，此厂2001年还在发电，就在新斋北边，厂房可能现在还没有完全拆掉。我就被派到化工车间，加工煤提炼出煤焦油，焦可以拿去炼钢或发电。当时全国都在弄这个，石油学院搞了煤炼油，矿业学院是专门开采煤的，也搞了一个煤炼油的实验基地。所有大的火车站也在弄，化工部也在弄。1959年，有消息说大庆有油田，天然石油有的是，就不用费那么大劲把煤转化成油。但实际工作还是应该做的，就不必全国都搞，

所以我在土电厂搞了半年多以后，系里还有别的工作让我做，我也就撤回来了。

石油系 1953 年又分出去了，成为北京石油学院，所以这里只剩下个化学馆，化学馆当时一空就归工程物理系了，原来工物系在机械系里头，后来单独成立了工物系，而且建了工物馆。工物系是搞原子能的，一部分是物理，一部分是化工。反应堆的那些核燃料，是用化工办法来提取的，堆中核反应后的产物也都用化工的方法处理。有人建议独立成立核化工系，因为学生要学好多无机化学、分析化学、有机化学和物理化学等化学课程，由化学教研组来开，于是有了成立工程化学系的想法。

1958 年由于全国的"大跃进"形势，学校决定在化学教研组的基础上成立化工系，并设立正在兴起的塑料专业，后改称高分子化工专业。1960 年，又决定将在工程物理系的核化工类专业并入，一起叫作工程化学系。滕藤就在工程化学系任书记。汪家鼎是西南联大毕业的，在美国 M. I. T. 留过学，后来院系调整，他在天津大学任教。当时清华本来想请天津大学化工系的汪德熙来清华任教，汪德熙在天大走不开，因为他们"二汪"关系特别好，汪德熙就把汪家鼎推了。那时候还叫工程物理系，汪家鼎来负责核燃料方面，特别是原子能反应堆送进去的铀。

正式成立工程化学系的时候，张子高当系主任，汪家鼎是副系主任，后来张子高去当副校长，汪家鼎就做工程化学系主任，一直做到"文化大革命"。"文化大革命"，把凡是跟原子反应堆有关的专业都归 200 号，工物系也搬到 200 号去了，工物馆就空出来了。原来属于工物系原子能方面的工化系部分也搬过去，留下的改名为化工系。

"四人帮"一完，大家就觉得还得发展理科，就把化工系改名，改成化学与化学工程系，那报告还是我起草的，是滕藤说让我写，然后他拿了回去交给学校。后来学校同意，就成立了化学与化学工程系。1977 年开始招生，就正式叫化学化工系了，1986 年才分系。昨天我看《老故事》里头有关于 1977 届的 2 班提出的口号"从我做起，从现在做起"，这是他们政治辅导员及班主任谢新佑带领学生提出的口号，这个口号对全国影响是很大的。当时化学化工系有无机化学教研组、有机化学教研组、分析化学教研组、物理化学教研组，我就到了无机化学教研组。

从不计较个人的事情，想的都是怎么把教学搞好，把系办好

张：在清华，哪一位老师对您的影响最大？

何：我修过课的老师，都给我留下了很深的印象。我们系的张子高老师、高崇熙系主任，还有化工系的系主任曹本熙，对我的影响都很大。

张子高是湖北枝江人，是前清秀才，后在武昌文学堂就读的，与董必武同学。后来教小学数学、英语。因为庚子赔款，美国觉得我们赔多了，决定退我

们一部分。但是钱不退给我们，我们可以派一些青年人去美国留学，每年100个。所以1909年，全国招考留美学生。本来要录取100人，结果考来考去，考了好多课程，考了好多天，考上47个人。张子高考上了，在里面算是岁数比较大的，然后就被送到美国去。他教我普通化学和定性分析化学，讲课非常系统，非常细致，考题也特别难，实验课也讲得很详细，要让你做好多准备才能做实验，做实验他就会巡视看你做得怎么样。有同学问他："这题目到底应该怎么答？"他说："我要问你，你干吗来问我？"他就是要让学生们通过看实验现象找出问题的答案，总之要求很严格。一到考试的时候他就穿着白大褂，拿着把扇子坐在上面监考，我们都不敢作弊，同学里面也没有作弊的，作弊会让自己都觉得羞耻。

高崇熙教我们实验的本事，有了新理论，立刻教大家学。当时做化学实验要用好多试剂，天平等仪器设备都很少，但是实验要求还是很严格。比如，天平用用就不准了，高崇熙就把它稍微调整一下，又跟新的一样，他在这方面做得非常好。有一次他在课堂上问学生："温度多少度，酒精比重是多少，配的酒精浓度是多少？"同学们都答不出来。他说："你们真傻，不会去查Handbook，有的人念了两年化学还不清楚怎么查手册。"化学试剂要用很多，试剂做完试验就倒掉，所以经费很困难，学校又拨不了多少经费给高崇熙。不像数学系只要一张纸就可以了，物理系的仪器也没有多少损耗。要用到硝酸银的地方，高崇熙就拿出12个袁大头，交给助教，做成硝酸银。实验产生的氯化银沉淀，学生们就把沉淀倒在回收瓶，过了一段时间再拿来提纯，做成硝酸银。在昆明待了将近9年，助教最后把硝酸银交给高崇熙，一算还是12个袁大头所含的银，高崇熙很满意。助教也很放心，如果少了，高崇熙就克他了。高崇熙对人很严格，你做了一点错事，火暴脾气马上就上来了，可是他每年都请我们到他家吃饭，跟我们聊天。他种的花特别漂亮，自己欣赏，也送给别人。

到了昆明，美军看到他种的花，很欣赏，他就卖他们5美元一盆，就这样他收了好多美金来补充经费，高崇熙很有经济头脑。他兴趣很广泛，早上喜欢到西操场的足球场踢几脚，再到办公室来。他手上的纹路里头都是黑的，因为他整天做实验。有时候在讲课，突然想起来什么试剂还没有加，他就一边上课，一边又去做实验。他不能说是24小时运转，但工作量可能超过普通人的24小时，真是不分昼夜。他从不计较个人的事情，想的都是怎么把教学搞好，把系办好。

他的思想也特别好，当时我们一告诉他说："毛主席在天安门城楼上喊，××大学的同志们万岁！"他一听到就很感慨："这可是真正的民主，真正的平等，过去经过天安门城门，喊的都是皇帝万岁，而现在是站在主席台上的主席喊全国人民万岁！"

当时有人批评高崇熙，说他不务正业，整天在外面，实际上他是在解决咱们国家的难题。当时化学试剂很缺，全国各地都来找他，他就生产了供应全国，然后北京市让他去筹办试剂研究所。后来他又忙着研制做化学实验用的玻璃，发现加些硼的化合物进去，就不会那么容易破裂了，后来北京市就能生产硬质玻璃，我们做实验就放心大胆地做。当时煤气也没有，他就用压缩空气和挥发汽油来代替煤气，而南开大学都是烧酒精，他们的化学经费一半以上都从酒精灯里头烧掉了。我们就用本生灯，做有机实验我们是用煤饼炉来加热。我们实验室一个学生用一个炉子来做化学实验，在试剂研究所因为没有自来水，他就把铁桶架在上头，每天早上醒来，第一件事情就是一个一个去检查大铁桶水加满了没有。但是后来发生了"三反"运动，他是研究所的负责人，有人说他经济上有问题，他挺生气。后来北京市领导跟他谈话："你别为这些事计较，我们都信任你。"可是他想不通，后来就自杀了，《杨绛散文》中有一篇文章，说他自杀的自然原因就是"三反"运动，真的十分可惜。

镜头上的第一人

张：那还有没有对您影响很大的同学？

何：滕藤，化工系的老领导，我们同年级的同学，同在化学馆听课，做化学实验。有一个叫《老故事》的电视频道，那镜头一上来就是，毛主席在天安门上，有一人和群众一块喊："共产党万岁！"最前面就是滕藤。前不久我们解放战争时期的清华老同学开会，滕藤他眼睛不好，耳朵也不灵，我跟他打招呼，他很高兴，就问："陶炳伦来了没有？"我说："来了。"他要找清华第一任团委书记，他是第二任，第一任的团委书记陶炳伦比我高一届，也是化学系学生，我就带着他到比我们高一届的同学那里去看看。滕藤和每一个同学握手，当问到陶炳伦的夫人怎么样，结果陶说去年去世了，滕藤就很惋惜地说："哎呀，我都不知道。"滕藤原来是清华团委书记，后来是化工系的书记，清华大学党委副书记、副校长，后来是教育部副部长、人大常委会委员。

当时包括农学院在内的四五个系，每个系学生总共只有十几个。那时候农学院在颐和园的对面，后来农学院合并到北大农学院去了，然后独立成立了北京农学院，就是现在的中国农业大学。我们学校文、法学院，50% 的学生南下了，我们清华的学生，在解放战争期间分散了，一直到海南岛、广西山区。后来有的学生去参加抗美援朝，有的去参加海军。

1928 年，高崇熙当了化学系系主任之后就把张子高、物理化学家黄子卿等各方面的权威聘来。张子高 1929 年进清华，张子高一来，资格最老，高崇熙就让他做系主任了。高崇熙从国外回来，觉得化学系每一门课程都需要有实验，并且实验要求比较高。可是清华的化学系，当时是跟物理系和数学系在一块，在一个楼里头，生物系已经建了生物馆分出去了。化学系在三楼和一楼，因为化学要做实验，放出有异味的气体，实验室高一点好排放，一楼是用作储藏室。数学系占一楼的半拉，二楼就是物理系。高崇熙要建化学系馆，建什么样的化学馆，他心里有数，因为他在美国读威斯康辛州立大学，就跟威斯康辛要了图纸。本来要盖的系馆是 U 字形，因为经费不够，两边就没盖，其实挺可惜的。

张子高带着学校主管基建的商量，建议把系馆建在体育馆北边，沿着善斋往西，生物馆和化学馆正好门对门。建化学馆时高崇熙提出方案，张子高去开会，弄了经费就组织建筑公司来建。化学馆经费跟生物馆差不多，但比它多盖了一层，长出来好多，外观不如生物馆好看，可里面非常实用，这就是高崇熙他这个人的特点——结合我们国家的实际，参照美国的标准，建出来经济实用的系馆。别看"何添楼"的砖砌得挺漂亮，但化学馆比它要结实。化学馆前面本来是洼下去的，施工的时候用了好多土来给化学馆垫地基了，砂子用来打混凝土。高崇熙盖的化学馆非常好，管道都是明管，现在装修为了好看弄到里面去。他当时设计的水管和煤气管都露在外面，因为化学腐蚀性比较厉害，需要经常检修。不像现在有什么暖通专业，有抽气机，很轻便。那时候是为了通风，有一个大的抽气机在化学馆五楼，各个实验室都在墙上打个洞，用缸瓦管通到五楼去。如果做实验时排风机没开，呛得很，一开，气味就没有了。化学馆是 1931 年 12 月份奠基，1933 年秋就能用了，只用一年多就完工了。那时候中国还没有几个地方能盖这么大的楼，所有的大学都没有这么大的化学馆。

百年回忆，百年期望

张：明年是百年校庆，您有什么期望？

何：对清华的期望当然就是，一是继承发扬清华的优良传统，这是没问题的。当时清华虽说是留美预备学校，那些同学是带着屈辱跑出去学习的。但他们怀着一腔爱国热忱，努力学习，这就是清华的传统——关心我们的国家。清华人都是把自己的命运同国家的命运联系在一起的，国家强大了，自己也光荣，国家受屈辱了，自己也会受到屈辱。新中国成立的时候，9 月 27 日开庆祝会，张子高主持会议时就说："虽然我在外国留学那么多年，但我并不留恋那个地方，我去了也不是因为想在那边谋一个饭碗，我要回国来建设我们的国家。"所以说那时候出国留学就是为了掌握现代科学技术，学习人家的先进经验，来振兴中华。我们清华这种思想要坚持下去——爱我们的国家，爱我们的学校。

现在清华的条件比较好，环境比较好，爱国思想在清华读书时就培养出来了。然后还要有创新和团结的思想。咱们清华人是比较团结的，谁出了好主意，大家马上就做。刚解放时，报告特别多，每次在大礼堂开会，开完会大家就散会走人，椅子都还平放着。后来有人提议说："开完会我们是走了，可是大礼堂的工友要把椅子一个一个掀起来，很费时间，我们走时自己随手一拉，也不费劲，工友打扫就很快了。"所以后来我们从大礼堂听完报告出来，所有的椅子都往上一拉，看完电影也是这样，都成了习惯了。清华人就是这样处处想着国家，怎样对国家有利。像高崇熙就是一心为国家考虑，建化学馆时充分考虑国家的条件。做科学实验也是这样，当时国家没多少石油，有机试剂拿什么制备这个问题就要解决，他就考虑用蓖麻油。有一年春天，他拿了一口袋蓖麻籽分给我们每个同学，让我们先拿水泡，泡好后在清华的路边和荒坡栽种。一长起来，开花然后结籽，附近的农民就会收了籽去卖，他们可以获取金钱收入，同时收购站得到蓖麻籽，就用蓖麻籽榨成蓖麻油。他一个大教授，能想到这些地方，让农民增加收入，国家又可以增加油的来源，假设这种思想普及全国各地，家家户户一见到空地就种点蓖麻籽，那么我们一年能收多少蓖麻油啊。

咱们清华就是有这种好的传统——爱国家爱学校，为国家的前途考虑，高标准，严要求，但一切从实际出发。当年蒋南翔总结中国知识分子要有三种思想境界，第一个是爱国，第二就是拥护社会主义，第三就是要成为一个共产主义者。大多数清华人就是这样走过来的。

张：您觉得化学系现在发展得怎么样？

何：高崇熙时代，国内的化学很落后，但是清华化学系写的论文，在化学期刊上占的篇幅还是比较多的。有人说当时全国有三个化学中心，清华是其中之一。现在清华化学系虽然复系才20年，进来的教师水平还是很高的，都是经过国内外的培养。过去清华在国际上受外国的封锁，一切都是靠自己，现在改革开放，可以"走出去"，请进来。

张：您看，化学系现在发展挺好的，您对它还有什么改革的意见吗？

何：像邱勇，现在是副校长了，原来是化学系系主任，他的研究项目在昆山被推广。化学系进了许多新人，而且都有自己的专长，复系已过20年，成绩巨大，无论在培养人才还是在科研方面远远超过过去，至于要成国内一流、世界一流，仍然任重而道远。把清华大学办成一流，这是党和国家的意志，是人民的希望。凡是进了清华的门，就是清华的人，就要心往一处想，劲往一处使，什么样的困难都能克服，什么样的奇迹都可能出现。

何其盛

感想体会：

这次访谈让我们耳目一新，本来以为去采访教授会很拘谨。经过跟教授的近距离接触，才发现教授们退休之后是非常希望和同学们交流的。

何其盛老师，我们觉得最不容易的就是他童年的逃难生活，几乎没有多少时间是安定的，也因为逃难耽误了很多学业，但是他非常乐观，坚信抗战一定能胜利。还有那"十年动乱"，他以自己烧锅炉为乐，从未怨天尤人，同时用身边的事情来启发自己对政治、对人生的思考。这对我们每一个人都很重要，生活没有一帆风顺的，我们要学会面对挫折，在挫折中成长，在挫折中体悟，这样自己才能承担更多的责任。

毕业（三排左一为何其盛老师）

返校（右一为何其盛老师）

一些事，只有亲身体验过才知道它的美好与珍贵，我们看到了教授为清华、为社会的付出，也一定要明确自己作为一个清华人的责任，为报效国家而努力。

温暖，在四月的清华园

——郑用熙教授夫妇访谈

时间：2010 年 4 月 10 日
地点：蓝旗营小区七栋 1504 号
被访者：郑用熙、关英
访谈者：王昕（人文 8A）、张静（生 81）
整理者：王昕

郑用熙，1927 年生于浙江台州，1946 年考入清华大学化学系，毕业后留校任教，后调往北京大学。1981 年回到清华参与化学系复建，一直工作到 1992 年退休。离休后与妻子关英一直致力于中国希望工程事业，15 年间筹得善款 777 万余元，在全国 18 个省市捐建了 32 所希望小学。

四月的清华园依然春寒料峭，那天却是阳光明媚。我们心怀忐忑，叩开了郑用熙教授的家门。我们是第一次与清华园里的老者面对面。他会不会很忙？会不会抽不出时间？会不会带着公事公办的严肃？愣头青一样的我们，会不会过于唐突，有失礼数？教授已八十三岁高龄，他从解放前的清华一路走来，又向全国无数渴望上学的孩子们走去，一步一步，带着中国老一辈知识分子的质朴踏实与博爱心胸，桃李天下，心香一瓣。

教授家中摆设素朴整洁，四壁悬挂着学生们敬赠的书画，我们便在这有着浓厚书香气息的客厅中，开始访谈。

听郑老说过去的故事

郑：我是抗战时期念的中学，1946 年在上海报考的。当时西南联大刚迁回北平和天津，联合招生，在上海有考点。我是浙江省台州人，所以就在上海考取的清华。因为迁校的关系，清华开学比较晚，一直到 1946 年 10 月才开始上课。1950 年毕业后留校当了两年助教，1952 年就遇到了院系调整，我当时被分派去筹建北京地质学院，地质学院就是温家宝总理的母校。1952 年建校，我也是筹建人员之一。我虽是化学系的，但是因为地质和化学有较密切的关系，所以组织上让我也去筹建这个学校。1957年我又到北大化学系当研究生。当时的研究生学制还很长，四年。从1957年到1961年这四年，政治运动连绵不断，花了四年时间，实质上的工作做得并不多，连一篇学术论文都没有发表，只是写了一篇研究报告，答辩完就算完成了学业。1961年在北大化学系研究生毕业以后，就一直留在北大干了20多年。一直到1981年，清华要恢复化学系，当时清华就和北大商量说，1952年的时候我们化学系都连锅端到北大去了，现在要重建，希望能够调几个人回来。于是1981年我又回到清华，一直干到离休。

张：您是哪年离休的？

郑：1992年，满65周岁以后就离休了。我离休以后就开始做援建希望小学的工作。一直到现在，我们夫妇两个先后捐建了32所希望小学。这些希望小学分布在18个省市。我想和你们交流的，一个是我怎么想起参加共产党，当时的地下党是怎么活动的；另一个就是我怎样参加希望工程的，其中主要想谈谈关于麻风病人后代专项助学基金的事。

我是1946年入学的，清华当时还在国民党的管辖之下。西南联大时期，国民党镇压学生运动，打死了四个人，然后就爆发了连续半年左右的罢课运动。这次"一二·一"运动对全国影响还是很大的。1946年"一二·一"运动一周年，以复原的联大同学为主在大礼堂搞了一次纪念活动。我是新生，受到的教育很深刻。接下来就是所谓的"一二卅"，1946年圣诞前夕，一个叫沈崇的北大女生去看戏的时候被美国大兵强暴了。事件揭露以后，12月30日清华、北大、燕京这几个北平的大学，组织了一次抗暴运动，就是"一二卅"。这是北平"一二·九"运动后一次比较大的全市性的学生运动。这个运动我参加了。

1947年2月，清华一个叫王宪钧的学生被国民党特务给抓起来了，硬说他是共产党。清华的学生听到消息后就宣布罢考。因为开学比较晚，所以大考也比较晚，差不多2月底。罢考以后，清华训导长褚士荃进城把他担保出来了。当时清华有教授会，教授会有比较大的权力，它可以选出教务长、训导长和后勤方面的总务长，还有校长办公室的秘书长。2月27日教授会有一个决议，不能够罢考。但是如果没有参加考试，可以考虑以后再补。这样，老师和学生之间有不同意见，所以在27日晚上开了一个全校学生大会，一直开到晚上12点。我通宵熬夜写了《记清华一个集会》，第二天一清早就把它投到信箱里，上海的《文汇报》在3月3日就登出来了。这篇报道被当时一个叫作《观察》的杂志转载了。《观察》解放后叫作《新观察》，在全国是比较有影响的一个刊物。清华的这一次罢考，是北平学生运动里一个小插曲，一般的学生运动没有太多提到它，我之所以觉得这次罢考有意义，就在于它确实充分发扬民主，大家自己讨论，到底应该采取怎么样的决策，解决师生之间的矛盾。在这些活动中，民主的思想逐渐在我脑中形成。

1947年，开始"五二零反饥饿反内战反迫害"运动。这次运动是全国性的，波及了全国各大主要城市。毛泽东提出：解放战争是一条战线，学生运动是国统区的第二战线。1947 年一连串的运动之后，到 1948 年三大战役已经搞起来了。按照党的指示，明面上的学生运动就暂时停止了，在城市里就不搞这些正面斗争了。

1948 年，当时还没暴露的学生组织了很多读书会。读书会专门学习一些共产党的文件，还有新华社的一些消息。我也参加了一个壁报社，叫作《清华人》壁报社。在壁报社里，有一个人叫夏志武，入党比我要早，知道我追求进步，所以就培养并介绍我入党。他首先让我学习了很多资料，如《整风文献》等都是他介绍给我看的。直到认为时机成熟后，他向地下党报告了我的情况。后来经过党组织的同意，我在 6 月 18 日举行了一次宣誓，宣誓的地方就是现在的新林院教工宿舍，1948 年的时候那是一片空地。夏志武领着我，两个人在一个小树林里举行入党宣誓，他说一句我跟一句，我向他宣誓，他作为监督人。宣誓完以后，他把我的优缺点说一下，希望我以后能够永远听党的话，忠诚于党的事业。我以后就一直与他单线联系，直到地下党公开。

我入党以后，6 月 25 日左右，他派我到冀东解放区（现在的唐山地区附近），联系关于向冀东解放区输送学生干部的事，商量关于输送干部的一些手续及路线。当时输送干部的线路不通，中间有一段是蒋介石管区封锁线。我们一共去了三个人，有两个还不是党员，但比较进步，而我是刚入党。我们三个人，由解放区派来的人领着我们去。因为恰逢暑假，我们三个人完全是学生的装束，也没怎么化装。唐山派了一个工人作为向导，领我们进去，穿越封锁线。过封锁线的时候会比较危险，他在前面走，我们远远跟着他，相隔 100 米。后来进去了，在解放区待了半个多月，看到东北版的《毛泽东选集》和关于第七次代表大会的一些文件，这些对我这个新党员来说，教育是很深刻的。

这条线路通过这么一联系，算是打通了。这个事情搞完之后，夏志武告诉我，希望我再次参加学生会的工作。一个是秘密的工作，一个是公开的工作，不能搞混，所以我参加学生会的工作以后，输送干部工作就交给他们两个人继续搞，我就不再搞这个工作了。1948 年底，清华解放了。1949 年 1 月底北平和平解放，2 月 3 日解放军举行入城仪式，我们组织了大批清华学生进城去迎接解放，我也参加了。

1950 年毕业后我留校任助教。1952 年院系调整，我先后任教北京地质学院、北大化学系和清华化学系，到 1994 年正式离休为止。几十年，我做的都是一般的教学、科研工作，发表了 120 多篇论文，收集在《郑用熙学术论文选集》中。这辈子就干了这么点事儿。

王：当年您通过唐山封锁线，国民党是怎么封锁的？

郑：就是派人站岗。当时要查证件，我们不能说自己是清华大学学生，又没有正式的证件，就由向导带我们从没有岗哨的地方走进去。进去的时候我们三个人一起，回来的时候我们三个人就分开了，由三个人分别领着我们回来。我经过岗哨的时候，国民党的军队正在换防，我出来的时候没被盘问，夹在人群里面就溜过来了。那次运气比较好。

张：什么样的人能过去呢？

郑：只要进到国民党的警戒线，就有士兵在路口站岗。警戒线的边界实际上经常在变动，在打仗嘛，有进有出。没有向导，自己闯不过去。也不是说一律都不让过，如果在盘问中露出马脚的话，就会被关起来。

在希望工程启动前，我干了件不得体的事

郑：下面我想讲的就是我离休以后做的一些事。离休前，1987年的时候，我到宁波去参加一次学术会议，和老伴关英到我的母校台州中学看了看。台州中学在浙江省算是重点中学，办得一直还是比较好的，出了不少名人。去了以后，我向关英提出：是不是可以攒点钱，在台州中学设一个奖学金，也算是对母校的一点心意吧。但是实质上，我第一年当助教的时候，月工资只有40块钱，还要给父亲寄生活费。以后慢慢地涨，一直到我离休之后，最高的也就是200多块钱。所以工作了那么多年，积蓄的钱就始终很少。

我父亲和后母在"文化大革命"期间去世以后，我不需要往家里寄钱了，但是还需担负三个孩子的生活教育费。一直到1989年，我们两个都说要攒钱，但真到要捐的时候，还是没多少钱，总共积蓄也就六七千块钱。按照当时的一些情况，以六七千块钱搞一个奖学金不太可能，除非是一次性的。1989年正好又赶上通货膨胀比较厉害，六七千块钱如果再不捐出去的话，好像就更拿不出去了。我们就向关英的哥哥和我的姐姐借了2500块，加上我们自己的积蓄，一共1万元钱，于1989年9月底汇给台州中学，设置了一个郑关奖学金。郑关奖学金是对该校参加浙江省中学化学竞赛的优胜者进行颁奖，一等奖600元，二等奖300元，从1989年到2009年，前后共存在了20年，受奖同学有133人，奖金总额28060元。

1989年10月30日，我们从报纸上知道希望工程正式成立了。看到这个消息后，我们就挺后悔的，我们不是后悔这个钱捐出去，而是后悔捐的不是地方，因为台州中学是一个重点中学，不差钱，真正差钱的是一些边远地区，可是钱已经捐出去了。我们只好按照当时希望工程提出的助学办法，200块钱就可以解决一个小学生五年的书本费。所以我们就开始结对子，200块算是一份，我们每年结一个对子。后来随着物价逐渐上涨，200变成300，又变成400，一直到1995年开始募捐希望小学后才停止。

1988年、1989年夏，我的两个大孩子先后去美国留学了。1994年，我女儿在那边有了孩子，让我们过去照料。我们在那边待了半年，往返机票都是孩子出的，加上半年的饭钱我们不用出，所以工资都攒在北京了。一回来有6000块左右了。假如这6000块钱按照从前结对子的办法，好像又太多了。关英是联大毕业，抗战期间西南联大校址在昆明，她对云南特别有感情，云南又是全国贫困县最多的一个省，所以我们就想，是不是可以发动同学校友，一起给云南省捐一所希望小学。

捐建西南联大希望小学

1994 年底，她请了几个同学在我们家开会商量这事。大家一听这个想法，都很赞成，但按照希望工程的规定，捐一所希望小学要 20 万元。能不能捐到 20 万元，大家很没有把握。另外，当时报纸上说云南有人吸毒很厉害，不知道捐的钱是不是真正能给小学生用。再加上当时报纸上也登，全国公款消费都是上百亿的开销，如果这个问题能得到整顿，也就不用大家来搞希望工程了。讨论了一天，大家觉得这是好事，但主要是 20 万能不能捐着。有人觉得可以做，有人觉得没把握。最后关英出了主意，说北京那么多大公司，如果说我们 20 万凑不着，但有十几万打底了，我们哪怕去化缘，求他们捐点钱办一所希望小学，相信也能够化得着。所以我们决定还是做。

于是就要发一个给校友征求意见的倡议书，倡议捐一所希望小学。但是大家真正要签名的时候，有好多人觉得没把握，就不愿意签了，最后有七个同学在倡议书上签了字。这份倡议书就是征求联大校友做发起人，共发了 150 份，有 130 多份很快就反馈回来。于是起草了以这 130 多人为发起人的《为捐建西南联大希望小学告校友书》。1994 年年底开会，1995 年年初就发了一个告校友书，共发了 3000 多份，然后就开始募捐了。

关：我们原来只想捐一个，因为 20 万对我们来讲太难了。那时我们大多离休了，离休金很低。我是 1988 年离休的，离休时工资才 240 块钱。我拿的还是教授工资，所以当时 20 万对我们来讲是个天文数字。那天我们十几个同学在这里开会，从上午开到下午，最大的顾虑就是怕筹不到 20 万。你想想，一个月离休金才几百块钱，凑 20 万，凑不够怎么办？如果最后不能办一个小学，怎么向同学交代？大家最担心这个，开了一天会都没有结论。最后我忍不住说，到底办还是不办，不办就拉倒，要办咱们就办。我又说，咱们筹不到 20 万，筹个 10 万总是可以的吧，就算只有几万，北京那么多大公司，咱们就拉下老脸去化缘。毕竟我们都还是知识分子吧，而且都那么老了，又是女同学为多，我们去化缘，这些老总总得给点面子，总不会一毛不拔吧。这一说大家笑了，就说，好，关英，你在前面担幡，我们在后面敲锣，化缘去。于是大家就决定还是干。可是真正干起来，只有七个人签名同意，有些人回到家还打电话来劝我不要干这事了，还是咱们有多少钱都捐给希望工程，不行就算了。我们最后还是发出了这个告校友书，不到 100 天，我们就筹到 70 多万。那几天简直高兴得不得了，一下子就办了三所希望小学！

郑：邮政有一个汇转储方式，汇款可以转入储蓄，在邮局里边开个户，就可以转入储蓄。我们就开了一个户作为汇款账户。从 1995 年 2 月开始，到 6 月捐款已经达到 70 多万，捐三所希望小学还能剩十几万。当时希望工程里边还有一个希望书库，3000 块钱可以买 500 本不同的书，构成一个希望书库。这 10 万块买了

30 多套希望书库，捐到云南省各个小学。以后陆陆续续还有同学捐，所以又在云南省红河县办了一个春蕾女童班，专门作为女童的劳动培训。我看到联大校友搞得这么起劲，就在 1950 年到 1952 年毕业的三届清华校友里边发动大家捐款。这三届合起来有 2000 人左右，倡议书发出去以后，不到 100 天也捐了二十几万。这三届同学有一个特点，都是解放后才毕业的，出国留学没什么其他选择，只有去东欧或者苏联，东欧国家奖学金很少，都是靠自己政府公费派出去留学，所以钱有限。但是这三届后来当官的挺多，省部级的干部就有四十几个。包括朱镕基总理在内，一共有 1027 个同学捐钱，先后捐了 28 万。然后我们在河北省易县狼牙山脚下，捐建了一所清华希望小学，剩下的 8 万多，在密云县捐建了一所清华小学，造了五间教室。

团结海外校友捐建"西南联大教育奖励基金"

关：我们就是从那个时候开始为希望小学募捐的，以后影响逐渐扩大，特别是在华侨里边。有些华侨是西南联大的校友，有些是校友的朋友，他们也委托我们帮他们捐建希望小学。我们 1995 年开始募捐，到目前为止一共是 32 所希望小学，分布在 18 个省市。这些希望小学以西南联大命名的有十所，以清华命名的有两所。其中，一个叫周胜祝的华侨，先后捐建了 13 所。这位老先生很不简单，老家在广东台山，他原来家里很穷，七岁时靠"卖猪崽"的方式去了美国。所谓"卖猪崽"，是闽粤一带的俗语，就是用别人的出生证，自己冒称别人到美国去，等于偷渡。幸运的就登岸，若通不过，则是要遣返的。周胜祝本来姓余，可是为了出国，买了一个叫周胜祝的人的出生纸，他就从此改名叫周胜祝了。到美国以后，他就一直靠半工半读的办法，从小学、中学，一直到哥伦比亚大学。大学毕业后得到工程师学位，算是在美国站稳脚跟了。他一直当工程师，攒的钱也不多，中间美国查出来他的出生纸是假的，要遣返他。但是因为第二次世界大战的时候，他为美国的军工企业做过事，加上他年岁也比较大了，他才取得了美国国籍，在美国定居了。国内解放以后，他一直对祖国教育事业很关心。我们 1994 年到美国去的时候见到他，说起捐希望工程这件事。他本来就有一个想法，想在老家一个中学里边捐一些钱建房子，但是还没有付诸行动。听到有希望工程这个事，他就委托我们帮他捐建希望小学，从 1996 年陆陆续续开始捐，直到 2008 年他去世。最初四所希望小学，他都叫余氏希望小学，从第五所希望小学开始，他都用对中美友好事业做过贡献的一些人来命名，比如说斯特朗、马海德、写《西行漫记》的斯诺、谢伟思、史沫特莱这些。去世之前为了捐建希望小学，他把一个本来打算用作落叶归根的祖业也给卖了，将这个钱也捐建了希望小学，所以最后他去世的时候，留下来一共有 30 万余款。他女儿又捐了 5 万，凑够了 35 万，又捐了一所周胜祝希望小学，所以合起来是 13 所希望小学。

整个过程中，我们不断向捐款人汇报情况，包括希望工程的有关规定和政策、捐款的收支、学校的建设和历史、改建成希望小学以后的发展、一些感人的事迹、访问希望小学的情况、学校现存的问题等等，先后发出 15 次共 63 页的资料。一位美国校友来信说："国内向我们募捐的次数很多，但没有一次像这次，回馈得如此细致，效果如此之大。"

这不但鼓舞了校友，同时也影响了广大社会人士，特别是华侨。他们纷纷向我们询问情况，我们则把希望工程的宣传资料寄给他们。1998 年，美国华侨严演存先生，他在帕金森氏病病情很严重的情况下，仍然坚持一个键一个键地打字与我们联系，最终在陕西、四川捐建了三所希望小学。2001 年，我们邀请他的女儿女婿严斯台夫妇来访问这三所学校，带他们参观了清华母校。回到美国后他们就向清华教育基金会捐了奖学金。联大留美校友曾荣森、刘慕仁夫妇，他们先后捐款 25 万多美元，用他们自己的话来说："我们并不富有，我们的钱都是当工程师时节余下来的。祖国在最困难的时候给了我们受教育的机会，今天我们生活有节余，这些积蓄拿来帮助仍在贫困中的儿童受教育，使他们也有一个快乐的明天，是应该的，也是愉快的。"1999 年发动捐建"西南联大教育奖励基金"时，他对我说："很遗憾，我刚把能动用的钱捐给了清华北美教育基金会了，现在实在无力为联大教育基金作贡献，但是我会记得追加的。"那么多年过去了，很多人都不记得了，联大教育奖励基金在四个母校已经颁发了那么多届，然而在 1999 年后的第八年，也就是 2007 年圣诞节的前一天，我突然接到了曾荣森的电话，他告诉我已汇来 10 万美元，捐建希望小学，并充实西南联大教育基金，他是在兑现八年前的诺言，多可贵的情操，对不对？随后 2008 年和 2009 年，又汇了 3000 美元，两次的汇款合并，在四个母校分别建了四个西南联大附加两夫妇名字的教育奖励基金和三个希望小学，加上他们先前已独资建立的一所希望小学，也就是四所了。他们夫妇先后的捐款，达 25 万美元。

关：西南联大校友会自 1995 年开始募捐，到 2009 年止，筹到资金总计有 240 余万元，共捐建了十所冠有西南联大名字的希望小学，其中九所已经投入使用，一所选址在安徽寿县，还在修建中。另有两所是校友捐建，以其个人命名的。2008 年"5·12"汶川大地震，校友会号召大家捐款 100 多万元，由校友会组织，在甘肃捐建了一所冠西南联大名字的希望小学，在陕西捐建了一座礼堂。不仅仅是支持我们国家的基础教育，联大校友在 1999 年又发动了捐建四个母校教育奖励基金的活动。

我们有一个总奖学金，现在最少已经有 400 万元了，这 400 万元分给四个母校。本来是三个，北大、清华、南开。在云南的时候，云南省政府要求我们设一个师范学院，培养云南的师资。我们 1938 年到昆明，1939 年就设立了这个师范学院。1946 年西南联大迁回北京的时候，这个师范学院就留在了云南，改为昆明师范学院，几年以后改成云南师范学院，后来又变成云南师范大学。因为这个大学是从联大的师范学院演变而来的，所以我们就把师范学院也当作自己的母校。事实上，这四个母校中云南师范学院最怀念西南联大，因为有了西南联大才有它，我们是有了北大、清华、南开，才有西南联大，所以它本来不是我们的正宗，但是现在它变成最爱护我们西南联大的了。

这个西南联大教育奖励基金，每个学校 100 万元。曾荣森还有其他同学捐的钱，就以自己的名字命名。这样的奖学金有 9 个，其中 8 个是 20 万元的，一个以奖励经济学科研究生为主的，是 200 万元。还有其他捐献，如资助麻风病人后代、捐献春蕾计划等等。为了奖励各个以西南联大命名的希望小学的优秀师生，又设置了多个奖励基金。

15 年中这些奖励基金一共奖励了优秀学生 3790 名，优秀教师 502 位，奖金额一共是 224904 元。20 世纪 80 年代起，联大校友纷纷从岗位上退下来了，本来就是低薪收入，离退休之后收入就更少了。就是这样一个群体，先后约 1600 人，为我们国家的教育事业，捐献了千万余元。

不能让麻风病人的后代再做文盲

王：老师，您后来还说捐助了一个接受麻风病人后代的学校？

郑：是的。这个学校就是前面所说的华侨周胜祝老先生捐建的马海德希望小学。马海德原是美国一位皮肤、性病医师，解放前经宋庆龄女士联系，进入陕北，并从此留下来，在陕北等地从事医疗工作。新中国成立后，他第一个申请加入中国籍，他的护照是 001 号，曾任新中国卫生部顾问。他很关注麻风病在中国的流行，并为防治麻风病贡献自己的一生。

麻风病是一种皮肤病，会使人的脸变得很丑陋，四肢变畸形残废，看起来很可怕。旧社会时，人们往往把他们赶出家门，要不就把他们活活烧死，或者把他们赶到一个偏僻山沟里，让其自生自灭。新中国成立后，才重视这种病，积极设法防治。马海德在这方面作出了很大贡献。

为了受周老先生之托筹建马海德希望小学，我们走访了北京马海德基金会董事长、马海德夫人苏菲女士和马海德的学生、终身未婚、一直致力于麻风病防治的友谊医院李桓英大夫。经过她们介绍，我们了解到经过多年防治，麻风病在我国沿海一带已经得到控制，很少发病，但云、贵、川一带还是防治重点，建议我们在这一带选点建校。也许由于对云南的特殊感情，我们选了云南。于是 1999 年我们到了昆明，冒昧地访问了云南皮肤性病防治中心（现名疾病预防及控制中心），主任杨大夫接待了我们。他提出两个建校地点：文山和凤庆。

因为我们已在文山建过一所希望小学，我们便赶到凤庆。那里负责教育的同志向我们介绍：1953 年，政府把凤庆及周边各县的麻风病患者集中到该县郭大寨乡松林村的山沟里，并在那里设立医院，进行治疗，那里就有了麻风村之称。很多年后，绝大多数患者得到治愈，并且结婚生育，现在已经到了第三代、第四代。这个村子，一度称为康复社，现在从行政上命名为藤篾河组，但人们有时仍把它叫作麻风村。全村人口为 255 人，其中 70 人是病患治愈者，185 人是病人后代，没有发病者。麻风病是一种慢性传染病，病菌通过破损的皮肤和呼吸道进入人体，未经治疗的病人是它唯一的已知传染源。因此，麻风病的问题在这里可以说是已经解决了。但是，这一不幸的人群仍被人视为"麻风病人"，避之唯恐不及。以致他们很难与外界沟通，更不要说是孩子上学了。1992年，政府曾在这里设过小学。但是，由于无人愿来任教，即便派来了教师也不能安心在这工作下去，教学无法正常进行。最后改为教学点，由一位曾在私塾老师（也是患者）那里坚持学过几年的麻后青年彭绍贵支撑着，设1～3年复式教学，学生三年后就失学了。

根据情况介绍，我们决定选址在距藤篾河最近的松林村中心小学，以便这些不幸的孩子能够就近上学，享受希望工程的阳光。经与县、乡、村及学校四级领导协商，表示我们愿意把马海德希望小学设在松林，投资20万元，条件除全国青基会的有关规定外，还必须无条件接受藤篾河的麻风病人后代学生，简称"麻后生"入学，从四年级起读到毕业，不得歧视。那位校长很爽快地答应说："我们愿意收。就怕他们不肯来。"原来这个村极度贫困，已愈患者有政府每月50元的补助，其余的人靠种菜、养鸡和打柴出售为生；而学生来松林上学虽然距离不过12里，却要翻两座山，过一条河，河上又没有桥，因而必须住校才能读书，这对这些孩子来说几乎是不可能的。在这种情况下，我们只有匆匆表态，说你们设法先收两名学生，他们的学习、生活费，我二人负担，其余的等我们回到北京再想办法。

我们就这样背上这个包袱回到了北京。要实现马海德和周胜祝两位老先生的愿望，我们必须再为这些孩子上学筹款。而这些年发动两个母校学长捐助的事已经很多，我们不忍再大肆宣传。只好写信给我们的子女甥侄（也包括少数至亲好友），几乎是下命令，要他们每人至少帮助一个孩子，可一次捐，也可以分多次捐。此时我们的想法很单纯，只想解决藤篾河孩子上马海德希望小学的难题，并没有形成什么计划。后来，这件事渐渐传开，有些校友和朋友听到后纷纷前来捐款，钱就多起来了。我们才意识到这必然是个比较长期的任务，肯定是有意义的；而且收了钱就得对捐助者有个交代，才为这一新的行动取名为"麻风病人后代专项助学基金"（简称"麻后助"），并邀请了清华校友王寒和联大校友沈佩琳、许冀闽同我俩一起组成五人基金管理小组。由于居住分散，我们只能定期商量，日常工作仍然是由我俩来做。这就是"麻后助"的缘起，是马海德希望小学必需的一项"配套工程"。

有了钱以后，我们写信给藤篾河教学点的彭绍贵，请他选拔10名以内的学生，在读完小学三年级后，入读马海德希望小学，由我们补助每人每年600元（国家青基会规定的标准是小学每人400元/年，初中每人600元/年，高中每人800元/年，我们提高了一级）。到2000年学校建成后，第一届报送了6人，以后每年保送，至今已资助74人①。我们选拔报送的条件是：（1）必须经过县以上的疾病预防控制中心体格检查，证明身体健康，并由其出具证明；（2）学习较好，且有学习愿望的；（3）家境比较贫困的；（4）经所在学校推荐的。

几年来，我们深深引以为慰的是，我们的努力引起了当地教育部门的重视。藤篾河教学点长期只有彭绍贵一人独力支撑，2000年夏起，乡教委增派一名高中生穆正平到这里任教。2003—2005年，我们保送彭绍贵到县教师进修学校进修，穆正平就一个人担负全部教学任务。为了感谢两位教师的辛勤劳动，我们每年春节都给他们寄200元慰问金，聊表谢意。从2002年起，乡教委也加强了对村教学点的领导，期考统一命题，各校互调教师监考，组织教师统一批卷。将教学点纳入了正式轨道。同时，引起了藤篾河居民本身对教育的重视。未被保送的学生，有的要求重读三年级，以争取来年保送；有的家长甚至自费让孩子去上希望小学。今年全国实现"三免一补"，孩子们上学的积极性应该会更大。

更令我们感到欣慰的是这些"麻后生"孩子入学后的成长。他们进入马海德希望小学的最初两年，遭受歧视的情况是严重的。同学们骂他们是"麻风儿"，向他们丢石子，吐唾沫，不肯和他们同桌，不一起玩等等。幸亏有他们的班主任杨建国老师，他对他们既充满爱心，又十分有耐心，经常为孩子们劝架，一方面教育说服一般孩子，说明麻风病是可防、可治的，并不可怕，"麻后生"同学都是健康人；另一方面也劝告"麻后生"孩子要自强自立，又要善待他人，不计较别人的态度，坚持学习。这样，两三年后，学校师生才无"恐麻"和排斥他们的现象。（这样好的老师，不幸后来调离了学校，又因车祸去世；应该说，他是"麻后助"事业的功臣。）孩子们也很争气，他们初进希望小读四年级时，因各种原因成绩一般较差。但他们经过努力，进入五年级就能跟上班。我们曾把他们的学习成绩作为一个整体，同普通同学进行过统计比较，结果表明，在五、六年级他们还略优于一般同学，证明了自己同样是祖国的花朵。

我们最初的计划，是想资助100名学生读完后三年小学，共需18万元。我们都已届耄耋之年，我们的力量是微小的，只能做到这一步，希望通过我们的行动呼吁政府和社会重视和关心这一不幸的群体。但是，树欲静而风不止。2003年，第一届6个学生从小学毕业了，他们应该升入初中，他们又面临新的困难，包括学费来源和新的歧视，又需要我们伸出援助之手。（马海德希望小学领导的回信曾称："我认为这部分学生能被中学顺利接受的可能性很小。虽然他们是健康的，但是人们总会有一点点顾虑。"）我们能撒手不管吗？我们五个人开会商议，几经斟酌，虽然我们当时手头的资金要完成上述的"百人计划"还不够，仍应该先解决这6个孩子的升学问题，经费问题逐步解决。事实证明，我们对资金的顾虑是

---

① 据关英老师，截至2013年，受麻后助资助过的麻后生已达百人，其中藤篾河组有89人，贵州省有11人。但迄今已完成九年义务教育的人数，离百人尚远。

完全多余的。不但这 6 个孩子的赞助者纷纷表示愿意继续资助，还另外有人愿意赞助。以后几届升学的孩子也都顺利得到帮助，现在，已有四届学生升入初中，今秋还将有第五届。

2003 年我们向有关各级教育部门写信，要求解决这些孩子的升学问题。先后收到凤庆县教育局和云南省教育厅副厅长的回信，这些孩子经过县防疫部门体检，已经正常升入郭大寨中学就读。我们还曾写信给民盟的一位全国政协委员刘文甲先生反映过这方面的情况，他在政协开会时作了这方面的发言，建议政府重视麻风病人后代的教育，有关部门和慈善团体应对他们的学习给予优惠资助，并使之政策化、制度化。这个发言，登在 2004 年 3 月 8 日的《人民政协报》上。2005 年秋，我们又动员北京电视台第九频道《第一故事》栏目到藤篾河去实地录像，让他们直接接触了"麻后生"这个不幸群体；这个录像以《山那边的孩子》标题映出；这个摄制组出于爱心，还捐募了 2300 元给我们的助学基金。

由于第一届小学毕业的"麻后生"得以升入郭大寨中学，以后各届小学毕业的"麻后生"的升学问题解决了。初中毕业后，他们或考入重点高中，或升入职业学校，或外出打工。第一届的一个"麻后生"曾以超过重点大学录取线 35 分的成绩，于 2009 年被云南大学录取。另外一个第四届初中毕业，已经考取重点高中，这个学生估计将来也有可能上大学。对高中生和大学生，我们决定尽量地资助他们把学上完。现在在小学和初中，学生相互之间没什么隔阂了。但在高中和大学里，部分学生和老师对麻风病人后代还是很害怕的。比方说那位同学考取了大学以后，我们想把这种情况大力宣传一下。我们给他们县的广播和电视台写了信，告诉他们这个同学已经考上大学了，希望他们能够借此宣传一下。凤庆电视台倒是拍了录像，昆明的《春城晚报》也采访了。结果电视一广播，第二天他们预定的告别聚会，同班毕业的其他同学都不敢来了。晚报的报道也只好用化名。

关：就是难啊！明明考上大学，结果还不敢暴露自己的身份。大学生怎么就那么糊涂，连这点医学常识都不知道，反倒在中学、小学，他是公开身份的。我觉得非常无奈！我还补充一下，这位同学考上大学以后，对他们村里的孩子影响非常大，最近我们收到的信，都是纷纷表示要向他学习，说只有像他这样才有前途，所以很多孩子学习有进步，这一点我们感到很安慰。

王：那个麻风村里是不是已经没有麻风病了？

关：都好了，没有传染性了，村里的人都是已经治好了的人。麻风并不遗传，所以他们的后代都是健康的。就拿这个大学生来讲吧，他九年在三所学校里面生活，跟其他普通学生在一起，没有发现什么感染。到去年为止，麻风病人后代专项助学基金先后补助了 74 名学生[1]，他们跟那些正常学生在一起，同吃、同住、同学习、同玩耍，从来没有人被感染。能做到这一点，首先是麻风村的学生

---

① 同上页注①。

入学时必须经过县以上的传染病防治中心来检查，由他们正式出具健康证明书，才能保送到小学。因为我们不单对这些孩子负责，对健康的孩子也要负责，弄一个传染病的去，把人家传染了，那我们到底是做好事，还是做坏事？所以这方面很要紧。这些学生进了学校以后，每年都要去检查一次。

这里我还要介绍一下教学点的老师彭绍贵，他原来在外面打工，有1000多块钱的工资。以前，他没有进学校念过书，父亲是麻风病人，他自已健康。他小时候很想念书，就跟着一个私塾老师学。这个老师也得过麻风病，后来治好了。当初跟着学的有七八个，都没有坚持下来，就他一个坚持下来，学了好几年。所以从文化程度上讲，他相当于小学或初中毕业。他当时在外面打工，听说这个学校要停办，就马上辞了工回来。他觉得自己已经没机会念书了，不希望他的这些同乡再失学。他回来时教委曾经问过他，工资很少，一个月才130块钱。他就讲，只要学校不停办，你不给钱我也教，只要你们相信我。所以他就把这个学校撑起来了，教三个年级。我们去的时候就是他当教师。

考虑目前我们还有点余力，想扩大这个资助，因此我们先后向四川、贵州的民政厅写了信，问这两个省有无这方面的需要。尽管现在只有一个人考上大学，可是接受过麻后助的至今已有74人，他们初中毕业后，大约有50人升入职高，获得国家资助两年，每年1500元，学得一技之长。少数人升入高中、大学，由我们继续资助至大学毕业。其他在初中毕业后即参加工作。这些可能是麻风病人后代比较好、比较现实的一条出路。问题是现在这70多个接受资助的学生，能不能坚持把书念下来？其中有13人，九年义务教育都没有念完，中途就打工去了。所以将来真正能够念完初中的，可能要比刚才说的74个少。为了避免这种情况，我们想了一个原则，对于想得到麻后助资助的，他一定要个人申请，同时他的家长写一个保证书，保证他一定要读到初中毕业。如果他中途不念了，家长要负责把已经领取了的助学金原数退回。要有这个保证书，我们才给。

郑：按照政策，中专、技术学校、职高每年都由国家资助1500块，一共资助两年，第三年是作为他们实习的补偿，单位要给他们发工资。所以如果走中等技术学校这条路，可以读到中专毕业有一技之长后找工作。倘若上高中能考上大学的话，我们还是继续资助。但是现在看来，由于竞争很厉害，考大学很不容易！我们两个老头老太太，八十几岁了，这件事也坚持不了太久，所以希望国家能像资助中专生一样资助高中生和大学生。国家投资也是必要的。最近教育改革，人大开会也在热烈讨论，但有一个问题，始终没有解决。现在全世界教育经费占国家生产总值比例的平均数早已经达到5%，先进国家比例肯定更高，可是我们国家还不到4%。尽管国家现在有所谓的"两免一补"，这个"两免"，就是免书本费、学杂费，已经普遍地实行了，可是"一补"问题还是很大。这个"一补"是给住校生的，住校才可能有，即便住校生也不可能全都补。小学生没有生活自理的能力，要他们住校是很困难的。

百年校庆我们一定参加

张：那我们问最后一个问题吧，百年校庆你会参加吗？

郑：百年校庆我们一定会参加的。

张：您对化学系还有什么建议吗？

郑：1992年我离休以后，因为搞希望工程，基本上很少回化学系，但是每年他们年终总结什么的，我都会花些时间去参加。我跟清华化学系的关系，大学四年，留校当两年助教，中间离开了差不多30年，直到1981年才回来。到我离休，中间还是工作了十来年。离休以后，又是30年了。所以前前后后跟化学系也还是有缘吧。从1992年到现在，我对化学系还是很关心的，从历年化学系的年底总结来看，总体来说，1985年重新建系以后这些年，发展得确实比较快，我也非常高兴。最近这几年，化学系招生人数扩增了，各个方面也出了不少成果，科研经费、发表论文的数量和质量、人才培养的情况，让人听了以后也非常欣慰。但有一个问题，我认为迄今为止，从化学系毕业以后真正从事化学工作的人比例很小，尤其是恢复化学系以后。所以怎么扭转这种局面是个问题，所学非所用的话，总归不是个办法。何况现在报纸上登，大学生毕业后失业的现象占相当大的比例。如果在专业课程设置方面不作出较大改革的话，恐怕将来会更加困难。

张：一次我跟一个老师交流，他说现在好多学生，大学四年上完了，不知道自己干什么，觉得拿着自己学的东西去就业，没有地方能用。他给清华提意见，清华现在到底要培养什么样的人。后来他们进行调查，在中央常委中从清华毕业的人还是挺多的，从政人才算是达标了。但是各个行业的巨头、董事长什么的，清华毕业生基本上没有。进行科学研究的，理工科院系的系主任中，清华人也占得很少。进中科院评上院士的，每个系也只有两三个。老师们就反思应该怎么教学生？应该怎样才能在自己的专业作出一点成就来。那位老师很担忧。学校里老埋怨培养不出人来，可是老师们就是按照教学计划，把自己该教的都教了，至于学生为什么出不来，他们也弄不明白。

关：这两本通讯集你们拿回去参考一下吧，可以看看里面熊向晖的故事。熊向晖是我们联大同学，直接打到胡宗南集团内部，做胡宗南的机要秘书，所以许多作战的信息，都能够及时地传送到延安。我们西南联大前后招生8000多人，从1937年到1946年，差不多9年时间，除去中途退学的，在学学生总共8000多人，除了3000多人从联大毕业，剩下的5000多都是在北大、清华和南开毕业的，参军的就1000多。当时美国盟军来中国打仗，需要大量的翻译，所以我的上一届1000男生，有800多都上了战场，加上之前去的，就不止这个数了。

郑：清华园里有一个纪念碑，背面的碑文就记载着参军学生的名字。

关：这个确实是挺值得纪念的，碑文还是冯友兰起草的，罗常培书，闻一多篆刻，你们可以去看一下。你们不是想了解抗战时期、解放战争时期的学生生活嘛，清华也是当时联大的一部分，我觉得是非常精彩的。正好我今天收到这本书（《西南联大校友通讯》），这里面都是我们同学的回忆，你从这里也可以了解一番我们当时的生活、学习情况。我们的老师是真正的为人师表。我就举一个例子，抗战的时候，物价涨得很厉害，工资跌得很低，我们的教授生活很苦，连校长梅贻琦的夫人最后为了家庭生活，不得不和其他的教工家属一起做一种叫"定胜糕"的点心。那时候在昆明没法坐车，车票太贵了，做好点心之后，她就自己穿过整个昆明市，送到冠生园去卖，用来贴补家用。有个教授已经有三个孩子了，生下第四个因为没法养而不得不把孩子送给人家。我们化学系的老师高崇熙是很出名的。那时候有含有多种元素的化学废液，是很好的肥料，他就用这些废液浇自己种的花，然后靠卖这些花来补贴家用。当时学校就向教育部申请希望能补助这些老师，可是教育部只补助那些有官职的。大家的生活都非常困难，有了补助当然是求之不得，可是当时兼职的教授联名签字，说："国家能够补助我们很是感谢，但是我们不能接受。第一，我们兼差是我们分内的事，不应该有特殊待遇；第二，生活困难，所有同仁都一样，如果说只有我们领取了补助，我们感到惭愧，更无以面对这些同仁。"因此他们拒绝不受。这样的事现在有吗？所以我们很怀念联大的生活。所谓言传身教，许多教授是用他们自己的行动来教育我们，而不是靠一张嘴。那时正值抗战，只有滇缅公路可以通到外面，但是我们的教材非常新，是这些老师通过个人与外国联系，从外国得到一些新的信息，不断充实自己的教材。所以联大那几年，教学并不落后于世界，再加上当时很多年轻的老师从外国回来，他们回来不是带各种各样的奢侈品，都是带实验用品、书和最新的信息，这些都补充了我们在抗战期间资料的不足。

郑：闻一多当时在西南联大靠刻图章补助家用，朱自清抗战胜利以后回到清华园，可是因为拒领美国救济粮，贫病而死。清华的老师体现的就是中国知识分子对生活的一种态度。

张、王：已经打扰三个小时了，我们该告辞了。听了那么多故事，我们也有很大的收获，特别感谢您们。

郑用熙

感想体会：

我常常思索，"清华"二字，于我轻飘飘的二十岁，到底有多沉的重量。它是否足够将我从浮世繁华中坠离，返璞归真？我走过工字厅，触不到冯友兰伏案疾书的墨香迷离；我走过荷塘，听不见朱自清零落在月夜的一声叹息；我走过图书馆，寻不着曹禺笔底波澜的激情澎湃；在清华，百年的时光未及我身，我其实不懂清华。一个个熟悉的名字是天上星辰，遥不可及，高不可攀。

开悟需要醍醐灌顶，需要当头棒喝。

清华是在那个下午变了，因为一对心澄如水的老知识分子，变得崇高而质朴，变得严谨而亲切，变得深刻而挚诚。佛教中观世音三十二应身，常于世人困惑迷惘之时，化作路人擦肩，三言两语，点破玄机。郑教授与关老师应该是我遇到的观音身吧，他们的言语有着某种启导荡涤的力量，不期而遇，却又刻骨铭心。

两位可敬的老人，他们和清华一路走来，历经坎坷，祸福同担。从他们身上，我看到了中国传统知识分子传道授业、治国齐家的人生轨迹和历史承担。他们以德行操守，为我上了入学以来最生动也是最深刻的一堂课。虽然我无缘成为他们的弟子，但在清华园中得与他们相遇，已然幸甚至哉。

如他们一样千千万万的普通读书人，就是中华精神的脊梁。这冲击力并不能用一两万字的访谈稿来概括总结，写来也总是言不达意、语尽词穷。一定要与他们面对面，才能琢摸到当初那一段如歌岁月与潜藏在跌宕命运后面的坚忍、信仰与勇敢。

两位老人已多次荣获希望工程授予的荣誉，却从不居功、从不炫耀，只是安贫乐道，一点一滴继续着十五年来的默默贡献。谈起那些常人无法想象的天文数字，他们提到最多的一个词，是西南联大，是那些散落在世界各地，牵挂着祖国未来的老校友。最真诚最朴素的心意，滴水成海，垒土成山。我想，这也是清华精神内化成个人操守的体现吧。厚德载物，就是这样一壶冰心，一腔赤子的情怀。国破家亡、山河飘零的年代，是"苟利国家生死以，岂因祸福避趋之"的誓言；海清河晏、生活宽裕的今天，是"先天下之忧而忧，后天下之乐而乐"的信念。身在学林草泽，则言传身教为人师表；身在政坛庙堂，则兢兢业业利国利民。他们不求名留青史光耀千古，但求一言一行无愧于心。这是清华最宝贵的财富，这是这座兼容古今包举中外的百年学园，最清晰的面目，最深沉的积淀。

也许将来某一个阳光明媚的下午，我们还能围绕在老人膝下，继续这未了的缘分。

生命，融于祖国的核能事业之中

——钟大辛教授访谈

访谈时间：2010 年 4 月 15 日
访谈地点：钟大辛教授办公室
被访者：核能技术研究院钟大辛教授
访谈者：陈溢诗（法 94）
整理者：陈溢诗

钟大辛，1960 年毕业于清华大学工程物理系核反应堆工程专业。50 年来始终奋斗在清华"核反应堆工程专业"教学与科研的第一线。2006 年，由钟教授作为总体设计室主任的"十兆瓦高温气冷堆"项目获得了"国家科学技术进步奖"一等奖。

钟老的一生与清华核研院有着千丝万缕的联系，他见证了核研院成长过程中的每一份辛酸与荣耀，他将自己的生命融于核研院的集体之中，将自己最美好的青春献给了祖国的核能事业。

"学习这个专业，没有我自己任何的选择"

陈：钟教授，您是什么时候进入清华的？

钟：我 1955 年从北京师大附中考入清华大学，师大附中是一所很好的学校。那时国家正处在实现工业化的建设时期，党提出了"向科学进军"的号召，我想学习工科可以为祖国的建设服务，就选择了当时工科最好的清华大学。我入学那一年，毛主席提出了"中国要搞一点原子弹"的指示，在这个形势下，清华大学工程物理专业开始第一次正式招生。当时我报考的时候并没有这个志愿，入学以后，才知道被分配到了工程物理专业，是学原子能的。服从分配，服从国家的需要，就是我的志愿。

陈：您当时想过日后从事核研究吗？

钟：当时中国原子能事业，特别是高等学校原子能专业才刚刚成立，叫作工程物理系，这个系的名字从苏联学过来的，engineering physics。因为保密原因，把原子能专业的事情隐掉了。我当然没想过要搞核能，但是我进入工程物理系学原子能以后，就知道这是国家非常重要的专业，涉及国家的国防工业和国防尖端。自己当时的想法，跟你们一样，就是一心一意为了祖国的建设，为了祖国将来原子能事业的发展。因为原子能事业当时在全世界都非常重要，而且中国核能当时还处在零的状态。

学习期间，工程物理系专业课程设置非常重，它既要学理科的专业，又要学工科的专业。当时基础课是跟大家一起上的。物理我们学得特别多，数学也学了很多，然后还要学机械、材料、热能工程，要求的知识面很广。我当时学的是核反应堆专业，所以最后还要学习反应堆的专业课。我学习的是一个新专业，当时老师都很年轻，专业课也不像一些老系一样有完整的体系、有教材、有很多有经验的老师。我们专业的老师都很年轻，善于学习新知识，富有理想，师生间的年龄差距也不大，师生关系很融洽。

当然，我们也很幸运地受到了一些名师的教导，比如我们的专业课"中子物理"，就是著名学者、核专家、两弹元勋朱光亚先生教的。当时没有课本，但朱老师学识渊博，教学非常认真，使我受益匪浅！另外，蒋南翔校长提出要培养"又红又专"的人才，既要有为国家、为人民服务的目标和人生理想，也要掌握好自己专业的专长。

从三年级开始，学校就抽调我做政治辅导员，边学习边承担一些工作。当然，我要加倍抓紧时间，加倍努力，要做到学习和工作两不误。四年级进入核反应堆专业课学习之后，我们班同学就投入第一座屏蔽试验反应堆设计工作当中了。

1960年初，我被派到200号反应堆建堆工地，担任工地工程建设的工作。那时不像现在，我们对核能了解非常少，但是知道中国要强大，要能自立于世界，必须自己发展核能事业。当时学习的这个专业，没有我自己任何的选择，但我知道它对国家是非常重要的。就这样，我在这个领域干了一辈子，它也就成了我事业和人生的一部分。

翻过"二两坡""四两坡"艰苦岁月的200号

陈：据说核研院刚建立的时候，参加反应堆设计的队伍平均年龄只有23岁左右。

钟：23岁半！核研院是1960年在现在的昌平虎峪村这个地方建的，我是第一批参加核研院建设的人之一。那时候，还叫工地，里面什么都没有。我们在虎峪山前买了这块地，没有水，没有电，没有通汽车的路。我们最早去的这一批，是去做"三通一平"的工程前期工作。"三通一平"是工程建设里的基本词汇，

"三通"就是通电、通水、通道路，"平"就是把建厂的场地平整好。那个场地都是乱石，一片荒芜，山坡前还有一些农民的地。当时我们去的时候现场什么都没有，那我们怎么办呢? 1960 年我们到工地去的时候，住在附近村子的老乡家里，挨家挨户地住进去，搭了几个帐篷，用来存放工具什么的。然后在一个旧庙里头搭一个最简单的大食堂，这是虎峪村支援我们的，在露天的大槐树下吃饭。去的时候是几月份呢? 一月份，一年中最冷的时候，而且是燕山脚下的一月份，风很大，很冷，那里还没有电，然后我们就靠自己的双手开始在那儿工作。

当时几位年轻教师、学生和一批复转军人组成一支施工队伍，先去做"三通一平"的工作。"三通一平"第一步就是修路。那儿原来有条大车路，就是农民的马拉大车那种，我们在这个基础上把它拓宽，加以修整。首先把这条路修成能够通汽车的路，只有汽车通了，才能把其他物资运进去。修电线、水渠、水管，得有水泥、木材、钢筋、管道。当时一月份地都是冻的，大家就用最简单的工具，比如镐头，把路修起来了。之后我们就把一些材料运过来，开始修供水线路。附近有一个水库叫作虎峪水库，南口镇地方政府同意把这个水库里的水给我们工地用，我们就从水库的水坝下面修渠道，渠道都是人工修的，需要鹅卵石、水泥、沙子。水泥当然是要运去的，沙子和石头都在河滩里就地取材。寒冬腊月的时候，把这个水渠修起来，然后将水引到我们的工地上来。那时候还没接电，水泵还开不起来。所以第三项就是接电，当时昌平变电所离我们那儿有 8 公里，完全靠我们自己去建输电线杆，把电输到工地来。这些工作都在一二月份很冷的时候进行的，拉电线沿途要通过河滩、小山岗，我们都是步行过去的，要挖坑，还要埋电线杆。经过两三个月的劳动，把"三通一平"搞成了。

陈: 那时有其他系的人在帮忙吗?

钟: 那时候土建系有土建设计组参加工作，他们要负责一些道路、管线和土建工程的现场工作。接电线，要有电机系的老师来做规划和指导，当然还有几个老电工师傅指导做这个事情。学校还有一部分年轻的师生参与了建设工作，但主要是我们工物系的师生。当时基本上是靠人工，没什么机械，条件很艰苦。我们那时还没电话，只有村支部书记有个手摇电话，手摇电话要通过镇，通过县，才能转接到清华。他们一般不能打长途，村子里也用不着打长途。开始我们会借来用用，后来我们自己也想办法，从清华架设四十几公里临时的电话线到那边去，但那已是半年后的事了。通信在当时非常困难，那怎么办呢? 就是靠人来回跑，有什么事情早上跑，晚上回，不像现在有小汽车，四五十分钟到了。那我讲讲那时候的交通吧! 比如说我们从工物系出发，当时清华园车站在南边，可能去的时候要带着图纸，背着工具或者仪器走半个多小时到清华园车站，然后再从清华园车站坐火车到南口，这段路差不多一个小时，开始时我们坐的是"闷罐车"。

陈: "闷罐车"是什么?

钟: 就是现在的货车，里面什么都没有，就只是一个车厢，有个拉门，也没窗户。那时候我们就坐这种车，没有凳子，就坐在车厢底的铁皮上，有时候上面有块砖头，拿来坐一坐，就算是很享受的了，总比坐在地上好一点。到南口站下火车后，我们要走到虎峪工地，又要一个钟头。

这里有个故事：我们下车后，就去车站前面的小饭铺吃饭。小伙子那时能吃六两。到工地我们要爬两个坡，第一个坡很陡，还得背着东西上去。小伙子们说，我这四两已经没了。然后还要爬第二个坡，比较短，这爬上去剩下的二两也没了。于是大家开玩笑说，第一个坡我们叫它"四两坡"，第二个坡叫它"二两坡"。所以你要去虎峪工地的话，要经过河滩，要爬上"四两坡"，再爬上"二两坡"，这就是我们的交通。从工物系出发到工地，总共要两三个钟头，每天有事就都要跑，因为没有其他的交通工具。

陈：大家轮流跑吗？

钟：那也不一定，有需要就跑，有人搞采购可能天天要跑，有时候事情很急，晚上还要跑！夜里很黑，要经过"二两坡""四两坡"，多少有些害怕！不过那时也不在乎，二十几岁年轻嘛，现在谁也不敢走了，时代不一样了。

那时也出过这种事。当时土建设计组已经到工地来了，跟大家一起住在老乡家里。土建设计组女老师、女同学比较多。有一天晚上，她们从南口下火车，往北边走的时候走错了路，不知道走到哪儿去了。工地上的人知道她们晚上要来，等在那儿很着急，这人到哪儿去了？半夜也没办法去找。第二天一早她们回来了——解放军把她们送回来了！她们走错路，往北走到解放军的军营里去了，解放军接待她们住了一夜，第二天早上把她们送回来了。我们说，你们走错了我们急了一夜。她们笑着说，我们还挺好，吃住在解放军那儿。

当时是非常困难的，但是大家都非常乐观，非常幽默，会想出"二两坡""四两坡"什么的，女同学走了一夜，第二天才到工地，她们还挺高兴说"我们挺好的"。那时候我们有一种革命乐观主义精神。在一无所有的荒滩上建立我们国家第一个自己设计自己建造的屏蔽试验反应堆，创建祖国原子能事业的春天，这是我们的理想。

当时（1960年）我们的领导人吕应中先生也只有33岁，其他年轻教师和高年级的同学，都只有20多岁，完全是一批年轻人靠着努力和严谨，一步一步地攻关。当时国内很多事情都没有做过，比如铝氩护焊技术是从零开始，由清华大学焊接教研组来攻关。因为这个反应堆的核心部件都是铝的，铝材进行焊接要在氩气的保护下，这个技术在当时也没有。还有一些大的堆心设备都是自己首次设计首次研制的。虽然没有经验，但大家总是要把工作做到精益求精，做实验就把它做得十分严谨。整个建设时间仅仅花了四年时间，这在当时的条件下是很快的建设速度。

到1964年反应堆就临界了，实现了一次成功。反应堆有很多系统，很多设备。虽然当时我们很年轻，工作条件非常困难，国内的工业基础也很差，但是我们做到了反应堆一次成功，应该说还是很不容易的，这表现了清华传统的严谨作风。我们作为清华学子，在这样的环境中成长起来，边干边学，在实践中学习，在战斗中成长。当时我们谁都没见过反应堆。中国在核反应堆这方面是一穷二白的。通过建堆，也培养了人，建设了一支科技队伍。

陈：那时候通信那么不方便，跟家里的联系怎么办呢？

钟：大家来自全国各地，有很多还是从农村来的。那时候有不少同学四五年没回过家，比如说福建、湖南的。他们不回家，因为当时很困难，火车票费都是问题，所以很多同学就一直待在这儿读书。我上大学时，家已经在北京了，但是我也很少回家，因为在 200 号工地的工作很忙，交通也很不方便。后来随着建设，条件慢慢好了起来。

陈：开始的时候得到一些苏联的帮助了吗？

钟：开始设计第一个屏蔽实验反应堆时是 1958 年，那是中苏关系比较好的时候，燃料元件是他们支援我们的，当时核燃料元件中国还不会造，我们也得到了少量的图纸资料，但是主要的设计工作都是自己做，因为建厂是很大的系统工程，主要还是要靠自力更生。

陈：可是不久之后中苏关系就恶化了。

钟：对，1960 年以后就没有关系了。但是我们和其他的援建工程还不一样，我们并不是援建项目，我们是自己设计建造的项目。援建项目带着专家来，后来又撤走，我们倒是没有这个问题。

众志成城，做别人做不到或不敢做的事情

陈：您曾经主持过与联邦德国于利希核研究中心的合作项目，对吧？

钟：改革开放以后，我们核研院比较早开始跟国际联络，对外开放。当时在老院长的领导下，我们跟德国的于利希核研究中心建立了很好的合作关系。当时德国的"高温堆之父"苏尔登教授，跟我们也建立了很好的关系，到我们这来讲学，我们也派人到他们那儿去进修。

陈：您会说德语吗？

钟：我在中学里学的是俄语，俄语是我的第一外语。后来清华还有第二外语，那就是英语。俄语学得比较好，第二外语没学到你们这种水平。改革开放前，像我们工程物理系的专业，中文资料很少，我们常常要看一些英文资料。所以我们可以阅读英语技术资料，但是都不会说，因为没有任何交流的机会，也没必要说，这是第一。第二，我们阅读的完全是科技的内容，生活的内容我们都不会。改革开放以后，当然主要是用英语了，当时对我们这一代人是很困难的。已经四十几岁了，我们开始学英语。我们这代人都是四十几岁了才出去，这之前没什么人出过国，除了很少几个留苏的学生。后来因为应邀到德国去合作研究，也学了点德语。

在我去德国之前，清华大学跟于利希核研究中心签订了一项协议，合作研究高温气冷堆技术在中国应用和发展的可能性。主要在两个领域，一个是高温气冷

堆供热，用于中国油田的稠油开采。另一个是核能用于石油化学工业的能源需求，我作为这项合作研究的中方协调人，我们跟他们合作了几年，中国的燕山石化总公司和胜利油田也跟我们合作，这个工作在当时国际上也是比较领先的。后来为了这项合作研究，我作为访问学者被邀请到德国去进行研究工作。第一次，主要是为了了解德国的高温气冷堆技术；第二次，主要是10兆瓦高温气冷堆的概念设计、合作设计。当时我们第一次走出国门，确实是见到了一个全新的世界，一个全新的研究领域、方式以及国外一些先进的技术和规划。因为我负责总体设计，德国人让我看了设计、研究机构、有关的实验室和一些重要的工厂，所以我就比较全面地了解了德国高温气冷堆方面的技术。当时高温气冷堆技术发展得最好的其实是两个国家，一个是德国，一个是美国。德国当时对我们比较友好，也希望跟我们合作。

陈：后来那个项目建成之后，美国那边的反响好像特别大，他们很惊奇。

钟：是啊！当时美国高温堆技术跟德国水平应该是差不多的，但是美国和我们交流比较少，我们要去那儿看看也是有困难的。我也去美国看过，但有很多限制，德国相对来说对我们比较开放。我们核研院还有一些教师一起到德国某核研究中心，参加了物理、热工、结构、核材料、核化工、核安全等各专业方向进一步的合作，所以对于我们核研院而言，学习国外先进技术和自己研发是结合在一起的。当时设计软件我们自己也在进行，但德国已经有设计的经验，软件也比较成熟，所以我们应用了他们的软件，甚至还拿到了一些软件，这使我们的设计工作水平提高了。十兆瓦堆的建造和运行成功使得核研院在这方面的技术达到领先水平。

陈：这个项目是（20世纪）70年代就开始了吧？

钟：是这样的，第一个堆60年代就建成了。改革开放后200号建了五兆瓦的低温供热堆，这是第二个堆，也是国内首先使用核能供热的一个堆。90年代开始建造十兆瓦高温气冷堆。80年代初我们跟德国于利希核研究中心合作，已经开展了关于模块式高温气冷堆的设计研究和单项关键技术的研究。1986年邓小平同志批准了国家的高技术发展计划，即"863计划"，它的目标就是要在航天、核能、信息、生物工程等主要的高技术领域跟踪国际最新的发展。通过论证，高温气冷堆项目被列入了国家"863计划"。1986年到1990年，进行了单项关键技术的攻关，比如燃料元件设计、制造，软件开发、控制及仪表系统的研制。核研院主要承担了这些单项研究，并按时完成了这些研究工作。1992年，国务院正式批准立项建造十兆瓦高温气冷堆，由清华大学核研院负责，进行了设计、关键技术攻关、关键设备制造、建设、安装、调试，到2000年年底十兆瓦高温试验堆达到了首次临界，又经过了调试、安全试验等一系列工作到2003年初达到了满功率运行，这是一个热电联供的小型核电厂。

陈：您桌上这个杯子就是2000年那个时候发的？

钟：这个是纪念杯子，十兆瓦2000年建成的纪念。这个试验堆建造成功的意义是什么呢？就是证实了高温堆安全性好。在发生了美国的三哩岛和苏联的切尔诺贝利两次事故后，80年代初，核能的安全问题被提到了很重要的地位。国际上开始研究新的反应堆堆型，要求它的安全性能特别好，模块式高温气冷堆就是一种固有安全特性的堆型，它符合核能未来的发展方向。后来又提出建设第四代核电站系统。

陈：前三代是什么样的呢？

钟：我简单地说一下，核电是从20世纪50年代开始一步步发展过来的。50年代末主要是压水堆，后来又发展到改进的压水堆，相当于我们现在的大亚湾、秦山核电站。现在再进一步有所谓的先进压水堆，相当于第三代。再进一步发展的话可能要到第四代。

国际核能界选择了几种堆型，其中高温气冷堆被认为是很有希望的第四代堆型。当然我们现在还不能称我们这个堆为第四代核电站系统，但是以后发展下去将是第四代，至少在高温堆技术上我们是在朝这个方向走。这是世界上第一个具有固有安全特性的模块式高温气冷堆，国际影响比较大。

德国由于整个国家的核政策，已经基本上停止了核电的发展，既不是技术问题也不是经济问题。美国的高温气冷堆在20世纪的70年代、80年代发展到了一定程度，但它后来基本上也停止了进一步的发展。但在我们发展了以后，再加上全世界对所谓第四代堆型的要求，美国核能界也认为他们在这方面应该重新发展了，所以很关心这个事。

2000年后，我们在这个堆上进行了关于反应堆在严重事故下的安全性试验。这是在任何核电站和反应堆上都不敢做的实验，但是我们在十兆瓦的堆上进行了这个实验，而且国际原子能机构组织了各个国家的专家到现场来见证了我们的安全性实验。实验证明整个堆的安全性很好，所以在国际上有很大的影响。

陈：实验过程中风险还是蛮大的吧？

钟：各种各样的变化都是有严格的数据的，然后在实验过程中验证这些数据的正确性。在做实验前首先是理论分析，做安全分析报告，详细描述在严重事故的情况下我们这个堆是什么样的状况。这是我们安全分析报告里头必须回答的问题。但是安全分析终究是理论，世界上还没人在堆上做过这个事情，我们验证了这个事情。这些实验不是盲目的，它必须建立在非常严谨的科学基础之上。这个实验也验证了我们所用的计算工具，包括计算机程序、模型以及所有的设计应该都是合理的。所以这是一个很严谨的发展过程，也让人家确实能信服你的工作是有水平的！

陈：在进清华之前，我第一次听到高温堆的事情就觉得很敬佩。因为70年代的时候整个条件都比较恶劣，经费也不足，我觉得特别不容易。

钟：对，那时候都是自己动手，经费也很少，所以我们院里有个口号，叫作："知难而进，众志成城。"从一开始建造第一个屏蔽实验堆，到后来高温堆，都是缺少经验的，大家"知难而进"。核能不是个人的奋斗，不像你可以一个人写文章。核能是多专业多学科集体攻关的成果，必须大家协同，师生共同战斗，要"众志成城"。搞核能的人一定要有这样的思想！

关于安全问题，等核电成为国家主要能源的时候就不可怕了

陈：福建也在建核电站了，现在整个环境比较和平，我感觉之前国家一直不敢做那些工作。

钟：是说大家对核能很害怕吗？现在的情况是：第一，核电在全世界已经相当普遍，现在全世界核电占发电的总装机容量在百分之十七八。法国差不多是百分之八十，美国的核电站是全世界最多的，北欧一些国家核电比例也很高。此外，要减少二氧化碳排放，核能也是一种不可替代的能源。中国核电的份额还非常低，只占全国发电装机容量的百分之二三，到 2020 年预计可以达到百分之四，但比世界平均水平还是差很远。

第二，中国能源相当紧张，发电百分之七十以上主要靠煤炭。煤炭主要在内蒙和山西，而主要的用电是在东部发达地区。煤炭的长距离运输非常难解决，此外还有二氧化碳排放问题。目前中国的发电装机总量越来越大，发展核电事业是一个方向，是补充国家能源、减排的主要方向。国务院已经决策要大力发展核电，辽宁、山东、江苏、浙江、福建、广东这些沿海省份都在建大型核电站，以后在内地长江沿岸也会建一些核电站。

第三，现在我们国家的核电技术正在逐步实现国产化。国产化就是自主设计、自主建造。现在不完全是国产化，还有引进的。

现在核电的发展处于一个非常好的时期，国家在核能方面正在积极投资。这些核电站建了以后可以减少污染、减少煤炭的运输，也可以减少煤炭的挖掘，你看煤炭挖掘要付出多少代价啊！你可以建立这么一个概念，一个 100 万千瓦的火电站一年大约要烧 300 万吨煤。300 万吨如果用万吨轮船来运的话，就要 300 条了；要是火车来运，得要多少车皮啊！如果一个核电厂装机 100 万千瓦，一年就抵得上 300 万吨煤。核电站一年的燃料大概 30 吨。所以这是有很大优越性的。另一个方面，公众对核电还有一种恐惧心理，因为人们对核能不熟悉。对搞核能或者搞核电的人来说核电是安全的，有很多数据支持。我们核电站设计的第一个目标和要求就是安全性，采取了很多措施保证核电站安全。但是由于核能的应用它是先从核弹、原子弹开始的，所以人们很自然地会有恐惧感。它是一把"双刃剑"，可以和平利用，也可以用于战争。我们现在是和平利用，但是人们有先入为主的思想，你要大家都来接受它还要时间吧！当核电成为国家主要能源的时候就不可怕了。比如说法国人，如果没有核电，他们几乎不能维持正常的生产和生活。这不是一个技术问题，而是社会问题。

"清华大学是唯一的"

陈：马上要百年校庆了，核研院有什么准备吗？

钟：现在核研院也在评估，核研院在核能学科里取得的成绩是清华大学的一部分。从50年前一无所有，到现在成为国内甚至国际上比较知名的一个核能研究院，核研院取得了很大的成就。清华大学核研院有三座反应堆。60年代的屏蔽试验堆，80年代低温供热堆和现在的十兆瓦高温堆，在世界上还没有其他一所大学有三座核反应堆，清华大学是唯一的。

陈：我们核研院应该有很多外国留学生来学习吧？

钟：有一些，毕竟在这方面有一定优势！

陈：您现在还在教学吗？

钟：现在没有了，主要是在做一点刚才说的高温堆项目的工作，现在我们核研院年轻一代的精英们，承担着一个国家重大专项，设计建造一座高温气冷堆示范核电站，在山东建厂。它迈出了高温气冷堆从试验堆到商用核电站的第一步。

感想体会：

虽然已经退休了，但钟教授还是坚持每天按时到办公室来，这是一位清华老教授几十年如一日的认真与负责。访谈结束后两个星期，我再次拜访了钟教授，在这次没有录音的聊天中，钟教授反复向我强调，访谈内容的重点不在于他个人，而在于核研院，需要突出展现的也是核研院集体"知难而进，众志成城"的

在国际核能会议上，与德国、美国和南非的核能专家在一起

清华毕业时和同学一起在工字厅

精神。他说，关于个人的经历他可以说很多，但那些并没有什么意义，真正能打动人的是核研院这个集体，而他只是集体里的一员罢了。但我认为，纵使钟老对自己的人生轨迹轻描淡写，这一段融于祖国核能事业之中的生命已然重于泰山，老教授质朴的言语中那熠熠闪光的清华精神足以打动许多如我一般的清华后辈了，这次访谈于我着实是一份心灵的感召。

服务会员，服务学校，服务社会

——郭聚豪研究员访谈

访谈时间：2010 年 6 月 15 日
访谈地点：清华大学照澜院 15 号
被访者：郭聚豪研究员
访谈者：孙羽良（无 92）、王碧琳
整理者：孙羽良

郭聚豪，1941 年出生。1966 年毕业于清华大学工程物理系。1976 年至今在清华大学工作，工作期间曾任清华大学核研院副院长，清华大学应用技术学院、软件学院副院长、党委书记。现任清华大学老科学技术工作者协会副会长。清华大学老科学技术工作者协会（简称清华老科协）是经中国老科学技术工作者协会和清华大学批准成立的群众组织，旨在为离退休的科技工作者搭建一个面向社会、继续为国家作出贡献的平台。一方面把老科技工作者的科技成果推向社会使之形成生产力，为人民创造财富；另一方面根据社会的需求用老科技工作者多年积累的知识和经验向社会提供技术服务。

一个平台三个桩，清华精神放光芒

郭：清华老科协，全名是清华大学老科学技术工作者协会，是为贯彻中央《关于进一步发挥离退休专业技术干部作用的意见》文件精神，经中国老科学技术工作者协会和清华大学批准成立的群众组织。它面向清华大学的离退休科技工作者、清华地区居民中的离退休科技工作者、清华校友和其他有长期合作关系的校外离退休科学技术工作者。清华老科协是在隶属于中国国际人才开发中心高科技专家委员会清华分会的基础上建立的。自 2005 年成立以来已经成功地完成了一些开发和技术服务项目，我们的实践受到了企业和社会的欢迎，更加坚定了我们发挥离退休老年人才继续为社会作贡献的信心。

现在清华大学离退休的同志总共有 6000 多人，其中科技人员有 4500 多人，高级职称占70%。

清华老科协是由学校老领导陶森等同志发起成立的。多年来做了很多工作。前年下半年，我们和原副校长孙继铭老师一起，接了这个班。接班以后，跟这些老同志接触了一下，了解了他们的情况，确实是一个很好的资源。这些退休老师，确实是精神可嘉，令人佩服。大部分老师都还在工作，有的被原单位返聘，有的被外单位聘去了，还有一部分老师自己成立了公司继续开发自己的研究成果。例如校土建承包总公司的原经理张广祥老师，他退休后多家房地产公司争相聘他，现担任一家房地产公司的总监，工作很认真。同时他还参加北京市人事局的高级职称的评审工作，经验很丰富，技术水平很高。

再如华北油田，一直和我们有些联系。去年6月他们打算邀请我们的老教授暑假去白洋淀休息一下。当时我想，没有给人家做什么工作，我们的专家也不愿意麻烦他们。后来问他们有什么技术问题需要一块探讨，可以邀请老同志去你们那里座谈一下，顺路看看白洋淀的风景。于是请他们把现在生产上遇到的一些技术问题整理一下，向老科协的老师作以介绍。他们就派了十个不同专业的技术人员向咱们的退休老师介绍了生产中需要解决的技术问题。在介绍会上通过讨论，有些问题当场就解决了，多数问题还需要进一步进行文献调研，包括到油田现场与生产第一线的同志讨论，才能提出针对性的建议。

孙：专家的建议很有指导意义。

郭：是的，会后整理了八个方面的技术问题，这些问题不只是华北油田的难题，也是国际上油田普遍存在的高技术问题，我们觉得很有意义，愿意与油田的同志一起攻克这些技术难关。我们选派了18位教授由孙校长带队到华北油田现场去调研，受到华北油田领导、采油研究院领导与技术人员的热情接待。

回校后各位老师带在采油研究院了解到的情况马上进行了文献调研，分析方案的可行性。这些老同志很认真，对油田提出的问题特别重视，愿为国家油田事业贡献一份力量。如华北油田提出用直线电机采油替代目前世界上广泛采用的磕头机采油设备，以达到节电与减少占地的目标，老师们都认为这是一大创新。磕头机已是公认的油田象征，现在要换掉，可是一件大事。回校后第二天两位70多岁的电机专家胡元德教授和周明宝教授就到图书馆开始查找国内外资料，进行调研；然后将有关资料整理、复印，没提任何关于费用的事情，就将收集到的资料给油田的同志寄去了。特别是胡元德老师自此以后把全部精力投到了此项研究上，对国内外有关资料进行了分析比较后，提出了一个更先进的采油方案，并广泛征求了石油大学、采油设备厂有关同志的意见，还在老科协内组织相关专业的教授举办了采油技术报告会。经过将近一年的研究，向国家专利局提出了专利申请。

周老师、胡老师都属于老资格的教授，退休时工资比较低，他们上网查资料、复印资料及与相关的研究人员沟通、交流都是自己掏腰包，没有经费支持，坚持下去很困难。特别是这个项目必须由油田系统提供实验场地，需要油田方面的技术人员参加。他们觉得应该由石油系统来做，因为可以做各种试验。我们则是从理论上、思想上提出方案，进行分析。因此胡老师主动找到曾在油田工作过的一位经理，他的公司比较有经济实力。并把专利给了该公司，以这个公司的名义来申请专利，这样便于该技术的开发、实施。对方给了两万块钱，胡老师一分不要，非要交给老科协不可，他觉得老科协没经费，不好开展活动，这是他的心意，支持老科协的工作。专利发明人本应该写上他的名字，但是他不让写，写的是人家公司的名字，专利是他起草的，他都不愿写自己的名字。胡老师说，这个不重要，只要这个事情能够办成，只要这个技术能够在实际中应用我就满足了。我当时很受感动！

王：老教授们做了这么多工作，很不容易，也很伟大。

郭：我也很感动，因为他们都是70多岁的人啊！去年的7月份，天气很热，他们仍然在华北油田现场工作，毫无怨言，什么报酬也不要，就是想着怎样能够帮助国家解决问题，不要名不要利。

胡老师特别爱护清华的声誉，我们在一块讨论有关为企业技术服务的工作时，胡老师经常说："干好了咱们打清华的名字，干不好就是咱们几个人的事情，不要打清华的名字。"

这些老师对清华的荣誉特别爱惜。我和大家在一起工作，只要是交给他们的任务，就没有什么可说的，说干就干，使我很受教育。所以说我们老科协能够给大家搭建一个平台，起到一个桥梁的作用，能够跟企业进行沟通，让教授们充分发挥自己的力量。老科协的工作就达到了目的，而且很有意义，就更促使我们更努力做好老科协的工作。

孙：我们的老教授也需要这个窗口，把自己的成果投入应用。

郭：5月19日山西煤炭资源集团的同志来校调研煤转换甲乙醚的项目，我参加了座谈。在座谈时我想到了孙梅生教授搞的煤矿瓦斯在线检测项目，觉得他们可能会感兴趣，就把孙老师请来了。听了孙老师的介绍，他们很高兴，他们说："煤矿现在用的在线监测很麻烦，每7~10天需要把这些仪表校对一次，校对时需要把这些仪表卸下来，拿到地面上房间里进行校对，然后再拿到矿井下安装，孙教授研究的在线监测，只需半年甚至一年校对一次就行，这太好了，给我们节省了很多时间和人力！"过去每年需要校对四五十次，现在一年只需要检测一次就行了。因为瓦斯检测在煤矿里是很重要的，检测不准确也是很危险的，涉及安全问题。

孙：这样既安全又方便，有了这项技术更新，就能够规避许多安全事故了。

郭：大家谈得很满意，表示以后要进一步沟通。因为在实验室成功了要应用到现场，还需要时间，需要现场考验。这个设备成本不高，效益挺好。老同志能够把他们的专长发挥出来也是一笔财富，能够为社会做点贡献，也是这些老同志的愿望。

王：老教授经验丰富，科研水平又高。他们丰富的经验是多少钱也买不来的。

郭：是的，而且这些老教授不要名也不要利，都很朴实无私。总的来讲，老教授有其优势，基础比较扎实，做事比较严谨，不说大话，特别谨慎，敬业精神特别让人感动。只要是企业有什么困难提出来，大家都会很认真地去解决。

但是老教授们年龄都比较大了，从理论上、经验上指导应该是他们的特长，因为退休以后不带博士生，没有实验室，条件就会受到限制。所以我们的原则是：如果有项目，会先与相应的院系联系，如院系没时间不能接的，或者说不符合他们研究方向的，我们就接。我们的定位是作为学校对外服务的一个补充。老科协有一个宗旨，就是："为会员服务，为学校服务，为社会服务。"我们觉得，把这些有能力的老同志组织起来让他们参与工作，发挥他们的才干，他们精神愉快，为国家作贡献同时也有益于身体健康。

貉大卫教授，在职时他主持了多项科研项目，且多是国家重要的科研任务，退休后他又提出和组织研发了多项国内急需的科研项目，获得多项专利，有的已生产出产品，有的正在实施过程中。

貉教授是国内最早搞中子照相研究的专家。工业上原来大多是用 X 射线对部件进行探测，但大多是只能探测金属，对金属内部的轻物质检测探测不了。他研究的中子照相技术是可以检测金属内的轻物质，检测轻物质是用中子打过去来探测。因为中子比较容易穿过金属等物质，但对有机物等含氢物质敏感，例如用在农业上研究植物的根系发育，你就不用把根系扒出来了，直接用中子照相，就能随时观察根系的发育情况。退休后，貉教授被北大聘去参加陈佳耳院士的科研团队，继续从事中子照相研究。

王：这在很多领域都能应用。

郭：是的。目前国内医院用的 DR 数字化数码 X 光机大多是进口的，进口一台最低要 100 万元，贵的 300 万、400 万元，貉教授为了解决医院里用的数字化 X 光机国产化问题，做了大量调研工作，解决了国产 X 光机信息集成问题，已有公司利用此研究成果生产出了国产数码 X 光机，也就几十万元一台，比进口的便宜得多。在此基础上，他又继续研究出一种更先进的数码 X 光机，但在产业化中遇到了资金问题，故还未生产出产品。

王：好遗憾呢，那这个问题能解决吗？

郭：等等看吧，还有一些具体问题有待解决。貉教授正带领他的团队研制新的安检设备。目前，国际上时有发生恐怖分子策划的爆炸活动，现在用的安检设备一般只能探测金属违禁品，而对于非金属违禁品探测效果不好，需再加其他手段，不然就会漏检。貉教授研制的安检设备可以检查出人身携带的非金属和金属违禁品。可以检查出人体衣服内隐藏的违禁品。以前，通常先查金属类违禁品，如果发现异常情况，再进一步检查非金属类的。现在只要用一台设备检查就行了，能很准确地把人体衣物内的各种材质的可疑违禁品都检测出来。还有就是现在有的地方汽车发生爆炸，比如车上带着炸弹。我们也计划开发这个项目，检测小汽车上的可疑违禁品。

王：这个要做安检确实也比较困难。

郭：还有一个就是要把现在的安检设备进行更新，既要能检测出金属爆炸物，又要能够检测到有机违禁品。这种新型的设备基本上可以实现，而且剂量很小，检查一个人受到的照射只是坐飞机从北京到广州，在飞机上所接受剂量的二十分之一。

孙：这样就可以忽略不计了。

郭：貊教授不仅搞应用研究，他们还一直搞了一个跟踪国际能源研究。现在美国在研究一个非传统的科研项目，是用氢原子水做燃料，把水加上一种催化剂，使其进行反应。他们做了一个装置，能产生很大的能量，据报道在美国已经做出来了试验验证工作。

原来把它叫黑光功率，后来重新命名了，叫新的氢能。但是有个问题就是从理论上跟原来经典的量子理论不相符合。原来的理论，氢原子的能级量子态量子数是整数。现在的这种理论，提出不一定是整数。最近实验证实确实有非整数量子态存在。而且发表的实验证明这种量子态的变化能产生不小的能量。这类事件还是不少，当然也有伪科学存在，最近美国的几个大的权威机构都在关注这件事情如 LENR 等。这是一种新型的非共识学科。

孙：也是一种突破啊，实践带动理论发展的过程。

郭：这件事在理论界有争论。但是，我想理论还得服从实验。如果实验确实做出来了，要用更完整的理论去描述它。

现在我们老科协还有两个老师在跟踪研究，其中曹栋兴教授是我国最早派到苏联去学习核能的，回国后一直从事核能教学与科研工作，退休后与貊教授一起继续跟踪国际上能源的研究进展。如果这项研究成功的话，我们的能源问题就彻底解决了。

王：确实，海水资源太丰富了，取之不尽，用之不竭啊。

郭：这项研究还未被社会认可，不可能得到资金支持，但他们自发地跟踪国际上的研究进展，实属不易。曹栋兴教授年龄大一些，退休比较早，退休工资也比较低，因住校外，在家里上网困难，经常跑到学校来上网。

从经济上来讲，越是退休早的，条件越差一些，这些老同志的家里设施都是很简单的，原来在职的时候他们算工资高的，但是没有赶上提工资就退休了，所以现在工资还是比较低，他们确实很不容易。

厚德载物显功力，全面发展育英才

郭：我在老科协工作，跟老同志接触比较多，我本身也很受教育，应该给他们做好这个搭桥工作，搞一个平台，把他们的才能充分发挥出来。这些老师很敬业，这与清华的培养、教育很有关系。学校的培养对我们这些人影响很深，影响了一辈子。清华的学风、校风对大家的影响，我觉得这是一个无穷的力量。清华的老师务实，做不成的事情不说，有把握的事情才说，讲科学。学校老师有这么好的素质也体现了清华人的精神。

我们深深体会到我校校训的巨大影响，在清华老师们的社会实践中就体现出来了。清华的老师在社会上受尊重，跟这个也有关系。清华总的来讲对这些老师要求也比较严，大家也自觉地去维护学校的声誉，正像胡元德老师经常说的"干好了打清华的牌子，干不好就是咱们几个人的事情，不要打清华的名字"。

还有就是建国以来，学校特别强调国家的需要，及时抓住发展机遇，制定发展规划。比如1958年前后，学校创建了工程物理系、计算机系、无线电系、自动控制系、微电子所、200号、9003等单位。当时学校调集了一批优秀的教师，派往新成立的系，为给国家培养急需人才打下了基础。现在看来，学校当时的决策及时抓住了大方向，为学校的发展奠定了基础。

"文革"前咱们学校的体育代表队、文艺社团，培养了不少技术人才和管理人才。体育方面不仅仅是比赛拿冠军，实际上对这些学生的成长也是一种全面的培养。在训练过程中不只培养了体育、文艺技能，更重要的是培养了学生的开阔胸怀、竞争意识、团队精神、协调能力、组织能力和勇于奋斗的优秀品质。这为学生走上工作岗位，承担重任打下了坚实的基础。所以，体育队、文艺社团培养了一批领导干部及技术人才，我校有好几位校领导都曾是校体育队、文艺社团的成员。

王：确实是人才辈出！

郭：是的。学校很重视全面发展，注重提高人的素质。清华出去的人适应社会的能力比较强，毕业生如果改行，也比较快，用不了多长时间又会成为行业的骨干力量。我是工物系1966届的，刚毕业正好赶上"文化大革命"。我们系的学生大部分出身贫下中农或干部家庭，"文革"开始后，多数干部子弟政审密级不合格，分配时不能再从事原专业，就改行被分到地方去。当时不管什么专业，能安排就不错了，但是这些改行的同学很快就能成为新领域的领先者。

王：知识面宽，适应能力就强。

郭：还有就是当时学校在教学改革方面很早就重视理论与实际相结合，在实践当中成长。200号当时提出的是"在战斗中成长"。我是1960年入学，1964年到200号学习专业。那时200号正在建造实验反应堆。我们去了以后就分到各个专题组去了，跟老师一块讨论设计方案。一开始我们都有畏难情绪，因为对专业知识了解很少。后来在与老师的讨论过程中，在真刀真枪的实践中学到了知识和技术。过了一段时间后，再集中起来由老师系统讲授专业课，我们就比较容易理解和接受，对专业课的了解就比较系统和全面了。

王：这是在实践中学习。

郭：学校很重视培养学生的实际动手能力，特别是学校的金工实习课设有车床、铣床、刨床、钻床、焊接等课时，在师傅的指导下我们都操作了一遍，有的还取得了技工等级。为今后工作打下了工程基础，所以现在我们老师做实验，需要时都可以自己动手干。

忆往昔雄姿英发，看今朝老当益壮

王：郭教授，跟我们说说您上学时候的故事吧，那个时候在清华的生活是怎样的呢？

郭：我们当时的社会生活环境和现在不一样。1960年入学时，正赶上经济困难时期，大家都处于勒紧裤腰带的状态。国家对大学生还是给予了很大的照顾，每月每人30斤粮。有的同学就不够吃，当时要划卡吃饭，有的同学不到一个月就把饭卡里的定量吃完了。正处在长身体的时候就是控制不住，月底还差几天饭卡吃完了，这时候就需要同学互相帮助共用饭卡了，大家都少吃点，共渡难关，但大家都很快乐。

到1965年，农村"四清"运动开始了，我们大多数同学离开了学校到农村参加"四清"工作去了，对我们也确实是个锻炼。我被分到一个大队当"四清"工作队队长，我这个工作队来自高教部、海军、清华、北大，都是年轻人，对农村工作都很生疏，但大家热情很高，都有一种虚心向农民学习的态度，所以很快与老乡成了朋友。我们在老乡家轮流吃饭。尽管老乡们吃饭并不宽裕，他们每天只吃两顿饭，但老乡们都尽最大努力，让我们吃好，我们很受教育。老乡们很朴实，给我们留下了很深的印象。过春节时，因看他们生活比较困难，就没敢留在老乡家里吃饭，而是到县里去吃。结果，老乡家里的东西在过节时都没有舍得吃，一直等到我们回去以后才拿出来，特意给我们留着。这一年我在这个大队过了一个多月的春节，这些老乡让我们很受感动。

孙：特别是在那个困难时期啊。

郭：当时条件非常艰苦。到1966年6月份"文化大革命"在学校已很热闹，工作队员陆续返城。在这个乡只有我们两个队员了，工作已无法进行下去，只好也返回学校。离开村的那天，好多老乡来送，有的老乡一直送到县城，看见我上了汽车才回去。我对这些农村朋友久久不能忘怀，他们给我的印象太深了。特别是那位村党支部书记，在经济困难时期他负责饲养工作，饿得全身浮肿，他不肯动一粒饲料，带领全村渡过难关，实在让人敬佩。

回到学校一看，学校大变样，大礼堂草坪四周全是大字报，一些受尊敬的校领导正戴着高帽游街。当时有些摸不着头脑，很不理解。就这样从"四清"工作又转向了"文化大革命"的浪潮中。然后就是稀里糊涂地待到了1968年11月才离开学校，到了云南部队农场。在农场劳动到1970年4月才分到工作单位。总之，我们大学期间国家运动较多，学生参加社会活动自然也多。虽然参加社会实践受到了锻炼，增长了社会知识，但我觉得时间太长了些。1960年9月入大学，学到1970年4月才分到工作单位，这十年中只有五年是学习专业知识。在清华十年都博士毕业了。你们是幸运的，赶上了好时候。

王：后来您在清华从事教学还是科研？

郭：主要搞科研，又做了一些管理工作。当时在核研院管科研正是核研院调整研究方向的时候，当时主要将核能、核技术转向民用。因此，经常与老师们一起去北京周边省份的大企业联系技术合作问题，搞了一些开发项目，用我们的核技术去解决企业的困难问题。那时候，要落实一个项目还是很不容易的，人家一听核就有点怕。

孙：人们的意识还没有跟上来。

郭：当时山东对新技术还比较敏感，一些单位还是比较积极。我们去一趟就能签几个项目，与山东好几个地区科委建立了联系。

除了怕放射性外，还有一个问题是很多人认为核技术离大家比较远，最明显的就是在淄博市科委时，淄博市科委觉得我们介绍的一些技术很好，就帮我们与齐鲁石化公司联系。齐鲁石化公司负责科研的同志觉得核技术和他们的专业相差太多，用不上，不想与我们洽谈。经淄博市科委同志沟通，大家见面一谈，双方感到合作潜力很大，其实有很多东西是可以采用的，第二天就签了几个项目。

老科协是一座桥梁

孙：那老科协在未来有什么计划或者发展方向吗？

郭：国家对老年人很关心，对老年人的工作很重视，各行政单位都已经设置了离退休管理部门，负责离退休人员的全面管理工作，实现老有所养、老有所医、老有所教、老有所学、老有所为、老有所乐的工作目标，老科协的任务就是为离退休的科技人员实现老有所为。为了让老科技工作人员在国家经济建设、社会发展中发挥作用，老科协就要做两个方面的工作，首先是要了解这些老科技工作者每个人具有什么专业方面的技术，还有什么科研成果未转化为生产力，身体状况怎样等人力资源和专业技术资源等，才能让老科技工作者把自己的才能发挥出来，做到老有所为。老科协就是为老有所为服务好。从服务层次上可以简化为"三个服务"，即：一个是为老科协会员服务，一个是为学校服务，一个是为社会服务。这"三个服务"的落脚点是为社会服务，要为社会服务好，首先为会员服务好，这就要求我们老科协的工作人员要先向会员学习，弄懂他的技术原理，才好向需求者介绍，引需求者进门，进一步沟通。

清华老科协还挂了一个牌子叫"中国老年学学会老年人才开发委员会"。中国老科协和中国老年学学会每两年要联合举办一届中国老年人才论坛。已经举行了三届，参会人员很踊跃，热情很高，发言热烈，每届论坛都收到几百篇以上的交流文章，有些文章水平很高。这说明这些老同志退休后做了不少工作。中国老年人才论坛，由清华老科协承办，今年10月份将在扬州举办第四届会议。

因此，老年人才开发也是一项重要任务。通过我们的工作，为中国老年人才开发出谋献策、作出贡献也是责无旁贷的。

王：听说老科协还建了一个中医保健基地，是吗？

郭：是的，2009 年 9 月孙继铭会长带队考察了华能药业公司，并与山东济宁华能药业有限公司、济南德圣养生保健公司签署了战略合作协议，在济南德圣养生保健公司建立了"中医养生保健工程健康教育基地"。

我校老科协鲍世铨教授把多年研究的从蚯蚓中提炼蚓激酶技术转给了华能医药公司。鲍老师与华能公司同志紧密协作，公司运用这项技术发展得很好，所以华能医药公司希望我们继续给他们技术支持，于是签署了战略合作协议，老科协的鲍老师经常会给他们一些指导。

王：鲍老师是做医学方面工作的吗？

郭：他是生物系的，属于生物技术应用。他是医药公司的名誉会员。由于这项技术对企业有贡献，企业对我们也很尊重，双方建立了长期合作关系。

孙：这是互利"双赢"的，也把我们清华的精神弘扬出去了。

郭：对，"双赢"。但是我们的老师更关注的是这项技术的应用和为社会带来的效益。清华老科协被清华大学正式聘为"清华大学学生学术科技创新活动指导团"。几年来，老科协组织上百位老教师参加了学生课外科技活动的指导，这些老教授不要名也不要利，都很朴实无私。咱们学校每年的挑战杯都邀请这些老教授去参加评比，他们不但要给出评议结论，还要给同学详细讲解应该怎么做。虽然工作量大，也不可能有报酬，但看到同学的成长老师都很高兴。

王：咱们这些老教授跟学生之间的互动应该也不少吧？

郭：是做了不少工作，但是你们看看，还有哪些需要，可以提出来，我们会尽力安排，这些老教授对咱们学生的培养应该是很有启发和帮助的。

王：对，可以帮我们指点迷津。

郭：以后我们可以更多地开展一些这方面的工作。但是现在我们还是跟企业合作得多一些。现在有一个有利的条件，我校继续教育学院每年培训政府官员和企业老板十多万人，开设的课程大多是管理方面的课程，因为他们需要提高管理水平，同时他们也带来了很多企业存在的技术问题，到清华来学习，也想寻求技术帮助，解决企业的技术问题。这些企业来的同志有问题但是不知道到哪里去找老师，找哪个系的老师。而我们老科协有多个专业委员会，包含了学校所有专业方向的人才，具有为各种行业服务的人力资源和联系渠道，老科协与继续教育学院联手可以为企业提供管理和技术全面的服务，也起到一个桥梁的作用。

另外，老科协还可为学校和社会发展做一些建言献策的工作。比如去年，我们给学校提了两项建议：一个是新能源，建议学校开展这方面的研究；还有一个就是建议学校设立海洋学专业，因为陆地上的资源慢慢会减少，应该着手研究海洋的资源问题，这是一个未来发展的方向。

孙：未知的领域还有很多。

郭：而且咱们学校也有这方面的基础，所以我们给学校提了这方面的建议，学校也很重视这个问题，学校有全面的发展考虑，有综合的发展规划。当然我们在工作中碰到的教训也不少，我们现在的工作做得还很不够，远远没有把大家的潜力发挥出来。

孙：这里真是聚集了各个专业的人才。

郭：有了老科协，工作起来大家就比较方便，要解决综合性的问题，就需要各个专业方面的人才互相配合，共同努力来解决。在老科协，各个专业的老师可以组织起来一起工作。当然我说的不一定都对，只是把好多事情的经过给你们说说。你们再体会体会吧。

王：我们觉得受益匪浅。很多东西以前闻所未闻，您让我们大开眼界！

郭：好的，以后学生那边如果有什么需要可以跟我们联系。

王、孙：谢谢您。

感想体会：

值此百年校庆之际，结合"百年清华口述史"的整理工作，我们拜访了郭聚豪教授。在与郭教授的交流中，我们感到自己收获了很多。郭教授谈到了清华近几十年来的发展变化，并且将访谈的重心放在了清华老科协工作上。

郭教授对我们说，有很多老师在退居二线之后并没有真正离开工作岗位，依然在家里、在企业、在社会各个领域继续做着科研及其他工作。他们几十年的科研经验结晶，是整个清华乃至国家的宝贵财富。老科协存在的目的，就是服务会员，服务学校，服务社会，为老教授们搭建一个发挥余热、为国家为社会继续作贡献的平台。听了郭教授为我们讲述的几位老教授的故事，他们不为名不图利，默默地付出，有的老教授甚至是自己出钱收集材料，或是不顾年事已高亲自到当地企业走访调查，唯一的希望便是能够将自己的终生所学尽可能应用于社会，再为国家出些力，再为国家解决一点问题。用老教授们的话说，"干得好是学校的，干不好是自己的"。他们严谨治学、热爱清华、奉献国家的精神令我们感动。老一辈人以身作则，让我们真真正正见识了清华精神的内涵所在。一心为国，无怨无悔，即使是在退休之后，仍然希望能够再尽一份力量。

　　访谈的时间虽短，但我们所受到的教育也实在是寥寥数语表达不完的。未来，我们一定会以老教授们为榜样，以扎实的基础充实自己，以丰富的实践武装自己，更重要的是按照老教授们"严谨治学、热爱清华、奉献国家"的精神塑造自己，报效国家。

"千条江河归大海"

——访吴麒教授

访谈时间：2010 年 4 月

访谈地点：吴麒老师家中

被访者：自动化系吴麒教授

访谈者：温健（自 95）、何天骅（生 97）、石梦凯

整理者：温健

　　吴麒，1930 年生于上海，少年时生活于上海市英美租界，经历了抗日战争、解放战争，因参加爱国反蒋学生运动受到国民党反动政府迫害而进入解放区，工作于东北邮电总局。解放后考入清华大学电机系，毕业后留校任教。后公派苏联留学，改学自动控制。归国后先后在清华大学自动控制系和自动化系任讲师、副教授、教授和博士生导师，教学效果优异，是控制理论与应用学科的学术带头人之一，1995 年退休。

"做亡国奴"

　　吴：解放前我在上海长大。当时上海主要的部分都是外国的租界，等于行政权在外国人手里。有一片地方，是英国美国的公共租界。东到黄浦江，西到沪杭铁路，北到苏州河，南到福煦路（现在叫延安路），这一片叫公共租界。南边有一片法租界，北边是苏州河。苏州河以北，西边是中国的，东边是日租界。上海就是这样一个环境。现在上海是比较富裕的，但当年大部分人生活水平其实不高，大多数人文化也不高，精英只是极少数。当时我家在上海的公共租界，生活比较苦。我念小学时，校长有一个政策，第一名可以免学费。

温：听说您一直是第一名？

吴：我一年级时是第二名。这有个原因，那时我不会说上海话。我生在上海，可全家都说四川话，我也只会说四川话。所以跟同学老师交流都很困难。我能听懂他们说的，可是我说的他们听不懂，所以有一段学上海话的过程。从二年级开始我就是第一名，就享受校长的免学费政策。我小学就是这样出来的。小学毕业后我唯一的出路是去当学徒工。有很多像我这样的人家，孩子小学念完，甚至小学没有念完，就当了学徒工。

何：您当时是学什么的？

吴：我实际上并没有去当学徒工，因为我当时还不满 12 岁。我妈妈领着我到一个街道工厂。那个街道工厂，整个车间的动力只有一台电动机，用皮带轮带动上面的天轴，许多小机床都用皮带轮跟天轴连上。屋子里到处都是皮带，上上下下很快地转动着，很危险。那个老板一看我年龄太小，不安全，负不起责任。所以我就没当成学徒。

后来有人告诉我家说工部局设立了一种奖学金。工部局就是上海的英美租界的"市政府"，是它的权力机关（在租界中国人员只能当陪衬，中国没有主权）。我就去考那个奖学金，考上了。那次录取 8—12 个人，我记不清楚了。上海当时有四所工部局立的中学，我就分配到育才中学。它是当时上海第一流的中学，条件、设备、老师，各方面都好。育才中学当时只有两名学生获得了奖学金，一名是我，另一名姓汪，现在在西安。我们从初中一年级开始就是老同学，所以很要好。工部局办的中学很多课本用的是英文。我受的就是那个教育。

我在小学三年级的时候，"七七"卢沟桥事变发生，全面抗日战争就开始了。但是日本军队还不能到租界来，因为租界算英国美国的领土。日本军队只能进到日租界里头，不能越过苏州河，只能在苏州河的北边和中国军队打仗。我们在租界上的人算是"中立"的，等于在"外国"待着。当时租界已被日军包围，但还算是"安全"的孤岛。我就在那个孤岛上生活。我们很多中国人在家里的房顶或晒台上，隔着苏州河看河对面打仗，为中国军队叫好。

中学刚刚上了一年，就爆发了太平洋战争，日本向美国宣战了，日本军队开进了英美租界，日军的坦克在街上示威。育才中学的校长，成了日本的敌国侨民，被日军监视起来。日军给他戴一个红袖章，表明他是敌国侨民。红袖章上如果有一个大写字母 A，就是美国人，American；如果有一个字母 B，就是英国人，British。育才中学的校长 Mr. Holland，和另一位老师 Mr. King，都戴了标有 B 的红袖章。过不久他们就被送到集中营去遣返回国。学校里来了日本老师，我们就不学英语，改学日语，做了亡国奴。

我父亲过去是商务印书馆的小职员，抗战期间商务印书馆迁到大后方，父亲失业了。他到外地去谋饭吃。我母亲是很好的母亲，为孩子们吃了很多苦。日本人占领上海时，粮食很紧张，定量配给。我母亲曾经到上海的郊区农村，有一个地方叫七宝，去那里贩米。我母亲幼年时是裹的小脚，后来"放"的，走远路很苦。上海市区到七宝来回 60 里，母亲用肩膀将米扛回上海，在黑市上卖，赚差价养家。

我们自己吃的配给米的量不够，她就先保证我吃。她吃豆腐渣，那个我也吃过，难吃得很，不堪下咽。我们家就是这么一个家庭，所以我们对日本侵略者从小就痛恨，痛恨到极点。

"我被国民党反动政府通缉"

吴：我 15 岁上高中的时候，抗战胜利，"国军"接管上海。我们中国人可高兴了，都自发上街欢迎"国军"，人山人海。远远看到军队过来了，军队走得很慢，队列很宽，打着横幅，打着国旗，但军人不多，感觉不大威武。不过我们还是很高兴，总算看到青天白日满地红的中国国旗了。

"国军"来了以后，成立了上海市政府。租界收回，马路都改成中国名字。但是，那个政府贪污横行，一塌糊涂，人民没法过日子，所以人民非常失望。不但这样，美军的海军陆战队到了上海，什么坏事都做，欺负中国人、打死中国人的都有。

中国人当然愤怒了，抗议了，但国民党政府反而帮美国人说好话，说这都是"共产党的煽动"，等等，我那时还不懂什么是共产党，但是大家明明白白都知道的事，怎么可以这么瞎说！国民政府的性质就是卖国政府，从经济上讲没有治理上海的能力。

其实共产党刚刚接管大城市的时候也没有这个能力，可是能把上海的金融、物价都稳定下来，共产党坚决打击贪污，打击投机倒把。上海就稳定下来了，上海人都承认共产党厉害。虽然大多数上海人对共产党不了解，谁也没读过《共产党宣言》，对共产党的理想、主张、理论、宗旨都不知道，但是共产党确实把这个城市弄好了，老百姓生活确实好起来了，工资也确实比过去多了，共产党的官员确实是为人民服务。解放军的官兵，还有政府的官员，在很长一段时间实行"供给制"，很艰苦的。《霓虹灯下的哨兵》看过吗？那就反映了当时的情况。解放军在上海南京路上站岗，看着灯红酒绿，妇女穿着旗袍、高跟鞋走来走去。共产党和解放军一点物质享受都没有，所以老百姓当时都非常佩服共产党。

我中学毕业后，到上海的交通大学念书。那个时候很多学生对国家当时的状况很不满意。集中到最根本的一点，就是国民政府不应当打内战，应当建设社会，建设国家，让老百姓过好日子。老百姓的问题，反映到学生中间。大家心里都不能安定，要表达自己的意思。进步的学生就组织活动，集会，游行，喊口号，发宣言。但是国民党政府不愿和学生、人民沟通，而是靠军、警、宪、特、骑兵，用暴力镇压，打死人。学生被打死，教授被打死，很多很多。那时，同学们选举我当交大的学生自治会执行委员。在共产党的地下组织领导下，进步学生们组织起来学习革命道理，开展反对国民党反动政府的政治活动。结果有一天，国民党反动政府就到各个大学来逮捕进步学生，我也名列逮捕名单之中。当天我正好不在校，没被抓到，后来有几位进步同学护送我到上海郊区，然后我就跑到北平。因为我被国民党反动政府通缉了，我的生命受到威胁。进步同学们向我指出，你现在唯一安全的出路，就是到解放区去。那时我对共产党还没有认识，但是根据很多进步同学的介绍，我知道共产党是好人，解放区是好地方。投奔共产党解放区，是有希望的。

"工程技术是非常重要的"

吴：通过共产党地下组织的介绍，我从昌平越过一道封锁线，就到了解放区。我在东北解放区工作了一年。那时东北解放区的中心是哈尔滨，党政机关都在哈尔滨。很快，沈阳解放了，东北解放区所有党政机关，都从哈尔滨往沈阳迁。我跟着迁过来。我在沈阳的时候在东北邮电总局工作。在那里我看到了一个问题。东北邮电总局重要的机构之一叫技术室，全东北所有邮电通信的技术研究，都由这个技术室领导。我正是分配到技术室工作。技术室的那些工程师都是中国人，但主任、副主任都是日本人，一切听他们的。整个东北的长途电话网、电报网，是伪满洲国时期日本人在那儿建起来的。中国工程师们对日本主任只知唯唯诺诺。当时还有一位从天津北洋大学到东北解放区来的学生。我们一起议论：这样怎么行？共产党是好人，但是共产党员不懂技术。现在辽沈战役打胜了，沈阳解放了，平津战役开始了，很快全国就会都解放了，但是整个电信网都靠日本人怎么行？我们两个都在发愁。我们认为，共产党必须培养自己的、忠于人民的人才，日本人能培养出来，中国人怎么培养不出来？

我们自己是坚决拥护共产党的，因为它清廉、正直、拼命、肯牺牲，所以它是一定能够成功的。我们自己现在就应当去念书，学会技术，就可以取代东北邮电总局技术室的日本人主任。工程技术是非常重要的。一个现代的国家，没有工程技术怎么行呢？而工程技术一定要掌握在自己的、忠诚于人民的人手里，才能为人民服务。

所以当北平、天津和上海都已解放后，我们又回到大学念书。在此之前，我只想到共产党夺取政权后，就要把国民党的政府官员换掉，由共产党的官员带领我们接着干，没有认识到彻底推翻这个政府后还必须培养忠诚于人民的工程技术人员。我就想，学好电信技术，我一定要取代东北邮电总局技术室的那两个日本工程师。

我在念中学的时候，只晓得要为爸爸妈妈争气，挣钱养家。快要高中毕业的时候，我爸爸就跟我说要学工程技术，学了工程技术不管哪个党来都是"铁饭碗"。我到东北邮电总局之后，才感觉到这整个国家是我们自己的，要从国家想。共产党解放了国家，就需要自己的技术人才，我要学好技术，为人民服务。因为我看到共产党员都非常优秀，我要作出贡献来，要和他们一样，我就是这样想的。我的思想就是这么转变过来的，这要感谢共产党对我的教育。

"要为祖国工作一辈子"

吴：后来东北邮电总局的领导批准我们复学了，但我还一时回不了交通大学，因为铁路还没修通，所以我就改在清华大学念书。其实我中学毕业时就想上清华大学，有几位最好的老同学都是清华大学的。解放前我们就很羡慕清华大学，因为清华是北方的"民主堡垒"。但是那个时候我母亲得了癌症。古语说，"父母在，不远游"，何况我母亲是绝症，所以我就没有到清华念。这时我母亲已经过世了，于是我就到清华来考插班生，正好那年清华电机系招一名插班生。我亲戚朋友都说，只招一名，太危险了，要是你考不上就错过考期了，又得等一年，你还不如去找共产党，跟他们讲你是受蒋介石政府迫害，到解放区去投奔共产党的，凭这个他们就应当给你特殊照顾。但我没有这样做，我就复习功课硬碰硬去考，结果我考上了。我就到了清华，获得了学好工程技术为人民服务的机会。我上学的过程，就是这么曲折。

才念了一年，就发生了"抗美援朝"。我们和许多同学申请当志愿军，到朝鲜去打美帝国主义。但是后来中央发布决定说，已经读到大学三年级的学生一律不收，应当教育他们，努力学习，一样可以为人民服务，所以没有批准。那个时候我们切身体会到，学习真的是为了国家，绝不是为了个人。我到现在都记得那天晚上，我下楼去办事，亲眼看到五所学生宿舍，新斋、平斋、明斋、善斋、静斋，五个"书斋"，所有窗户灯光通明，图书馆也是灯光通明，可是鸦雀无声。大家都在那里用功晚自习。我很感动，大家都在发愤为祖国学习。

经过党的教育，我的思想就更明确了，只要是为人民服务，做什么工作都一样。关键是要立志为祖国为人民工作。后来蒋南翔同志到清华来当校长，那时我已经毕业了，但我知道蒋南翔的那句名言：要为祖国健康工作50年。我很欣赏这句话。我大学毕业的时候是1952年，我22岁，我正式退休是65岁，等于工作了43年，离50年还差一点，所以65岁我退休后还在想法子工作。我跟别的同志们合作，编了《自动控制原理（第2版）》这样一本教科书，一直到我腰椎出问题了，才被迫停止工作。所以我希望你们把身体弄好，把眼睛弄好，你们不是为祖国工作50年，你们可以工作60年。

其实现在做少量脑力劳动我还可以，上台讲课我也能讲一点，我现在不去讲课，是因为过去我会的那些技术都过时了。我在大学念电机系电讯（信）组，主要是学电子管线路，可是现在电子管落后了。后来出现了晶体管，晶体管我就没学过。晶体管又落后了，就出现了集成电路，又出现了大规模集成电路和超大规模集成电路了。这就不是只学一门课的事，我得从一年级起念几十门课，才能到这个高度。所以，我跟不上技术的发展了。

《自动控制原理（第2版）》是我们四个人合作编的，我是两主编之一。这本书我不满意。原先我们编过《自动控制原理（第1版）》，但是到了（20世纪）90年代就感觉到不够了，很多内容需要更新。现在这本书比原来增加很多内容，尽量把新内容写进去。但写好后一看，好家伙，这么厚厚两本，上下两册定价90元，这样学生的负担可能太重，老师也教不了。我就又想重新写一本，内容只减不增，总的篇幅剪掉一半。我有这么一个愿望，但要实现恐怕不大容易。

何：您能这么为学生想太好了，我们的书一般两三百元一本。

吴：是啊。我觉得现在学生的负担太重。学生不光是买书，住宿舍也要钱，吃穿各方面都要钱。因为我又做过学生，又做过教师，又做过子女，又做过家长，所以我能体会到这个很难。我回忆自己念书的过程就能明白。我替家长想想也不愿意学生的负担过重。假如说一门课程，你能用半本这样的书讲解清楚，何必写这么厚呢？但是这件事，我感到我恐怕做不成了，因为我都80岁了。

反正我还是想做点事。蒋南翔同志说，为祖国健康工作50年。我自己想尽量地为祖国工作。朋友们劝我，你现在还想什么工作呀？你就好好地享受就可以啦。我不那么看，当年我是立了志的，想要为我们国家尽量多做一点，要做好。我愿意看到我们国家兴旺。

人的一生，总的来说还是很短的。你一生只可能做一生的事情，能把这一生的事情扎扎实实地做好，那就行了。我现在就很愿意把我的事做好。不要以为这个事没用，那个事没用，都是有用的，总是会有用的。比如说集成电路，现在出来什么纳米技术。我知道纳米，但纳米里头有技术，是什么意思？我到现在还不太清楚，但是我相信，一定是有用的。航天技术最初的时候，我说，航天干吗呀？到底有什么用？不知道。现在就知道啦，用途非常大。所以，你们干的一定是有用的，但是，得坚持干下去。不要干一两天就认为没什么用，干几天又不干啦，这样的话，人的一生很快就晃过去了。

我现在还能把中学时候的一些事记得清清楚楚，但是转眼工夫，我已经80岁了。我觉得，一个人一辈子走过来，每一件事情都好好做，都做实了，哪怕做的事情不那么多，但每一件事情确实做实，那就一定有贡献，就可以死而无憾。奥斯特洛夫斯基说过："人最宝贵的是生命，生命每个人只有一次。人的一生应当这样度过：当回忆往事的时候，他不会因为虚度年华而悔恨，也不会因为碌碌无为而羞愧；在临死的时候，他能够说：'我的整个生命和全部精力，都已经献给了世界上最壮丽的事业——为人类的解放而斗争。'"当然，保尔·柯察金这样的人物我比不上，我说的是这个思想，思想是可以跟上的。活80岁也罢，活90岁也罢，我总有一天要离开这个世界，但我离开人世的时候，我会回想起来，我这辈子也做了些事，我做的事一样一样做好啦，我就对得起我这辈子了。就算只活81岁，我也不遗憾，我要是活90岁呢，我也不会浪费时间。

"我走对了路"

吴：60 多年前我初到解放区就意识到，中国要大变样，中国需要有自己的工程技术人才，当然，人文科学人才也需要。这么大的一个国家在地球上，必须有自己的人才，这些人才必须做出实事来。所以当时我跟另一位北洋大学的同学就想回学校去念书，不是为念书而念书，不是为养家糊口而念书，不是为孝敬父母而念书，而是为了祖国的发展富强，我们得念书，我们一定要让中国的邮电总局里头有中国人的主任工程师。现在我这个想法已经广义化了。我们为中国的富强做了自己该做的事，我这辈子没有空白，我好好做过来了。当然，不要跟人比。我的同班同学们都做得比我多，但我的这份我都做好了，那就行了。一个人的事业、人生，最好不要走大的弯路，人生一走弯路，可能就是几十年。你回过头来，什么都赶不上了。所以，我不去比，但是我努力做好自己的一份，我不满足于钓鱼、抱孙子。

大方向要把准，这个非常重要。我觉得我有幸生在这个时代，见到过人民解放战争，见到过新民主主义革命。共产党要建设的是社会主义国家，国民党口头说要建设的是三民主义国家，三民主义国家跟社会主义国家相比，社会主义比三民主义看得更远。我们并不反对三民主义，毛泽东讲过："孙中山先生的三民主义为中国今日之必需，本党愿为其彻底实现而奋斗。"彻底实现三民主义，就必然往前发展到社会主义，靠中国的民族资产阶级是不可能彻底实现三民主义的。所以我在共产党的领导下学习、工作一生，是走对了路。

我是 1930 年出生的，1937 年我上小学三年级，抗日战争我见了；日本的侵略我见了；英国人的中学校长我见了；日本老师在课堂上打中国学生嘴巴，我也亲眼见了；然后抗日战争胜利，"国军"到上海，我也见了；国民党政府的所作所为我都亲眼见到了；共产党领导人民建立新中国我也亲眼见到了；"文化大革命"天翻地覆，共产党犯下严重的错误，我也都见到了。

"文化大革命"之后，重新再看，重新再走，这个很不容易，一个党、一个人都是这样，如果走一个大弯路，那个影响可是大得很。"文化大革命"的后果，到今天也没有完全消除。你们诸位可能不太理解，现在有些人天天宣扬，说共产党做的事都错，共产党说的话都错，每一句话他都能挑出错来，错的也是错，对的也是错，其实共产党说的大多数话，大多数行动，根本就没错，但他们说全都是错。这个思潮产生的原因，实际就是"文化大革命"的历史反弹。你们没有经过"文化大革命"，所以你们看不出来。"文化大革命"中，林彪说"毛主席的话句句是真理，一句顶一万句"，说过头了，现在的反弹也是太过头了。"文化大革命"这个大错误犯了以后，虽然经过拨乱反正，但共产党的崇高威信没了，人们对共产党说的每句话，办的每件事，对共产党的每个干部，都感到怀疑，已经成为一个习惯了。一个社会的习惯和思维方式如果成了病态，很难扭转过来。我不是那种老教条主义者，我也不认为共产党说的话句句都是真理，我不是这样的。

我认为，我当时有一件事情是做对了，就是我从孝敬父母，为自己建立一个温饱家庭，进步到为国家民族的富强而奋斗。我明白，只要我站对了立场，努力做，就是千条江河归大海，即使一路有曲折，最后总能到达。人都是这样走过来的，及时总结，坚持自己的路，我就这么个想法。

我可能回答了你们提问的一部分问题，有些没有谈到，如果有兴趣，欢迎你们来做客，我们可以再聊。我的想法也可能有不妥，欢迎你们提出来，不要怕得罪我，没关系。

感想体会：

能够采访到吴麒老师，我们感到幸运。

在这次访谈之前我们很少想过会拥有和这些老教授交流学习的机会，在正式联系之前我们也看了很多资料、做过很多设想，也存在一些顾虑，想象过很多困难。但当我们真正联系上老先生时，这些顾虑全打消了。老先生真诚的态度、一丝不苟的精神感动了我们，也告诉我们，完成一件事情只需要两点：真诚和严谨。

和老先生的交流中，最吸引我们的不是他娓娓道来的故事，也不是他的成绩，而是他的精神与态度，我们称之为人格魅力。首先，是一丝不苟的为学态度，他认真挑出我们邮件中的错误，送给我们他自己的传记和文集；其次，是谦虚与真诚，他和我们之间是平等的交流，他乐意与我们讨论，乐意我们指出他的错误；还有，最重要的，是我们看到的清华精神，"自强不息，厚德载物"。

少有所为，老当益壮

——访周广业教授

访谈时间：2010 年 4 月 5 日
访谈地点：清华大学伟论馆（生物新馆）
被访者：周广业教授
访谈者：黎静、何天骅（生 97）
整理者：黎静

周广业，出生于 1938 年 2 月 16 日，1962 年 2 月毕业于清华大学工程化学系 110 核燃料化工专业，1988 年任高级工程师，1998 年任教授，从事生物化学专业。曾担任清华大学生物系生化实验室主任，获丹麦 NovoNordisk 奖教金等十余项奖励。

其父周先庚是清华大学原心理学系系主任，因此他从小就在清华长大，高中毕业之后保送清华工物系，之后又在清华任教，在工物系、工化系致力于祖国的核事业。多年来他与李卓宝同志为恢复清华大学的心理学系而奋斗，清华心理学系已在 2008 年 5 月复系，他现在担任心理学系顾问一职。2003 年，周广业先生获清华大学首批"老有所为先进个人奖"。

2010 年 4 月 5 日，一个明媚的日子，春天悄悄来到了清华园，春意盎然，景色怡人。先前周先生考虑到现实的情况，很体贴地把访谈地点安排在生物新馆的一间办公室里面。这一天他自己开车准时来到学校。周先生虽然已经退休，但精神矍铄，说话铿锵有力，是一个和蔼可亲的老者。进门后，周先生亲切地叫我们"小黎""小何"，感觉很温馨。就在舒适的天气和温馨的气氛下，我们的访谈开始了。

他，生在奔往西南联大的路上，长在荒芜的清华园

何：您为什么选择清华呢？

周：这要从我父亲周先庚说起。我们清华子弟正在编一本《清华名师风采》（第一集），以名师的照片为主。这本书是献给清华百年校庆的，这一集选定了50位名师，其中有一位就是周先庚。周先庚是解放前清华大学心理学系主任，他是1924年清华毕业的，毕业之后准备留学美国。当时他们想学什么专业可以自己选，我父亲先去东南大学借读了一年，他文和工都非常喜欢，后来挑了心理学专业，想学实验心理学，因为实验心理学既需要文科功底，又需要很强的动手能力。1925年他上了斯坦福大学心理学系，1930年拿到博士学位后毕业。毕业以后回清华，就在清华的心理学系担任教授和系主任。

我们跟杨振宁他们一家很熟，因为杨振宁的父亲杨武之，是我父亲和母亲结婚的介绍人。两家都住在清华西院。1934年，我大姐出生在西院，然后1938年就逃难了，清华、北大还有南开就搬到昆明组成了西南联大，先在长沙待了半年，然后再到昆明，而我是1938年生在从长沙到昆明去的路上。我不足7个月，火车颠簸，我妈说不行了，要生了，赶快在广州下来，就生了，所以我生在广州，叫周广业。我们家是有家谱的，"学、作、联、先、业、鸿、名、克、远、扬……"所以我父亲是先字辈的。我们是业字辈的，但我父亲把我们的"业"字放在后面。因为我生在广州，所以就叫周广业。我大姐叫周立业，因为她是子女中的老大。1938年，我们全家就到昆明去了，在昆明我上了西南联大附小。1946年我们回到北京，回清华时草都长得很高，我们当时住在新林院四号。

何：那您就是长在清华了？

周：对，1946年暑假后回到清华，我就到清华成志学校上三年级。现在那块有"成志学校"四个字的墙是原来的，房子因为破旧了，学校进行了重建，但都是按原样重建的。成志学校也叫丁所，甲所原来是校长梅贻琦住的，乙所拆掉了。杨振宁先生是1935年在那里毕业的，所以他也是清华附中的校友了。当时我8岁，我妹妹周明业才4岁半，非要跟我上学，我就带她去上学了。我们兄弟姐妹7个人，两个哥哥在昆明病逝，剩下5个。我大弟、妹妹还有我都是清华大学毕业的，因为我爸对清华感情极深，一定要子女上清华。成志小学毕业后我就上清华大学附设成志中学初中，当时清华附中没有高中，那时蒋南翔说清华不建高中。

何：为什么？

周：蒋南翔说，给你们建高中之后，你们这些清华教职工的孩子就关在清华园这个"象牙塔"里了，不利于你们接触社会。所以他不同意建高中。清华大学附属中学的高中部是1960年才建的，万邦儒是当时的清华附中校长。我们1953年毕业时还没有高中，所以孔祥瑛校长把我们几个学习比较好的学生保送到城里

的中学去上高中。我和张志芳去了北京二中，有三个同学去了二十五中，其余大部分上了海淀十九中。

顺便说一下，清华附中的校庆由1960年改为1915年就是我们1953级毕业班1993年向清华大学校领导建议的，为附中做了一件好事。高三毕业时我入了党，因为老父亲的历史问题及海外关系，组织上要进行审查，用了较长的时间，所以入党延迟到了毕业后。但北京二中党支部的负责精神令人感动，1956年我毕业之后已经暑假8月份了，还把我叫回去，他们为了我入党的事专门召开了我的入党支部会。

老父亲的历史问题，是他在昆明西南联大的时候给驻昆明的杜聿明国民党军队做过军官心理测验和伞兵心理测验。他是搞实验心理学的，现在来看他实际上就是在搞一个军事心理学的实验研究，他应该是我国军事心理学研究的开创者。"文革"开始时，北大的大字报说抓到一个国民党少将周先庚，当时把我吓坏了！后来想起来是红卫兵来抄家的时候，抄出一个工资条，工资拿的是国民党少将级的工资，可是他连国民党员都不是，更别说是国民党的军官了。父亲给杜聿明军队做心理测验时还是国共合作时期。我们家住在杜聿明的司令部旁边，我们经常跑到司令部附近去玩。因为这一历史问题，"文革"时老父亲被打成历史反革命，很惨。"文革"中的"无限上纲，残酷打击"不知迫害死了多少人！

因为有海外关系，父亲有历史问题，所以在北京二中就没留苏。当初蒋南翔成立全国第一个工程物理系，就是要研究核燃料，研究原子弹，是国防专业。因保密的需要，各个中学是保送的，但是必须参加高考。北京二中可能因为我没留苏，学习成绩又是学校前几名，所以就保送清华工物系了。这样，我1953年清华附中初中毕业，1956年又回清华了。

滕藤："周广业，我们是亏待他了。"

周：1956年上清华工物系后，我们是年级的前面两个班，一共招了约十个班吧。前面两个班是搞化工的，即搞核燃料的，从铀矿里面提取铀238，然后铀238作为反应堆的燃料，它燃烧以后的废铀棒，再用来提取钚239。一个班是核燃料前处理，就是从铀矿提铀238。一个班是核燃料后处理，就是负责提取钚239。后面还有研究铀金属、核仪器、核物理和核反应堆等专业。我们生物系主任赵南明，在理论物理班。在南口，清华不是有一个核能研究院吗？我们原来都管这个研究院叫"200号"。

何：您当时毕业后就直接留校了，是吧？

周：对，我这毕业还有故事呢。1956年进校，1958年大炼钢铁。清华在全校调了两个老师，一个是潘金生老师，另一个是我。滕藤找我谈话，说我是党员要服从党的分配，所以就被调出来组织全校的大炼钢铁，就在现在你们从南校门进来这条路。当初是条铁路，后来蒋南翔校长经过争取把铁路挪到五道口那边去了。就在这条铁路原址边上，建了许多小高炉，没几个月就坚持不下去了。炼钢完了以后，我又被调到工物系的 807 厂，没有回原班。所以滕藤同志说："周广业，我们是亏待他了。"1958 年我被抽调出来后，虽然名字还挂在班上，但实际上是提前半职工作了。工物系的 807 厂有个玻璃车间，工物系党委书记余兴坤同志安排我做八级玻璃工赵师傅的助手，管理玻璃车间。

1956 年我们那届招了 3300 名学生，其中有好几百学生是蒋南翔准备以后提前抽调出来作为清华培训班补充到各个基础课教研室去的。他们都是正式抽调的，比我还晚。我们当时是六年制，应该 1962 年毕业，后来改成五年半毕业，即 1962 年寒假毕业。

何：那后来怎么留校的呢？

周：那时候我从学生中抽调出来，算是提前工作了，但又不是正式教工。全校像我这样的很特殊，其他培训班的同学都是正式抽到基础课教研室工作了。到 807 厂工作约一年后，我又调到 110 教研室和 801 厂。

801 厂在工物系馆的后面，是从铀矿提取铀 238，用萃取塔萃取，使用磷酸三丁酯做萃取剂。我那时带了一批复员军人，在 801 厂不怕放射性辛苦地操作。110 教研室就是核燃料前处理教研室。在教研室我担任党支部组委，教研室主任是滕藤同志请到清华来的李文才老师。除了 110 教研室，还有一个 120 教研室，相对应的两个班：101 班是核燃料前处理，102 是核燃料后处理。我在前处理这个班。

到 1962 年要毕业了，我与两个同学一起，完成了一项小的科研任务，写出报告，就是我的毕业论文，这样我才正式跟原班毕业了。大学里，实际上大部分课都没怎么学。回想起来是挺亏的，但要服从组织的分配调动吧。你们看我的简历，恐怕是调动最多的，在清华这样的经历可能很少：1956 年进校，1958 年后先是被调去大炼钢铁，又去 807 厂，又去 801 厂，又去 110 教研室，毕业以后留在了学校工化系。1964 年我们去 200 号建 710 和 116 实验室。当时 200 号有一个大工程叫 712 工程，知道汪家鼎院士吗？

何：他是做什么的？

周：汪先生原在天津大学化工系，有名的"化工二汪"之一（大汪是汪德熙先生）。1957 年滕藤同志请他来清华工化系。滕藤和汪家鼎领导这个 712 工程，上面还有国家领导小组，组长是周恩来总理，712 工程的任务就是搞核燃料后处理。

我们国家第一个原子弹是铀弹，即铀 235 原子弹，用扩散法做的。第二个原子弹是钚弹，就是反应堆用后的材料提取钚 239 制造的。这个工程当时是国家的绝密工程，"文革"初期的时候都没停。710 实验室也称"热室"，操作间要用很厚的铅块屏蔽，因为它放射性很强。当时清华的师生、二机部的技术人员和有关工厂的工人进行"三结合"，上百人日夜奋战，终于在 1966 年底，提取出了几克合格的钚 239 交给国家，胜利完成了任务。

清华话剧团演出过《紫荆花开》话剧，这个话剧名气很大，就是讲 712 工程的，以汪先生的历史为原型。712 工程是我们学校为国家的核燃料工业所作出的重大贡献。因为它是保密的国防项目，所以一般不太宣传，大家知道的很少。其实我觉得清华除了密云水库这个大工程外，712 工程应该是我们学校在"文革"前，对国家国防建设作出的非常突出的贡献。这个工程项目获得了国家科学大会一等奖，所以这是我们引以为自豪的，我很荣幸也参加了这个项目。

养猪太有趣了！

何：那后来"文革"对清华产生了怎么样的影响？

周："文革"时期教学活动、科研工作当然都停了。1969 年许多教师都去鲤鱼洲了。清华去了有 3000 多人，我们开了一个专列。后来清华教工有百分之七八十都得了血吸虫病。我们去的地方是江西南昌鄱阳湖北边围湖造田而成的一片农场稻田，称为"鲤鱼洲"。鄱阳湖的血吸虫病是最严重的。当时我当然也去了，清华大部分教工都去了，只有少部分在学校留守。

何：那里挺艰苦吧？

周：对。那时我在鲤鱼洲 6 连，管小苗带土移栽。我插秧不行，插得慢。小苗带土移栽是做一块秧田，培育出秧苗，然后把秧苗铲起来，切成小块，往稻田里面撒，就不用插了，这个方法就叫小苗带土移栽。我那时负责培育这个秧苗。

1971 年清华向周总理写了报告，希望撤回北京，总理立即批准，我们就都回来了。接着我又到南苑农场养了一年猪，担任饲料排排长，养猪太有趣了！

黎：您刚才说当时工物系前两个班是学化工的，那当时清华有化工系吗？

周：清华当时有化工系，但 1952 年大部分被抽调组成石油学院，就张子高系主任留下了。他们在化学馆的三楼四楼。工物系的两个核燃料专业后来分出来成立了工程化学系。工程化学系后来又和张子高的高分子专业的化工系合并，变成了化学与化学工程系。再后来才改为现在的化学工程系。所以化工系的名字中间变过好几次。我们化工系有个石油化工教研室，后来何东昌同志说，全国已经有 22 个石油化工专业，清华就不要搞第 23 个了。于是石油化工就转成了催化教研室。教研室派我进驻房山县石油化工总厂向阳化工厂，带学生下厂实习。期间向阳化工厂发生了大爆炸事故，当时教了我一年多的关系最好的谬言栋师傅等都牺牲了，现在想起来，心中还是十分难过。

1985 年，化工系的化学部分和学校的化学教研室合并成立了化学系。要不是滕藤同志叫我到生物系来，我就到化学系去了，因为我原来在化工系物理化学教研室，带物化实验，在化学馆传达室与王汉辰老师傅为伴住了好几年。

黎：您本来是学核燃料的，后来到生物系去教生化实验，在这个转变过程中您经历了什么？

周：1984 年以前我在物理化学教研组，带物理化学实验，带了很多年。有教物化实验的基础，物理化学实验用的 BASIC 语言小软件都是我编的。父亲听说我要去生物系，就带我去见北大的沈同教授。沈先生与我母亲都是江苏吴江人，还是母亲的远亲。沈先生听说清华想恢复生物系，我也想去生物系，他非常支持，因为沈先生是清华生物系的老校友。后来，他还同意放郑昌学和曾耀辉教授到我们清华来。当时要是没有沈先生的同意，郑昌学和曾耀辉是来不了清华的，因为沈先生是北大生物系生化教研室主任。所以，当时滕藤、鲍世铨、陆懋荣等老朋友叫我来，沈先生也支持我来，我就到生物系来了。滕藤还问我，你到生物系是愿意做行政还是搞实验。我说，我不做行政，行政已有钟厚生。钟厚生原是工物系的行政副系主任，调过来做生物系的副系主任，管行政后勤，能力很强的。我的兴趣是做实验，这是父亲的遗传。我喜欢动手，喜欢鼓捣仪器，在物化教研室我就是专门带学生实验，所有的仪器都自己调试。所以一开始我就跟着郑昌学、曾耀辉老师一个一个学做生化实验，后来负责生化大实验课。我们的实验课最受学生欢迎，多次获奖。

院系调整的见证人，复建理学的先行者

周：顺便说一下生物系吧。1984年清华复建生物系，首任系主任是蒲慕明先生。赵南明是常务副系主任，他是我的工物系同级同学。当时恢复生物系的工作是滕藤副校长和李卓宝同志等亲自主持的。李卓宝是我父亲的学生，也是清华心理学系唯一留在清华的学生。1984年滕藤副校长说，21世纪是生命科学的世纪，所以清华一定要复建生物系。当初清华有些校领导不太赞成，认为清华就应该以工学院为主。蒲慕明先生是台湾清华大学毕业，本来是学物理的，后来改为研究生物物理和神经生物学。赵南明原来也是学物理的，后来也转成生物物理了，并把蒲先生从美国请来当系主任。当年生物系主要是由化工系、工物系和校外调进等三部分骨干教师组成，化工系调来了来鲍世铨、陆懋荣等，他们是我在200号的老领导和好朋友，还有化学教研室的老教授周昕、欧耀华教授和周玉祥等，工物系是赵南明、陆祖荫、钟厚生、曲长芝、沈子威、张日清等老师，再加上由北大生物系调来了郑昌学、曾耀辉老师，从中科院微生物所调来了刘祖同老师，从预防医学科学院调来了蔡国平老师等，总之，当时的生物系真是人才济济。现在我们这一拨创业老教师都已退休，生物系已全由海外归来的顶级人才为骨干了。

何：施一公教授应该是您第一届学生吧？

周：对。施一公是我们生物系1985年招收的第一届学生的班长，他是我们引以为骄傲的优秀学生的代表。当时条件是很困难的。这个楼（指生物新馆）的原址，叫三十六所，是个平房，非常破烂。这个平房，再加上气象台的一楼和二楼，都改建为生物系的实验室。当时为看护实验室，我在阴森森的气象台一楼传达室住了一年。施一公他们班，开学一学期以后，全班集体出现思想动荡，不愿意学生物，认为系实验室太破了。赵南明就跟他们座谈了一整天，给他们讲生命科学的现状与未来，全世界发展的趋势，后来大家就都安心了。所以我觉得，这一批

学生为什么表现这么好，就是因为他们经过锻炼，吃过苦。那时的生化实验就是在这个破平房里做。郑昌学、曾耀辉老师从北大调来，就是请他们来开生化课和生化实验。我们全系老师，包括我，都是跟着郑老师和曾老师学做生化实验，后来我就开始自己带学生的生化实验了。所以当时的细胞实验、微生物实验等，都是在非常困难的条件下开设的。直至1988年学校新盖了校医院，才把生物旧馆恢复给了生物系。然后又建了生物新馆，即伟伦馆，这样我们生物系才发展起来。要不然，没有这两个系馆，生物系也很难发展。当时我们生物系的论文数量很快在全国生物系中排第一。

周：2008年恢复了清华心理学系，已经比生物系晚了20多年，去年在人文学院社科实验班开始招收心理学的学生。但估计今年或明年就要改了，可能会改成按心理学专业来招生，因为教育部已批准了清华开办心理学科。关于地学系，现在清华也成立了地球科学研究中心，前些天又成立了全球变化研究院，但是它目前还没成立系。如果成立了系，那清华理学院原来的六个系就都全了。现在心理学系就在东边的那个棕色的伟清楼里。我建议他们想办法凑钱，在生物馆旧馆的北边盖一个心理学新馆。美国一流大学的心理学系都是人数最多的系，是最大的，其次是生命科学，现在咱们国家心理学的发展还非常落后。

何：生命科学也是这几年才办起来的。

周：对。不过现在在国内的心理学还很弱。因为我跟李卓宝，就是何东昌同志的夫人，我们奋斗了那么多年，各届校领导、书记我都跟他们呼吁过，他们都知道的，一说到心理学系，他们都说，找生物系周老师去吧。现在的心理学系主任是彭凯平教授，他曾是我父亲的学生和助手，北大心理学系毕业的，现在是美国加州伯克利分校的心理学终身教授。今年4月初顾秉林校长带了100多人的队伍（包括清华学生艺术团）回访伯克利分校，参加伯克利—清华周活动，彭凯平在伯克利参与组织和接待。清华心理学系的复建就是伯克利分校与清华合作的成果之一。

何：那就是说院系调整对清华的整体影响还是很大的。

周：那当然了。1952年全国大学学习苏联进行院系调整，影响最大的就是清华，因为清华文、理、农全都裁掉了，农变成农大了，航空变成航空学院了，地质变成地质学院了，化工变成石油学院了。一个清华，一个浙大，但清华比浙大还要惨，因为学苏联嘛，现在要恢复到原来的综合性研究大学就十分困难了。当初学苏联这步棋走错了，但是现在没办法，我们现在慢慢往回找。"文革"的时候钱伟长就因为这个被打成"右派"，钱伟长跟我们很熟，他夫人孔祥瑛是我们清华附中的校长，以前每年春节我们都去看望孔校长和钱伟长。钱伟长为什么被打成"右派"呢？就是因为他主张理工合校，主张恢复清华的理科，与蒋南翔对着干。那怎么行呢？当时是1957年，1952年刚院系调整完，要学苏联啊。他被打成"右派"，整得很惨，听说蒋南翔曾说，别人都可以平反，就钱伟长不可以平反。从此，钱伟长与清华的校领导就不再来往，但他对附中很好，为附中实验楼题了字。

老有所为的先进个人

何：那您是哪一年退休的？

周：我是1998年退休的，退休前提的教授。因为我一直带教学实验，没有多少文章，提教授要求有五篇文章，其中三篇要核心刊物的，为此我努力奋斗写了五篇文章，总结我们的生化实验，发表在《化学和实验室管理》等期刊上。退休后，因为生化实验教学缺人，我只好继续返聘，直到2004年，又干了六年。2004年老伴得了癌症，我就正式全退了。饶子和教授的夫人余冰宾老师接了班。饶子和教授是我们生物系从英国回来的最著名的教授。他的要求是给他500平方米的实验室。当时科学院和上海复旦大学等都在抢他，最后我们清华生物系新馆给了他这样大的实验室，他就决定来我们系。现在还兼任南开大学校长。饶子和教授留学英国牛津大学，用X光衍射技术研究蛋白质生物大分子的空间结构，他是艾滋病病毒结构的主要发现人之一。他的导师是英国和全世界著名的结构生物学权威。余冰宾副教授也是英国牛津大学的博士，你们上生化实验课的时候，她会给你们讲课。她会讲她的留学经过，她两年就拿下了博士学位，还生了一个孩子。她的英文非常好，她与段明星教授和陈坚刚高工负责生化大实验的教学工作。当时我还在北京吉利大学那边兼任生命科学学院副院长，在昌平，李书福，你们知道吗？

何：我看到过有关信息。

周：李书福是吉利汽车集团的董事长，在北京创建了民办的北京吉利大学，罗晓明任校长。我在那待了两年，兼职，每星期去两次，是吉利大学生命科学学院院长沈忠耀老师叫我去的，主要是想帮他建生物学实验室。沈忠耀教授是清华化工系副系主任，清华有名的教授，原来是老清华艺术团舞蹈队的。我们很要好，他叫我去帮他，我就去了。在吉利大学我还做了一件很重要的事情，就是帮他们建了心理学院。当时我想，你这个民办的职业大学，主要是培养大专人才，正好全国心理学这种中级人才非常缺。我在他们全校干部会议上发言，建议他们开办应用心理学，不搞基础理论心理学，就培养应用型心理学中级人才。后来罗校长亲自做了调研后，对我说可以办，让我马上请国内心理学的一把手来，于是我就请了心理学会理事长张凯先生。他很爽快地就答应了。1996年我曾建议校领导请他来清华恢复心理学系，但王大中校长、方惠坚书记没有回应我。吉利大学应用心理学院现在办得可好了，每年招好几个班。因为心理学中级人才，像各个学校的心理学教师、心理咨询等等，缺的人很多。

无法实现的建议

何：最后您能谈谈对清华建设世界一流大学的看法和建议吗？

周：今年3月，美国著名的《福布斯》财经杂志评选出全球最美丽的14所大学校园，美国有 10 所，欧洲 3 所，亚洲一所，就是清华大学。北京大学因为用的是燕京大学校园，不在评选范围。这说明清华的校园已是世界一流，但学校的综合排名与世界一流还有很大差距。

我们最大的差距就是学校的管理还是行政化的体制，我们还没有培养出能拿到诺贝尔奖的顶级科学人才，我们还没有一个学科能进入世界前 10 名。几年前我拜访杨振宁先生，他说，姚期智教授的计算机理论学科有可能近期达到，别的学科目前还看不到希望，起码要有二三个学科进入世界前 10 名才行。为此，我们必须引进全世界最优秀的顶级科研教学人才。这几年势头很好，世界一流的目标我们一定能够实现！

顺便说一件事，前不久，我给国家教育规划部门和温总理写了一份建议，后来我又撤回了，因为已无法实现。这个建议我调查酝酿了十多年，即：我建议把北京大学搬到圆明园北边，建一个像列宁山上的莫斯科大学那样的全新的世界顶级大学，把燕园恢复为燕京大学。由于园内已有不少北大的建筑，可以把燕京大学作为北大的分校，把燕京大学办成一个完全去行政化的、国际化的创新型大学，作为我国高校对世界开放的窗口。这一建议曾得到很多人的赞同，包括一些北大的老领导，可惜这一建议现已无法实现，圆明园以北的几千亩绿地已另有规划。我总在想，国家的四万亿元投资就不能拿出一点来，建一所新的世界水平的大学吗？加大对教育的投资为什么就那么难呢！

周广业

感想体会：

当初周老师因为父亲的历史问题和海外关系，入党和申请留苏的时候都遇到了重重的困难，但他没有半句怨言，不怨天不尤人，从中可以看出他的从容、大度和积极向上的生活态度。当作为清华的一个先进知识分子被派去农场养猪的时候，他没有抱怨天意弄人，反而能用心去享受养猪的乐趣，他的这种气魄风度实在令人钦佩。当滕藤先生把周老师调出去炼钢、去工物系的 801 厂的时候，即使会耽误学业，即使对自己很不公平，他还是服从组织的安排，并且在工作岗位上默默耕耘、无私贡献；当滕藤先生让他到刚恢复的生物系任教的时候，即使这跟他的专业不对口，他还是克服重重的困难，边学边做，作出了优秀的成绩。周老师的一生就是这样，学校需要他到哪里去，他就到哪里去，也许他没有过于显赫的名声，但像众多的老清华一样朴实，默默地为祖国和人民献出了自己的青春。

完全退休离岗后，周老师想的不是怎么享清福，他依然四处奔波，努力呼吁恢复心理学系，为清华的百年校庆组织编写《清华名师风采》一书，为了祖国的教育事业劳心劳力……从他身上，我读出了"春蚕到死丝方尽，蜡炬成灰泪始干"的忘我精神，他无愧于"老有所为先进个人"的称号，是当代清华人的典范！

　　在访谈过程中，周先生给我们讲老清华的故事时，我们感受到，当时清华的风气很淳朴，人们也没有什么功利心，只听从国家的安排，只要是祖国需要的，他们就二话不说到祖国需要的地方去，都是对祖国的一片忠诚赤子之心。当代大学里的风气总有点浮躁，现在都在说清华要改变，要创新，要向前迈进，但是，老清华的故事、老清华的精神不应该丢掉。丢了这些"本"，我们将迷失方向。所以，我们应该将老清华的精神发扬光大，薪尽火传，做历史的保存者，做精神的继承人，做优秀的清华人！

所谓大学者，有大师之谓也

——清华大学黄克智教授访谈

访谈时间：2011 年 5 月 12 日
访谈地点：黄克智教授家中
访谈对象：工程力学系黄克智教授
访谈者：孟潇潇、管弦、黄融
整理者：孟潇潇、管弦、黄融

黄克智教授，1927 年出生，清华大学工程力学系教授，博士生导师，中国科学院院士，俄罗斯科学院外籍院士，国际著名力学家和力学教育家。1947 年毕业于国立中正大学土木工程系，1952 年研究生毕业于清华大学工程力学专业，1991 年当选为中科院院士。曾获国际、国家与部委级奖励 40 余项，其中包含国家自然科学二等奖三项，三等奖两项，全国普通高校优秀教学成果国家级特等奖一项，美国 ASME（机械工程师学会）压力容器与管道刊物 1996 年唯一杰出论文 McGrattan 奖与 2005 年 Zamrik 奖、香港柏宁顿"孺子牛"金球奖、何梁何利基金科学与技术进步奖、美国 ASME 全部刊物系列 2003—2004 年度唯一优秀论文 Melville 奖、清华大学首届 2004—2005 年度突出贡献奖，以及 1993 年全国教育系统劳动模范，并授予人民教师奖章。他培养了 78 名研究生，其中 2 人当选为中科院院士，3 人获全国百篇优秀博士论文奖，2 人获国家优秀青年科学家奖，4 人获国务院学位委员会表彰的"在工作中做出突出贡献的中国博士学位获得者"称号。

自强不息

管：黄教授您好！

我们知道您是江西南昌人，刚好我也是江西南昌人，我对您少年时期在江西的成长经历非常感兴趣。您是在战火中度过的少年时代，当时您在江西的生活是怎样的呢？

黄：那是抗日战争时期，卢沟桥事变发生那年我正在念小学六年级。因为日本兵从北往南侵略，导致时局动荡，所以我从小学到中学换了许多地方，一直辗转在旅途中。我们那时是一边逃难，一边上学，在各种不同的学校里读书。虽说最后仍在江西念的大学，但光是读大学我就去了四个地方。

管：在这样艰苦的逃难过程中，您对学习还是抱有非常大的热情，那您的学习动力是从哪儿来的呢？

黄：关于这个，我用一两句话无法概括完全。就我本身而言，我很热爱学习。另外，也有家庭渊源。我们黄氏家族，外出时行李上都贴着我们家的标志，是"黄书香堂"，也就是说我们都认为自己是书香子弟。我外祖父是一个前清的举人，我祖父是学新学的，后来还在江西师范学堂教英语和一些有关科学的课程。因此在我们家的传统观念里，十分重视读书、求学。此外，由于当时我父亲只是一个邮局职员，要养活家中九个孩子，还要供我们九个人上学，所以生活十分艰难。穷人的孩子早当家嘛，因而我们都非常自觉、非常刻苦。

当然，这里面除了有改变生活状况的原因，还有另一个原因就是国家民族正处于危亡之中。我虽然没有直接面对过日本兵，但是我也遭遇过危险，这让我记忆很深。有一次日军投放的炸弹就落在我所在初中的校舍里。那个时候是有警报的，而一般警报要响第三次之后，敌机才会到达上空。那天，第一次警报结束后，我还在教室演算习题，第二次警报响起我也没理睬，等到飞机的声音能听见了，我才猛地跑进学校挖好的地下室里。我刚到地下室，就听见上面"轰隆"的炸弹声。等飞机飞走后，我走出地下室，发现所有的校舍都炸平了。还有一回，是我在赣州念初二的时候，我们所住的地方没有地下室，就逃进邻居家的地下室。后来也是同样的结果，房舍被炸平了。经历过很多次这样的遭遇之后，我也感觉到我们有责任要让自己的祖国独立、富强，这也是我当初努力学习的目的之一。

孟：黄教授，您刚才提小时候的家庭状况，您父亲作为一名普通邮局职工却要照顾全家十一口人的生活，状况之艰辛可以想象。而就是在这样的条件下，您的父母还一直坚持让你们九个子女都能上学，从中我们可以看出，您的父母对于子女教育的重视程度。那么，您父母的这种教育方式或观念，对于您这一生的学习有什么影响吗？

黄：当然是有影响的。从精神上说，他们鼓励我们勤奋求学，而在物质上也会有些小小的奖励。我记得当时，我每个学期的名次往往都比较靠前，因而学校会给我些奖励，比如说免学费。同时，当我每次在学校里获得奖励时，父母也会给我一份同样的奖励。从小我就特别喜欢读书，而学校里边的学习往往还满足不了我的求知欲，平时又没有零用钱，所以每次我都会用这些奖励去买一些读物，满足自己对读书的兴趣。

融：黄教授，那在您从小求学的时候，您对清华有没有一个初步的印象呢？还有，因为您是在清华读的研究生，那您之前是否就已把清华定为目标呢？

黄：那个时候，凡比较出名的学校都在西南，都在后方，主要是云南、贵州、四川那些地方。当时出名的学校我们都知道，也很愿意去念。比如说我中学毕业的时候，最出名的是西南联合大学，还有像贵州的交通大学、重庆的中央大学也都是比较好的学校。那时我们都很向往在这些名校求学，不过对这些学校更具体的、更详细的信息并不了解。可是当时有两个原因导致我没能到这些学校求学，一个原因是我年龄太小，只有 16 岁，父母不放心我单独出远门。另一个原因是交通不便，家中经济又困难，无法支付这笔旅费和生活费。但我很有信心，当时凭我的成绩是可以考上名大学的。不过因为以上两个原因我只好留在江西省上了中正大学，也就是南昌大学的前身。

管：黄教授，您在清华读研以后，从土木工程转为了力学，当时的经历是怎样的呢？

黄：我从中正大学土木工程系毕业以后，就到天津北洋大学土木系做助教一年，但是我那个时候辅导的是力学。力学这个学科应用面很广，在许多工程的专业里面，都会大量地用到，是个比较基础的科学。但我国解放以前没有力学系，所以我只好在土木系做研究生，不过专攻的是力学。所以严格来说我在解放前并没有改专业。

现在我们之所以有力学，是在解放以后，在那些力学老师的支持下，力学专业才得以兴办。最初我们的力学学的是苏联，因为苏联有力学专业而且办得好。他们卫星能够最早上天，其中有一个很重要的原因就是他们的力学很棒。

清华之子

孟：黄教授，从我们之前看过的报道，我们知道您一生由于自己兴趣的引导换过许多不同的专业、涉足过很多不同的领域。这是一种毕生求新的研究方式，您能和我们谈谈您对于自己这种研究方式的想法吗？

黄：我是学土木的，但是我并没有离开力学。因为力学这个专业很大，它大到天文地理，小到原子分子，即便微观世界也都会涉及力学。我转变的不是专业，而是研究方向、研究领域。因为在力学这个专业里面，有许许多多的研究方向和研究领域，而且差异很大。所以我的确是改变过很多次。我一直认为一个人终身的工作，不能总是陷在一个比较狭窄的领域，必须不断地扩大自己的领域。因为科学发展的需要总是导致新问题不断地出现，需要你去解决、去做。比如说，虽然电子计算机最初出现时跟我们力学没有什么关系，但是，到了后来，就有越来越大的关系。

我最近这几年和我大儿子合作研究的柔性电子，就是电子工业里面的力学问题。现在的电子芯片是用硅做的，很脆，它既不能伸展也不能弯还很容易坏，这就限制了它的用途。芯片一坏就会导致它失去整个功能，那么我们就可以利用一些力学的原理，使得这个电子元件变成柔性的，可以伸展的。我这只不过是举个例子。不断扩大我们力学的应用范围，应用在不同的领域，这是我所愿意做的。我有的同事，一辈子做一个问题，也做得很好，当然这也是他们的喜爱，所以能做出成绩嘛。但是我愿意多做几个领域，往往几十年前我研究过的那个领域一些方法手段，在以后新的领域，对我很有帮助。这个也许是人们鼓励学科综合、跨学科研究的原因吧。当然他们所说跨学科研究是指不同的学科，而我的研究从根本说来，没改变学科，还是一个统一的整体，只不过是在这个学科的不同领域从事工作，这对后边的工作是很有帮助的。

管：那您作为清华的学子，从学生这个角度，您眼中的清华是个什么样子呢？

黄：我眼中的清华，目前还有许多需要改善的地方。这里应该是一个人才辈出，有很多大师，有一个非常好的学术环境、学术气氛很浓的大学。这个学术环境很重要啊！你们听说过钱学森吗？钱学森先生他就很注意这个环境。他在美国的第一年，就读于美国的大学之一——麻省理工。他说他自己只用了一年，比较不费劲就拿了一个硕士学位，而且成绩非常好。但他觉得待在那，没多大意思，他就换了一个地方。第二年，他就换到加州理工去了，加州理工是一个比较小型的学校，学生数目也少，不像麻省理工那么大，不过它是一个小而精的学校，有很多有名的老师。他就说自己喜欢加州理工这个学校，因为这个学校里的学术环境好，那里的学生敢想，敢想别人不敢想的。在加州理工学院那个环境学习，对发展他的创新能力很有帮助。所以我就希望清华今后的一百年能够在这方面更上一层楼，营造一个更利于学术的环境，要能够更好地解决钱学森之问。

旅俄历程

融：黄教授。您在清华读研之后，在1955年被派到莫斯科大学去学习了。我想那里应该是一个完全不同的生活氛围。那么您能讲讲您在莫斯科大学的求学经历吗？或者是您能把莫斯科大学和清华大学对比一下，两所大学在学术氛围上有什么不同呢？

黄：莫斯科大学有很好的学习环境，它在苏联，或者说在国际上，是一个很有名的大学。它那里力学跟数学在一个系，内分为两个专业，一个力学专业，一个数学专业。所以在苏联，力学学科是跟数学学科共同发展的，应该说联系很密切。当然它们跟工程也很有联系，因为力学主要是用在工程里边的。

在我看来，莫斯科大学最好的一点，就是它的学术氛围非常浓厚。在莫斯科大学，每个老师都和自己的学生有个每周一次的讨论班。老师和学生联合、共同讨论，有自己的方向、自己的特色。这里的学生主要指的是研究生，不过，高年级的本科生也会参加。这种学术讨论班，主要任务有两个：一个是提高科研水平，另一个是提高教学水平，通过讨论班，帮助年轻的师生们熟悉国际上的最新动态。因为各个老师的兴趣不同，专业方向也不同，所以每个老师有自己的讨论班。他和他的学生在这个讨论班里共同学习，有的时候是老师作报告，有的时候学生作报告。这样的话，他们师生相互之间接触得很密切，具有很大的启发性。有时候平常书本上学不着的知识，往往在这个讨论班上，能够经过更密切的、更深入的讨论而被掌握。有的时候甚至于碰撞，那么就可以使知识学得更巩固。科研和教学水平都相应提高，每个教研组有自己的讨论班，他们一个系分很多教研组，相当于我们现在的研究所。一个研究所也就是一二十个研究生或者二三十个研究生，七八个教授吧，研究生也有大有小。他们那儿，应该说是大师很多，因为很多人被选为院士以后，或者是出名以后，往往都愿意到莫斯科大学来。其中，有很多外地的学校，也有很多著名的学者，成名了以后被聘到莫斯科大学来的。所以应该说是大师云集嘛，学术氛围很浓厚。

另外，老师的要求也很严，所以我在莫斯科大学的那几年，使我日后的学习和研究都受到他们那个很严格的学派的影响，这对我以后的研究工作是很有益处的。所以我们现在也还有这些不同形式的讨论班，虽然我们没有全系的，但是我们研究所有每周一次的讨论班，而且我们一些分组也有不定期的。据我所知，这是一个很有效的、开放性的学术活动。钱学森在（20世纪）50年代做中国力学学会的第一届的理事长，后来由于"文革"期间，所有学术活动都停止了，直到70年代后期80年代初期，才恢复了这些学会的活动。他作为第一任的理事长，在推选下届理事长时有过一次讲话，其中有一段就是讲他在加州理工学院一天的活动，从早上起床，到晚上睡觉的全天活动。其中，很重要的一部分就是参加不止一个，甚至天天有的学术讨论班。关于他讲的这段话，我曾经在我们系今年百年校庆的一个缅怀钱学森的活动中，回忆了他所讲的他一天的生活。这是我事后追记的一个发言稿，你们可以看看（黄教授将他追记的发言稿提供给我们），这里面就是讲他某一天的学术活动，就是他在加州理工学院的喷气研究室担任研究室的主任时，一天的学术活动。

爱国奉献

孟：黄教授，经过在莫斯科大学三年的努力学习，校方和导师批准了您进行博士学位论文答辩，如果您通过这次答辩的话，那您就是当时全国第二个获得苏联博士的中国留学生。但是国家的一声召唤，您就放弃了这个唾手可得的荣誉，选择毅然回国，而且当时您也没有告诉国内的夫人。那当时究竟是什么原因促使您作出这样的决定，这个在常人看来不太能理解的决定。

陈：是时代发生变化了。在当时那个年代，这个想法是非常好理解的。

黄：对，就是时代不一样，人们认识也就不一样。当时，我们认为学位是资产阶级法权的一种，学位制度是到（20世纪）80年代初才开始受到社会重视的。但我那时仍然很重视这个学位，因为我知道苏联博士的分量。当年，全世界这样高层次的博士学位只有两个国家实行颁发，一个是法国国家博士，中国当初获得法国国家博士的有好几位。另一个就是苏联博士，这两种博士学位在学术上都是极其受人尊敬的。所以我很向往，也对于自己能有被评为苏联博士的资格而感到高兴。

不过那是一个革命的年代，个人能够服从组织、贡献自己、服务祖国是非常重要的，这是一个基本的要求。而且清华是我的第二母校，她想要在全国工科大学建立第一个力学系，学科创建需要我，那我就必须回来。但当时清华缺乏师资，因而不得不从各个工程系里念完二年级的学生中选拔优秀学生来当老师（这些人里面很多是我的学生）。这些学生有时还要教授连自己都还没学过、或稍微学过还没学扎实的课程。在如此困难的情况下，我们几个年长一点、经验能力更丰富一些的教师就需要辅导、帮助他们，然后与其中能力突出的学生共同创办了清华的力学系。这个任务虽艰巨，但十分光荣。

追求卓越

管：那您在莫斯科大学学习时遇到过什么困难吗？诸如语言障碍、对周围环境不适应、跟同学之间交流不畅之类？

黄：一开始确实有些困难。别人出国都会到语言学院学一年，而我们只是在清华跟着一个教俄语的中国老师，还有一个俄国人学习，他们与我们进行对话，就这么强化训练了三个月，我们就出国去了。出国之后，基本对话还是没有问题的，但听课或听别人讨论时，起初就有一点难，后来慢慢地也就好了。解放以后，我们国内很多地方都在向苏联学习，清华当时也特别为全体教师开办了俄语速成班，从最初的 33 个字母开始教起。读完速成班之后，我们就差不多可以念用俄语写的专业书籍了。

融：黄教授，我们知道您从莫斯科回来后就参与创办了清华的力学系。而这之后，就遭遇了十年"文革"。当时白天搞运动，但到了晚上您还是继续偷偷地学习，自学了日语、法语，还读了不少经典著作。当时既面临新学科的创建，又面临"文革"困境，您的学习热情是从哪儿来的呢？是什么支持着您持之以恒地学习呢？

黄：首先，是我对自己的工作感兴趣、有热情。在工作中，我能收获快乐。我觉得这是成功的一个重要因素。光凭一种需要或一种觉悟去做，这固然很好，但恐怕很难长久。我觉得，更重要的是一个人要真心地热爱他所从事的职业或学习的专业。无论是从一开始就很喜欢还是逐渐喜欢上，这都很好。只有在喜欢之后，他才会因此而充满学习、工作的动力。你们记得陈景润吗？他是一个数学家，他很迷恋数学，所以甚至会一边走路一边想问题，结果脑袋撞到树上。我记得我也有类似的感受，有时躺在床上，半夜一醒，就开始想那些我还没有解决的问题。其实，对于学习、工作而言，责任感、毅力都很重要，但缺少了兴趣与热情，就一定做不好事情。所以，我希望我们的大学生们都要培养自己对所学专业的兴趣，如果你的确十分不爱好你现在这行，那宁可转专业，或许换一个你喜欢的专业，你就可以基于对它的爱而做得很好。

孟：黄教授，在"文革"结束之后，您和您的同事们决意要补回因"文革"而落下的工作。那时，您已经年近五十了。平日，您经常和很多青年教师一同工作；在力学系开办的讨论班里，您也会和很多青年学者或学生们进行讨论。您觉得，在与年龄相差比较大的年轻人交流时，您有什么收获吗？

黄："文革"结束时，不但我们年长一些的老师觉得自己落后了，连年轻老师也有相似的感受，觉得看新的研究文章时有些地方都看不懂了，所以我们的压力都很大。当时的讨论班和现在的性质还有所不同，现在的讨论班大多是在总结经验、介绍成果，而那时我们参加讨论班，其实也就相当于在补一门新课，我们共同学习，相互切磋，大家都获益匪浅。我们这些年纪大一些的，底子比他们厚，我学了些新东西之后就给他们开课，不仅自己巩固刚学的知识，同时也传授给他们；大家也会提出一些我之前没考虑过的问题，总体来说就是互相帮助。我有一个学生叫姚振汉，他听了我的课之后去德国，开始是访问学者，后来就获得了一个博士学位。他说，他从我的课里学到的东西对他取得博士学位十分有帮助。我们每一个人都很有积极性，都愿意进步，愿意把过去失去的十年再追回来。

我还记得，当时我们研究的课题里有很多新的领域，其中有一个叫断裂力学。断裂力学刚兴起不久，而它兴起的那十年正好就是"文革"十年，也就是说我们的起步比其他国家晚了十年。但后来，通过努力我们很快就追上来了。我们的专业是固体力学，我们清华固体专业好几次都在全国评估里被评为第一。这个评估，是对有博士点的学校进行打分，我们清华固体力学不是99分就是100分，而第二名通常就只有八十多分。所以说，我们取得的进步还是很大的。

但归根结底，还是国家的政策好，国家鼓励我们多钻研，而不把这个看成个人的追名逐利，也不压制我们，我们不必像"文革"时那样躲着念书了，我们知识分子迎来了自己的春天。

厚德载物

管：黄教授，您为国家培养了一批又一批人才，但也正如刚刚所说，现在时代不同了，有"长江后浪推前浪"之势，您在这其中会不会感到有些压力呢？

黄：多少还是会有的。开始所有的研究项目都是我负责，经费也是以我的名义拿到的，然后大家再一起努力。后来，我的年纪逐渐大了，项目也减少了，不能再当项目负责人了。这样一来，我的同事们、学生们就承担起了之前属于我的责任。这本身是一件好事，但我也曾有过一些失落吧。不过这些很快就过去了，因为正像你所说的"长江后浪推前浪"，这是不变的真理。所以我也十分乐意我的学生接替并超过我，后继有人本是国家兴旺的标志。现在我虽是超龄工作，我却非常满意目前的状态，我有更多的时间研究我喜欢的工作，带我的研究生。我不但能够紧跟国际上新的研究方向，每年还出不少高质量的文章。我很感谢党和国家都没有忘记我，我进入80岁以来，还每年能得一个学术大奖。

陈：黄教授在学校里很有威信，其中最重要的一点就是他重视培养学生，把自己的所有都无保留地给了学生。他的学生几乎没有人反对他，年轻人们都特别信任他。大家都觉得他能把一个团队建得这么好，正是因为他的无私奉献。他没有那么多要求，就是按照自己的兴趣，就只是高高兴兴地做好一门学问。现在院系里有什么大事，大伙儿还是会先来找他商量的。

孟：嗯。正因为如此，黄教授才如此德高望重啊。对了，黄教授，您从海外引进了许多有能力的老师，他们有的原来就是您的学生。我们刚才也提到了，如今时代不同了，现今我们本科生中有许多想要出国，觉得国外的学习条件、生活条件都要更好一些。那您认为，我们该如何处理报效祖国和出国留洋之间的关系呢？

黄：的确，从我们院系里出来的学生，在以前，多数人选择了出国，而且出去之后一直在国外发展的占较大的比例。

陈：在改革开放初期是这样，因为"文革"让大家有些后怕，怕没法念书，怕受批判，所以出去了就不再回来了。但现在不一样了，出国的人里很多人都回来了。

黄：是啊，后来情况就逐渐变化了。最近这10年，在我们院系学习的学生，我往往主动介绍他们到国外去，学得特别好的我还会推荐给我儿子，我儿子现在是西北大学的讲座教授。经过了几年深造，学成归来的人数比例占出国人数的一大半。如今，国内有合适的职位，能招到优秀的学生，也能够充分给予做研究的空间。在国外，我们的学生往往是受雇于人，而回来之后他们可以获得更好的发展。

为祖国健康工作五十年

融：聊了这么久的学术与研究，接下来我们想和黄老谈谈您的体育锻炼历程。您首先是开始长跑，随后又练太极拳、游泳，再就是现在的网球。我们从照片中也看到了，您一直坚持锻炼身体。我们想要知道，是什么力量让您一直坚持这么做呢？

黄：一方面，这当然是为了自己的身体。没有良好的身体，我就无法全身心地投入工作中去啊，我就不能坚持到现在84岁还能全负荷地工作。另一方面，也是为了蒋南翔校长的号召，"为祖国健康工作五十年"。如今我已经健康工作60年了，完成了蒋校长的要求。

说到我坚持运动的秘方，我想就是毅力加兴趣。跑步首要的还是凭毅力，因为我对跑步没多大兴趣，感到一个人跑步很寂寞。所以我一边跑步一边还戴着耳机学日语。我有个学生，他有一次看见我戴耳机边跑步，边学外语，就很受感动，或许我对他起到了一个激励作用吧。

从四十岁开始锻炼一直到现在，连刮风、下小雨，我都坚持。每天听天气预报，我最关心的就是明天早晨究竟下不下雨，后来，锻炼身体就慢慢成为习惯了。我70岁的时候开始学游泳，因为打太极拳总是不能让我出汗……

陈：他最长的距离就能游泳池这头游到那头，还是横的不是竖的，哈哈哈……

黄：那时我还去参加游泳班……

陈：那是一条清华风景线啊。参加游泳班的都是五六岁的小孩，他也去和小孩站在一起。人家爸爸妈妈都来看了，怎么还有个老学生，70多岁的老头子……他也不怕难为情。

黄：所以那年有个奇闻就是，游泳班里面来了个70多岁的老头……后来我发现游泳场地给老人安排的时间对我不合适，它会影响我上午的工作。所以我就开始学网球……

陈：我们打网球也同样是因为有兴趣、有热情。现在我们这些老人们都组成了非常好的团体，老头、老太太一起打球，一面聊天一面打，彼此都很关心。我们经常聚会、出去玩，我们都打心眼里愿意参加这样的团队活动，没有压力。

百年愿景

管：说到这里，我们想谈谈今年清华的百年校庆了。现在我们都在强调清华要努力成为世界一流大学，关于这个目标，您有一些怎样的想法？具体些来说，您对清华的现状以及它为自己设定的这个目标有什么想法吗？

黄：清华还需要继续努力。当年，我还在中正大学的时候，有一批从西南联大辞职的赣籍教师回到江西，到新建立的中正大学来教书。我们有很多基础课都是他们教的，教得很好，很注重培养基本功，至今大学时期打下的基本功都让我受益匪浅。而现在，我们系的大学生基本功不见得比我那个时候更好。我觉得我们的教学还应该更注重基本功的夯实。

融：可能是现如今整体风气比较浮躁的缘故吧。我是记得您好像给同济大学题过词，就是"积跬步成千里"。

黄：对。培养人才我们更要着重培养学生的基本功。另外，清华还需要解决钱学森之问。我们要培养出大师，清华应该大师云集，这样才算一流。现在我们离这个目标还有差距。希望在第二个百年里面，我们在这方面能够做得更好。

孟：刚才您谈了对整个清华大学的期待，那么现在您能给我们这些学生一些建议与寄语吗？

黄：当年，毛主席访问莫斯科大学，他在莫斯科大学礼堂作演讲，那时我大概还不到三十岁。我因为找不到座位，于是就坐在前排的地下。就是那次演讲，我亲耳听见主席说："你们是八九点钟的太阳。"现在，你们就是主席所说的"八九点钟的太阳"。在这么好的时代，有这么好的政策，只要你们自己肯努力，一定会前程远大。

管、孟、融：谢谢您。我们会好好努力的。谢谢您接受我们的采访。

黄克智

感想体会：

去黄教授家采访的那天，阳光明媚，天气非常好。我们一行三人一进到黄教授家里，便深深感受到他家中布置的整洁朴素，干净优雅。黄教授夫妇非常和蔼亲切，还早就为我们准备了水果点心。我们坐在黄教授和陈阿姨身边，开始进行非常愉快的采访。

黄教授虽然年事已高，但是说话时候的清晰程度、语气力度，他的记忆力，完全不亚于很多年轻人。说起从前的日子，他总是非常怀念的，脸上也带着微笑。并且他在字里行间透露出对学习的无限热情，正是这种热情支撑着他在"文革"期间没有中断学习。在改革开放后，又在力学的许多研究领域不断地前进。

最让我们感动的，是黄教授的"厚德载物"。他放弃莫斯科大学的博士学位，毅然回国，帮助建设力学系，摸着石头过河，开创了一条新路；他注重提携后辈，培养了我国几代力学人才，他不愧为一位"伯乐"，为我国力学的长远发展作出了卓越贡献。

工作中的黄教授

黄教授每天坚持打网球

现在他已经80多岁了，但是仍旧坚持锻炼，从最先开始的跑步，到后来的游泳，再到后来的太极拳，现在的网球，黄老用实际行动践行了"为祖国健康工作五十年"的口号。黄老身上有太多值得我们学习的地方了，他在采访中也表达出对清华学子们的殷切期望，我们正处在青春的大好年华，国家也正值飞速发展的阶段，更应该好好把握时间，努力地学习。

清华工作六十年

——清华大学原党委书记方惠坚教授访谈

访谈时间：2013 年 3 月 21 日下午 4 点
访谈地点：清华大学公共管理学院 308 室
被访者：方惠坚教授
访谈者：欧媚、鞠颖佳
整理者：欧媚（新闻 01）

方惠坚教授，1955 年毕业于清华大学土木工程系，长期担任清华大学领导工作，曾任清华大学教务长、常务副校长和党委书记等重要职务，曾任 21 世纪发展研究院院长、清华大学校务委员会副主任。曾当选为第八届全国人大代表、中共十四大代表。1995 年被评为全国教育系统劳动模范和北京市优秀基层党委书记。参与制定《清华大学"211 工程"整体规划》，出版《蒋南翔传》《清华工作五十年》等著作，为清华的发展作出了重要贡献。

北京的三月是雾霾加风沙的三月，但在我们采访方惠坚老师的下午阳光突然明亮起来。暖暖的阳光从窗户洒进来，斑斑驳驳地落在地上，方老师早已在办公室等着我们。联系方老师访谈时，本还怀着忐忑的心情，但是方老师热情地答应了，让我们心安了不少。下午两个小时的访谈，方老师侃侃而谈，将我们带入他所经历的清华岁月。那些在我们看来是遥远历史的东西在方老师的口述下都变成了鲜活的细节。我们想，这就是口述史的意义。

"到农村去，是对我最开始的启蒙教育"

欧媚（以下简称"欧"）：方老师，您能谈一谈您刚入学时的情况吗？

方惠坚（以下简称"方"）：我是 1950 年入学的。当时是乘坐一辆卡车进入清华园。一到善斋，土木系的高年级同学就迎上来了，帮助我们新生安排住宿，我就开始了在清华的学习、工作和生活。

1949 年新中国成立，所以开国大典我没有赶上，但是我作为一年级的学生参加了建国一周年在天安门广场的游行。最后一直到"文化大革命"前每年两次的游行我都参加了，"五一"一次，"十一"一次。到后期我是参加一些组织工作，不仅是作为学生参加游行了。

我们入学以后教我们的老师都是资深教授、副教授，水平很高。那个年代科研任务不是很多，教授、副教授们的主要任务是教书。那时教我们高等数学微积分的是郑桐荪先生，他是早期算学系的系主任，很老资格的，是陈省身的岳父。后来聘请陈省身为清华荣誉教授，我接待了他们夫妇。我说郑先生教过我的微积分课，陈夫人听了觉得很亲切，她说我送你一本书，纪念郑桐荪先生一百周年诞辰的一本书。我拿到书一看，一个数学公式都没有，全是他写的诗词。这就说明那时候我们理工科老师的文学修养很高，这就体现了清华的一个培养人的传统：中西融会、古今贯通、文理荟萃。

欧：1950 年，您恰好赶上抗美援朝了吧？

方：是，我当时是一年级学生。我们跟着高年级学生开座谈会受教育，跟着他们去农村。先是去清河，那时清河还都是农田。后来去了门头沟，在北京是远郊了。我们就在那儿向农民讲形势。到农村去最重要的是受到一次启蒙教育。我是从天津那样的大城市来的，不太了解中国农村的情况，一直都是念书上学。到了农村以后发现农民生活很苦。我们是 11 月份去的，11 月份是秋收刚刚结束的时候，粮食是比较丰富的。我们是吃"派饭"，不是现在住招待所，几个同学一起住在老乡家里，老乡做饭给我们吃，他们吃什么我们就吃什么。当时吃的是玉米面的粥，拿一点白薯，这就是一顿饭。我当时就想，11 月份就得靠这个来维持生活啊。我们当然在那待的时间不长，几天就回来了，但是他们要待一辈子。这对我的教育很大，我觉得中国的农民确实是很困难，我们应该学好了以后为他们做些事情。回学校以后，动员大学生参军参干，支援抗美援朝，我也报名了。当时全校有 1500 名同学报名，国家考虑到建设的需要，只批准了几十名同学参军。这些对我来说都是一种最开始的启蒙教育，懂得一些事情。后来，慢慢参加一些社会活动，在班上、团支部、学生会做些工作。

"我大部分时间都是'双肩挑'，做一些管理工作，还做一些业务工作"

欧：1953 年蒋南翔校长建立政治辅导员制度，您是第一批政治辅导员吧？

方：蒋南翔校长是 1952 年年底来的清华，1953 年年初他提出设立政治辅导员制度，从高年级选拔一些学习成绩好思想政治素质过硬的党员同学做辅导员，负责低年级的工作。我们当时说是高年级，其实是三年级，因为我们这届是 1950 年入学的，按照四年制的话应该是 1954 年毕业，但是我们这一届和我们的上一届 1949 年入学的按照全国统一规定都改成了三年制，提前一年毕业。因为 1953 年正好是第一个五年计划开始，抗美援朝也快结束了，所以国家要进入大规模的经济建设阶段。

我也准备好要毕业了，还有不到半年的时间，组织告诉我说需要我来担任土木系辅导员的工作。我们当时都很单纯，国家需要组织需要我们就服从安排，让我担任辅导员是对我的信任，所以我就做了辅导员。当时就不能正常毕业了，因为按照要求辅导员是要"半脱产"的，一半时间学习，一半时间工作。当时一周工作六天，一周 48 小时，就是说 24 小时工作，24 小时学习。当然这只是一个说法，学习和工作肯定不止 24 小时。这样有些课就不能上了，我和另外一个同学留下来做辅导员延长两年毕业，和 1951 年入学四年制的一起毕业，1955 年毕业。这样我就有两个班级，1953 年毕业的班级今年要筹备毕业 60 周年聚会，两年以后 1955 年的聚会我又要去参加了。

当时我们系里对我因材施教，单独为我制订了学习计划。当时苏联一个专家叫捷列文斯柯夫，来教钢结构这门课。这门课是开给全国所有搞这个学科的老师们的，来听课的还有几个研究生，其实是年轻的教师。学校特别批准我这个本科学生去听这个课。这就决定了我自己今后的专业是钢结构。因为我听这个专家的课听了两年，别人一般只是听一个学期或者两个学期。因为这个课是讲给老师听的，所以我听了两年。我毕业以后和老师们整理这个专家的讲义，还出了书。学校就是这样，对我们工作上有要求，思想上有要求，业务上有要求。所以我大部分时间是"双肩挑"，做一些管理工作，还做一些业务工作。当然，跟其他老师来比，我做的管理工作更多一点。后来 50 多岁以后我主要是做管理工作，业务工作参与的就很少了。在这过程中，我一直参与了学校培养学生的工作。

欧：您也当过班主任，有什么印象深刻的事情吗？

方：我那时候主要是为了跟班级加强联系，工作做得更深入一些，在我担任校团委副书记期间，我要求兼做一个班的班主任。我记得我那时候住在十五宿舍，明斋后面那个筒子楼里面，学生住在二号楼。他们吃饭就在现在的观畴园，那时候是平房，几个饭厅。所以学生有时候吃过饭了，就到家里来找我，有什么事就跟我说一说，很方便的，这样我对同学的情况也比较了解。我那个班二十几个不到三十个同学，我都非常了解，包括我介绍他们入党，到现在我还跟好些个同学保持着非常密切的联系。后来一个同学也做辅导员了，现在在福建，平时电话、E-mail 联系，前些日子还到学校来了，我们也见了面。

我印象比较深的两个少数民族同学，一个是哈萨克族的女同学，一个是维吾尔族的男同学。他们因为语言的关系，学习比较困难。当然老师和同学们都很帮助他们，虽然谈不上成绩十分优秀，但还是可以跟得上。毕业以后，两人都回到新疆去工作了，当然也是毕业分配的。女同学到新疆以后没有干土木，当时"文化革命"都是下乡劳动，过了一段她到县里面做妇女工作，再到县里面做领导，到最后的职务是新疆维吾尔自治区人民检察院的副检察长。现在也退休了，大概 70 岁了吧。我们现在保持着密切的联系，每次我到新疆去出差开会我们都会见一面。最近一次是去年7月份，我们校友会在那边举行一个活动，叫我去，我去了。他们组织去吐鲁番，吐鲁番我已经去过好多次了，我说我不去了。后来我约了她，她带着她的儿子一块到宾馆来看我，我们聊了五六个小时。从上午她来，我们一起吃饭，吃了饭下午又聊了一会儿。原来很多情况我都了解得不细，那天了解了很多细致的情况。那个男同学回去了之后去了新疆工学院，后来合并到新疆大学。他做了一件事情我非常吃惊：因为是学土木的，他就编了一本维汉建筑词典。你汉族同学学得再好，你也编不了，不懂维吾尔语。他就利用了他的专长，既懂维吾尔语又懂汉语，而且还是学土木的。他也送了我一本，当然我看不懂，但我拿到手里面真的很感动。

那两个同学当时学习真的很困难，语言上有障碍。那个女同学是我介绍入党的，她多次跟我说：从当时的学习情况来讲，我不可能是班上同学走在前面的，但是学校很照顾我们。我有很深的体会，新疆那年发生了七五事件，我就相信她那样的人绝对不会做与中央对抗的事情，而是会带着周围的人支持中央。她对党中央，对我们的学校感情是非常深的，我经常用他们两个的例子给我们的团委和统战部的同志说我们培养少数民族同学的意义。我跟这个班的同学感情很深厚，逢五逢十他们聚会的时候都会叫我去参加，原来班上的班长，一个女同学，每到节假日都还打电话来问候我。

"有人说我看着不像80岁的人，我说我可能跟学生接触比较多"

欧：您从（20世纪）50年代就开始做学生工作，到现在也还和学生打交道，有什么感想呢？学生这么多年有什么样的变化呢？

方：我1953年做辅导员，1958年就调到团委工作了，我在团委工作8年，是我在清华同一岗位上工作时间最长的。我党委书记干了7年，还不到8年。团委副书记我从1958年做到1966年"文革"，如果不算"打倒"的话，恐怕不止8年。"文革"期间也做过一段团委副书记，后来又让我做学生工作，当时叫政治部学生组，我做组长。粉碎"四人帮"以后，针对当时在校学生中党员人数占多数的情况，再由团委负责学生面上的工作已经不合适。我提出建立学生部，我说学校应该有一个专门管理学生的部门。当时胡启立在学校工作，他建议成立群众工作部，我说学校的群众无非教职工和学生，教职工有工会管，但是学生要加强管理，所以就成立了学生部，我做了首任部长。后来我回到系里，任土木系党委书记，工作还是跟学生有很多关系。后来建研究生院，我参与筹建，并负责研究生的思想工作，所以我一辈子都在做学生工作，到现在也是这样。我现在还在为同学们讲党课，跟学生之间的来往还是很多的。我自己感觉着看到我们的同学在成长，我就非常高兴。

有人说我看着不像80岁，我说我可能跟学生接触比较多。现在我对于同学们找我的事情是来者不拒的，你打个电话给我，我就答应你了。那天我讲党课讲完了，三个同学上来找我，说他们是党课小组长，约我谈一次有关"六四"的事情，我说好，你们定好时间地点给我打电话就行。就在你们来之前，那个同学还打电话给我定好了时间地点。

我知道我现在的一些说法，一些语言风格，跟同学们之间的差别是大了一些，因为从我的年龄来讲，是两代人的差距。我是结婚比较晚的，我的孩子结婚生孩子也比较晚，我的孙子也已经十六岁了，所以现在的一年级学生的祖父祖母也不见得比我大。尽管我讲的话大家不一定赞同，但是我跟同学在一起很高兴。至少我从一点来看，学生部的这个党课已经连续多少年了，一直找我去上，这个党课本身就是我提出来实行的，包括大一新生党员入学教育也都是我去讲，至少说明我讲的东西大家都还能听得进去嘛，所以我也很愿意跟大家接触。

我自己感觉，很多学生作出成绩之后，倒不是说职位有多高，我作为一个教育工作者，看到我们的学生们，能够为国家作出一些贡献，得到一些称赞，我觉得就是对教育工作者的最高奖赏，比其他的都重要，对我们个人有什么意义？没什么太大意义。看到我们的学生作出贡献，清华的声誉不断地提高，我看到一些电视里头说你孩子将来要上清华，我就觉得很欣慰，这是社会对清华的一种期望吧。我自己这一生在这里工作了一辈子，看到学校的发展还是很高兴的。

当然，学校的发展还是会面临新的矛盾和新的问题，竞争也是更激烈了。今年教育部新的学科排名，清华 14 个学科排名第一，但已经不是最多的了，北大 16 个，当然它文科多一些。我们有些学科下滑了，原来第一的现在已经不是第一了，这样的话从学校办学来讲面临很多困难。当然学科排名不是最重要的，最重要是为国家培养有用的人才。学生现在多元化的思想，再加上媒体的影响，现在要把学生真正培养成有很高思想境界的人也是有很多困难的，学校也是努力在做。现在到地方上到基层去工作的同学还是不少的，清华和好几个省都搞了选调生制度，我觉得这个是很好的。从我自身来讲，我的启蒙教育是到农村去，看到农村的困难，当然现在农村生活不像原来那样吃白薯了，但是困难和矛盾还是很多的，需要去解决。我们的学生如果能够在这方面得到锻炼，将来无论从事什么工作都是有好处的。包括习近平，现在大家报道他的情况的时候，就要说到他曾经在大队当过党支部书记好几年，这样他就比较了解下情。当然每个人不一样，有的人从事科学研究，需要从技术上往前走。总的来讲我们还是面临很多矛盾的，但是在前一百年的基础上，第二个百年希望学校走得更好。

"培养人才总体目标是'又红又专，全面发展'，但不是对每一个人都是同一个要求"

欧：在您看来，百年清华口述史为什么会培养出这么多优秀的人才？

方：清华有一个很重要的特点就是"第二课堂"，同学们都参加一些社会工作，在班级、在系会、校团委，当然也有一些社团组织，现在则更多了。这些组织我觉得，一是培养了服务精神，再一个是锻炼工作能力，还有一条是实践民主集中制。你参加这些组织，做了这些工作以后，慢慢锻炼出来，开始可能只是一个班级，后来是一个院系，再后来可能是一个学校的事情，就是这么成长起来的。

为什么清华的学生出去后获得评价都很高，一是本来素质就很高，是从全国各地选拔出来的优秀人才。再一个是在学校受到的锻炼，当然每个人受到锻炼有多有少。这是从政治思想品德方面来说，再一个是业务即第一课堂。现在回过头看，我的老师都是德高望重的老师，本身的知识都是很丰富的，跟我讲结构力学那门课的老师杨式德，整个讲课过程中没有一句多余的话，你把他讲课的内容记下来就是一本书，板书也是很工整的，我觉得这些都是一种熏陶。

还有一个是学校学风非常好。你看清华晚自习从来没有规定什么时候上晚自习，几点到，还要点名。一到五点半同学们都去吃饭了，六点自行车全往南边跑，教室图书馆实验室计算机房同学们都去了。有一次教育部在清华开全国重点大学教务处长的会，各高校的教务处长说我们要了解清华学生上自习的情况怎么样，他们几十个教务处长就各自分了工，跑到教室去数人数，最后加起来，拿学生人数一除，93%的人都在上自习。我举这个例子就是想说明我们学校的学风很好，在这样的熏陶下，出去以后他就会养成一个认真学习的习惯。所以清华学生尽管所从事的工作不一定是大学时学的专业，但是都成为比较优秀的人才。

虽然我们培养人才的总体目标是"又红又专，全面发展"，但不是对每一个人都是同一个要求，还有一个因材施教，殊途同归，发挥每一个人的特长，就是"三个代表队"。

一个叫"业务代表队"，或者叫"科学登山队"，学校对他们采取了因材施教。"文革"前清华人数就已经超过万人，那时只有北大和清华两所学校过万。从一万名学生中选几位成绩特别突出的学生，由教务处单独为他们制订教学计划，选择导师指导他们，包括图书馆给他们创造条件，让他们学得更好。这些全校挑选的学生叫"万字号"学生，系里面重点学生叫"千字号"学生，现在看来这些还是很有效果的，出了一些优秀人才。

还有一个代表队叫作"政治代表队"，就是我们平时说的政治辅导员。2003年的时候统计过近3000人做过政治辅导员，今年60周年也要统计。

还有一个叫"文艺体育代表队"。当时1958、1959年"大跃进"，学生文艺活动也比较多。一方面这些学生跟普通学生一样要上那么多的课，做那么多的作业，班上政治活动也多，同时还要参加合唱、排练演出、参加比赛等等，负担特别重。怎么样解决这个问题，当时提出一个好办法，把其中的骨干，文艺代表团的100人，体育代表团的100人，抽出来，把他们集中住宿，不参加班级的政治活动。课当然要上。比如篮球队编一个团支部，排球队编一个团支部，这样政治活动他们自己搞，锻炼自己搞，这样跟班级形成两个集体。这就是清华"两个集体"的形成，一方面有班级学习的集体，另一方面有这个文化体育活动的集体。到现在也维持50多年了。这个集体，年级不一样，院系也不一样，这样一个集体学生的思想更加活跃，接触的面更宽。

我现在总结，"两个集体"里面更多出了一些人才。因为这样的学生在学好自己功课的同时，又多了一份专长，在这些活动中间又发挥了很好作用，得到了更多的锻炼。我举两个例子，一个学生叫蓬铁权的，他是机械系的学生。1959年，当时全国举行马拉松比赛，他和一些同学参加了，打破了当时的全国纪录，被授予了运动健将的称号。研究生毕业后被分配到东北哈尔滨量具刃具厂，是苏联援助的一家很大的厂。他从技术员、工程师，慢慢做到厂长。因为自己有这个长跑的爱好，他组织全厂职工在哈尔滨市内进行长跑活动。当时轰动很大，报纸用"研究生，运动健将，企业家"来报道他全面发展。我记得是 2006 年或是2007 年的校庆，他还在综合体育馆举办了自己的摄影、绘画展，我还去看了。他的妻子也是清华体育代表队的，两个孩子也考到清华来，也是代表队的。还有一个你们更加熟悉的是胡锦涛，他不是在水利系做的辅导员，而是在他们舞蹈队做的辅导员，功课也很好，除了一门课是四分，其他都是五分。他们这些人正是因为"两个集体"都要处理好，功课要学好，锻炼是非常多的，队务工作也要做好。

"学校的发展过程我是亲身经历的，看着她一点一点地发展起来，是很有感情的"

欧：您一辈子都奉献给清华了，清华对您来说有什么样的意义？

方：我是学土木的，学校的建设很多我们是参加的。1952 年院系调整，北大燕京工学院调进来，清华文理科调出去。学校发展很快，盖了很多房子。现在你能看到的，最破破烂烂的是照澜院，照澜院东北角一片平房，现在路给堵了，不让走了，都是当时盖的，当时只说用 10 年、15 年，现在都已经 60 年了，还用着。以后我又在领导岗位上工作，参加学校规划，可以说 20 世纪几乎每一栋房子我都知道大概什么时候盖的，做什么用的，最近几年新盖的房子我没有去过，比如东边化工系电子系的楼。总的来讲，学校的发展过程我是亲身经历的，看着她一点一点地发展起来，是很有感情的。

清华的发展本身有很多有利的条件，这和当时两个因素有关。一个是蒋南翔校长，他比较高瞻远瞩，他把铁路搬家。铁路东移了 800 米以后，为我们整个校园的发展创造了条件。再一个是当时的北京市委书记彭真同志，第二书记叫刘仁，副市长叫万里，他们几位领导对学校发展给了预留地。你们现在住在紫荆公寓，原来叫大石桥，都是农村，清华科技园那块地也是农村，当时在北京市的规划图上就写着清华发展预留地，南边北边都有。所以不允许其他单位盖房子，还是保留农村。这样的好处是，清华要用地的时候，征过来，农村用地就好办了，给补偿就行。如果那地已经盖了很多高楼，那就很难了，即使政府同意，矛盾也是很多的。

欧：现在跟清华校园面积一样大甚至更大的学校也是有的吧？

方：我们清华园本部这块地方，4566 亩，1500 亩是一个平方公里，4566 亩是 3 个平方公里，这么大的面积在全国大学很少见。我从领导岗位上退下来以后，教育部就让我去参加了很多高等学校的教学评估、院系设置的工作，全国的大学前前后后我跑了 100 所左右。原来没有一所大学有 4000 亩土地，近几年搞大学城现在有了。上海交大闵行校区，南昌大学新校区，浙江大学新校区，这些都有了。但是都是新校区，我们是老校区。我们不仅有面积，我们还有历史的文化传承。你可以说这个礼堂是哪一年建立的，你可以说这个图书馆第一期是 1919 年建的，第二期是 1931 年建的，第三期是 1991 年建的，现在马上要建第四期了，你可以讲历史。

曾经去一所新建大学我有一个印象很深，我去那儿也是搞教学评估的，他们告诉我四点半以后，校园交通车回去以后，整个校园里看不到一个老师，都是学生住在那儿上课，白天老师开着车过来了，下了课就都走了。房子倒是很漂亮，都一样的房子，很整齐，但没有文化氛围了。从这一点来讲，我们清华是得天独厚的。我就讲我们是实实在在的一所综合性大学。我去了很多学校，他们介绍自己是一所综合性大学，我就问他们，你们的文学院在哪，工学院在哪，理学院在哪，他们说不远不远，也就是六七公里。我对地理概念是很清楚的，所谓六七公里就是清华到西直门至少动物园了。你两个学院之间有什么学术活动的话，你让学生跑去听的话，恐怕比较难。我们的校园是有有利条件的。美院搬进来，你要去看看展览什么的很方便。

还有一点很重要，综合性大学除了学科设置很重要之外，学生之间的交流也很重要。你是美术学院的，他是新闻学院的，我是电机系的，大家课外交流就是一种学科的渗透。如果相聚六七公里那就不太可能了。

还有这种文化的传承也非常重要。光校友种的树，立的碑，送的凳子，我们统计过 140 多项，这实际上对学生也是一种教育，校友毕业多少年了，还惦记着学校。

我离开学校以后是不是也要为学校做点什么。很多时候不是要说话，而是一种熏陶感染。

欧：我们聊了两个小时，今天就到这里，谢谢方老师！

方：不客气，能跟同学们聊天我也很高兴，说明同学们还愿意听我讲。

感想体会：

方老师很健谈，海阔天空，一个问题可以从历史聊到现在。近两个小时的访谈，提前拟的访谈提纲几乎没有用上。也许是长期从事学校领导工作，无论谈到什么话题，方老师总是能延伸到学校的育人思想上来。方老师是清华如今很多规章制度的见证者、参与者和制定者。和方老师聊天，能够了解到清华一些制度、政策的制定背景和原因，也能感受一些制度随着时代变化也在发生着可喜或可悲的变化。

方老师今年 80 岁了，既是清华培养出来的典型的"又红又专"的人才，又是清华"又红又专"育人目标的坚定执行者和传承者。因为时代的原因，方老师的某些观点我是不赞成的，这些观点是访谈之外的聊天，并不算入访谈之中。出于尊重和礼貌，我并没有打断方老师的谈话、提出自己的不同意见，更重要的是因为我知道对于一个 80 岁的老人来说很多观念已经深深地刻在骨子里，融在血液里。方老师自己也说，或许现在的同学并不赞成他的全部观点，那没有关系。"开卷有益"，多听听不同人的想法，也是有益的。

天 工 开 物

交叉学科的开路先锋

——中国科学院院士、自动化系李衍达教授访谈

访谈时间：2012 年 4 月 19 日下午 4 点半
访谈地点：清华大学主楼 622 办公室
被访者：李衍达教授
访谈者：冯军鹤、王勤硕（人文 0）
整理者：冯军鹤（人文 0）

李衍达院士，信号处理与智能控制专家，中国科学院院士。原籍广东南海。1936 年出生于广东东莞。1959 年毕业于清华大学自动控制系，后留校任教。主要从事信号处理理论和地震勘探数据处理方法的研究。李衍达院士发表了《信号重构理论及应用》《信息世界漫游》《信息、生命与智能》等多部著作和论文，先后获得国家自然科学奖、国家教委科技进步奖、北京市科技进步奖及教学成果国家特等奖等。

　　一个阳光明媚的下午，我们有幸拜访了自动化系的李衍达教授。李爷爷非常热情地接待了我们。坐在他堆满了书却整洁有序的办公室里，我们轻松地开始了这次谈话。交谈中，李爷爷的亲切、风趣，以及他虽年过七十却仍不时显露的青春风采，都给我们留下了深刻的印象。同样地，在访谈中，他也带给了我们很多感动。作为教师，也作为一名科研工作者，李爷爷真正做到了敬业与乐业，教给了我们一种人生态度。接下来，就让我们随着李爷爷的追忆，从他

半个多世纪的人生境遇中，寻觅出我们可以借鉴于自己生命与未来的点点滴滴吧。

奋斗的青年——战火中的求学岁月

王：李院士爷爷您好。您是东莞人吧。我们想知道您的童年经历对您日后成长有什么影响。

李：我是 1936 年出生的，1937 年"七七事变"，所以我的童年基本上是在日本侵略中国的战争中度过的。当时的逃难生活比较艰苦，这个可能对我今后是有影响的。东莞是个小城镇，我在那里出生，一直上到小学三年级，所以东莞的人文环境对我影响很大。我小学四年级从东莞跟着父母去广州上学，从小城镇到了大城市，然后一直到高中毕业都在广州。1954 年我从广州的广雅中学考上了清华，以后的经历基本上都是在清华。

王：我知道您曾经很想当海军，当时报了船舶方向。

李：那是高中毕业，很有想象力，很想跑出去看看，填志愿的时候就报了大连船舶学院。但是后来老师还是让我去清华学电机，老师的影响是很大的，所以老师这么一说我又把志愿改了，就来清华了。

王：这个时期有没有一些让您记忆犹新的片段？

李：说说中学吧。我是个很安静的人，很喜欢静静坐下来读书。在中学的时候我很喜欢物理，物理老师对我也非常欣赏，他曾经花了近一节课的时间专门表扬我。因为他问了一个问题，历届的学生都答不上来，我回答对了，所以他特别高兴。我当时还特别喜欢看课外书，我差不多把我们中学图书馆里所有的物理课外书看完了，连图书馆管理员看到我都说："你不用借了，已经没有书看了。"所以看课外书是我在中学养成的一个很重要的习惯。在中学的时候我是班上的班长，工作很忙，课程也很多，当时又正赶上 1950 年广州解放，所以那个时候学习、工作、社会活动，各个方面的事情都非常之多。我又喜欢看书，为应付考试我就练就了一套学习的本领，我很善于抓住课堂的时间学习，也很善于自学，这个对我日后影响很大。在中学的时候我曾经因为动外科手术，住了一个月的医院，但是我通过自学，赶上了当时较难的几何课程，这是很不容易的。

王：当时高中都有哪些课程啊？

李：有语文、外语，也有几何、代数。

王：我听说好像当时的几何比现在难很多。

李：嗯，的确不轻松。我念的中学是个很好的学校，对我个人的影响是很大的，尤其是中学阶段慢慢形成的一套学习方法、自学方法对我后来帮助很大。

勤奋读书的好学生——难忘的清华日夜

王：您 1954 年进入清华后对清华的印象是什么？

李：清华那个时候和现在很不一样，当时我内心里也知道清华很好，但是对这个学校终究不是特别了解，而且当时清华的名声也没有现在这么大，老师要我考我也就考上了，没有现在这么难考。说到印象，我觉得清华有三个地方让我印象很深。一个是清华是个勤奋读书的好地方，而且我们那届的同学都非常努力、非常勤奋，所以这些同学毕业以后也非常有成就。我曾经在日记里写过清华最吸引我的地方就是图书馆，因为里面有那么多好书可以看。

冯：就是现在的老馆。

李：对，老馆，老图书馆。清华是勤奋读书的好地方，我在清华四五年的时间里还是认认真真读了很多书的，这个对我以后发展也起了很大作用。第二点就是清华的老师很好，我在清华也接触了不少大师级的人物，都是一些很有魅力的老师，比如我们原来的系主任钟士模先生，和我的数学老师陈德问先生、赵访熊先生，都是很有名的老师，这些老师都很有人格魅力，很吸引人，不仅是课讲得好，还有很多非常有特色的地方。我讲几个小故事给你们听听。

王、冯：好，好。

李：我们那个时候的考试是口试，和你们现在不一样，几个老师，一个主考官，考生要先抽签然后回答问题，答完后主考官再根据你做出的答案提问，一次只考一个人，每个人都要这样过关。

冯：相当于今天的面试一样。

李：对，就相当于面试。每个人要二三十分钟，和老师面对面回答问题，相当严格。那个时候我们记分制是五分制：五分满分，三分及格，两分不及格。我们同宿舍有个同学很喜欢和老师吵架，因为他常常觉得自己是对的。有一次我们两个考试，我先考他后考，我答完了老师也问了，老师最后说"你答得很好，不错，给你五分"，记分册当时就给我记分了，但是，她嘴上说的是"五"写的是"四"分，我当时又不好意思提出来，就说了句"谢谢老师"，拿了记分册然后就走了，但是心里特别郁闷。回去我就和那个同学说："真不走运，今天老师说给我五分，只给我记上四分。"结果我那个同学考完回来，也跟我发牢骚，他说："我答得不错，老师说给我五减，后来我说老师你这个题目有问题，就和老师吵起来了，结果吵得老师很恼火，她说：'既然你这些问题都不清楚，五减不给了，给你四分。'你看，这个老师，明明她不对，还给我四分。"所以那天我们都很郁闷。但是后来过了一天这个老师又想起这件事，她在课上叫我"李衍达你过来"，我就过去了。她说"把你记分册拿出来，我是不是给你写错了"，我就拿给她看，她说"果然写错了，我给你改"。就给我把分数改了。我回去和那个同学说"老师把我分数改回来了"。结果那个同学特别不服气，说"老师太偏心了，明明给你四分她给你升成五分，明明我五分她只给我四分"。

王：这是什么课啊？

李：什么课我记不得了，但是我记得是一个女老师。还有一次我们考理论力学，这是比较难的一门课。我考了以后，老师说"你答得很好，都答对了"，那天我是第一个考的，我刚要走他又想起来什么事，拿起他的茶缸，把水倒了，把空茶缸在桌上转起来，对我说："你算算茶缸的动力矩。"算茶缸的动力矩他课上从来没讲过，我当时真有点发蒙，但是我想起来有一次看课外书看过这个题，我就按照看课外书和自己的理解答题，就答对了。你看老师竟然考课本上完全没有的题。

冯：他好像是故意为难你的。

李：他就是兴之所至，随意想到就出给我算。还有一次赵访熊老师考数学，我都答完了，然后赵教授拿起我试卷当面批改："第一题，好，对，第二题……对……哎，其中一道题有点问题，答案你落了个负号……后面的题目都对，就这题你少了个负号，你得不了五分了。"

王：这么严格啊？

李：嗯，我说："老师，好啊，我同意，我没意见，但是老师能告诉我这道题错在哪里吗？"他说："那容易，我来看。"结果他看我做的步骤，看到底也没发现什么，"啊？都对，我再看一遍……"我大概是有个小疏忽他没发现，他再看一遍还是没发现，就说："哦，我都没发现，算你对了，给你五分吧。"那个时候这种事情不少，那时老师对学生影响是很大的，所以我觉得清华给我第二个印象是有很多很好的老师。

有进有退——现代与当年的对比

李：我大二的时候参加了课外小组，你们今天还有这种小组吗？

王：我们有很多社团。

李：社团我们也参加的，但是这个课外小组属于科技活动。当时老师鼓励我参加课外活动，我就参加了一个物理老师组织的小组。当时我们学习电磁场，因为电磁场是看不见摸不着的，所以我们当时就在小组里讨论电磁场的发现是不是等于物质消灭。这个问题其实是个哲学问题，因为物质是不生不灭的，电磁场的发现好像是物质就没了，研究这个问题我们一方面要看物理的书，一方面要看哲学的书来帮助思考。我觉得这个课外活动很有意思，对我有很大启发的一点就是我知道了要研究科学就要学习点哲学，从哲学层次思考的方法对我以后影响也是非常之大的。蒋南翔校长也提倡过大家要学点哲学，我们很多学生都不懂这个道理，其实人要研究各种问题，不懂哲学思考是很难把问题看透的。

王：您觉得清华的理念对您思想上、认识上有什么影响，或者您认为"清华精神"是什么？

李：我想清华精神我很难概括，因为人在其中，但是我觉得可能首先要算是勤奋，清华人都很努力。

王、冯：我们都感觉到了。

李：是吧？另外我感觉到清华人都比较自觉，很自律，对自己要求很严格。还有一个我觉得清华人对国家和社会很关注，这可能和我们小时候有关，当时国家状况不好，后来又受到了美国、日本等列强欺负，所以建设富强的国家成了我们的学习动力。当然清华人还有追求杰出的情怀，这是人和人互相影响而形成的一种氛围，无形中给每个人这种不断追求的感觉。

王：您觉得现在的清华和当初相比，最大的变化是什么？

李：现在的清华科研水平大大提高了。我上学的时候所有的老师主要的工作都在教学上，科学研究做得比较少，当时很多大师从国外回来也都是把精力放在教学上。但是我认为作为一个研究型大学的老师，是应该花相当精力做研究的，只有这样他才能把教学水平提高。第二，我上学的时候学校以工科为主，现在理科、文科已经全面恢复了，整个学校的文理、通识教育丰富多了，这也是很大的一个变化。但是现在的学生和我们那个时候比的话，论勤奋是非常勤奋的，只是自律还是不够。我们那个时候没有一个学生会作弊，想都不会想。因为我们考试都很公开，比如说老师给我四分，只要老师告诉我哪里错了，我会公开说我接受，绝对不会有人为争这个分数采取什么别的手段。

王：但是您那个时候那样严格的考试方式非常难作弊吧？

李：是很难作弊，但是你平时作业都是可以作弊的啊。我们那个时候考试很难、很不容易的，时间很长的，每次一考都是一天，从早上8点一直到晚上6点。老师考试的时候都一个一个问，出现一点点小错误都是很明显的，老师肯定会告诉你错在哪里，不得不服。所以我想现在的学生的很多行为还是和社会风气有关。

王：那现在的学生有没有什么进步的地方让您感到欣慰？

李：那当然有，现在的学生比我们当时思考问题的思路和看问题的方法都宽广多了，而且各个方面的消息也灵多了。我们那个时候没有网络，对外面消息的沟通都是靠看杂志得来的，了解外部的情况远不如现在的学生。但是我想，如果要谈现在的学生和过去的学生对比，根本的特点是一样的，那就是他们的根本目标是一样的，而且大家都受社会的影响，只是时代变了，整个清华的状况变了，整个外界的情况也变了。

教育的本质是教会学生怎么做人，美国中国都是这样

冯：您在旅美期间所感受到的美国教育与中国教育之间有什么差距，这些差距在今天是否有所缩小呢？

李：很多人都谈了这些问题。在美国期间，我到麻省理工学习，我当时遇到的困难就是要转到另一个领域去。

冯：您当时本来是不是自动化系，学自动控制？

李：对，学自动控制，毕业后我真正搞的是电子电路，到美国之后一下子转成去学信号处理，跨了一个领域，所以带来了很大的困难。但是在美国麻省理工我也看到了很多很好的做研究的环境和思想，开阔了眼界。我认为美国的一流大学，的确是做研究做得好，能鼓励大家发挥个人的想象力。

冯：当时他们条件也比我们好。

李：条件也好。其实教育的基本就是要育人，就是培养一个青年能够成为一个全面发展的人，主要是教会学生怎么做人。这在中美教育都是一样的，只是在中国以前的教育制度里，像韩愈说的，传道、授业、解惑。授业当然也很重要，解惑也很重要，但是传道是育人的基础。所以事实上教育的本质是教会学生怎么做人，美国中国都是这样。虽然我们现在往往比较的是授业方面，但是我觉得从根本上来说，我在学校里面学了很多技术知识很有用，更重要的应该是学会了怎么做人，怎么样做事情，怎么样去思考和分析问题。

我觉得中国的教育近百年可能有点偏向，偏离了传道这个方面，而更注重授业，导致传授知识成了教育的主要内容。从几千年来看，中国的教育制度都是很全面的，但是近百年来，我觉得有些偏向于知识的传授，而忽略了对人的全面的培育。在这一点上美国做得要比我们好得多。所以我认为应该反思我们的教育制度，如果能够把传道——做人的培养和授业——知识的积累结合起来，那就好了。中国人很重视孩子的教育，但是如果太偏重于一方面的话，结果就不那么好了。

我认为比较起来，东方的教育和西方的教育各有长处，但是从近百年来看，中国的教育就有点偏差，最近慢慢地强调素质教育、通识教育等等，都是因为原来偏向于知识的传授，成了培养学生出去就业，而这就脱离了教育的最根本的目的。

总体上说，我觉得东方的教育和西方的教育各有各的长处，东方更注重于传统，西方更注重于标新立异，注重学生个性的发展。他们有他们的长处，我们也有我们的长处，只是从近百年来看，我觉得我们的教育是应该反思的。

冯：那么在学生方面是什么样呢？您觉得中国和美国的学生存在哪些差别呢？

李：我们的学生训练是很严格的，他们也很努力。我在美国的时候，我同他们的研究生住在一个宿舍里面，那个研究生当的是助教，也就是批改本科生的作业。

李：就和我们今天的一样。

李：对，我听到他有时候批改得非常气愤，都骂起来了，"怎么这么差"，因此我就知道，美国的中学学生其实并没有我们的学生学习得那么刻苦。在麻省理工里面这些学生都是他们高中里面最拔尖的那一部分，一般来说不会很差，但是还有这种情况。所以麻省理工的本科教育可能还不像我们的本科这样严格，但是研究生是非常优秀的，我们的导师和研究生和他们相比是有很大差距的，这也跟我们从小的培养有关。因为研究生更注重的是创造性，在这一点上美国人是比较开放的，比较敢于挑战传统。一般来说，中国学生老师说对就是对，美国学生可不一样了，你说东，他偏要说西。他们就敢于提出自己的意见，中国学生就不太敢发表自己的意见，总怀疑这样想是不对的。在本科生阶段，我觉得我们差距还不是那么明显，到研究生阶段差距就大了，因为处理问题的发散性思维我们是比较欠缺的。

从一处到另一处——交叉学科中的热衷者

冯：我们了解到，您在研究领域获得过国家自然科学奖、国家教委科技进步奖、北京市科技进步奖，还有教育成果特等奖等等。您觉得在这么多的研究成果中，哪些是让您感到骄傲并且觉得是对国家贡献最大的呢？

李：说实话，研究成果和得奖对我并不是最重要的。我觉得我比较高兴的地方，是我能够做我自己喜欢的事情，这个是很不容易的。我从小就比较爱思考问题，所以我很希望能够去研究一些问题，这是我一直都很喜欢做的。但是在一般的情况下，大部分人是很难做到这一点的，而且人的兴趣是会变的，有时候喜欢这个，有时候喜欢做那个。我觉得我比较幸运的是能够按照我的兴趣去做自己喜欢的事情。

当然，有时候也不一定都是兴趣，而是外界的因素决定的。我大学时候学的是自动控制，可是没毕业就被分配到清华当老师。我提前一年就工作了，应该要学五年，我学了四年，跟你们现在一样。那时我的工作是做什么呢？就是到电子学教研组去教电子学这门课，这是一个技术基础课。这个课的教学工作量非常大，从1958年开始，我在这个地方工作了十几年，一直教这个电子电路。其中还有一部分时间，是做数控机床计算机的研究，当时数控机床计算机在国内还是做得很少的。

冯：当时你们做的应该是第一台吧？

李：应该是第一台，而且做得也是很不错的，我基本上一直在做电子学的教学工作，一直做到我出国的时候，我是1978年底出国的。在"文化大革命"时，我基本上就没做什么研究，只做了很少的工作，包括设计了一个叫……

冯：感应同步器，对吧？

李：对，是感应同步器的设计，这应该也是中国的第一台。等到出国的时候，也不知道是怎么回事，我就撞到了奥本海默教授的手下，不学电子学，也不学微处理机了，改成学信息处理。这个转变对我来说太突然了，因为信息处理基本上是用数学来解决问题，而电子学所涉及的常常是加减乘除和函数之类的，比较简单。这个时候，我就面临很多麻烦，毕竟转了一个行嘛。后来等我真的要进入这个领域时，教授却又问我喜欢做什么。我想了半天，觉得还是做油气勘探的数据处理好。为什么呢？其实这个选择也是没有办法。当时奥本海默教授手边有很多题目，我可以选择做语音处理，但是只有英语语音处理，我想我学了英语处理回国也没有太大用处，就没学。图像处理也可以学，但图像处理是要进他的林肯实验室的，而林肯实验室同时也是美国国防部支持的实验室，我是进不去的，所以我也不能学图像处理。第三个就是油气勘探的数据处理了。油气勘探的数据处理要用到地质、石油方面的知识，这些我都没学过。我想油气勘探应该有用，因为中国总要找石油吧，所以我就学了油气勘探的数据处理。结果回国才知道麻烦多了，因为人家根本就不承认你，你不是地质学院出身的，也不是石油学院出身的，你是自动化系的，自动化系怎么搞油气勘探数据处理呢。所以，人家就不太支持，不知道有我这么个人。

回国之后，我就从头做起，做油气勘探的数据处理，就是用信号处理数据的方法给油气勘探提供分析和帮助。这个大概搞了10年，1981年回国搞到了1991年。让我觉得欣慰的是，我还能在这个领域作出一点成就，我的不少奖项就是从油气勘探数据处理这个领域获得的。后来国家成立了石油委员会，才十几个人，当时我也当选了石油委员会的委员。这个事情就给我一个启发，就是你学的领域，电子电路也好，信号处理也好，都是可以应用在其他领域的。

冯：您说的是交叉学科吗？

李：对，你可以找到不同领域的核心，这是一个很有意思的事情。像我是学信号处理的，信号处理也可以用于油气勘探。虽然我没有学过地质，也没有学过石油，但是我同样可以进入这个领域，取得一些成就。后来，做了10年以后，我觉得做的差不多了，所以我又转去搞互联网。

王：您可真是紧跟时代潮流啊，那个时候互联网应该刚刚兴起吧。

答：对啊，就是1994、1995年的时候。当时我是用信号处理的办法去研究互联网，效果也很好，我的学生还得了某次会议的最佳论文奖，所以这个领域也是可以进去的。现在我又从互联网开始转移到基因组，搞生物信息学，虽然又转变了一次，但也搞得挺有意思的。所以，我能够做自己喜欢做的事，这是我认为最有意义的。当然，我给国家的贡献就是培养了这方面的新的人才，交叉学科的人才，我认为这是我最高兴的事情。

冯：刚刚您提到了交叉学科，那您怎样看待交叉学科在科学研究中的地位呢？现在的教育又该如何努力去实现这个交叉学科呢？

李：我觉得，世界发展到今天，科技要想再往前发展，必然要重视学科之间的交叉。不仅是信息处理与生命科学的交叉，数学、物理、化学之间的交叉，还有它们跟人文科学之间的交叉，也就是文理之间，社会科学与自然科学的交叉，这是一定的，这是科技发展的必然趋势。其实很多的信息学科都是这样产生的。而且我觉得，今天科技的发展很大一部分就是来自于交叉学科。

这是从科技的角度来说的，当然从个人的角度来说，如果你想要成为一个创新人士，最大的机会就是来自于交叉学科，因为在这个领域，未知的东西更多，也就更容易成功，人才的培养常常就来源于交叉学科。

第三，我认为大学生所能得到的最好的发展也在交叉学科。因为在美国，像麻省理工这样的高校，从本科生开始就可以进行科学研究，而且很多是前瞻性的、交叉性的。所以，我认为交叉学科一定是今后学生发展的最好的一个机会，因为，老的领域已经有一大批人在那里，新的领域由你自己来开拓，这当然是最好的事情了。我还准备给国家提个建议，要在大学生里边重点开展交叉学科研究。

冯：现在这个观念比较薄弱对吧？

李：对，由于各种原因，比如学科的分割、体制的关系等等。当然，也因为大部分人不愿意冒险，他们在已经熟悉的领域能够做到驾轻就熟，而对于新的领域，交叉领域总觉得心里没底。我觉得这些问题都需要解决，中国要想闯进世界前列并长期地促进国家的发展，一定要在交叉学科上努力，这可能是必然的一条道路。

冯：您教过了那么多的学生，能不能给我们讲一些至今还给您留下深刻印象的学生？

李：我有好几个学生都很不错。有一个学生叫毛志宏，到我这里来做硕士研究生。他身体不太好，得的好像是胸膜炎，回家休学了一年。后来，他来和我说他现在身体好多了，想回来参加研究。我说那你注意身体吧，放开点，能听点课就听点课，听不好你就回去好好休息。我怕他身体再出什么问题，不过他也放松了心态，开始去听各种课。这个学生很有意思，他完全处于很放松的心态，听一个课就能和我们的研究工作立即联系起来。后来他在课程里面发现国外的一篇文章做得不够好，就对这个文章进行了改进，还跟国外文章的作者进行了讨论，国外的作者也是有名的教授，非常同意他的观点，就和他联名发表了一篇文章。这时他才到硕士研究生阶段，文章就已经登在了一个著名的会刊上，这是很不简单的。后来他接连又做了好几个工作，等到他硕士毕业的时候，他的水平已经相当高了。后来答辩委员会意见是什么呢？大家都说这篇硕士论文可以升格成为博士论文，也就是说他的硕士论文已达到了博士论文的水平了。我想了半天，说"算了，还是给他个硕士优秀论文吧"，因为我们组织的不是博士答辩，而是硕士答辩，所以我们可能没有这个权力把那篇论文定为博士论文，但是评委们还是都给予了他很高的评价。后来这个学生被麻省理工录取了，又学了脑科学、神经科学。他从学工转向学医，还当了几年临床大夫，真的已经很不简单了。

文理交融——人文日新的期待

王：我有很多理工科的同学，根据和他们的交流，发现他们课程任务特别重，一学期要修好几门课程，时间挺紧的，所以他们可能就没有时间再去修人文学科方面的课了。我记得您的一篇文章说过，清华精神在很大程度上其实就是人文精神。那您觉得像理工科的这些同学，应该通过哪些方法来提高自己的人文修养呢?

李:其实,在系里新同学来的时候,我好几次给他们介绍清华,总希望他们能多关注一下清华的一些好地方。我觉得,清华的好些地方,只要你关心一下,就能立刻感受到清华这种厚重的人文环境。人文环境在清华是无处不在的,比如说荷塘月色,本身就是清华的一个人文特色。再比如说,清华大礼堂挂的那个匾,写的什么你们知道吗?大礼堂有一个大红五星,后面还有一个匾。

王:我记得外面是没有啊?里面我还没进去过呢。

李:匾上写的是"人文日新"。

王:哦,原来就挂在那里啊。

李:对,就是在后面大礼堂里对着主席台的地方。这是清华的一个重要精神。再比如说,清华的王国维纪念碑,好多人都不知道。其实正是这样的很多地方才反映了清华的这种人文精神。所以,生活在清华之中,只要你用心体味,到处都能感悟到这种无处不在的人文气息。其实对于人,我觉得很重要的还是传道而不光是授业。传道的一个重要作用,就是要让人能感悟到人文精神。人之所以成为人,不是他学了物理才成为人,而是学了文化才成为人。所以,人的灵魂,应该是文化,可不是数学啊,别搞错了。狗和猫也可以学会计数,但是人文精神是专属于人的。所以你要想真正成为一个清华人的话,你就必须了解清华的文化,它随时都在这个校园中,就看你对它关心还是不关心。其实你整天都走到那个地方,只是你常常视而不见,从来不去想这些问题,从来没有感悟过这些问题。

我觉得作为一个大学生,有些时候就应该散散步,看一看,想一想。要有遐想、有梦想、有理想,不是整天专心念书就是大学生,起码我不认为这是真正的好的大学生。对每个人来说,学点真正的哲学还是很有用的,它可以让人认真地去思考一些问题。

另外,我们同时也应该了解我们的民族,了解我们的历史,学点唐诗,学点宋词,这个对我们今后影响还是很大的。其实,我很多工作的源头并不是工程方面,而是来源于唐诗宋词,来源于哲学的思考。这一点对于我,包括我们的学生来说,关系都是非常大的。你没有哲学的思想,没有人文的观念,最后很可能会出大乱子的。胡海昌院士就曾经说过,科学,有时也可以给人带来很大的危害。你没有人文精神的话,你就不知道,你创造的东西,有没有可能会在科学之外的某些方面给人类带来很大的灾难。所以,人文还是需要我们花很多时间去了解的。并且我觉得,我们不仅应该抽点时间,而且必须抽点时间去看、去了解我们的民族、了解我们文化的精神,这也是在了解人类未来的趋势,历史发展的方向。

人不是做工程的动物,人之所以为人,就是他们能够为了人类的发展而有所行动。所以,很多理工科的学生真的是需要把人文这个学科学好的。而且我们也不能仅仅课余去学,而应该主动去听一些课,这些都是你大学里面必然要做的。

王:您认为大学需要在理工专业设必修课大学语文吗?其他学校就有这方面

的课程。

李：当然，设也是可以的，但是即使是没有设这个课，我觉得在课外阅读里面也应该主动了解这方面的东西。因为大学不仅仅是课堂中的大学。我也很赞成设这个课程，美国很多高校都有历史文化方面的课，这个很重要。我觉得，人之所以成为人，一个很重要的途径就是要通过这种学习。所以我希望，清华的学生能多看书，多读书，读书是对人的一个很好的启蒙。而且我更希望很多学生不仅是能够勤奋学习，还要能解放思想。不仅有理想，还应该有梦想，这样才是一个真正的学生。没有梦想，那人是飞不起来的，我觉得想象力对于清华的学生是非常重要的。

王：那您觉得，像我们这些文科的学生，是不是也应该学点理工科的知识呢？

李：其实理工科的知识也就在你们身边。因为，当你需要解决很多实际的问题时，你就已经在了解物理、了解数学了。这些都是很基础的，也是很重要的。我觉得这种对于理科知识的学习，对你们还是大有好处的。对你们理解各种事物，理解社会，解决问题，都是很有利的。最后，我已经在前面说过，各个学科是相通的，文理是相通的，不同领域的学问最后也都是相通的，你在高的层次去看，社会科学的道理和自然科学的道理都是近似的。所以只要你学得深了，这些问题都是一致的。文理既然是相通的，你就不能把它们割裂来看，它们之间有所不同但又要彼此相互借鉴。我当然希望，学人文科学的同学同时也能了解自然科学，你们如果能做到文理相通那是最好了。

昨天与明天—— 一百年的展望

冯：清华要百年校庆了，您希望咱们学校再过百年之后能取得什么样的成就呢？

李：我们现在不是正在向一流的学校迈进吗？这真的是一个令人期待的过程。我希望我们清华人，老师和同学们，能够在今后新的阶段，进一步解放思想，同时也迈开新的步子。我相信清华在文理相融的过程里面应该能够比过去的这个百年走的更远，我希望同学们能够更多地有点梦想，有点想象，我想这会更有利于你们今后的发展的。

冯：那您对我们学生今后的发展有什么建议吗？

李：多做一些交叉学科的事情，这是很值得你们大家思考的。虽然会难一点，但是很有乐趣，这种事乐在其中。

王：您觉得我们自己就可以做这些事吗？难道不需要老师的指导吗？

李：自己可以做啊。现在很多本科生都做交叉学科的事情，比如在美国，他们就做得很好。为什么呢，因为本科生没有固定的框框，你以为学多了就好了吗？可能学多了他就不敢做了，而学得不多的时候，做起来反而不会有什么顾虑。

其实交叉学科是解决问题的一个基本的方法，因为，任何一个科学问题都不是单学科的。我们之所以分学科，是你要把那个学科研究透彻，因而把知识割裂开来，这是力学，这是化学，都是先割裂它们再进行学习。但其实很多学科，比如化学和力学，是捆在一起的，本身并没有分开，所以你要真正解决一个问题的时候，该用力学的时候你就用力学，该用化学的时候你就用化学，必然是各种办法都得用，这就是交叉学科。

交叉学科的重要性，是从解决一个科学问题出发的，而不是解决你的学科问题，这是两种不同的思路。真正的问题是解决科学问题，那就需要把不同的学科结合起来做，这是一个必然的途径。另外，由于学科之间的相通相融，那么你也是可以这样做的。第三，学科之间也是可以互相借鉴的，不要自个儿把自个儿框起来。文理之间可以更加开放，学多了的话，问题就不困难了。

冯：但是，交叉学科和某一科要学得精、学得深不矛盾吗？

李：是这样的，有些人学深入了以后，它就变通了；有些人学深入了以后，它就变窄了。我总觉得，对于某一个学科，比如说信号处理，开始学的时候不懂，慢慢学，了解了以后，就会觉得它里面有很多问题，再往上学，你就会发现，虽然它的领域不大，却跟别的相通了，因为你已经找到了不同事物之间共通的道路。学习到最后，你就会觉得所有东西都是可以共通的，已经可以把不同的东西联结起来了。所以我主张，学习就要学有用的，千万不要越学越窄。这就要求你做到，学习要掌握事物的本质，而不是仅仅掌握事物的一种形式。如果你只掌握形式的话，那你只会觉得这个东西跟那个肯定不同，你会想地质和互联网怎么会一样呢？但是你要找到本质的话，你就会发现，原来油田和互联网在本质上也有共同的地方。在你能够看到这些共通点的时候，你就会发现，交叉学科其实并不是一个难的东西，就看你学到什么程度了。有些人越学越枯燥，有些人越学越繁，有些人越学越少，其实理解事物并没有那么复杂，只要你学通了，学会了。

冯：我们的访谈就到这里好了，谢谢爷爷今天的配合。

李：祝你们学习顺利，祝你们在学习期间能好好地做这个清华梦。

冯、王：谢谢！

感想体会：

"教师的职责在于育人"，李教授的这句话也深刻反映了他一生都在践行着的不懈追求。他的一言一行、勤奋进取，以及他为祖国完全奉献的精神，都让我们对他产生了深深的敬意，这不正是清华精神的真实写照吗？同时，作为一位院士，李教授的和蔼慈祥也让我们体会到清华老教授独特的个人魅力，他们永远都站在学生中间，和学生走得最近。值得一提的是，他在得知我们两个高中都是文

科生的时候，鼓励我们在学习人文知识的同时也要加强理科知识的积累，希望我们喜欢什么就去学什么，趁着年轻多学点知识，摆脱过多的顾虑和犹豫。我相信清华的同学们一定会听从我们老校友的话，自强不息，厚德载物，在下一个百年再创新的辉煌！

广纳博采，信坚行笃

——访李广信教授

访谈时间：2010 年 5 月 7 日
访谈地点：新水利馆岩土工程研究所
被访者：李广信教授
访谈者：赵树辰（水利系　水工 71）、凌宏业
整理者：赵树辰

李广信教授，1966 年毕业于清华大学水利系。1968 年至 1978 年十年间任职于黑龙江呼兰县水利局。1978 年考取清华大学水利系研究生，1981 年获清华大学工学硕士学位，1985 年获清华大学工学博士学位。1993 年至 1998 年任土力学教研室主任。近年来在土的本构关系、高土石坝、堤防工程和土工合成材料方面进行研究工作，发展了清华弹塑性模型，使之能够更好地反映土的应变软化特性。

2010 年 5 月 7 日下午两点整，阳光明媚，我们在新水利馆岩土工程研究所拜访了李广信教授。李教授虽年近古稀，但精神矍铄，热情而健谈。

"现在国家的一二把手，都是我们这届毕业的"

李：经济困难时期，相对稳定一点，但是当时"大跃进"遗风还是比较厉害的，政治活动还是比较多，1964、1965 年以后，"四清""小四清"，还有"学习九评""反修"，政治运动一直很多。我们这一批人，都非常坎坷。香港凤凰台曾有一个访谈，访的就是清华六字班，有两篇访谈文章、一段录像，介绍这批人艰难的分配之路。由于清华是六年制，1966 年我们这批人是那个时期最老的一批毕业生红卫兵，其余的都是小字辈的红卫兵。当时我们越来越想早点出去，但都出不去。科学技术人员都下放了，设计院、科学院、学校都砸烂了，所以我们这批人没地方可去，没地方可分配。大家只有两个出路，一个就

是工程局，修水库、大坝。当年胡锦涛也是跟我们一起走的，他到刘家峡。我们大部分同学都到五局、一局、六局、十四局——基本都是水电工程局。还有一批干脆分配到农村去了。我就到黑龙江一个县搞农田水利，一下子就从清华下到最底层。所以这批人留在北京市的几乎没有，留在学校的也基本没有，一方面没有留下的条件，一方面也不愿留，学校正在进行"一月武斗"。我们走的那天是1月4日，"一·四"武斗，一些人拿钢筋磨成的长矛，在东区浴室搞武斗。我们就赶快跑。谁也看不清运动的大方向。1996年三十周年毕业回来时，全校的六字班毕业生在大礼堂集会，有两千多人。毕业的时候大家都是匆匆忙忙走的，同学之间连个集体照都没有，也没能跟老师说声再见，没能跟学校告别。

大家如果去到工地的话，当时工地跟现在不大一样，只有工棚，就是那种土房帐篷之类的，非常艰苦，都在山沟里。到农村也是这样，基本上是做农村工作、技术工作。当时人下去以后一干就是十年，感到很悲观，个人如此，国家也如此。我们大部分是1968年分配的，然后到了1976年粉碎"四人帮"，1978年考第一批研究生回来的。然后社会陆陆续续开始松动，还有一批人就调转工作了。这批人从最底层开始，分配情况各专业也差不太多，当时科研单位、设计单位、大学都砸烂了，也没地方去。所以都是到基层，有的地方有的专业更惨。像我们水利毕业的，还有工地，能干水利。一局在白山收了300个大学生，说你能干什么，说是搞核物理，搞核爆炸的，那就上爆破班炸石头；还有学化工的，就到社队的小化工厂；学西语的就去食堂卖粮票。比我们惨的还有，我们毕竟还沾点专业的边，还在干水利，去农村的还在挖沟。所以当时挺不容易的。

后来赶上改革开放的好时机，整个社会、国家的命运就不一样了。到了1978年国家改革开放以后，人才断代比较厉害。因为十年不办学了，再培养人，又得用几年。到1984、1985年才是真正批量出毕业生的时候。所以从1966年我们最后一批开始，到1982、1983年才有新的大学生出来。这个情况就说明人才断档了。从清华我们那个年级来看，这些人确实也挺特殊的：从最底层开始，然后陆陆续续地，大家有的求学，有的出国，有的调转了工作。总的来讲，后段还都赶上一个较好的时期。但想一下，咱们国家领导人一把手、二把手都是我们这一批的毕业生。一把手是胡锦涛，胡锦涛是和我一个班毕业的，他是五字班的，但他是辅导员，后来跟我们年级一起，是算作六字班毕业的。你看我们这个照片，毕业那时候，我们班还是搜罗了二十几个人，在一起照相。吴邦国呢，是"无六"的，无线电的。现在国家一二把手，都是我们这一届的。

凌：这些照片都是根据以前的老照片，然后再把它拍出来的是吧？

李：我又翻拍了一下。这个就是我们班毕业照，这个就是胡锦涛，这是我。我们班也有两派斗争，当时不是特别激烈，在一起还能照个照片。有一两个人不在现场，剩二十几个人。那次我到香港去，看到机场有一本书，叫作《胡锦涛，他从哪里来》，我一翻，还有我这张照片。这张照片就我们 20 多个同学有，别人没有，也不知道他们从哪儿找来的。

"我们清华这一批人没有虚度，我感觉这一点突出"

李：1996 年之前，我们这届同学联系不多。1996 年以后大家再聚的时候，总的来讲，在不同的岗位都经历许多波折，很多坎坷。最后大家都有个特点就是清华同学很实干，不管你是做工人，打山洞，还是做技术工作，或者做领导工作，都没有虚度。我觉得这一点很难得。清华的同学，一方面考清华需要一定的天分；但另外一方面，也确实需要一定的努力，全靠小聪明的，恐怕也考不下来，考上了也跟不上。从这点来讲，大家都还挺认真的，我感觉这一点很突出。为什么呢？因为我分到县里的时候，也和其他学校的一些当时去的学生接触，感觉他们有的脑袋也不笨，甚至也可以说有点小聪明。但是什么特点呢，就是大事干不来，小事不愿干，一天到晚就是发牢骚，或者特别能说，很多事就是不去做。

"文化大革命"的时候，我们那一批人，在县里的时候，晚上、白天也没什么大事，一天那点活不够我们干两小时，就测点渠道，或者是干什么其他杂事，然后有很多时间。"文革"后期很多人都比较闲，工作人员在闲，什么人都在闲。没有什么事，大家就关在屋里打麻将，打扑克。但那段时间我不会打麻将，打扑克打过但我也不上瘾。我们当时感觉，学校既然这个样了，同时我们的年龄偏大点儿，对于"文化大革命"也感觉没意思了，感觉不是这个方向，总想从马列主义那里将许多理论问题搞清楚。但当时没什么书可读，就把马列主义那几本书《自然辩证法》《反杜林论》等翻了好几遍，精读。因为一方面也感觉当时"文化大革命"有很多问题，没能得到解决。

我考研究生的时候，政治是 91.5 分，当时大部分人没有及格，因为 1977 年到 1978 年的政治非常难考。一方面毛泽东思想，一方面改革开放，各种思潮碰撞的时候，答政治题很难说，怎么说都说不对。我就另辟蹊径，大段大段地把马克思、恩格斯的原文背写下来，分析评议一个问题，这样就无懈可击了。我不用毛主席的话，就用这个。所以我当时考 90 多分，他们说你真厉害，咱们系绝对第一了。我总分第一，我数学好像也第一，政治分肯定第一。也就是说我这段时间没有虚度。在我写《岩土工程哲学思考》的时候，还是大段大段引用马克思经典著作原话。你可以看一下，就是自然辩证法观点、黑格尔那些观点。所以这些东西学了就有用的，虚度了十年就虚度了，但要是你不甘虚度的话就很有收获。但我还后悔，当时我没学外语。外语那时学会好点，后来 40 多岁学英文就不行了，就再也上不去了。原来学我们是俄语的，以后要读英文文献。但当时没条件，县里面有什么条件啊，唯一让你读的就是马列那几本书，但只要你认真地去学一样东西，总会有用。

我从县里，一开始下五七干校劳动，当时不是跟苏联争珍宝岛嘛，修战备桥，就调到建桥指挥部建桥。然后又搞水利，从基层干，从技术员、工程组长、勘测队长，最后到了水利局的副局长，就是说一步一步地靠自己干出来的。到了哪个地方，感觉不管工作怎么微不足道，都要体现自己的价值。就是说没有你，别人很难做到。这个还是我们清华一特点，我感觉特别突出。跟同学交流也都感觉是这样的，有的也是在工地干了十来年，然后出去，到挪威，去学抽水蓄能电站，最后修了那个天荒坪电站，总工就是肖贡元。还有像高安泽，先在四川成都勘测院，然后到水规总院，到建设部，到水利部做总工，都是一步一步踏踏实实做起来的，这一点很突出。

我们这批人当中没有一个人虚度，一直都挺踏踏实实的，这一点特别突出。"厚德载物"精神，它很实在，一方面不是好高骛远，大事干不了小事又不干，或者说我就放弃了，或者说我就走弯路邪路了。我感觉从这个思想状态上来讲，这一点非常难得。前段时间我到哈尔滨，看到了当时我们在县里的一个老同学。和老同学聊天，说记得大概1972、1973年的时候，大家感觉国家没有出路，个人也没有出路，比较忧虑。因为当时感觉"文革"也没头，我们的工资从出学校拿45块钱的实习工资，一直到1974年，拿了接近8年的45块钱，感觉这辈子就拿不到54元了。当时在那个情况下也没有消极，同学大概都差不太多，这一点上比较难得。所以我在我们那几次校庆上说的就是，大家都没有消极，都有自强不息的精神，不管怎么样，人不能白活，这个还是很不容易的。学校明年建校100年，我们今年正好在中间，就是进校50年。进校50年的时候想组织一下活动，校友再聚一下。

"当时有人说清华建筑特点是'封资修'"

李：当时有人说清华建筑的特点，就是"封资修"。"封资修"加上一个"白"，"白"就是近些年建筑的特点。"封"，应当说就是原来老清华园这一带，古月堂、工字厅这一带，基本都是明清建筑，都是以前的。"资"，就是大礼堂这条线，基本上就是"资产阶级"的建筑。"修"就是像咱们新水利馆、土木馆，因为基本上是苏联帮着建的，苏联风格，又高又大。那个老土木馆，典型的苏联结构。主楼好像也是受苏联影响，由于经济困难，1961年国家所有建筑都停了，所以主楼就匆匆忙忙收顶了，90周年校庆前又加了一层。其他像后面的这一片，东边这一片，全是改革开放以后建的。"封、资、修、白"，"白"是因为这后建的一片基本上是浅色建筑。

当时我们来学校的时候，这个南北大道，现在叫学堂路，在位置上大体是一条铁路。铁路路轨已经搬走了，但路基道砟还在。路基当时还是挺高的，我们如果在主楼上课，然后第二节到化学馆上课，当时同学有自行车的人很少，都是爬铁路过去，速度快的也常迟到。那个时候，学校里面和周边有不少荒地，还有一些坟地什么的。当年想学校怎么划这么一大片地皮，感觉用不了。东边和西边是断开的，中间这一片是铁路路基，虽然把京张铁路给挪到五道口去了，但整个校园里面是断开了。当时感觉地皮很大，现在看越来越不够，所以说学校的规模是没法预期的。当时新水利馆还算是新的，因为50年代年建的，现在都已经建了快50年了。有的人说新水利馆不新啊，我说跟那个旧水利馆比较，是新的。

"当时清华的教学真是水平高，绝非我们现在能比的"

赵：李老师，因为您读书的时候是处于"文革"时期，比较混乱，清华的教学在一定程度上受到了影响，老一辈的土力学大师，如黄文熙、陈樑生先生是如何坚持教学的呢？

李：当时在经济困难时期，学基础课，理论课，一九六几年的时候学专业基础课，然后逐渐学专业课。这段时期，教学还是可以的，教学秩序也还可以。受冲击还是有的，"九评学习"就是批苏修，要停课，出去迎接外国首脑也要停课，秋夏收割麦子也要停课，五一、十一游行也要停课。但当时好在学制是六年，时间还是挺充裕的。另外当时学校老师、教研组——教研组这个原来以为好像是教学和科研，其实不尽然，当时所谓的科研还是很少的，就是教学研究，比如说每周有两个时间老师集中研究教学。

那时很重视教学。这些著名的教授，像陈樑生、陈仲颐、夏震寰、黄万里、陈祖东、张任、张光斗都给我们上过课。黄文熙先生那一阵子是在水科院当副院长，这边挂名，所以在本科时候基本没见过他。这些老师对上课都是非常重视的，水平也绝不是我们能比得了的。你看当时夏震寰上一节课，一句废话也没有。板书一直下来，擦掉再写，最后这板书往往就和一本书一样，很清楚，你跟着他的思路走非常舒服。当时还有数学课，数学课老师在二教甚至在更大的教室，没有麦克风，就靠自己的嗓子，那个女老师嗓音比较尖一点。这一堂课下来你跟着她走，她基本上就是板书，不像现在有多媒体。当时这些老师在教学上的投入跟现在是不能比的。现在有科研任务，科研在一定程度上冲击教学。这个事情不好说，现在还能在教学上投入这么多的老师很少。当年我们开始讲课的时候都是一比六，就是一小时课要六小时准备，然后副教授一比五，教授一比五，现在没人这么准备的。

当时清华的教学水平真高，教得比较好的，比如水力学的夏震寰，当时水力学还有几个老师都不错，不过土力学的陈仲颐讲得最好。还有数学、力学，也教得非常好。像结构力学，龙驭球、包世华都很好，那真是高级，真是水平高。当时也是有时间，他没有那么多创收，要拿多少经费，拿多少项目，他大部分时间，百分之八九十的时间都在搞教学，可以充分地去准备，充分地去研究。还有像教授，后面跟着助教，助教提了个包，当时要画图都画在黑板纸上，卷起来到时候往那儿一挂，都在课堂上解决。虽然当时手段没那么先进，但是比较踏实，大家全是笔记，笔记记得好的话，记的就基本是一个体系，要点基本就记下来了，复习的时候就很舒服。

"我学水利，搞岩土，偶然性挺大的"

赵：是不是像陈仲颐这些大师对您影响很大，使您选择了岩土方向呢？

李：专业都不好说，尤其像我们那个年代，也不太了解什么专业，干什么都有偶然性。像我学水利，就是因为我是色盲，能报两个专业，一是水利，一是工程力学。但是我从小就喜欢在外面跑，地质不行，天文也不行，就只能报水利，肯定在外面跑。

我在本科时候，可能是 1963 年以后了，当时学校就搞"因材施教"，应该是每个年级有一两个。胡锦涛是五字班的因材施教，我是六字班的因材施教，还有一个陈祖煜，陈祖煜现在是院士了，是土力学的因材施教。当时因材施教，就像现在的 SRT，学生科研训练。就是跟陈樑生做些实验，比教学稍微前进一点，也做一些活动。当时也有一些像搞毕业设计的，如结合渔子溪搞毕业设计。

我研究生考上土力学就更偶然了。因为研究生报考要求 36 岁以下，我当时36 岁过一点，好像当时没多少人报，也就没限制。县里头还不太愿意放。当时社会风气比较好，"科学的春天"。县里头也比较闭塞，不太了解这个研究生到底多大年龄。当时我已是水利局的局长了，并且也让我做副县长的候选人。这个情况下我还是要走，有人问这个研究生、副县长哪个大，我说当然研究生大了，然后就把我放了，我准备准备就考了。当时考的时候，因为"文革"以后，本来东西就不多。当时我们的书和教材，都是经济困难时候印的，书都是再生纸，黑乎乎的，再一个就是讲义多，书本比较少。所以真正毕业走的时候大家心里都感觉以后国家搞政治运动，个人也跟政治走了，所以业务东西也都不留了，好多东西，包括讲义，也都扔了。这样的话考研究生的时候手头也没有什么东西，当时还有一本水工书，就是土石坝那一部分的还有其他一些水工结构。另外水工毕竟原来还是主课，了解多一些，所以报的就是水工。然后考的时候是 100 多人考，考完了是 6 个人进入水工复试。我听说他们要收 5 个，当时我肯定考上了，因为我在100 个人中考第一，分是最高的。

当时我有一个同学，她的爱人在清华，一起从三门峡调过来的。她跟我讲，说土力学这块儿黄先生从水科院转过来了，然后再开土力学这门学科，他招博士、招研究生都没有人报，也没人考，你可直接跟黄先生商量商量，能不能过来，就到土力学来，黄先生也非常好。当时我为什么不考土力学呢，土力学就半本讲义，工作中用的也少，就不太有把握，没敢考。然后我就给黄先生写信，说当时没有教材也没有讲义，那个地方非常闭塞，没法考土力学，但还是想学土力学，因为感觉水工人挺多的，面挺宽的，土力学面更窄一些，更专一些。黄先生收到信后，就请人调了一下档案，发现我的学习成绩在年级中相当好，就把我给收了。土力学就是这么转过来的，水工那边也没有淘汰，5 位全留下来了。所以这都有很大的偶然性，当时也没有特殊的感情，也没有哪门课特别好，不过在工作实践当中，也还接触了一些土力学问题，对科研和以后学习还是有帮助的，10年来在县里还是干了很多工程的。

真刀真枪搞毕业设计

赵：据我了解，当时清华特别重视实践，像您方才就提到了"渔子溪"。

李：就是现在汶川地震那地方。

赵：我去年暑假访谈肖贡元学长的时候，他也曾提到这个地方。

李：真刀真枪搞毕业设计主要就是 1958 年修密云水库。密云水库当时是北京水利水电勘测设计院设计，张光斗是总工、总负责。清华当时也有一个甲级设计院——清华水利设计院，好多工作都是清华做的。现在这个密云水库，清华功劳还是很大，当时就是一帮学生、老师，包括像我们系的几个"土坝王"，专门搞这个土坝的。这一批老师和同学在毕业设计过程中，一方面学到了很多东西，另外一方面也确实给社会做了很大贡献。所以这条路大家还是坚持走。但是 1963 年以前，经济困难时期，基本上国家都动弹不了了，个人也动弹不了了，也没太多工作，所以我们就到密云水库去认识实习，走一走看一看。然后 1964 年到北京郊区搞农村水利化，到西北旺、东北旺什么的搞水利化。到 1965、1966 年开始就搞毕业设计，毕业设计就是结合西南的水利水电工程搞的。结合实践这个传统，从 1958 年开始，都是结合工程真刀真枪搞毕业设计。在设计当中也有科研性质的东西，也有设计方面的东西。当时渔子溪的一个取水闸，在凹岸取水，泥沙就不往里进，我们主要研究弯段的泥沙环流。泥沙还是往外旋的，专门就在旧水力馆做的模型实验，研究这些问题，还是挺有收获的，所以人到工作中入手得比较快。肖贡元这个同学还是不错，他在年级里是数一数二的，学习成绩优异。

"当时结构力学比较好，手算就把框架的内力全算出来了"

赵：在真刀真枪实践中，当您首次将课本中的知识运用到实践中时，是怎样的一番经历呢？

李：下到县里的时候，应当说似乎是大材小用，因为县里也没有什么大工程。优点就是没有明白人，你可以放手干，况且"文化大革命"的时候要把所有的条条框框都打乱。当时积极性也挺高的，所以到县里第一个就是干一个抽水站。抽水站就是设计进水的压力池，进水的那个通道，在松花江上。当时是大型的，现在看也不算大。江水在上涨，到了汛期要来，压力池沉井就是挖不下去，最后就差 60 厘米，再等一段汛期一来就根本不行了，那挺危险的。后来我说就到这，然后把这个进水管从方的改成扁的，断面不减小，但保证度降低了，所以江水再低一点就进不了那么多水，但在正常水位还能进那么多水，这样就封底了。做完后那个抽水站所在的河道摆得很厉害，抽水站也用过多少年，但最后可能还不太用了，因为松花江上的滩地来回滚。

我 1968 年 1 月份春节前报到，春天夏天就是干的抽水站，然后就赶快报名到五七干校干了半年。在五七干校没完，很快珍宝岛紧张，要赶快在呼兰河上修战备桥。桥还比较大，当时建成后《人民日报》都登了，300 多米双曲拱桥。就在那个地方打桩，钻孔桩。当时搞水利的对桥不是很熟，又没有什么规范。东北林学院有道桥方面的专业，他们油印了一份老的、"文革"以前的规范，然后就用那个东西，他们也学着实习，然后就拿那个开始造桥了。但现在做大工程，先得勘探，钻孔取土，分析一层层土然后画断面。当时都没有，你得现场去施工钻孔，钻出什么土就赶快算，算砂的摩擦力，那时候叫两吨或三吨，你算下来，然后钻、钻、钻，钻到 30 米差不多了，总的摩擦力加端承力一算，是荷载两倍就可以，就不钻了。当时没有规矩，就这么干了。这样做的优点是，确定判断从钻孔中挖出来是什么砂，赶快查摩阻力表；缺点就是你离不开这 24 根桩，24 根桩得时刻盯住，你一铲一铲地看是什么土，这样一直盯上几天几夜，困了就在桥头的小屋里歪一下子，赶紧起来，直到那几个桩从头到尾地干完。

这个桥当时是双曲拱桥。双曲拱桥桥墩有两个桩，桥台是四根桩，还有拱波、拱肋和盖梁，然后做成框架。这个框架所受的横向力，比如刹车产生的力，一般都是顺车方向的，但东北还有一个特点，就是有那个冰压力，即开江的时候有垂直桥面方向的冰压力。当时就算在冰压力下结构能不能承受，配筋怎么配筋的，弯矩多大。当时黑龙江省道桥二队他们在那块儿有几个技术人员，他们也算不出来，也不会算，然后我查了一个水工手册，苏联有一个冰压力的公式，然后就计算框架受的内力。当时结构力学比较好，就用手算把全部框架内力算出来了，然后给他们计算了配筋。他们甚至不相信呼兰县还有这样一个人，这么一下就算出来了。他们整个设计院也没人算出来，可见我们的基本功还是比较好的。

修完那个桥后，我还修了几个桥，大桥小桥，都自己设计。他们修桥都要定型设计的图纸，我都是一个个自己算，然后就用最省的，当时钢筋比较少，要省材料。当时县里我们去之前没有桥，我们去之后才有。原来都用涵管，不会修桥。所以我们当时在这个力学、水工方面基本功是相当强的，后来建水泥厂厂房，我们也一样可以设计。虽然也没学过，但一看就知道怎么设计。都干过。优点就是你可以放开手干，没有人，工程师和权威都抓起来了，所以就自己干。那桥一九六几年修起来的，40 多年了还在用，相当成功。当时虽然水平不高，但是工作人员也好，民工也好，比较听话，没有偷工减料的，严格按照要求干。应该说咱们学生出去之后干工作是没问题的，入手很快，独挑一摊也很快，并且也比较扎实。在工地前后待了 10 年，也学了不少东西。当时跟工人，跟技术人员都学了不少东西，包括跟民工都学到很多东西，这些民工也都很有实践经验的。

赵：李老师，您在呼兰县的 10 年，在当时没有规范的情况下，您白手起家，自己摸索，也设计了一些实际耐用的工程。

李：工程比如说呼兰河大桥，还在用；我们还修那个二道河桥，设计施工全是我负责的。后来因为水泥钢筋都不够,由于河与路是斜交的,路拐了一个 S 弯。现在看当然不行,就把我们那桥拆了,桥墩还在。现在就斜着过来了,路就顺了。当时有钱有料我也会这么修,可没有钱啊,那个桥就这么拐了个大弯。另外当时还有个水库叫泥河水库,规划和设计我都参与了,还主持过灌区规划设计。

"土可以说是有生命的"

凌:老师,您长期担任咱们土力学的教研工作,能不能跟我们讲一下土力学学科的发展方向?

李:土力学这门课,我写了本书,叫作《岩土工程五十讲——岩谈漫话》。作为力学来讲,如果你们头一次学这门课的话,发现它和其他力学比较确实是不严密,很多情况下都是经验性的,经验公式、经验系数很多。所以我说这门力学是一门很土的力学,很多都精确不了,没有结构力学、材料力学、弹性力学那么准确,这里面有很多不可知因素。不可知因素主要体现在土是天然的材料。天然的材料不是你人工能够按预想来控制的。另外它千差万别,各地的情况完全不一样,土也不是一个连续介质,这个特点造成工程中很多很多的争论,很多不同的设计,不同的规范。我现在正在写一个关于基坑的问题。规范千差万别,各有各的规定,所以基本理论都不完全一致。

我有一篇文章,很长,叫《岩土工程的哲学思考》。一方面从正统来讲,一个搞岩土、搞土力学要讲求唯物论,所有有成就的岩土工程师都是唯物论主义者。什么是唯物主义呢,它都是从实践中来的,从实验出发,从实践出发,而不是在那空想,或者设想一种理论来指导一切,这是不可能的。包括黄文熙,他也强调,实验资料是永恒的,所以说其他那些东西,比方说模型、理论,都是可以变的,唯一不变的就是实验资料,是实践这一点。像刘建航,上海的一个院士,他在修地铁的时候,亲自到地下,监测上海人民广场站软土地基。他在下面打着吊针,监测一个星期。他最后总结说,土力学、岩土工程的问题,是"理论导向、实测定量、经验判断、检测验证"。总的来讲就是三条都是实践,一条是理论。

总之不能没有理论,没有理论就不能叫学科了,但理论解决不了所有的问题。你违反了基本理论会出问题,这是第一个,你所有的理论学得非常精,但你解决不了所有的问题。但反过来说,你所有的事故基本上都是理论出了问题。

第二条,辩证法,就讲黑格尔的三个辩证法的命题——第一是矛盾的无时不在、统一性和普遍性的问题,第二个是否定之否定的问题,第三个是量变到质变的问题。第一点就是在土力学中充满了各种矛盾,如水和土的作用,土和建筑物的作用,都是无时不在、各处都有的。第二个就是否定之否定的作用。比方说钢材,你碰它一下,它还是它;但土的话,你碰它一下它就不是它了,它是活的,可以说土是有生命的。赫拉克利特曾经说过人不能两次过同一条河,就是说河在流动，在某一个时间，它都不是原来那条河。土也是这样，加给它一个力，它马上就变化，它的状态和性质是耦合的，这就是说你在土上踩一个脚印，它就不是原来那个土了。所以可以看到整个过程，土是活的土，它有生命。这么理解这个问题，它就跟其他连续介质，比如跟钢材就都不一样。第三个就是量变到质变的问题，好比说应力应变和强度，原来土力学里面，应力应变和强度都是分开的，这是应力应变，这是强度（画示意图）。实际上，土不是这个状态，它到了一定程度，比如说 $d\varepsilon = d\sigma/E_t$，你看 E_t 这个值无限小趋近于 0，在很小的应力增量下，产生很大的应变增量，这个应力状态就反映强度。就是说应力应变和强度是不能隔离的，渗流破坏跟滑坡稳定也是不能分开的。在这个情况下，斜坡有渗流的话，就是一个抗滑稳定，但如果是这样的话，斜角为 0°，那么就是流土，流土和抗滑稳定可以用一个公式表示，渗透和抗滑稳定也不是截然分开的。所以说土力学很多现象都没有很严格的界限，都是量变到质变的一个过程。

还有些土力学的工作方法，从哲学来讲，就是一种判断，这使得它经常是很不一样的一门学科。陈仲颐先生讲，土力学就像中医一样，需要综合判断。好比说修水库，决定土坝土料，最后叫张光斗到那儿去抓把土，攥一攥，这土行，就行了。到底 φ、c 有多大，他大概就有经验。最后就是经验的东西，往往它不是做了很多的科学论证就能解决问题的，很多都是这种情况。实际经验占的比例很高，但又不能凭经验包打天下，说经验的话，大禹治水距今 3000 年了，取得了不少经验，但为什么没有形成土力学呢，所以全凭经验还是不行的，还得有理论。

寄语清华百年

赵：李老师，清华大学百年校庆在即，您对清华百年有什么寄语吗？

李：现在，咱们学校一百年这么走过来，我感觉值得骄傲的就是学风比较好，学生搞学习、搞社会工作，都比较踏实，这一点是我们的传统，不要期望走捷径。现在整个风气，不管是社会风气，还是学术风气都不是太踏实，很浮躁。但我感觉，一路走过来，人总有他自我价值的体现。比如说当年我就是从一个平民家庭考到清华来的，也没有太大的雄心壮志，感觉学过来以后在工作中还能做点事情。干了一辈子快 50 年了，忙忙乎乎的，没闲着，感觉很充实。这就是一个价值问题。比如说我在县里，当时他们说我的情况比较好，当时是五七干校的副校长、副连长，以后到局里是副局长，以后又提拔我。我又不是特别适合做行政工作。我当时在县里还会发展。当时跟我一起提局长的，50 多岁不少就已经退居二线了，可我还在这里忙忙乎乎的。读了 7 年研究生，做了很多事，到了 70 来岁我还有用，比一些人有效生命又增加 20 年。所以各有各的价值，真正体现价值的还是要踏实做一些事情，然后自己总结起来做了那么些事。

总的来讲，人活了一辈子，应当做一些有利于人民、有利于社会的事。现在追求也不一样，比如说在学术界追求各种各样的名誉，各种各样的利益。追求名和利，大的风气是这样的；但是也应守住底线，做好自己的事情。现在完全与世隔绝还是寸步难行的。学什么、干什么，培养踏实的基本功还是很有用。往往是一段时间一荒废了，十年八年不用心就过去了，但回忆起来还是挺空的。咱们同学还是不错的，大家都很踏实。

感想体会：

李广信教授那一届清华毕业生，处在一个为扑朔迷离的政治运动所笼罩的年代，没有继续深造的机会，也没有优厚的分配条件。他们大多从基层干起，虽环境艰苦，资源匮乏，然十余载仍在自己的领域为国家和社会默默奉献。一小时的访谈中，我们可以深切地感受到由李广信教授所传达出的清华人的执着与坚守。"我们清华这一批人没有虚度，我感觉这一点突出"，这句话在李广信教授的回忆中反复出现，印证着那一届清华毕业生对"自强不息，厚德载物"校训的履行与恪守。在那样的年代里，其他人可以浑浑噩噩，清华人不能放任自流，而是依然明确自己的人生价值所在。李广信教授便是这样，耻于闲时打麻将的庸庸碌碌，

而是捧起马列著作精读再三，培养哲学底蕴。其他清华人亦大都如此。这也解释了为什么许多这一届的清华人能够抓住机遇，在十年的沉寂之后羽化成蝶，在自己得心应手的领域建树良多。这也是为什么现在国家的一、二把手都出自这一届毕业生的原因。此外，清华大学老一批大师级教授高超的教学水平和重视实践的优良传统，使清华学子兼具扎实的理论基本功与初步的实践经验，面对实际问题上手较快，在条件匮缺无章可循的情形下能白手起家，凭自身能力设计出实用、耐用的工程。可以说，清华精神引领着清华学子，促其成为治国之才、兴业之士、学术大师。通过和李广信教授的访谈，我们也愈发感受到肩头的责任重大。在这个社会转型、浮躁不安的时代，我们犹须谨记和传承清华精神，无愧于老先生心中清华学子的踏实形象，明确人生价值，誓不虚度韶华。

电子巾帼，科研将才

——丁晓青教授访谈

访谈时间：2010 年 4 月 29 日
访谈地点：清华大学 FIT 楼 1 – 502
被访者：丁晓青教授
访谈者：李荣莎（电子系　无 94）
整理者：李荣莎

　　丁晓青，1962 年毕业于清华大学无线电电子学系，获优秀毕业生金质奖章。现任清华大学教授，博士生导师，IEEE Fellow，IAPR Fellow，电子学会高级会员，中国通信学会会士。长期致力于图像处理、模式识别的教学与科研。以第一完成人获国家科技进步二等奖 3 项，国家科技进步三等奖 1 项，以及 10 余项省部级奖励。发表论文 543 余篇，其中 SCI 收录 37 篇、EI 收录 227 篇、ISTP 收录 77 篇，合著专著 2 本。授权发明专利 25 项，软件著作权授权 16 项。

　　丁晓青教授长期致力于图像处理、模式识别的教学科研，在计算机识图认字的智能视觉研究中，取得国际领先重大成果。她带领研究组最早全面解决了结构复杂、字形多变、超大字符集印刷和脱机/联机手写汉字识别，以及自动复杂版面分析和原文电子重构难题，历次 863 汉字识别评测中位居前茅；继而研发成功国际领先的日韩和阿拉伯文档识别系统，首创我国主要少数民族文字（蒙藏维哈柯朝）文档识别系统。从理论和技术上，较全面地解决了汉字及其他各种文字文档的识别问题，攻克了文字自动计算机输入的信息化壁垒。同时还研制成功了国际领先的对国家公共和信息安全具有重要作用的人脸识别系统。她在模式识别、OCR（Optical Character Recognition，光学字符识别）、人脸识别、生物特征认证、文档图像识别等领域的影响受到国内外学者的关注，被选为 IAPR（国际模式识别协会）Fellow 和 IEEE（美国电气和电子工程师协会）Fellow。

　　多年深入研究使她认识到识别是计算机认知的基础，提出模式识别统一信息熵理论，揭示模式分类的极限由互信息决定；为解决图像识别问题，提出基于互信息主分量分析的鉴别子空间识别，以互信息为测度，滤除特征中与识别无关、并将损害模式识别性能的干扰信息，达到降低维数有效鉴别识别的目的，为文字、人脸、字体、笔迹等图像识别研究达国际领先水平打下坚实的理论基础。

"政工干部"与"科研将才"

李：您读书期间清华是怎样一个情况？

丁：我在清华读了六年半，因为当时学制是六年。有好几个系，像无线电系，电子系，正规毕业是六年，那时候也没有学位之说。

我们入学的时候全年级组织红专大辩论："走白专道路还是走红专道路"。我们还组织辩论团辩论。当时辩论得到的理解是，我们去做社团工作、做干部，是为国家，这是"红"。所以后来又花了很多时间去做一些学生工作，班主任也好，辅导员也好，等等。

李：对于您做辅导员工作的经历，有什么值得回忆的吗？

丁：做辅导员工作对我们是很好的锻炼，是对自己能力的培养。我的学生来征求我的意见，我都支持他们去做辅导员。作为一个学生来讲，做辅导员不仅仅是面对一两个人。你们将来到社会上也不仅仅是做业务工作本身，还需要做很多和人打交道的事情。那么，做一个辅导员的工作，和一个人对着书本念书，还是很不一样的。这个过程也是一种学习，所以我还是主张你们去做做这样的工作。但是我们当时的认识有一定的片面性，觉得这个工作是为国家，而念书是为自己。当然做辅导员这件事本身是可以的，是非常好的。我们清华的辅导员还是锻炼出了相当一批人的。你看，胡锦涛也是做辅导员出身，吴邦国也是做辅导员出身，吴官正好像也是做辅导员出身，包括国家监察局的贾春旺，当时他在工物系做辅导员。

李：看来那个时候的辅导员工作是很锻炼人的啊。

丁：其实我从来没有认为我是政工干部，我做政工实际上是一种满腔热情。因为，当时让我去做班主任，我觉得做班主任很重要，可以培养年轻学生。因为这是党交给自己的工作，非常重要的一件事，我要全力去做。但从我的本性来讲，我对学习很有兴趣，我觉得从某种角度来讲，这才是我的本行。所以我在最紧张的时候，都一直坚持学习。那时候就周末是我的学习时间，别的时间开会占用得很多。

李：请您再说说您科研工作的情况。

丁：后来我们从事科研工作都是靠我们自己，就是自己去摸索，做什么方向，做什么课题，研究什么，都是自己去探索的，所以很艰苦。你看现在很多的年轻人都有机会出国。当时国内和国外差得很远，我们国内做的就比不上国外做的。所以很多人从国外学到点东西回来以后，他就领先了。像我这样，根本就没有这样的机会。我完全是在国内根据自己对一些问题的理解，开始摸索着进行工作的。我觉得比较值得骄傲的是这一点。

一个我们现在不知道的专业——量子电子学专业

丁：电子系原来一直叫作"无线电工程系"，直到 1986 年才改名电子工程系。这历史的变迁在现在的班号中还可见一斑——电子系的班号都是"无××"，而不是"电××"——"电××"指的是电机系。

1960 年，电子系办了一个新专业，叫"量子电子学"专业。不过这个专业后来没有继续下去。那个时候就把还是学生的我抽出来办这个专业。虽说是学生，但由于是办新专业，也接近于老师了。不过后来在留校工作时，我还是选择了无线电系（电子系）。因为我觉得"量子电子学"物理基础要求高一点，而前一段学习我们是按工科来学，所以我就回来了。后来那个专业也没有继续办下去，因为它太超前了。你看现在的"核磁共振""铯原子钟""量子放大器"等，这些都是我们那时想要做的。在那个年代，我们已经开始想去做这些东西了，所以有一定的超前。那时候有一点"人有多大胆，就怎样怎样"的那种思想，这是和国家形势很有关系的，1958 年"大跃进"，但是后来呢，到 1962 年又调整回来。后来我们那批人毕业，那个"量子电子学"就没有了，变成了一般的半导体专业，不在电子系里面了，就是微电，微电子所。

李：您在"量子电子学"专业主要从事什么研究呢？

丁：我去量子电子学那边做的是"3 公分谱频的量子放大器"，就是量子放大器，就是用量子跃迁来放大。这个放大是低噪声放大器，它的温度在于液氦。因为我们是从无线电上获得的信号，这个信号不能很好地接收，因为里面经常有噪声，噪声把信号淹没了。而信号里头的噪声，很重要的一点就是放大器本身的噪声。假如你来的这个信号比你放大器本身热噪声还要小的话，这个信号根本就淹没了。所以要得到一个高灵敏度的放大器，就需要把热噪声减少。所以那个放大器要放到液氦里头，它的温度就非常非常低，它热噪声就非常非常低。然后这个信号再利用量子跃迁来进行谐波放大，就是这样一个机理。当时来讲是比较先进的。我毕业时设计出来了，但是当时没有条件，因为它需要超低温的设备才能做，当时实验室不具有这种环境。

虽然现在"量子电子学"这个专业不复存在，但是，当时清华人的这种"一定要做顶尖的研究"意识，还是值得我们学习的。百年清华口述史，我们走过的探索之路并不总是一帆风顺的，但是我们追求卓越的精神、前瞻性的眼光，一直在一代代清华人中传承着。

"工科女"——家庭影响：女生要自强

李：现在清华的女生，尤其是电子系的女生，还是很"稀罕"的——全系250多人，只有36个女生。虽然五六十年代电子系的女生不算少，但留校的女生也很少——丁教授那一届毕业留校了24个人，只有您一名女生。丁教授为什么选择做一名"工科女""电子女"呢？

丁：选择工科是因为我们家的传统。我父亲是物理教授，但是我的母亲是画画的。那时候刚解放，我父亲认为国家需要的是工业建设人才，所以我们兄弟姐妹都没有学文或者学理。虽然他自己是物理教授，但是他都没有主张我们去学物理，所以我的兄弟姐妹都在工科，而且最主要是在自动控制、无线电、雷达、飞机制造这方面。

1955年、1956年，尤其是1956年，是"向科学进军"。解放以后，大家是为了国家建设贡献力量。我读中学时正是抗美援朝的时候，家里两个哥哥一个姐姐都参军了。到我读书的时候都已经是1955年了，那时候是"向科学进军"，所以我们都去搞工科。一般的女孩子，尤其是我们那时候的女孩子，一般来讲都不见得那么有雄心壮志，一般都还重男轻女。女孩子学点一般的课程就可以了，找个人嫁了就行了。我的家庭不太一样，我的母亲是一个非常自强的人。她是1902年出生的，那时候女人都是裹脚的。她当时包了一个小脚，后来自己把它剥开了。她自己从崇明到上海去读书，读的是上海美专，刘海粟办的。所以她很自强。她一辈子都在工作，即使在很困难的时候，她都在工作。所以，我们家里对女孩子跟对男孩子基本上一样。男孩子去读书我们也去读书，而且本来家里也是以男孩子为主，女孩子就更要跟男孩子较劲儿了。所以，我从小都认为，妇女要自立。第二个，我不认同"女人就一定比男人差"。所以从中学读书开始，一直到清华读书，应该说我一直在 compare with the men。

"文革"期间的生活

丁：对我来说，我并不怕下农场，也不怕去做体力劳动。我的家庭是一个很典型的知识分子家庭，但是因为家里兄弟姐妹很多，有8个孩子，还读书，虽然父亲工资还可以，但家庭生活其实也是很困难的。抗战时期，困难到没有鞋子穿，没有衣服穿。抗战胜利回来以后稍微好一点，但是养8个孩子，家里经济上还是很困难，所以我们从小都过得很艰苦。因此，到农场劳动，我一点都没觉得什么。

那个劳动量是很大的，但是我不是很怕。挑担子、割稻子、插秧、打铁，我全做。即使是劳动，我都不比他们男同志差。在这个之前我还带了学生去劳动。所以整个加起来，我在农村起码有5年。

李：您回到北京以后的生活情况是怎样的呢？

丁：那时候我们两个人一个月每人 56 块钱，一家五口人住 12 平方米。在这种情况下，我还是要去学，还是要去做。我的英语口语，你知道是怎么学的吗？周六周日，在那 12 平方米的家里，我一边搓衣服、做饭、带孩子，一个很破的收音机里头一边放着 English on Sunday。我的口语就是跟着那个学的。当时真是非常困难。

科研工作的产业化

丁：咱们清华的研究工作，一直是希望能够解决国家最急需解决的问题。比如我们一开始做文字识别，就是因为当时汉字输入计算机是一个牵扯到中文信息处理这个关键问题的问题。所以我们做了很大努力，很好地解决了汉字识别的问题。但是也不仅仅在这儿。因为国家的发展要靠它的实业、产业，科研成果要能够推广、应用，才能在社会上发挥它的作用，对国民经济起到推动作用。所以科研工作呢，还需要继续往前走，要做它的产品、产业。我们在文字识别取得成果的基础上，也尝试办一些公司，把科研成果推广到市场中。最早做的就是清华文通信息技术公司，这是在"863"的支持下，将"863"的科研成果推向社会。这个公司 1992 年成立，一直到现在还在继续运营。不过因为我们是学校，不直接办公司，而是在做技术上的支持。总之，我们把科研成果推广到了市场。科学研究不是说发表发表 paper，或者搞一个成果鉴定，它的成果要得到社会的检验。因为这个成果到底能不能用、好不好用、能不能服务社会，这对我们来说是一个很重要的方面，所以我们在这方面做了相当多的努力。

后来研究人脸识别。人脸是关系到国家安全的一个很重要的生理特征。我们在这方面做的工作，不仅仅得了国家科技进步二等奖，一些国际评定也得了很好的成绩；但是我们也把它推广到社会应用，而且推广到产业化。所以在进行科研工作的时候，要解决科研工作本身具体的问题，而且这些问题的解决要比较彻底，要能够解决它的实际应用上的一些困难。这样问题才算解决得比较好，比较彻底。总体来讲，我们科研工作进行的重点考虑是有用。我想这也是清华的作风。我们清华在外面的声誉都是比较实际，所做的工作比较实在。我们和国际上的 HP（惠普）、诺基亚等公司合作，都得到比较好的评价。因为我们的工作是实在的，能够经得起很多问题的检验。

我们研究的课题，很多是解决实际中出现的问题。我们不是说看到人家在做什么工作，我们就跟着去做——当然这也不失为一个重要的方面——但是更重要的应该是在一个很高的科研水平上，在解决一个实际问题的过程中，发现问题，解决问题。这样，这个科研工作才有它比较坚实的理论和实际的基础。

学习、科研的方法

李：人们一般说小学女生成绩好，但是长大以后就不一定，您怎么看呢？

丁：好像一般情况是这样的，但是我跟人家有一点不一样的就是，念书不是靠记忆，是靠理解。这是一个很大的区别。人的记忆力是有限的，但理解力是无限的。包括我后面搞科研工作也是如此，如果对一个问题理解了，形成了自己的看法，那么发展下去，空间是非常大的。我从念书开始，主要是靠理解。高考的时候，因为当时慌了，有个公式记不起来了，后来自己从头推了一遍，然后把这题给做出来了。

这个对我后面的工作，都有很大帮助。因为我们做科学研究工作的，如果只能跟着人家亦步亦趋地走的话，那就没有发展了。但是如果说你是通过你的思维、认知获得了一些基本观点、基本的分析方法，那么这些以后是有用的。你如果掌握了这些，那么在做一件事时，你其实已经悟到了很多根本的东西。就是说，你已经远远超出了你具体做的这件事，已经可以通过这件事情来理解另外新的东西。

一个最简单的例子就是，我们原来做文字识别，做得很好。但做完文字识别之后，我们在很短的时间里，就跳到人脸识别。对别人来讲，这"文字识别"和"人脸识别"是两码事。但正是因为我们在做文字识别中，对很多问题的理解已经超出一个具体的"文字识别"，那么对这些问题的理解就具有一定的普遍性。这样我们再来理解人脸识别，就能在短短的四年里做到国际领先。

做一件事，立足点要高，包括我们学生学习以及进行创新性的研发。一个创新型的学校，我们教给学生的不是"一件事两件事三件事"，而是要培养他们分析理解的方法。只有这样，我们才有可能去做很多创新性的东西。

强调分析、理解的重要性

李：能回忆一下您最初做文字识别时候的情况吗？

丁：我们在做文字识别的时候，最早是提取笔画，但是实际上这条路走不通。很多人做，都没做出非常好的结果来。因为我们对它进行更深的理论分析，才知道这样做是不行的。所以在做具体工作的时候，需要有更深的理论。我们在解决问题的时候，跟别人的不同之处在于我们更着重于深刻的问题分析，而且问题的解决要更加彻底。

大学期间，要学很多东西，理解是很重要的。狂记公式会受不了的，而且套来套去会晕的，因为公式跟公式的内涵不一样。但是有一点，很多大的理解不能架空，必须通过深入细致地分析问题。因此在这个过程中，不要拒绝小事，不要对小问题放松。因为很多最重要的东西，都是在一些最基础的点上发展的。所以说，这是两种趋向。一种是说，我就记人家的结论，记完之后我就没有问题；另一种是说，我就这样大的理解。后者实际上也是不行的。因为你对这个大的东西的掌握和理解，必须建立在对这个问题本身有非常深刻、透彻地了解的基础上。否则，那个你所谓理解的"大的"，都是空的。所以，这两件事不可偏废，两方面要结合起来。

清华人的风骨

李：大串联，那当时整个清华都是？

丁：清华有一段时间就是"打"的时候，"团派"和"四一四"打得都死人了。那时候"四人帮"还没有倒台。我回学校以后，学校里还有工农兵学员。虽然那时候我们还没有"开门"，对国外的事情并不太了解，但是大概知道一点整个科技的发展。所以那时候我们开始考虑，要数字化，要搞计算机，用信号处理和计算机处理。那是 1977 年、1978 年左右，已经开始有国产的计算机了。那时候我们就研究这个方向，讨论计算机在图像中的应用。

李：那个时候你们最开始应用计算机是做什么呢？

丁：当时我们做的第一件事情是怎么把那个 analog 进计算机，digitize, and import the computer。所以我们做的是图像处理系统，做了好几个，当时也是国内最先进的，还获得了一些奖励。在这之后，到 1984 年的时候，我们就开始考虑微机。那时候 IBM PC 才刚刚出来，我们就做了它的 IBM 的微机图像处理系统。这个系统也得了一些奖，它解决了一个"图像进计算机"的问题。

那么这些系统做完之后做什么呢？当时可以选择的方向还有遥感图像处理、医学图像处理。当时遥感图像是由国家控制，个人很难拿到，即使拿到也看不懂。做医学图像的话，涉及很多医疗方面的问题，就要和医院合作，也比较难。后来因为"把中文输入计算机"是一个大问题，我们就开始做这个问题。当时全国对这个问题的研究也比较多，许多人是从汉字编码的角度研究，而我们是用图像识别的办法把中文输入计算机里去。那是在（20 世纪）80 年代后期。虽然当时有很多学校、机构在做这个，其中还有不少从国外回来的，但事实证明，我们清华人的科研能力还是很强的。

科研精神体悟

李：谈一下您在清华感受最深的一点？

丁：总体来讲，清华的作风还是非常好的。积极向上、不断进取，而且实事求是。在我们的思想里有一点，就是一定要去做对国家最有用的东西，做国家最关切的问题，而且力争使我们的工作做到最好。

因为清华摆在这个位置，人家对清华都有一定的看法或者是期望。虽然我从来不在外面炫耀清华，但是我知道我是清华的，因此我所做的工作要和清华能够匹配。我们所有的工作，就要做到有创新，要做到最前面，要尽可能地为国家各方面的工作做出最大的贡献。

什么是知识？毛主席说过，得到实践检验的才是真正的知识。所以我们清华做的任何工作，不能只是写几篇文章，大家看看就完了。我们做的应该是得到实践的验证，而且在实践中得到发展的工作。我觉得这个东西对我的影响是很大的。

在科学研究中，我们遵循的一条原则是，所有的创新不是光有一个想法就可以的，必须理论联系实际，得到实践的证明。从国家建设的角度来讲，我们做的每一项工作，一定要帮助解决国家的实际问题。因此我们做的文字识别、人脸识别的工作，到工厂都可以生产。我们做的人脸识别系统，罗湖口岸通关在用，而且在世博会也会用。

所以说，我们的科学研究工作应该能够解决国家最重大的、具有战略意义的问题。这也就决定了我们的研究方法和指导思想。

教育是来源于这个国家，同时也服务于这个国家

李：您对清华未来的发展方向有什么看法吗？

丁：我觉得清华应该办出自己的特色来，不要跟着一些外面的条条走。现在清华的学科范围已经做得很大了，但是清华的特色还不是非常明显。另外，清华应当按照自己的作风来办。建校一百年，我们都在说建世界一流大学。但是这个"一流大学"的标准，不应该是简单地把美国的标准直接拿来。

我们应当很好地总结我们自己的工作，然后在这个基础上跟人家认真去比较。比较的过程中找到我们的长处、我们的弱点。现在好像是拿了国外的标准来套我们的标准，像人家有多少 SCI 之类的。但是中国有中国的特点，中国的社会、中国的国民经济发展都跟国外不一样。教育是不能脱离这个国家的现实的。实际上，教育是来源于这个国家，同时也服务于这个国家。中国和国外不一样，因此中国的教育和国外的教育也有所不同，这个"世界一流大学"应该有中国的特色。我们老说"中国特色的社会主义"，而"世界一流大学"，也不是完全用美国的标准，而应该结合中国的国情，有一个我们自己对这个问题的看法。

对于"建设世界一流大学"，学校做了很多努力，包括从国外请很多大师回来，这都做得非常好。但我还是觉得，这个工作是两方面的。同时我们也应该认真总结一下我们自己。因为我们是在中国，我们赖以生存的是这块土地。这块土地养育了我们，那么我们怎么样，来源于它又服务于它？我对清华很有希望，因为我们还有非常优秀的生源。

李：最后想问问您对百年清华口述史有什么寄语吗？

丁：我想对你们说，你们要看到你们的机会，扩充自己的视野。做科学研究，不妄自菲薄，也不要狂妄自大。要以一种踏踏实实的态度，认真地学习人

家，也认真总结自己，然后提高自己。这样一步一步，脚踏实地。不能不听别人的看法，也不能只听别人的看法。我就是一个最普通的教师，但我是一个踏踏实实、认认真真、实实在在的人。

感想体会：

在与丁教授交谈的过程中，我不断被她为国为民的精神感染。刚解放时国家号召"向科学进军"，她义无反顾地选择了工科作为自己一生的职业；因为一句"组织需要"，她放弃了自己读研究生的计划，留校工作。在访谈过程中，她谈到，作为一个清华人，"我们一定要去做对国家最有用的东西，而且要力争使我们的工作做到最好"，"从国家建设的角度来讲，我们做的每一项工作，一定要帮助解决国家的实际问题"，这些都让我深切感受到一名清华人追求卓越的精神和对祖国深深的责任感和深沉的爱。这大概也是对清华精神的一种诠释吧。作为一名科技工作者，丁教授在做科研工作中也总结出很多道理、体悟。这些关于学习、科研的道理，都使我受益匪浅。

　　丁教授的经历，一直渗透着"自强不息"四个字。无论在多艰苦的环境下，作为一位女性，她从来都不比男同志差——即使是在农场劳动也是如此。这种追求卓越的精神给我很大触动。另外，丁教授的经历告诉我，科研与社工，是可以同时做好的。有这样优秀的学长给我们树立了榜样，我们怎么会没有信心做好我们要面对的事情呢？一旦选择，都要尽力做到最好。只有这样，才不会虚度我们的青春年华，才不会浪费清华这么好的资源。做好了这些，当我们走出清华校门的时候，我们才能真正做到"学术大师，兴业之将，治国之才"。

　　丁教授对祖国深深的责任感和深沉的爱，诠释着"厚德载物"。她时时刻刻都想着把自己的所学所知用在国家建设上。她说，科研成果要能够推广、应用，才能在社会上发挥它的作用，对国民经济起到推动作用。她说，我们的科学研究工作应该能够解决国家最重大的、具有战略意义的问题。这些话让我想到"选择了清华，就是选择了一生的责任"这句话。我们的学长丁教授就是这样做的，而我们，也会这样做。

　　与这样优秀的老师交谈，使我受益良多，仿佛自己的思想也提升了一个境界。听着丁教授的故事，我觉得，我们应当是这种清华精神的传承者。老学长的经历为什么让我们感叹，一方面是这种精神着实令人感动；另一方面，是不是也反映出我们还没有完全把这种清华精神内化为我们自己的精神呢？如果有一天，我们也能如此做，并且还能说出"我就是一个最普通的教师"而不觉得自己有多值得一提的时候，是不是才能被称作真正的、有着清华精神的清华人呢？

永远的清华人

——顾廉楚教授访谈

访谈时间：2010 年 4 月 9 日上午 10 点
访谈地点：顾教授家中
被访者：顾廉楚教授
访谈者：周格格（法 91）
整理者：周格格

顾廉楚，1950 年毕业于清华大学电机系，本科毕业后留校一直任教，始终战斗在教学与科研的第一线。因为坚信制造业是兴国之本，所以义无反顾地投身电器制造研究；因为坚信图书馆的重要性，所以在手上还有很重的工作时毅然承担起图书馆馆长的重任。是良师，是益友，是学术牛人，是当之无愧的清华人。让我们走近顾廉楚教授，感受他简单而不平凡的人生。

清华这么难考？我偏要考考试试！

周：顾教授您好，看了网上一些关于您的资料，我了解到您是 1946 年进的清华，是 50 届电机系的班长。您当时为什么选择来清华又为什么选择进电机系呢？

顾：主要是受我表哥的影响。他当时也在上海上学，高中毕业后，他千辛万苦地穿过抗日战场，跑到昆明西南联大去上学。他妈妈在上海非常想他，但她不识字，就常叫我去帮她写信、读信，我因此也就顺便和他通信讲自己的事情，他也来信给我介绍西南联大的事情。抗日战争结束后，我正好高中毕业一年，因为父亲失业，家中经济条件困难，我没上学，在一个中学教初中。表哥随清华复员去北京，路过上海时给我讲了很多西南联大的事情，也说到它针对贫困生的公费项目，我很感兴趣。当时我正准备考大学，听他这么一讲，就下了决心考清华了。选择电机系其实是很偶然的。现在高中毕业生选专业，家长老师可以帮孩子一起选。那时候我和祖父母住在一起，他们对我这些事根本不闻不问，我就自己做主。因为我父亲和祖父都是从事建筑设计的，我也经常跑到建筑工地上去看，接触过很多建筑方面的知识，所以当初选的时候就很自然地想到了要报土木系或者建筑系。后来报名的时候，很多同学聚在一起聊天，就听到他们说，清华大学电机系最棒，是很时髦的一个系，就像现在 IT 行业差不多。当时自己是一个小青年，心高气傲的，他们说清华电机系最好，比上海交大还好，也最难考，那我偏要试试！于是第一志愿就报了电机系，记得当时第二志愿是土木系，第三志愿是外语系。没想到第一志愿就考上了，直接进了电机系。

难忘的大学生活

周：作为班长，在大学期间有没有什么让您特别高兴或者特别难忘的事情呢？

顾：作为班长，我那时是代表学生与系里、与学校，特别是和教我们课的老师联系。班长差不多就是课代表，一是把同学的意见反映给老师，二是把老师的想法传达给学生。那时候我们和老师关系很好，像我们当时的系主任章名涛先生，还有我们电磁学的钟士模老师，电工基础的孙绍先老师，我们和他们都很熟，他们对我们也非常好。

1946 年入学的同学每个系只有一个班，不像现在人多的系还要分成若干个小班。一年级的时候，到电机系注册的同学有 170 多人。到了二年级，由于很多原因，170 多人变成了 120 多人。一是电机系课程特别重，有些同学就转了系，转到经济系、土木系等。也有一些同学后来兴趣变了，转去了物理系、数学系这些理科系。还有一批同学政治觉悟比较早，已经参加了很多民主运动，后来要么转系了，要么直接离开了学校，被地下党直接派到南方去从事革命工作，他们是我们学生里面最先进的一拨。另外还有一些同学因为身体不好，电机系课程修不下来，就转系或者休学了。再经过三四年级的淘汰，到 1950 年毕业的时候就只有 60 人了。当时清华实行学分制，有些同学学分没修够，当然就毕不了业，他们中的大多数人继续留在清华修学分，等到 1951 年或者 1952 年毕业。也有一部分同学没有毕业，在 1949 年的时候，东北人民政府到学校来招学生，他们报了名得到录用就直接参加工作去了。另外，当时刚解放，我们在建军事院校，需要预先培养一拨人成为老师，由苏联专家来培训，也有人直接到苏联去学习。

我们电机系这个班的人员变化，反映了 1946 年到 1950 年期间中国正处于暴风骤雨的年月。广大人民群众在抗日战争胜利后渴望国家和平统一、繁荣富强，然而以蒋介石为首的反动派把内战强加给人民。清华也和全国一样，革命和反革命的斗争此起彼伏。从 1946 年的抗暴运动，一直到后来的"反饥饿反内战"，还有 1948 年国民党包围清华园、设"特刑庭"、抓学生等等，一系列事件。现在把当时学生斗争称为"第二条战线"。

周：在那个期间学生就是积极地参加各种活动吗？有什么学生组织吗？

顾：当时大部分同学还是在努力学习的，只是在必要的时候出来参加一下。

例如"沈崇事件"，美国大兵强奸北大学生，大家气愤不过，就在地下党的组织下去天安门游行。所以，在那种情况下，班委会的任务除了关心同学的学习状况之外，还有动员同学参加学生运动、组织时事座谈会等等。另外还要组织体育比赛、节目联欢、慰问师长等活动。例如圣诞节的时候，校长梅贻琦和体育老师马约翰都是基督徒，挺重视这个节日。当时我们学生虽然不信教，也一起约好了在圣诞节的时候去凑热闹，点着蜡烛站在他们家门口，齐声唱起《平安夜》。然后他们就把我们接进去，大家坐成一排，一起玩，一起聊天。另外我们自己班里面也组织活动，如元旦联欢会，我们把我们电机系的老师——比如系主任章老师和师母——一起请来联欢。

当时我们的班委会都是大家选出来的，有班长、学习委员等等，四五个人吧，但仅靠着这几个人组织一些活动，力量还是不够的。所以我们当时就在地下党的领导下，以"读书会"的名义建立了一个组织。当时在燕京大学有一种组织叫"团契"，它是基督教创造的，作为教徒之间联谊的一种组织。为了掩人耳目，我们班上成立了一个 Hunter 团契，就是我们班上一些比较活跃的积极分子自愿参加。团契活动除了畅叙友谊、讨论时势，还商量班会活动。比如遇见形势变化，需要进城游行，大家就分头去动员全班同学。要分头去动员，是因为同学住得比较分散，不像现在一个系住在一块儿，而当时我们是自由组合的。也就是说，假如我和你是中学同学，你是法学院的，我是工学院的，我们要是高兴，一起去宿舍管理处登记，就可以住在一个宿舍了。所以那时候大家住得很分散，碰到要举办大型活动时，就需要通过班上比较活跃的同学到处去动员。所以，我们电机系在学生运动中还是比较活跃的。

周：对对，现在的学生会主席基本上都是电机系的。

顾：当时解放前的学生代表会主席有好几届都是电机系的。解放后，是1949年还是1950年来着，那时候的学生会主席就是朱镕基，他也是电机系的。

曲折的教学科研道路

周：那您毕业之后是继续读书，还是留在清华任教呢？

顾：服从分配啊，我们当时是国务院直接派人分配的。当时毕业六十几个人，留校的有5个，我是其中一个。1953年，哈尔滨工业大学来了苏联专家，一些同学被派到那里去学习。大约过了半年，清华大学也有苏联专家来了，我们就在清华学习，全国各院校也派老师到这边学习。还有一部分同学，他们毕业了以后由自己的工作单位派去学了俄语，然后到苏联去学习。我们就是留在学校里面跟着苏联专家学习，当时我和韩老师——也就是我的夫人都留在了学校，俄语也是在自己学校里面学的，之后就去做苏联专家的翻译。

周：那您能给我介绍一下您在清华的教学生涯吗？因为我查不到您这方面的资料，比如说什么时候任什么职位。

顾：我一直都是工作在教学岗位上的，教学科研是我的主要工作。随着我们清华的变化，电机系也是在不断变化不断发展的，我自己的专业也有好几回变化，但总的来讲，还是没有和"电"脱离关系。苏联专家来之前，我是在电工学教研组作为电机系老师给外系的学生讲电工。1953 年苏联专家就来了。清华原来是英语特别好，我们的那些教材，比如电工、力学这些都是英文，我们英语都熟练得不得了。但是，我们现在要学俄语，去做苏联专家的翻译。我们学了几个月，可能也就是四个月，在苏联专家来之后我们就顶上去了。虽然一般来讲，俄语应是很难的，但是一些基础的东西你掌握之后就能应付了。因为我们原来就有一些专业方面的基础，只要把俄语最基本的语法和词汇掌握之后，就能顶上去干了。

工作的需要一压下来，人就会成长得比较快。后来，我跟着一个苏联专家一起工作。此外，我还兼管发电教研组的实验室工作。解放初期，除了几个基本的实验室之外，很多的实验室清华都没有。我们就从买东西、装设备开始，直到把与发电厂、电力系统有关的几个实验室建成。苏联专家 1956 年回国后，我一直在教研组从事教学和科研工作。

1960 年，随着电机系专业结构的大调整，我被调到电磁自动装置教研组，担任教研组主任。过去干的是能源专业，今后要改行搞制造专业了，这样一直持续到 1966 年"文化大革命"。"文化大革命"，一下全部乱了套，学校提出停课闹革命。我们当时教研组搞了一个元件车间，系里工企专业办了一个整机车间。我们元件车间生产功率半导体器件。

后来"四人帮"垮台以后，学校有了一个大变动，不办工厂了。当时元件车间所在的自动化系就把这个车间砍掉了。幸好，我们学校的核能研究院把我们的发明创造和技术都接过去了，成立了电力电子厂。过渡给他们之后，技术和生产又有了新发展，元件车间创造的最高年利润能到 300 万元，而电力电子厂到 90 年代，办了不到 10 年，年利润就达到了 1200 万元，解决了这个研究单位的日常经费以及奖金等经费，现在这个电子厂还在办着呢。

周：我听说这个电子厂好像是在昌平。那您常去昌平看看这个厂吗？

顾：当然，是我和我科研组的老师们一手培养的这些技术人员，带着他们去学工艺，电子厂的技术是我们一手带过来的。当然厂里的组织工作，就由他们"二百号"自己派厂长、派书记处理了。我现在还是会去看看的，他们每年一次厂庆还邀请我去呢。1980 年到 1985 年期间，我一边在自动化系担任电子学方面的教学科研工作，一边还兼核研院功率半导体器件研究室的主任和研究生工作。

再冲刺一下，为学校多做一点贡献！

周：1985 年的时候，学校准备扩建图书馆，您就被派去做了图书馆馆长吗？

顾：是的。因为当时的老馆长患中风了，图书馆缺个正馆长差不多两年了。

但是图书馆要扩建，建筑面积原来是 7000 平方米，要扩大到 2.8 万平方米，也就是新建 2.1 万平方米，包括学校的档案馆在内。那必须有一个正馆长去负责，因为对内对外都有很重要的事情。校长和党委书记就下令，要我去担任这个馆长，于是我就在 1985 年被调到了图书馆。

我一直干了 7 年，把新馆盖完之后还有好多基础工作，比如新馆里面的计算机网络、搬家计划等等。我一直把它弄完并交给新馆长之后才退下来。那时候我已经 67 岁了。

周：那您觉得，相对于电机系的教学工作来讲，图书馆的工作对您是否有更大的吸引力呢？或者说，您对哪个工作更有热情呢？

顾：我觉得都挺好的。图书馆和电机系教学工作是不可分的，我自己从来就对图书馆很重视。我有一个很深切的体会：那是 1974 年的时候，当时我们国家的很多公司，像武汉钢铁公司、鞍山钢铁公司引进的轧机所用的大功率半导体器件都是 2500V 的，而国内只能生产 1000V 以下的这种器件，也就是说以后要是出现器件损坏，都要到国外引进这些东西。当时主管这个工作的一机部决定要把这个技术难关给攻下来，于是组织了全国"攻关会战"，要各单位派能人去参加。当时我就被学校派去了，到西安整流器研究所去参加研究工作。到了西安，我在搜集资料的时候，发现省图书馆不顶用，这让我很失望，市图书馆也一样没法用。幸好最后我找到西安交大的图书馆，总算找到我想要的资料了。所以我很有感触，图书馆对于一个搞科研教育的人来讲，是像水和空气一样不能缺少的东西。所以后来学校要调我去做图书馆馆长，我是非常乐意的，尽管那时我忙得不得了，手上还有几个研究生呢！当时是很辛苦的，可是这是自己喜欢做的事情，当然也就要努力去把它做好了。

受信任与尊重的清华老师

周：那您觉得作为一个大学老师，您的感受是什么呢？

顾：我觉得挺有意思的，因为大学生正好处在进入社会的前夕，就是从学校到社会的过渡阶段。在学习上，他们要学会到社会上立足的技能。你是法学院的，出校门了就在法院工作。你是工学院的，就做研究、搞工程。另外，从人生的认识上来讲，大学阶段也是一个不断成熟的过程。所以说，这时应该是人生最重要的一个阶段。学生们在这个阶段身体、心理方面也在不断成熟，要解决婚姻问题等。因而，我觉得作为一个大学老师还是有很多事情可以做的。而且，对待学生，我觉得就像在抚养自己的小孩一样。看到他们关心什么问题，就想想我要怎样帮他们解决这些问题。所以我教同学们的过程中，也不仅仅是给他们上课，更重要的是关心他们的学习方法。另外呢，就是找对象的问题。特别是那些女同学，她们找到我，说："某某某给我写了封信，你觉得怎么样？"

周：那有没有同学失恋了找您谈心呢？

顾：那倒没有。有的男同学对女生表示爱意，其实那些女生对他们也是有好感的，但是对那些男生的家庭背景、政治表现等其他方面不太了解，于是同学会把这些事情告诉我。我们老师心里是非常感动的，她们把这么重要的事情告诉我，这么信任我，把我当她们的家长似的，来征求我的意见，来确定这么重大的问题。所以这类事，我特别愿意干。我知道的，我会给她们讲；我不知道的，我会想办法去替她们了解。

周：那您一共促成了几对呢？

顾：挺多对的。现在有一对，两个人都在北京工业大学当教授呢。还有一对，现在清华大学当老师，也是教授了。还有好些对呢，挺有意思的。

周：除了感情的事，您还有没有对同学的其他方面的指导呢？

顾：另外就是关于学习方法的引导。有一次，学校里选拔"因材施教生"，当时我做一个班的班主任，同时也管他们的专业英语。学校的选拔，是在班上三十几个人中选拔出三个人，选拔出的孩子都是成绩特别优秀的。我记得其中有一个同学，也是个很聪明的孩子，他有一个4分，而选拔上的全都是5分，所以就没有被选上去。他特别生气，抱怨道，"因材施教"不是因材施教吗，我只是外语差一点为什么就没有被选上呢？后来就闹情绪，也影响了他的学习。后来我知道了，就找他谈心，解除他的顾虑，告诉他虽然没有被选上但是总体上来说还是班上领先的，只是某一部分有缺陷而已，那补上去就好了。他说他学习外语的问题在于外语生词老是记不住，我说，你这么聪明的人怎么生词也记不住？就教他用循环记忆法去记单词。他按照我的方法去记单词，后来他告诉我，他都记住了，以前认为很困难的东西，一点思想负担也没有就记住了！后来他的英语进步很快，一直到后来"文化大革命"的时候他还给我写过信，说自己的外语还得益于我的指导。

所以我觉得，作为一个大学老师，不仅仅是教教书，在整个培养人才的过程中都是很有作为的。特别是清华的这些学生，他们素质都很高，从幼儿园到大学，都是通过不断的考试选拔过来的，非常聪明，品质很好。现在把这些人交到我手中，由我去培养，我是很荣幸的。很多家长对我们这些清华老师都寄予了很大期望，所以我对当清华老师还是很有兴趣的。而社会上对于清华老师也是很尊敬的，你们可能没有接触到，但我感触很深。记得90年代的时候，我到重庆去参加一个会议。因为以前没有去过三峡，所以会议结束后，我就上了船，想去看看三峡。在船上我碰到了湖北某县的一位中学老师。当时正是夏天，他准备去洗澡，要找个人看着他的行李。他看了半天，在众多人中间，觉得我也是一个老师，就过来和我攀谈。发现我是清华老师，他觉得很不容易。就给我讲他对清华的羡慕，说他们县每年只有一个学生考上清华。所以他对清华老师羡慕得不得了。他知道我不走后，就委托我去看着他的行李，非常信任我。后来我就想，社会上对清华老师也是很尊敬的。

清华对得起那些把孩子送到清华的家长！

周：在您读书时，清华在全国大学中是处于什么样的一个位置呢？

顾：那时候和现在差不多吧，也是排在前面的。不过那个时候的清华是个综合性的大学，而不是以工科为主的。首先外语系是全国闻名的，因为它原是一个留美预备学校，英语在全国来讲应该是最好的班子了，比那时候的北大强多了。同时理学院也是全国最强的，周培源、钱三强、华罗庚等大师都在清华。还有工学院也是班子最好的。

周：那您觉得现在的清华状态怎么样呢？

顾：我觉得清华现在的做法还是挺好的，保持了它一贯的严谨学风，不像有些学校单纯地追求扩大学校规模。某某当副总理的时候，到处鼓动各个学校不断扩大、合并。结果有的学校办着办着就出了问题。有的学校，一个导师带50多个研究生，导致有的研究生连导师的面都没见过。这样，它们所培养的研究生质量就可想而知了。而我们学校一直做得比较稳妥。当其他学校一直在扩大招生的时候，我们学校一直保持一万名学生的状况。另外，从合并来看，我们学校也就合并了一个工艺美术学院。

清华在培养人才方面，一直做得很出色，对学生学习与品德素质的培养都很到位。再者，在管理方面，清华一直以严谨著称，管理学生比较细，比较严，而非放任自流。

周：对啊，我觉得清华就是会给我们很多自由发展的机会，为我们提供很多平台，但是也会不定期地对我们进行一些思想教育，让我们不致迷失了自己，让我们始终充满斗志。

顾：对对，这些是思想上的引导，并且只是引导，而不是强迫学生一定要去做什么。从我们这些做老师的来讲，应该是对得起那些把孩子送到清华的家长们的。清华一贯的学风就是严谨认真，我记得60年前我们在校学习时就是这样，包括我们每次做实验之前和之后的报告，老师都是认真看了的，做得不好还要批评你。做实验的仪表也要放得很有秩序，放得不好也要挨骂。清华学生的另外一个特点是基本功非常扎实，一些基础训练说起来倒背如流。

与清华，再也不能分开

周：那您觉得，清华对于您来说意味着什么？

顾：反正我这辈子就和清华形成了一个不可分离的关系了。我最重要的人生价值观就是在清华形成的。上大学之前，我迷迷糊糊的，对当时的国家大事都不太了解。后来在清华四年的学习过程中知道了人生应该为谁去奋斗，为谁去作贡献。当时我到这儿来，是因为我的表哥，一个地下党员。清华没有开学时我就来了，他带我去参加从昆明回来的积极分子组织的一些活动，我认识了好多同学，有的是地下党员，有的是外围组织人员。在这个基础上我们组织了一个读书会，叫"松明团契"。它是地下党领导成立的一个团契，是清华最早的团契。松明，就是山里面拿着当火把的松树枝，上面有松脂，一点火就能燃着，走山路的时候能起到照明的作用。我们在松明团契里曾讨论过对《钢铁是怎样炼成的》中保尔的人生观的看法，请吴晗教授讲国家形势。但更重要的是我们参加的第二战线斗争对我们思想觉悟的最大促进。每个人都在松明团契的活动中受到教育，取得了进步。从那个时候一直到现在，已经 60 多年了，这个团契还是一直在活动。

周：那团契内部的同学之间关系怎么样呢？

顾：我们同学就跟兄弟姐妹似的，相互之间特别关心。当时还是解放前，有一个同学生了肺病，我们家里都没有什么钱，靠在学校里面打工，勤工助学赚一点零用钱，但是还是把钱省下来给他订牛奶。而且我们现在还经常一起聚会，讨论一些国内外形势和哲学、经济、政治问题，有时也交流健康保健知识。他们是我最真挚的朋友。所以在清华，我确定了自己的人生走向，同时也结交了一大批志趣相投的朋友，收获了深厚的友谊。一生这样走过来，最大的幸福也莫过于此吧。

从一个历史辩证的角度来看清华

周：正值清华百年校庆之际，您有什么想对清华说的呢？

顾：我希望年轻一代看清华历史，要从历史唯物辩证的角度来看，这样才能让我们从一个更全面的视角来理解清华，明白自己这一代清华人的历史任务。最近这些年学术界有很多争论，过去这么多年，包括解放前的清华在内，为什么都没有出现诺贝尔奖得主？于是就有人批评清华办学太死。我看了以后，觉得都不是本质的东西。最本质的在于，清华大学本来是个什么样的学校。她是从怎样一个历史过程走过来的。最初她并不是一个大学，而只是一个留美预备学校，成为大学之后，又经历了那么长时间的时局动荡环境，从清华到西南联大，千辛万苦地培养了一些对国家有用的人才。等到解放以后，情况才慢慢好起来，开始建立我们国家的工业体系。

记得清华园解放不久，朱总司令带着他的秘书到清华来视察，当时我们电机系只有电机实验室、无线电实验室、电话实验室和电工实验室这几个最基础的实验室。当时朱总司令看了电机实验室的设备，就问是哪些国家的。有美国的，有德国的，就是没有中国的。所以朱总司令就语重心长地对我们说，我们中国必须有自己的制造业，必须自己生产这些电气设备。当时我的感触特别深。后来我一直致力于中国的制造业，也大部分是因为这句话。1960 年我转到电磁自动装置教研组，带着学生去实习，也帮着电器厂搞新产品。

　　"文化大革命"的时候，尽管群众批斗我，说我搞"学术权威"，我也还是能够静下心来去图书馆看书。当时图书馆阅览室里面总共只有三个人。后来参加全国攻关会战，我代表攻关组向全国同行作原理和技术报告。作为高校老师，我完全没有专利意识地把所有研究成果和技术介绍给全国技术人员。在攻关会战之前，全国的电压水平只有 800V，攻关会战结束后，研究所里的水平已经达到2500V 了。由于我们的带动和"交底"，全国的电压水平在半年内就提高到两三千伏的水平。

　　还记得 1949 年北平解放后，清华同学群情激昂，文法学院的同学和野战军一起南下了，但党号召理工学院的同学留下搞建设。我们留下了，而且没有辜负党和广大人民的期望，终于建立了国家的现代工业、现代农业和现代国防。这就是我们前后几代清华人的任务。有了过去几十年建设的基础，清华才有可能在今天提出创立世界一流大学的目标。相信不久的将来，清华就会出现世界一流的电站、航天、水利、铁路等各种设计师，也会出现诺贝尔奖得主。李政道和杨振宁为我们创了先例，说明中国人的智慧和教育水平是不低于国外的。但清华学子还是应该始终根据时代背景和国家需要确立自己的奋斗目标，严谨求实地工作。荣誉和奖金只是附属品而已，放弃前者，一味追求后者，就是舍本求末了。

　　周：所以说，清华在国家的革命和建设过程中是发挥了不可磨灭的作用的，每一代清华人都有不同的贡献。但是不变的，是清华的精神，是严谨踏实的学风，是成长。我们对于清华，是永远地热爱。

　　顾：对，要爱清华，要永远地爱清华。

感想体会：

　　准备一直做着听者的工作，或者是访问者的工作，先生跑开了话题就预备再抛问题把他引回来。可是，总是没有成功，他总会说，你等会啊，我先把这个问题讲完，然后再回答你那个问题。到后来，我基本上是跟着他在走了，听他讲他来清华读书的过程，讲他的教学生涯，讲他的学术研究，讲他作为清华老师的责任与荣誉，讲他当清华大学图书馆馆长的经历，讲他对清华的理解，对后人的期盼。

　　作为一名学者，他是幸福的，因为朱总司令的那一句"希望中国会有自己的制造业"，便投入了毕生精力在电机制造研究上。且不说有了多么伟大的成就，至少他觉得，制造业是强国之本，而他为此努力了。把自己的研究成果毫无保留地公开，让全国的电机业有了迅猛的发展，作为学者，他是成功的。

　　作为一名大学老师，他是幸福的。他说，大学是人生观塑造的一个重要阶段。而他，曾做过班主任，做过导师，他对于学生的感情并不只是学业上的师生关系。他给我说他们班女生向他询问感情问题，讲自己如何地感觉到被信任，而现在他促成的几对都幸福地在大学里面教书。他还讲到校外的人对清华老师的尊重与信任，那种满足，是我从未体会到的。

很感谢顾先生能够接受我的访谈，老先生昂扬向上的人生态度时刻感动着、激励着我，从这次访谈中，我获取的不只是他的故事，还领悟到了一种人生的哲学。访谈永远没有结束，我们总是从不同的前辈身上学到自己所需要的东西，靠近前辈，领悟人生真谛。

活泼健康的老人

——倪维斗教授访谈

访谈时间：2010 年 4 月 18 日
访谈地点：倪维斗办公室
被访者：倪维斗教授
访谈者：龙瑞雪（文留 81）、卢育培（美 88）
整理者：龙瑞雪

倪维斗，1932 年生，历任清华副校长，热能系、汽车系主任，现任清华热能工程系教授，1999 年当选中国工程院院士。

倪老师身体强健，初次见面我难以相信眼前这位生龙活虎的老师竟然已年近八旬。笑容满面的他，动作敏捷地带领我们去他的办公室，行动丝毫不显老态。倪老师为人乐观开朗，一副笑呵呵的样子，不但显得年轻，而且极为平易近人，和蔼可亲。于是，访谈就在非常轻松的气氛下开始了。

人生中的两大脉冲

龙：请谈谈您印象中最深刻的成功或失败的经历。

倪：我是 1950 年到清华的，在清华已经 61 年了。清华 100 年的历史，我是其中 61 年的亲历者，应该说是相当长了吧！所以我对清华是很有感情的。我从 1950 年到 1951 年念了一年后由学校选派到俄罗斯的莫斯科学习。那时候为了省路费，五年半没回来。1957 年初回国。工作了三年，之后又去了一次，大概又是三年。所以加起来有八年半的时间在俄罗斯。具体说，我先在莫斯科五年半，后来到圣彼得堡三年。人生道路比较长，哪个地方哪件事最高兴，哪个地方哪件事有最深刻的成功或失败的经历都不好说。成功是逐渐的，失败也是交织在成功过程当中的。整个发展过程中有一些干扰，有一些低谷的时候，也不能算是失败。当然，在人生这条很复杂并且一直前进的道路中，心情非常激动的有两次。

龙：请问是哪两次？

倪：第一次就是出国。我到清华来学习是1950年，学习了一年以后放暑假，我的同班同学都回家了。我因为刚从上海来，北京还有好多地方没有去过，所以就没回家。一天晚上，党支部负责人告诉我，隔天到城里去参加考试，考留学苏联。这对于我很突然，因为留学苏联这件好事不会落到我头上，从学习来说虽然还可以，但也不是最优秀的。那时候还要考虑家庭出身什么的，我家里不是贫下中农，也不是工人。那天不知道怎么的就叫我第二天去考试，当晚准备准备。我问："今天晚上怎么个准备法？你下午才告诉我，准备什么东西也不清楚。"反正那天晚上基本没睡着，很兴奋。不是为了赶快准备功课，因为无从准备，纯粹是兴奋。当时苏联在我们脑子里是非常高大的，是我们中国社会主义发展的榜样，苏联在社会主义这方面建设是非常出色的。第二天迷迷糊糊地去考，也考上了。后来，也就稀里糊涂地去了，连一个俄文字母都不认识。我小学四年级起念英文，中学也学英文，从来没学过俄文就一下子去了，所以这是一个激动的脉冲。

至于另外一个脉冲，隔了很长时间，要细细说来。你知道"文化大革命"吗？

龙：知道，1966年开始。

倪：从1966年到1976年左右，差不多10年。这段时间，我们应该说是深受其害，没法好好学习，没法好好教书。我们被派到乡下劳动，去改造思想。自己感到很无奈，出国留学那么多年，国家派你出去学技术，但是回来一直在政治运动中，感觉没干太多事情。1976年唐山大地震，死了20多万人，我们被派到唐山抗震救灾。天天在那儿为当地百姓建房子、搭棚子，在电厂里把机器挖出来。当然，这是需要的。但是如果将来就这样长期做下去，那我们思想上是有看法的。主要就是"四人帮"，听说过吗？

龙：是的，江青一派。

倪：我觉得在"四人帮"的条件下，这些事情也只能这样。从1966年以来不断地折腾，身为教师，本职工作应该是教书、做科研，当时我们却无法做这些事。因此，当我们在唐山抗震的时候，突然听到消息说"四人帮"倒台了，心里就特别高兴。"四人帮"既然倒台了，那自己就有希望了，国家也有希望了。当时我特别高兴，那又是一个激动的脉冲。

我从1950年到1951年出国前，在清华的这一年实际上也没念什么书。那一年的政治运动比较多，鼓励我们年轻人去参军参干，去打美帝国主义。在苏联的那段时间，我们非常认真地学习。在那里没什么运动，天天就是上课、学习、讨论，感觉很舒服。但是回国后又没有让我们正经干活，就是搞各种政治运动。两次留苏回来，第一次1957年回来后很多运动，什么整风反右，1958年"大跃进"，批判资产阶级学术权威。连马克思·威尔这位电工学奠基人，一些学术界权威都要批判。其实我的心里感觉这么做不对，但这是大形势，谁也扭转不了。在这种大形势下，要安安心心教书也没机会。

1968 年到 1969 年到江西下乡劳动，那里都是血吸虫的疫区。后来搞什么野营拉练。我们又被派到唐山抗震救灾。各种运动一个接一个地来，你说这个时候我是成功，还是失败？不好衡量。当时，你也不能反抗这个潮流，不仅你一个人，大家都在这样地过日子，只能顺着走。在那个大潮流的前提下，只能找到自己心态的平衡点，找到自己快乐的地方。在这种大环境中，叫你劳动，你就劳动。虽然很辛苦，但觉得也挺好。从小劳动得不多，更没种过地，怎么种稻子、麦子、棉花都不懂，好好学学也不错。当时我自己认为，学习种地是对的，但一辈子叫你种地好像也不合适。为什么不合适？因为国家培养你，给你出国留学，回来应该是要教书、做科研的。但既然叫你种地，你也感觉找到了快乐点，找到了心态上的平衡点和乐趣。既然是改变不了的现实，就算成天哭有什么用呢？那就是跟自己过不去，是吧？既然现实就是这样，就要面对现实，保持心情舒畅，不要怨天尤人。

动荡岁月里的安慰

龙：回首您在清华的生活，您有什么遗憾吗？

倪：我遗憾的就是国家培养了我，让我念了很多书，但一直处在政治运动中，到真正能发挥作用的时候却已经比较晚了。1978 年，我才真正开始我应该做的事情，那时已经 46 岁了，人的大半生已经过去了。我们这批人都经过这个过程，不止我一个人。不过庆幸的是，我没有被打成右派，也没当过反革命。没法发挥作用，这个就是我最大的遗憾。清华是社会的一部分，所以这些政治运动也到清华来了。但是总体来说，清华终究还是一个知识分子成堆、文化底蕴比较深厚的地方，不可能完全像外头那样乱来。清华的政治运动气氛比外头稍微好一点，这是不幸中的大幸。否则的话，像我们这些从苏联回来的人，毫无疑问就会被挂个牌子，说是苏修特务，是现行反革命，所以还是不幸中的大幸。

龙：这段期间有什么安慰吗？

倪：总的来说，在清华这段时间最大的安慰，就是在我的参与之下培养出了很多优秀的学生。我只是参与，不是我一个人的功劳，是大家一起来做的。从 1959 年开始，我们燃气轮机专业每年招一个班 30 个学生，毕业生照理说也就 30 个，30 年加起来也就有八九百人。科学院、工程院两院院士前前后后有 7 个，再加上中央万人大企业的总工程师、厂长，在我们这里出了好几十个。学生里在行政工作方面出了很多部长，最大的就是 1962 年毕业的华建敏，原来是中共中央办公厅主任、国务委员，现在是人大常委会副委员长、国务委员。1966 年毕业的也好多部长，有部级干部十来个。平时他们经常和我联络，校庆也来看我，应该说我们之间不只是师生关系，也是同志、朋友关系。所以，对我们教师来说，桃李满天下是最大的幸福。

现在参加一些重要会议，总会碰到一些学生说："老师，好久不见！"非常热情。后来别人就跟我说："怎么都是你学生，这么多？这个行业中的头脑人物很多都是你学生！"我就开玩笑说："我当太师爷了。"看了学生有出息，还惦记着自己，我感到非常高兴。这是连续的高兴，不是一个脉冲。

在清华工作了大约61年，我感觉最大的快乐就是清华给我搭建了一个培养学生的平台。学生考进清华不容易，考分要求都是600多，因此，进来的学生质量比较高。同时清华的管理比较严格，学风比较正，在这个条件下，你的教育工作就可以得到很好的发挥。教水平高的学生，你的作用就可以发挥得更好一点，当然我们对差点的学生也不能歧视。我非常喜欢和学生交流，各种问题都谈，感觉自己能够和年轻人在一起，是一种互相的启发，互相的学习，不分师生。现在那些研究生、博士生按年纪都是我的孙子辈，我把他们看作自己的孩子一样。现在的学生非常爱和我交谈，愿意交流。所以有清华这么一个平台，我感觉我的人生也无憾了。

清华印象和清华精神

卢：您刚来清华时对清华有什么印象？我们听说到城里去的话，有时候还要雇骆驼。

倪：印象就是清华外面也是一片荒地。我来的时候是一个孤立的园子，西门外全是荒地。骆驼我倒是没雇过，但是校园到城里有公共汽车，就在二校门，也就是清华园，每天有一班车进城。这车也不是真正的公共汽车而是普通卡车。早上发一班车到城里西单，之后就不管了。晚上可能有一班车发回来。不像现在还有地铁，有钱的同学打个的也很方便。我认为，清华本身和周围的变化实在太大了。

现在商业的味道太重，我喜欢安静一点，搞学术最好安静一些，晚上大家好好地看书，讨论问题。可能别人认为这些变化很好，但是我感觉不太好。1950年我来读大学，当时住的地方现在早就没有了。清华同方部知道吧？就在清华学堂北面，同方部的侧面有几排平房，叫作二院，就是原来我们一年级的宿舍。那时候我们刚来清华，15个人一个房间。大房间至少有十来张床，都是上下铺。一年以后换到明斋。明斋、新斋、善斋是学生住的地方。女学生住在静斋，拉开点距离。

清华原来房子不多，现在翻了好几番。科学馆知道吧？那是最老的。还有大礼堂、清华学堂，都是最老的。第二代的建筑就是一教、二教，是五六十年代盖的。四教、五教、六教那更是在后面了。变化太大啦，我们都老啦。

龙：那您是怎么看待清华校训的呢？

倪：自强不息，厚德载物。"自强不息"意思比较清楚，非常明了。至于"厚德载物"，我理解的是，在整个现代社会，虽然竞争非常激烈，但是人心应该比较宽阔，必须真诚、宽厚地对待别人。竞争很激烈，你老是和别人斤斤计较，什么事情都非常激进,这样不行。你有能力应当发挥,但对待所有人也要厚道、真诚,要与人为善。我常给学生说,现在好多年轻人只看到自己的优点和别人的缺点,总感到自己比别人高明,这样相互之间就不太容易相处。所以我觉得,应把自己的优点乘以0.9,别人的优点乘以1.1;把自己的缺点乘以1.1,把别人的缺点乘以0.9,这样大家就扯平了。多看人家优点,少看人家缺点。我感觉"厚德载物"包括这一层思想,这是我自己的理解,因为我是这样来看人行事的,感觉这样和周围的同事们相处比较和谐。

对学生不要摆老师的架子,应当他们是朋友、子女,那样感觉就挺好,心平气和的。清华校训对我这几十年潜移默化,对我的做人行事起了作用。我感觉这也是清华的一种文化。自强不息是你对自己的要求,这肯定要做到;厚德载物,我体会的是互相关心的处事方法。你对人真诚,别人对你也真诚,大家会感觉谈得来,愿意在一起谈。

另外,对自己要有一个确切的估计。现在我有这么一个身份,院士、主任、资深专家,实际上心里有数,自己比别人也强不了多少。别人在努力,别人也挺聪明,但你为什么会到这个位置上,别人却没有呢?你就是有机遇。在某个条件下,你有机遇你就上去了,比别人上了一个台阶。因此,绝对不是自己多有能耐,不是自己比别人有多大本事。大家都在努力,但是机遇不由你自己,都是大家帮衬的结果。这点想清楚了,认识到了,就能和大家和谐相处。

龙:清华在你一生中起了什么影响?

倪:清华对我一生的影响是:对工作要自强不息,对同事要真诚相处,宽厚待人,助人为乐。而且我感觉我们要更好地对待年轻一代。现在的任务就是培养年轻人。现在清华的一些情况,是一些老师只关心自己的升迁,从讲师到副教授到教授,想得太多了一点,这虽然也可以理解,但首先要面对年轻人。你的责任,第一要务就是培养年轻人,用你的行动和语言去支持这个理念,潜移默化地来使年轻人学会怎么做人,这是第一位的,然后再考虑传授知识,这是我在清华的体会。现在社会上浮躁、急功近利的风气不太好,清华也受到一定影响。

龙:学术风气方面吗?

倪:学术风气也好,人与人的关系也好,都是至关重要的。社会上唯利是图,为了赚钱不顾一切的短视行为腐蚀性很强。我们希望这些风气尽可能不要传到大学里头来。清华作为一个很有文化底蕴和学术水平比较高的学校,应该在这个大环境里头起中流砥柱的作用,不要随波逐流。现在看来,清华有点抵挡不住外面的歪风,整个精神力量有点不行,道德亦然。

我希望清华能在各种思潮的冲击之下保留一块净土,因为只有这样,才有可能更好地发挥清华大学过去发挥过的和现在还在发挥的作用。否则的话,表面上好像搞了不少科研,搞得很好,但实际上丧失了自己的文化底蕴,这影响绝对是长远的。这个文化和传统不是一天两天就能建立起来的,破坏了以后也不是一天两天能恢复的。

运动生活永相随

龙：您除了学习和工作以外最喜欢做的是什么？有什么个人爱好？

倪：我个人的兴趣和大家差不多，看一点书，和年轻人交往，还有体育锻炼方面我也很感兴趣。清华每次新生入学要和老师座谈，谈谈我们专业是干什么的。座谈以后我总是建议他们从 30 个人里头挑一个人和我掰腕子。我一直都是第一，不过现在我不掰了，主要是因为骨头不行了，肌肉还有一点力，骨头脆了。总的来说，我一直喜欢运动。原来清华有个体育教授叫马约翰，是非常有名的体育老师。我入学时他已经是老头了，但是冬天穿得很少，就一件毛背心和灯笼裤。他经常给我们作报告说："年轻人就是要动！不动就生锈了，我最讨厌年轻人走在路上晃晃悠悠、慢慢腾腾的。年轻人走路要快！"他又说："如果我在后面骑车你在前面慢慢走，我就撞你！"他还提倡我们洗冷水澡。他说如果你下午四点半跑步，跑上 3000 米出汗后去淋浴，开始先用热水洗，最后一下把热水全关掉，换成全部凉水，喷洒一下，这样对身体特别好。热水洗的时候毛孔张开，很多蒸汽被包在毛孔里，用冷水一激毛孔就收缩了，蒸汽还会留在里头，身体就会感到很暖很舒服，对血液流动有好处。这个就叫"马约翰洗澡法"吧，我已经保持有二三十年了。另外，我以前每天早上起来要跑 3000 米，后来膝盖有点问题就不跑了。现在是走路，夏天游泳。西湖游泳池去过吗？就是那个露天的。

龙：靠近校医院的那个游泳池吗？

倪：对对。夏天我差不多每天都去。原来每天游 1000 多米，现在是改成 800 米左右，下去以后就游，不休息，这挺好。我跟人开玩笑说："我有非常好的锻炼条件。我有一个非常大的私家花园。私家花园有 50 亩这么大。"有的朋友问："你哪有这么大的私家花园？"我说："就在近春园，就是那个荒岛，我每天去。六点多一点，一个人都没有。我要大声嚷嚷也可以，我要大声歌唱也可以，要跳也可以，要跑也可以，相当于私家花园嘛，对不对？我还不需要派人去修剪和打扫。这么大的私家花园，应该好好享受。"我和游泳池的人比较熟，也曾做过一些捐助，管理人员会在两场开放时间之间放我进去，那个时候一个大游泳池就几个人，随便游，所以说我就有了一个非常大的私家游泳池。这么好的条件，你不利用来锻炼身体？学校有这么好的条件，加上马约翰给我们打了底子，运动成为我的一种终身爱好。运动能锻炼体魄，锻炼意志，所以这辈子过到现在身体还不错。我当时也不是运动员，连二级运动员也算不上，但是，能跑能跳喜欢活动，一直延续到现在。跟同学一起出去，爬山不太高的话可以，一起游泳可以，一起聊天也很愿意。有机会就看一点书，现在能看书的时间太少了，需要看其他材料太多。

倪维斗

感想体会：

　　访谈结束后，倪老师带我们参观了清华——BP清洁能源研究和教育中心，热情地介绍房间里所挂的俄罗斯油画，并询问我们的看法。之后，他还举了举办公室里的哑铃，我们感到惊讶不已。当然，让我印象最深刻的是倪老师为人处世的

态度，他对自己的成就所抱的低调谦虚的态度。如今，许多人急于自我表现和自我吹擂，做事情投机取巧，急功近利，倪老师的人格素养因此得到彰显。在这纷扰的社会中，负面风气盛行，他有如在这洪流中平稳矗立的石柱，始终不受影响。从他身上，我们可以说是清华塑造了他，也可以说是他展现和发扬了清华精神。

清华电子成长的见证人

——陆大绘、杨为理教授访谈

访谈时间：2010 年 4 月 10 日

访谈地点：陆教授家

被访者：陆大绘、杨为理

访谈者：王碧琳（无 92）、孙羽良（无 92）

整理者：王碧琳、孙羽良

陆大绘，博士生导师，82 岁（2010）。电子工程系网络与人机语音通信研究所（原信息系统与计算机应用教研组）退休教师。自 50 年代末，曾任电子工程系（原无线电工程系、无线电电子学系）副系主任，主要负责教学工作，60 年代负责科研工作后，还曾兼任原雷达教研组、电磁场与微波工程教研组主任。1978 年以后主讲"随机过程"课程，并编写教科书《随机过程及其应用》（清华大学出版社出版）。

杨为理，72 岁（2010）。电子工程系网络与人机语音通信研究所（原信息系统与计算机应用教研组）退休教师。1957 年入清华大学无线电工程系学习，1963 年毕业留校任教（通信教研组），1987 年调至信息系与计算机应用教研组（现为网络与人机语音通信研究所），曾任副主任、主任。从事信号处理、通信技术与系统、信息交换与网络技术方面的教学和科研工作。

4 月 10 日，我们如约先来到了杨教授家，他是位极和蔼的老师。记得第一次见杨教授，跟他提起访谈一事，他毫不犹豫地答应帮我们联系陆教授，而且也乐意陪同采访。在杨教授的带领下，我们来到不远的陆教授家。这是第一次见陆教授，他的亲和让我们觉得很放松。他家干净敞亮，还为我们准备了茶水。坐下后，两位老教授都拿出我们提供的访谈提纲，上面密密麻麻地写满了小字。他们如此精心的准备，着实让人感动。

从运煤船甲板开始的求学生涯

陆：在你们来之前拿到访谈提纲，我大概看了一下。先说说我想到的一些基本情况。你们有什么想问的可以再问我，好吧？

先说说我上学的大致情况吧。我 1946 年从上海到北京来念书，条件很苦，是你们现在想象不到的。当时是坐船来京的，因为是特殊时期，铁路不通，所以先到天津的塘沽，船上人很挤，就睡在甲板上，挺脏的，然后再坐车到北京。其实我当时也可以选择在南方念书。但当时考虑到，相对南方来说，北京的条件对我们求学更有利一些，而且我们那时候就是一心想着科技报国，想学一些国家需要的技术。我们觉得来清华学习，能学到最好的科学技术知识。我念书的时候还没有无线电，有的是电机系和电讯（信）组。

杨：我先补充一句，陆教授自建系（1952 年）以来曾较长时间担任我们系的副系主任，主管教学，还曾兼任过雷达、电磁场与微波教研组的主任。绵阳分校时期在教改组，那时候正处在"文化大革命"中，所以咱们系整个的历程他都经历了，他也是我们的老师和领导，所以你们今天有什么问题，尽量问，不要拘束。

王：好的。

从电机到电子

王：您见证了电子工程系从无到有的那段岁月，能给我们讲讲当时的情况吗？

陆：我上学那个时候还没有电子系，那时候只有电机系，自动化、通信、电子等学科都在电机系，当时美国也是这样的。你们进清华的时候看没看到旧电机馆在大礼堂与新水利馆的东南侧，同方部的旁边，背后就是交电话费的电话室。电机馆就是我们建系时的系馆，电话室当时是航空系，那里有架旧飞机。

什么时候建的电子系呢？1952 年院系调整时建了无线电系。那个时候通信很落后，只有大城市才有步进式电话，中小城市采用人工电话。收音机是电子管的，它使用的元器件大部分是国外的。别的都没有。

孙：那时候电机系是什么样的专业结构呢？电讯组是属电机系的吧？

陆：清华 1926 年成立电机系。在我进校时当时电机系有两个组，电力组下有发电和电机制造，还有一个电讯组。电讯组约占电机系学生的三分之一。清华挺厉害，比我们成立电机系早的大学有好几个，但是没几年，清华的电机系就赶到前面了。到抗日战争，北京被日占领的时候，清华从北京搬到长沙，再搬到昆明。到了昆明后就建了西南联大，这个时候成立了一个无线电研究所。这个所出了很多人才。当时一共没多少人，也就十几个。现在的很多院士在那儿待过，孟昭英教授，知道吧？

孙：知道，我们系第一任系主任。当时科研做什么呢？

陆：常迥教授那个时候还挺年轻，迁往长沙时，他还是学生。国防科技大学原来的校长慈云桂是联大初、后期的助教。清华的无线电研究所当时是很强的。搞过电离层反射的研究，研究过雷达中所用的磁控管的阴极过热问题。孟昭英先生的研究工作是电子（管）器件，自己能吹玻璃。清华当时就有这个水平。你看现在都是集成电路了，但我们那个时候都只是电子管。

杨：我们系研制的第一代数据传输设备，1963—1964年还是用电子管。我是1959年开始上计算机课的。当时清华研制的第一代电子管式计算机，占了一个大房间，运算速度很低。

陆：在50年代末期建的那个电子管计算机实验室，冬天最冷的时候，进去全是汗，发热很厉害。所以说电信技术发展非常快，不是一般快，是极快，快到我们不能想象。我们念书的时候，学的是电子管收音机。四年级有一门课程叫实用无线电，每个学生组装一部收音机。解放以后美国的科技成果一度进不来，半导体收音机是我做助教以后从香港运过来的，是1956年、1957年看到的。我们念书的时候，这些东西都没有，都是工作后才接触的，所以说变化很快。这几十年里换了好几代，电子管、晶体管、集成电路。所以你们现在的学习，是站在很高的基础上，不像我们学的都是"老土包"。

王：能跟我们说说当时西南联大的无线电研究所吗？

陆：当时在联大都是住的茅草房。许多仪器设备都自己动手制作。老教师就能吹玻璃，孟昭英先生带了人学这个。清华电机系的变化比较快，联大时的研究成果在抗日的时候也起了些作用。到了50年代初国防部副部长黄克诚大将写了一封信给周恩来总理，要求清华搞雷达。那时候我们没有雷达，50年代调拨了几台从国民党军队缴获来的美国雷达，给我们做实验用。我国需要培养训练这方面的人才，所以希望清华赶快进行这项工作。蒋南翔校长一到清华就抓了这件事，请了通信兵部的王铮部长等电子工业的领导到清华开会。还邀请了王士光同志（解放战争时期是解放区电台台长，也是清华的毕业生），商量怎样赶快把清华的电子专业搞上去。1953年清华把无线电从电机系独立出来。当时有个苏联专家，他是搞土建的，按照苏联的办法，土建方面的学校是不搞无线电的，他建议教育部，不要建这个无线电系，但是清华没同意。无线电系当时人很少，成立时就14个教师。

孙：现在已经是最大的系了。

祖国指哪儿就打哪儿

陆：清华的无线电系就这样建立起来了，然后从电子工业部、通信兵部调来一些人，将解放时国民党留下来的电子设备调拨给清华，中央各部门对我系非常重视。1953年招生时招了120多人。1952年前电讯组一年不到30人，1953年就招了120人。156项重点中那个电子管厂，在大山子那儿，叫北京电子管厂。开始建厂时，我系就成立了电真空专业，1956 年就把半导体专业搞起来了。

国家发展规划刚开始发展半导体时清华就建立了半导体专业，是很有远见的。然后是电视，1957 年我们建了第一个实验室。当时的广电总局，派了几个人过来，然后，电子工业部也派了几个人到清华。合起来成立了一个组，专搞电视。1959 年国庆时候开播电视。该设备的研制是北京广播设备厂做的，清华无线电系参与研制工作。

孙：我们看资料的时候看到过这一段。

陆：情况就是这样。所以说清华无线电系，当时的科研、教学是与国家的发展和国防的需要紧密结合在一起的。

杨：那时候做毕业设计，多是结合国家或国防的需要，真刀真枪干的。比如咱系的通信、雷达、微波技术、电子器件等一些有水平的科研，都是师生这样努力做出来的。

王：这些成果搞出来之后，都有什么应用呢？

陆：我们的老师把试验研究成果移交给工厂，然后两家合作，设备试制成功后将产品交有关单位试用，改进后由工厂定型成产品，如我系研制的雷达，技术水平有较大的提高。六七十年代，无线电系通信教研组的数传机研制团队所研制的设备，曾在我国的卫星发射与其他实际系统应用。当时从西北到北京的数据通信就用这种设备。那时候不像现在，没有如今的光纤、卫星、移动无线通信，就是靠电线杆子上那两根线。器件与设备、线路与通信环境都在低水平上。所以清华在这上边确实起了一定或较大的作用，做了一些国家需要的事。

"领导的水平体现在他的远见上"

杨：那时候，蒋南翔校长很有远见。到苏联去考察后，他就提出清华发展还需要搞新兴的专业，比如工程物理系、无线电系、自动控制系（后来的计算机系）、数学力学系等都是那个时候创建的。

王：蒋南翔校长到了清华之后都做了什么工作呢？

陆：蒋校长到了清华以后，即带人先到苏联去看，考察苏联是怎么搞的。他在清华学的是文科，但对领导大学的建设发展很有办法。他讲话很简练，很有哲理，目标清晰明确，我们很乐意听。他给我们讲过辩证唯物主义，组织我们这些当年的年轻教师，读辩证唯物主义，一周一次。这一点他很有见地，而且能以身作则，是个很值得敬爱的校长。他当时提出办学校要靠"两个车轮"的理论，一个车轮转不了，要两个车轮一块转。我们教学做好了，学生食堂办不好也不行，两个车轮一个小了要转弯，他让大家按比较正确的方法去做。所以清华的发展，在解放前有一个较好的物质与环境条件，解放后又有一条正确的路线。

大家对他比较满意。他每个月一定要跟系、教研组主任这些人开个会，讲一些他的想法，时间不长，一个小时，他一直坚持这么做。还有一条，在 50 年代初，每个星期天晚上他都要参加一些基层会议，如当时我调到教学研究科工作，他就把我们这些人找去，听听我们的看法，这样能做到比较好地上下通气。他说要发展教师党员，就培养老教师。清华首先发展入党的老教授是第一副校长刘仙洲，后来梁思成也入党了。清华有一些好的传统，值得我们去继承、发扬。

自力更生、艰苦奋斗

陆：在最困难的时候，我们系搬迁到了四川绵阳。刚到的时候条件很差，房子都得自己盖。

杨：大约在1969年到1971年，咱们系主体搬过去了，那时处于"文革"中。

陆：去了之后马上就建分校，有了起码的条件就招生，北京招生，绵阳也招生。当时给分校的经费很少，我们还得自己想办法，搞点生产赚点钱。分校那里还有一个游泳池，是科研结余和生产经费节省下来的钱建的。所以你想，我们的老师不简单啊。的确是自力更生、艰苦奋斗。那时候是真买不着肉，每家发一张肉票可买一斤带皮带骨头的肉。

杨：说实话，一个月一斤肉，全让小孩吃了。

陆：而且那个地方买肉都肥得要命，你们不想吃的，但是那个时候有肉就了不得了。那个环境基本上就是农村。

杨：现在那儿发展特别好，绵阳成了电子城。原来的分校发展成现在的西南科技大学。

陆：那个时候真不简单。清华电子系的发展有几个阶段。第一个阶段是从西南联大搬到北京的时候。当时抗日战争刚结束，还从属于电机系，从美国回来了几位有名的教授，带回来了一些新的东西，所以这个时候清华上去了一截。解放后就又封闭了。1952年，开始跟苏联学。1957年、1958年以后，国防科研大大加强，学校明确了科研教学怎么干，所以这段时间发展得较快较好。

"五公寓3楼的灯光"

杨：清华大学的校训是"自强不息，厚德载物"，包括西南联大的校训"刚毅坚卓"。清华及电子系一直坚持"教学、科研、生产三结合"的指导思想。搞教学要和科研相结合，科研的成果应转化成生产力，要与国家和社会的实际需求结合起来，这一指导思想是非常正确的。所以咱们学校，包括咱们系的老师，都是在这种环境中成长起来的。1963年我刚毕业留校，我记得当时年轻教师的生活基本上都是三点一线，宿舍、食堂、实验室。那个时候不像现在，上大学和刚毕业的时候，有几个人有自行车？有几个人有手表？多数人都没有。

孙：这在过去叫三大件吧？

杨：对。这节课在化学馆上课，下节课在焊接馆，背起书包就跑，跑到教室，不会迟到，养成"准时"的习惯。再一个就是对待工作，一门心思扑在教学科研上，一切表现都要对得起国家，对得起人民，对得起父母，对得起自己的良心。科研团队都是齐心合力的，老是加班，常常泡在实验室。加班、调机器，都不觉得累。那时候搞科研，条件很差。刚才陆教授讲的电子管，我们是一面做一面学，记得当时我们刚开始搞的时候，每天回来都得摸摸管子热不热，坏没坏。后来器件升级为晶体管，再后来利用小规模集成电路。小规模集成电路你们没见着，不是插的，得用烙铁一根一根焊到印制板上，拿下来也特别不容易。然后又有了中规模、大规模集成电路与专用集成电路。我觉得环境变化是社会科技进步的必然产物，楼盖多了，条件好了，但对学校与系来说更重要的是具有一种优良的传统、理念、精神与品质。咱们系的老师工作都比较认真，踏实，肯干，团队精神好，科研遇到困难时能勇往直前。

陆：在清华，我们系年轻教师宿舍的灯关得最晚。

杨：所以那会儿说，要撅着屁股干活。意思就是不怕累，要有一种精神。对清华电子系来说，首先是考入的学生素质高，进来就想学东西，这是我们的无价之宝。其次是，老师专业基础扎实，专业技能动手能力强。同学当中也是这样，我过去接触一些同学，的确有部分人是人品好、素质高、专业基础扎实、动手能力强的人。我们希望同学们通过大学阶段，要努力提高自己的专业基础与实践能力，提高分析、解决问题与创新的能力，而且要品行好，心理素质好，抗挫折能力强。还有，我觉得要树立正确的思想方法。不然就很难成才。你们应该充分利用现在的条件，培养自己成才，每做一件事情就学一点东西。电机系馆有朱镕基为母校电机系建系 60 周年的题词"为人为学，追求完美"，及"为学在严，严格认真，严谨求实，严师出高徒。为人要正，正大光明，正直清廉，正己然后正人"。非常深刻，我们要牢记在心，不断学习，不断进取，做一个这样高尚的人。

陆：对，活到老学到老。时代在不断发展，要跟得上形势。

未来总有惊喜

王：这个行业发展太快了。您在这个行业这么多年应该有不少感触吧？

杨：是的，咱们这个专业或行业发展特别快。我觉得，有三件事对我的触动特别大。第一，就是光纤。我们在 80 年代初期时见到的是一公里衰减 20dB 以上，信号传过来就衰减到原来的十分之一以下了，根本不可能投入使用。现在一公里衰减才零点几 dB，这是当时无法想象的事情。第二，我还记得约在 30 年前我国在广州开无线电通信方面专业会议，说外国有人在 1973 年提出要研制一种小型移动电话，像烟盒大小，能放进男式衬衫口袋里，当时很多人认为这不大可能实现。结果没过几年，第一代"大哥大"就诞生了。你再看看现在，人手一个 2G/3G（第二/第三代手机）很快就会普及了，马上 4G 又会问世、普及了。再有一个就是"网络"。互联网发展与普及之快，也是出乎人们意料的。现今，随着社会的发展与人们需求的快速增长，在电子领域，新技术、新手段、新应用层出不穷，更新换代频繁，用户使用日益广泛、方便、经济。

孙：咱们系的科研工作现在进展得怎么样了？

杨、陆：我们俩都已经退休多年，有关科研情况了解不太多，不全面，不确切。你们可以去系里找管科研的领导了解一下。就我们所知，咱们系现在在各个专业领域和科研方向上都开展了很多高水平的科研工作，包括语音与图像处理及识别技术、智能网络与下一代互联网、新型光电子器件与光通信网络、无线移动通信关键技术与系统等。

陆：就我所知，现在我系的光电子方面的工作做得挺好，科研成果较为突出，有发展前途。现在开展的是光通信新技术与新器件研究，属当前较为前沿的技术课题，我最近去那里看了一下，觉得不错。

杨：顺便说一下，我和一些同事老师也感觉到，咱们现在面临的形势与环境跟50—70年代已大不一样。那个时代搞无线电或电子技术工程的人和单位不多，竞争不甚激烈。而现在处国际开放环境，技术发展与更新换代很快，且国内的大型专业公司的研发机构、部门与高校的专业研究所有实力的不少，竞争颇为激烈。学校的优势是专业基础与应用技术研究，在商品化或产业化方面是弱项，因而必须加强合作，扬长避短，以期在优势方面和前沿方面提高水平，占据有利地位。

老教授们的学习经

孙：陆教授，您名字里面的"绘"是什么意思呢？

陆：图章。这是我祖父给我取的。在康熙字典里有，现在不常用了。

王：还好《随机过程》上能打出您的名字。您能给我们讲讲"随机过程"这门课吗？我们都听说这课特别难学。

陆：我讲《随机过程》课的思想是：讲了以后学生们能够去用。我的思想还有一点，希望学这门课的时候，把以往同学们学的数学内容尽量用起来，而且要灵活运用。我的课程里面值得注意的是，大家利用课程，能把前边的内容都复习一下。另外，哪些东西今后有用，就注重哪些东西。所以我比较坦然的是，现在有些在美国留学的博士生，一起座谈时，说"陆老师讲的内容有点用，我在国外念书没有困难"，这让我心里比较踏实。我希望该课程能够巩固前边的内容，大家很难学是因为我的习题里面涉及很多原来的数学，不是我这里的困难而是前面的数学不太会用。我的指导思想就是这样，搞电子的，数学比较重要；搞光电那边，物理一定要好；通信这边，要求低一点，但数学一定要好。

王：现在都要求宽口径出去，学的东西都很多。

陆：宽一点好。现在的工作，大学学的都不够，你要是只凭这些，肯定不够。工作了还得学习，这叫活到老学到老。

杨：我逐渐体会到，有些知识越学越多，而有些知识却可越学越少。在现今教学与科研实践中，经常是好多内容或技术都源于一些基本知识，譬如现在已有或今后新出现的各种信号与信息形式（数字化方法、调制解调方式等），各类通信技术、手段、系统，各代信息网络与应用，有许多源自共同的技术基础，往往是针对某种特殊的需求，为解决某种问题与矛盾而进行一些技术变换、组合与更新。我们应掌握专业基础，学会分析、归纳总结，理解技术关键融会贯通，举一反三，掌握要领，把复杂问题简单化。你学新东西，就要掌握方法理顺思路，要学会整理、归纳。

孙：当时您在电机系念书竞争也很激烈吧？

陆：当时在电机系学习很苦，大一的时候物理课考完以后，有三分之一留下来重念。大二的时候电工原理课也是一关，这两门课过了，你就过了两关，这两门课卡得厉害极了。当时全校工科理科一起上课，要求是一样的，考试完了，全校公布成绩。

"学会做事，学会做人"

王：您从这么多年和学生的接触来看，现在的学生和过去相比，有什么欠缺？有什么优势？您能给我们些建议吗？

杨：其实蒋南翔校长提出的教学观点很重要，我们系贯彻得也很不错。他说："要有猎枪，不能光有干粮。"就是你不要老师教给你什么你就只会什么。教给你一种方法，你要会用它去打猎。

陆：要懂得团结合作。现在有个问题就是，有些人觉得，我上去了，你们最好别来，这种心态不好。真正的工作多是大家一起完成的。你说我领到一个科研项目，没有大家我能做出来吗？搞科研一个人做不出来，数学还可以，但是搞工程你能一个人搞吗？工程太大了，你能做的只是一小部分。朱镕基有一次跟我们聊天（我比他高一年级）。他说："我在高中时候学习很好，一到清华，好多都比我好。一个人在学校里怎样能够和别人融洽相处呢？能够找到自己的定位，能够和同学们好好合作，这些很重要，将来到外面工作也是这样。"所以在清华，不要因为别人比自己好而受不了，也不要目空一切，大家要团结好，共同进步。

杨：每个人都有弱点与长处。他可能适合搞教学，或适合搞科研，或适合当领导。各人的特点都会不一样。联合国21世纪人才战略是16个字"学会求知，学会做事，学会共处，学会做人"。学校里人与人的关系还是较为简单的，但同学们还是要学会做人，学会与人共处。凡事要从严要求自己，要谦虚谨慎，经常想想自己的不足之处，要有自知之明，多看别人的长处与优点，团结周围的人。我亲身经历过一件事。某大公司在清华招聘，我朋友是面试官，他对我说："杨老师，你们××系的一个博士生我们没录取他，'德育'不那么好啊。他还没等我们开口，就夸夸其谈，说自己多能耐，狂妄自大。"任何人总是有强项与弱项，有长处与短处，有优点与缺点，要谦虚谨慎，实事求是，稳重得体。希望大家发扬清华的优良传统，继承清华校训、校风、系风的精神，严格要求自己，不断提高自身的全面素质与各种能力。

杨为理.
陆大继

感想体会：

在百年校庆之际，结合对口述史访谈的学习，我们采访了本系的两位老教授。整个过程让我们学到了很多。这中间，有碰壁的时候，也有幸运的时候，历经了困难，也品尝到了访谈成功的喜悦。我很庆幸选择了这门课，因为这样的经历、这样的体验才是我在大学最希望得到的。后期的访谈录音处理是一个让我们难忘的环节。最初的录音设备不是很好，再加上老教授有口音，录音稿的整理着实有些困难。但正像老教授说的，多经历些事情，总能学习到一些东西。通过对录音稿的整理，我们掌握了音频软件的应用，也算是意外的收获了。

从老教授家里出来，我们都感慨良多。单单从他们准备这次访谈的认真上，便能够感受到他们处理问题时的一丝不苟。我们从两位老人入学时的经历，谈到电子系一路走来的点点滴滴，谈到他们对这个行业的理解和对未来发展的看法。从他们回忆清华往事时的神情当中，我们能读出那一份浓得化不开的眷恋。

两位老教授见证了清华大学电子工程系一点一滴的变化与进步。对于我们这些后辈来说，这是我们无法到达的视野高度。访谈的时间短暂，但是我们的收获与感动很难用语言来形容。在做前期准备工作时，我们曾仔细收集两位老教授的资料，却发现不论是互联网上还是书籍上，甚至是在两位老人编写的书籍当中，真正提及本人情况的也不过寥寥数语，没有太多的内容可供参考。直到我们看到杨教授细心为我们准备的资料，聆听了他们的故事，我们才真正开始了解这两位老教师，并被他们丰富的人生阅历折服。他们求真务实，行胜于言，是真正一心报国、勤勤恳恳、不为名利的清华电子人。

　　与两位老教授的交流，使我们对电子领域又多了一分了解：这个技术领域正处在发展极为迅速、更新换代频繁、应用日益广泛的时代，从业者稍有停滞就会落后、掉队，必须不断地学习与实践，才能适应社会的需要。同时，我们对今后的学习有了进一步的认识，不论是具体到一些课程的学习方法上，还是对构建整体知识结构的理解上，抑或提高自身动手实践能力的重要性上。更重要的是，我对人的德行的理解又上升了一个高度。"自强不息，厚德载物"不仅仅是一句口号，更是我们每一位清华人追求的一种精神境界。我们向往这样一种境界，也知道这一方面需要自身的不断磨砺，另一方面也需要各种经历去充实自己。这次访谈，让我见识了优秀的电子工程师所应具备的各种品质，他们是我学习的楷模，将激励我努力充实自己，同时也让我充满信心，毕竟，未来的电子技术与工程事业，需要我们来担当！

智能交通第一人

——史其信教授访谈

访谈日期：2010 年 5 月 10 日下午
访谈地点：蓝旗营小区 1 号楼 607 室
被访者：史其信教授
访谈者：苏雅琪（法 91）
整理者：苏雅琪

史其信，清华大学土木系教授，主要研究智能交通系统（ITS）、轨道交通规划与客流预测、区域与城市交通规划、交通控制与管理、高速公路工程可行性研究等领域。有《智能交通系统（ITS）评价方法研究》《支持 ITS 影响评价的交通仿真模型研究》等论著。

我国改革开放 30 年，为了配合经济发展，基础建设、交通运输、道路规划等，均是必不可少的。清华大学土木工程系作为清华大学历史较悠久的科系之一，在中国这几十年来经济的急速发展中一直扮演着重要的角色。虽然，我是一个文科生，但是到底如何以科技兴国？清华精神，又是如何影响着一个又一个对中国发展举足轻重的技术人员？这些问题，把我引领到一位睿智的工科教授面前，把我带到清华大学交通工程学开创者的面前，让我看到中国智能交通第一人是如何贯彻清华精神，为社会为祖国作贡献的。

"我排在那届全清华大学的第一号"

苏：老师您是 1965 年进校的，当初为什么会选择清华，为什么会选择土木建筑这个专业呢？

史：当时考清华，我那会儿也不太明白，不像你们现在这些年轻人要考什么专业，将来想要当什么都很明确，我那个时候就是都听老师的，中学老师让我们成绩好的同学报了清华。这是第一个原因。第二个原因就是我当时对画画比较感兴趣，所以选择了清华大学土木建筑系，是奔着梁思成教授来的，因为依我的想法建筑系就是要画画的。但是到了学校以后发现土木建筑系不完全是要画画，只有一个专业才需要画画，就是建筑学专业。我为了上建筑学专业，入了清华大学以后还专门考了一次素描。当时是根据学生的素描考试，来判断他能不能进建筑学专业。当时建筑学专业只录取30个人，我们那个系里应该是六个班，招的学生是将近200人。但是，我没被选上建筑学专业，而被分到了结构专业，也就是工业与民用建筑方面的专业。"结构"就是那种建房子的建筑结构。后来我才知道，不是说我画的不好，因为跟我一起考素描的其中一个同学没有比我画得好却选上了。这个跟我一块入学的同学，我们刚入学校就认识。原因是我是排在全清华大学那届学生的第一号，学号是650001。那个是第二号，就是650002，也是北京的，分在一个宿舍，所以我们两人就认识了。之后，我们一块儿去参加建筑学专业的那个素描考试。他也画，我也画，我一看，他画的也不比我好，但是他被录取了，我没被录取。

苏：为什么呢？

史：后来我才明白，当时我被清华大学录取后，老师就内定让我在结构专业的那个班里当团支部书记。一入学，老师就根据档案把几个班的干部内定下来了，定下来以后你就是这个班的了。所以你再考什么都没有用。我当时是整个土建系将近200个新生当中的两个学生党员之一。我在中学入的党。还有一个是从青海考来的，他也是党员。

"在战斗中成长"

苏：老师进大学后第二年是"文革"对吧？

史：对！我们实际就上到第二年的5月份。1966年的学期课程还没完，还没考试，就赶上"文化大革命"了。那年6月2日，在毛主席指示下向全国公布了北大聂元梓等人的所谓"全国第一张马列主义大字报"后，就开始搞"文化大革命"了。所以我们上了不到一年的课，而在清华干了近四年的"文化大革命"，一直到1970年毕业。后来平息了武斗以后，中央号召复课闹革命，学校秩序终于恢复了，老师、学生都回来了，复课办学习班。

苏：那一阵子大家都去搞革命，过程到底是怎样的？

史：搞革命就是捍卫毛主席的革命路线，当时认为"文化大革命"是毛主席提出来的，一定要积极参加。我们那会儿，年轻人，一团热火！小资产阶级的那种革命的浪漫精神！觉得我们都是革命者了，所以就长征、串联！这些活动我们基本都参与了。我们还背着背包徒步，一直从北京走到安徽。原计划一直走到井岗山去，要走革命先烈长征的那段路。

而上山下乡是"文化大革命"以后的事情了。就是我们下一届，没能上大学的，就是1966年的那一届，高中毕业以后，赶上"文化大革命"大学停止招生。

那几批中学生上山下乡去了。我们是 1965 年，算赶上了高考的末班车，是"文革"前最后一批考大学的。不管怎样还算是上大学了，但是在学校里没有学完。我们这些人到 1970 年毕业以后，有的分到外地。后来又回到清华"回炉"。"回炉"就回来再炼一炼，念念书。像我们留校的就利用清华大学良好的教学条件，一边工作，一边学习。我们当时有一个口号，叫作"在战斗中成长"。我们都是在当老师的过程中，再不断提升自己的知识水平，有的人读研，有的人出国。

苏：那您的经历还挺丰富的！

史：经历非常丰富。我们从开始考大学，到了清华大学以后一两年又开始"文化大革命"，大串联、大长征、宣传毛泽东思想。之后是复课闹革命。然后又留校搞教育改革。后来又开始招生，最早是工农民学员上大学。当时我们当老师的在这过程中还得自己抓紧学习。

苏：那一阵子应该是最辛苦的。

史：对！当时我们的压力很大。所以我们结婚都很晚。可能当时就觉得该学的没学，所以结婚都是稍微晚一点。我们结了婚，要孩子都要的晚。因为觉得还要上课，还要学习补课，我们没有放弃事业上的追求。

苏：这迟来的婚姻更加美满，维系的更长！

"红色工程师的摇篮"

苏：您 1965 年是清华土木建筑系的学生，现在成为土木系的老师，在整个过程中，你看到的清华有什么不一样吗？

史：清华大学，原来在我的印象里，是一个高等学府。从我入大学到现在的近 50 年里，我感受到清华大学的整个学习的氛围是非常浓厚的。清华大学都是全国各地高分学生考上来的。进来以后的这些学生仍然有一种不断进取的精神，怕自己落后，因为自己原来是某个省的第一名。全国的优秀学生都来了以后，都是第一名，毕竟还得有最后一名吧！所以他们仍然不甘于当最后一名，每天晚上自习，教室都是灯火辉煌，很让你感觉到这是一个非常好的学习的地方。所以我在清华一直到现在，40 多年了，我能感受清华的学风、校风一直延续到现在，没有变化。这是一个做学问的地方，也是一个非常好的培养全面发展的学生的地方。我当时入清华的时候，欢迎新生的横幅上的宣传标语就是："清华大学——红色工程师的摇篮"。

苏：为什么是红色的呢？

史：红色的，就是要有革命志气、革命理想的！要培养能够符合党和人民的需要的工程师和技术人员。所以你在清华这里读几年书，将来要努力成为有志向，能够为党和人民服务的工程技术人员。当然不同的时期都有不同的口号，但是最终，清华大学培养的学生，都能够到社会上承担重要的责任。所以你看看咱们社会上，这些年来，各行各业，领导也好，专家也好，院士也好，不管在从事哪个行业，清华大学的学生相当一批都担任国家、军队、企业各级领导职位，肩负着历史责任为国家经济发展和社会进步兢兢业业工作，战斗在第一线。所以清华大学不光在业务上有自己的目标要求，同时在政治上要有自己的理想追求。就我本身来说，从中学入了党，到大学来，虽然"文化大革命"耽误了几年，但是后来勤奋努力给它补上来了，一定不能甘于落后。40多年，在教学、科研工作的同时，也做了很多管理工作，比如说党政工作、行政管理工作等等。最开始担任学生辅导员，就像你们现在那些辅导员一样，也是这样一步一步走过来的。清华大学的良好传统就叫作——"双肩挑"，也就是两个肩膀都要挑担子，一个挑社会工作的担子，另一个挑业务工作的担子。所以我就是在这么一个氛围中，由清华大学培养出来的，我自认为是德智体全面成长的人。

我的宿舍就是小教室

苏：刚毕业留校的时候，适应过程肯定就很辛苦，压力很大吗？

史：压力很大。我毕业留校当老师时，只是学了一年不到的大学基础课程，实际上文化程度也就是高中毕业。面对工农兵学生，我担任了他们高等数学课的小课老师。工农兵学员都是推荐来上大学的，不用参加统一考试，所以当时学员的文化基础不同，有的是初中水平，有的是高中水平，所以大课就不好讲，讲浅了高中水平的学生不解渴，讲深了初中水平的学生坐飞机。大课老师上完课走了，同学有一部分听明白了，也有相当一部分是越听越糊涂，听得晕乎乎的。这些听不懂的学生该怎么办呢？我们就得用小课的方式给他们进行辅导，掰开了、揉碎了地再给他们讲明白。

除了教室里开小课，还在宿舍里开小灶。所以我那个时候就连家都不回了，就住在宿舍里。我的宿舍里面专门放一块黑板儿，只要上课糊涂的，随时到我宿舍来，我就给他们讲。我把我中学的那些知识，和自认为好的学习方法都教给他们。有针对性的解题技巧、解题思路和方法让他们听了特别解渴。所以我们当时有两个小课辅导班，我负责一个班，比我年纪大的一个副教授也负责一个班，结果那个年资和学问比我高的副教授没有像我那样针对学生实际对症下药，没有我那样认真细致，他那个班的不少学生就跑到我的班听课，说："史老师讲得细，讲得明白。"

结果我们那个副教授为此还受到了批评，直到现在我都很愧疚，觉得对不起这位老师。我其实只是比较有针对性地给学生讲思路，采取的方法比较适合学生实际，你让我讲高深的我还讲不出来。

清华交通学科创始人，中国智能交通第一人

史：清华大学是具有创新精神的研究型大学，我一直是希望能够在各领域能

够瞄准世界前沿，有所创新。所以我给自己提的要求都很高。在 80 年代初，也就是改革开放以后，国家的交通问题成为国民经济发展的瓶颈。随着城市化发展，人流、车流、物流急速增加，而交通基础设施满足不了需求，越来越影响到整个经济的发展。你们也应该记得当时喊得很响的一个口号："要想富先修路"。我们的交通不方便，你想富都富不起来，你引资，而外国来投资没有方便的交通条件，他们怎么会来办厂？

严重的交通问题直接影响着国家的经济发展，所以当时清华亟待设立交通学科来研究日益严重的交通问题。那个时候清华大学没有交通专业，当时我年龄已近 40，为了国家的发展毅然决然地改行从事交通事业的研究，也就成了我们清华大学交通学科的创始人。从没有到有，一切都是从头开始。

苏：从零到有，这可不是容易。

史：是的，创业是一件伟大而艰辛的事业。当时教育部和建设部希望清华大学建设交通这门学科。根据国家的指示，就从土木系开始筹备，当时我和另外一位老教师两人一起，开始进行新学科的建设工作，后来那个老教师没几年就退休了。开始时成立教研组，开设课程，接一些研究课题，一直到 1995 年创办成立了清华大学交通研究所，我是第一任所长。

苏：那阵子教学是不是很不容易？

史：全国都没有交通工程类的教材。开始我就找教材，国内没有就找国外的教材来用。当时有一本张秋先生来华讲学的笔记《交通工程学》稿本，我就用这本书给大家上课。张秋先生是美籍华人，当时担任纽约市的交通局局长，在 1979 年底应邀到中国来访问将《交通工程学》带到了国内。那时候都不了解交通还是个学科，结果他这一讲，大家都觉得交通还真是一门科学，而且是边沿的交叉学科！我就拿了他讲学的笔记，再选了不少日本的教材，因为我 1980 年出国去过日本，对日语也蛮了解，所以就选了一些日文教材，然后就开始给学生上课了。

因为一开始没有专业，只是开选修课给那些喜欢搞交通的、有兴趣的学生开课。为了培养学生的兴趣，我组织他们去参加交通夏令营，去大连、天津、秦皇岛、沈阳考察，出去半个多月，在这几个城市转一转，了解交通的实际和存在的问题。每到一个城市，就到交通管理局，到城市规划局座谈访问，带着问题去考察。使这些同学对交通建立起浓厚的兴趣，他们也是我第一批培养的学交通的学生，现在绝大部分在国外，有的在大学教书，有的在研究机构或企业工作，一个个都成为了交通领域颇有影响的人物。

苏：那您觉得开创交通这个学科最困难的地方在哪里？

史：最困难的地方就是没有经费，一切靠自己拼搏！当时除了开课还要争取科研课题，纵向课题申请的有国家自然基金的项目，而横向课题我就去北京市争取，希望参与"八五"关于静态交通的课题。人家都怀疑说："你们清华大学从来都没有人搞交通啊。"为了扩大影响，每一次有关北京交通的会议我都参加。

开会我不只参加，还要发言，就是让他们知道清华大学来人参会了，就是让他们知道清华有人搞交通！即使这样，到了向北京市要课题的时候，市科委还是不放心地说："不怀疑你们清华有实力，但你们是国家的直属院校，如果你们干了一半不想干了，我们也管不住你们。我们最好还是找北京市属的院校。"所以北京工业大学、北京建工学院等，就容易拿到课题，因为他们认为这些学校属北京市管，拿了钱不干活不行。

我说："我们既然在北京，就要为北京作贡献，你们放心，我们清华一定要为北京做事儿。"这样才拿到这个课题。创业难就难在开始的时候，没有经费支持，一切都靠自己去拼搏、去争取经费。直到现在为止，我们交通所和实验室的固定资产都是这些年靠我们自己挣的钱逐步积累起来的。交通所今天在国际、国内都有很大影响，都是这样从不承认你、不了解你，到认可你、佩服你，把课题给你。一般人很难理解新学科创业的艰辛过程。

苏：对！而且你要有很大的决心去做这事情，因为根本没有人在做！

史：我转行搞交通确实下了很大的决心，有人劝过我："都40岁的人了，转行搞新专业要冒很大险，何况你刚刚从日本进修结构专业，不如踏踏实实按自己的专业发展。"我不像一般人那样安安稳稳过日子，有些人总希望"大树底下好乘凉"，教授在上面打着旗，自己按部就班地教书就行了，要是把原来的专业放弃了，再从头搞一个新的专业，新的专业还没搞出来，你就什么也不是，所以一般人是很难下这个决心的。

苏：那是什么让你当时有那么大的勇气？

史：一般人很难把这脚迈出去，因为当时已经近40岁，再换行就很难，很不容易了。但是我这个人就是这样，愿意搞新东西，求知欲很强。从毕业留校到现在，我总觉得我的知识还太欠缺了，我老觉得我知识不够，有一种不断地进取、不断地求学问的激情。

清华大学交通学科一定不能跟着其他院校的脚印走，必须有创新，要有清华大学自己的特色。比如最早的时候，一些院校按照国外成熟的"四阶段"预测理论给各城市作交通规划的时候，我们就提出了以新的"引导型"规划理论代替"满足型"的规划理论，因为"四阶段"预测理论是美国三四十年代形成的理论，实际就是最大化地满足交通需求的预测理论，而我们现代社会在可持续发展的原则下，不可能无条件地满足需求，而是采取有效的措施引导交通需求进行预测和开展规划；再如1997年，我作为大会主席在北京德宝饭店主持召开了第一届智能交通发展趋势国际研讨会，邀请了国际国内120名代表，通过这样一次会，将智能交通（ITS）新一代交通系统第一次介绍到了中国，随后我也被推选担任了世界智能交通理事会及亚太智能交通理事会成员。早期国外到中国来了解ITS都会被告知：要找就找清华大学的史教授。在一起开会的时候，我被他们开玩笑地称为"中国智能交通第一人"。

"大家都喊着'难难难',我根本没把它看成难"

苏:您觉得现在能够取得的成就跟清华之间有什么关系?

史:非常有关系。因为清华的牌子很重要,它本身在国际国内的地位是很容易让大家认可的,如果我当时不是在清华,而是在一般的学校,我虽然也能闯出去,但是不会有今天这样的一个地位,因为你代表清华出去,人家总认为你是属于国内比较尖端的领军者!当然还要靠你勤奋、努力,不然,你什么东西都拿不出来,人家也不会敬仰你多久,是吧?

苏:那是不是说靠着清华帮助渡过了一个很大的难关?

史:我这个人就是这样,心态比较好,从来不发愁,自信没有解决不了的困难。在我脑子里好像没有什么难关!碰到难处,大家都喊"难难难"的,我印象里根本就没把它看成难,我都认为我有这个能力把它解决好。所以我一生当中还没有说有一个槛是迈不过去的。

装不满的杯子

苏:那在清华的这40多年,除了成就以外,清华还给了您些什么?

史:很重要的就是清华的校训,"厚德载物"是其中之一。前面都是对一般人的要求,比如"自强不息",这的确是每个人都应有的。但是"厚德载物"对我的启发、教育非常大。因为你进入清华大学以后,你会发现清华的人,和一般院校的人不是一个层次的,他不会高谈阔论,摆出自己怎么了不起,而是脚踏实地,踏踏实实,在自己精深通晓的业务里,总是觉得自己还有不足,从不自满。总觉得这一瓶水还要不断地装,一直到装满了,还觉得自己不够。这种精神,在清华大学普遍都存在。另外,清华大学本身有一种责任,你进来以后,在清华待过五年,毕业出去以后,无形当中你就会说:"我是一个清华人。"在社会上时时刻刻以清华人鞭策自己,不同于其他院校毕业的。所以无形当中就给自己提出这样的标准和要求,就把自己放在一个不一样的水平上。不管在各行各业,对自己的要求都是全面的,都非常注意自己的为人处世,业务上要精通,合作要有团队精神等。无形当中,清华就给了你这些东西,在这里待上五年,出去以后你绝对会感悟到自己身上有这样的一种责任。我认为这就是清华给我最大的一种精神、素质。

今后清华的一百年,我相信要比这个一百年更好

苏:现在社会上有些人对我们这一批"80后""90后"的期望很低,觉得我们担当不起什么重责,那么老师您觉得在未来的一百年,清华还可以给国家什么?

史：我对你刚才所说的有不同的看法。我认为不管是"80后"还是"90后"，或许以后的"10后"，青年人在每一个阶段所经历的社会时代背景都不一样。思想上，各方面的出发点会不一样，可能会有代沟。所谓的代沟就是说，过去的时代和你们的时代，思考的出发点和处理事情的出发点不太一样，但是它本质上绝对是代表了社会发展的一个方向。就是说你们这一代，有你们这一代的责任，有你们的事业，有你们的奋斗目标。我们那一代，也是有我们的责任，有我们的奋斗目标。我们认为我们是在努力，实际上你们也是认为自己在努力，这样社会才能前进。一代要比一代强，社会才会不断地前进，中国也是在不断地发展，我们要相信年轻人，年轻人在毛主席的话中是早晨八九点钟的太阳。

下一个一百年就靠你们年轻人了，我们赶不上了；但是我有希望。今后的一百年清华口述史是什么样的水平，清华会给国家起到什么样的作用？清华依然是世界和国人瞩目的一所大学，所培养的学生将来会在国家的各行各业、各个工作单位中维持着中流砥柱的作用，这一点我是坚信不移的。所以今后清华的一百年，我相信要比这个一百年还要更好。所以我想，只要坚信咱们国家的发展目标不要变，就像咱们清华这一百年。中国改革开放30多年，就已经让世界瞩目了。将来，中国在世界上的地位更是了不起，而且在"了不起"当中，清华会起很大的作用。所以你们都要发挥"自强不息、厚德载物"的精神，坚持又红又专的方向和清华"双肩挑"的传统，两个肩膀挑重担，勇敢地挑起来，别被压垮了就行。

"要当中国事业发展的中流砥柱"

苏：明年是百年校庆，最后请老师您给今日和未来的清华人几句勉励的话。

史：我想，清华人，应该珍惜清华人身上所担当的责任。因为清华人，从他入学的那一天起，他已经成了清华人，"清华人"将跟随他一辈子，他应该担负起清华人的责任，那么清华人的什么责任呢？就得靠大家通过总结，学习咱们校友百年的实践，规划、展望自己今后的奋斗方向，让大家共同来承担清华人历史上的这个责任。这个责任是非常重的，"要当中国事业发展的中流砥柱"这句话，可能你们还不能体会或者体会不深，等到将来你们到了我们这个年龄，体会就会很深了。除非自己不争气，不然，如果你确实从清华大学这个氛围中学到了它的精神，学到了它的责任，出去以后绝对是个自强不息的人，就像我从来不甘落后，总是觉得自己还要努力，什么都要走到前面去，要有这种克服任何困难的精神，那么，你将来肯定是前途一片光明的。大家都有这股劲，中国能不发展吗？能不让那些资本主义世界的发达国家感觉到中国了不起吗？

苏：对！非常好！今天真的是学了很多。我觉得老师您心态特别好，您那么忙，却还是能够保持乐观，觉得什么问题都不是问题，什么困难都不是困难，都是小事。

感想体会：

或许，从史其信教授踏入清华大学的那一天起，就注定了他今天的成就。"我是排在全清华大学的第一号，学号是第一号，就是650001。"史教授笑着说。昔日的第一号，今日的中国智能交通第一人，都是他。

史教授说，当时进清华大学也只是按着老师的意愿。进来后，对画画感兴趣的史教授，为了学建筑学，还特地去考了一次素描。可是，因为他是当时是全系寥寥可数的两个党员之一，所以早已被清华的老师安排到结构专业班级当团支部书记，便无法选读建筑系了。

虽然，在看似一切都"被安排"的情况下，史老师就这样在清华大学土木工程建筑系结构专业中开始了"双肩挑"的生活，开始了充满挑战的人生，但从今天看来，这一切的安排，都是美好的。

或许，有人会说这是天意。但我更愿意说的是：今天我们所看到的成就，是史老师的智慧、魄力、超乎常人的适应力、乐观积极的人生观与清华精神完全结合的成果。面对变化，面对不确定性，他都能稳如泰山，勇敢向前，相信自己，能用双手为学校、为祖国开创新局面！是真正的"第一号"！

现在的我们，虽然未必能够经历"在战斗中成长"，未必能够当上"红色的工程师"，但正如史教授所说的，不同时期都有不同的口号，每一个年代都有每一个年代的奋斗目标。今天，百年清华口述史，新一代的清华人也要成为永远都装不满的杯子，也要毅然担当起清华人的担子，延续清华百年荣光，并且带领中国，走到最前！

拜访有着巨人身影的凡人

——徐旭常教授访谈

访谈时间：2010 年 4 月 17 日；2010 年 5 月 14 日
访谈地点：徐旭常教授家
被访者：徐旭常教授
访谈者：卢育培（美88）、龙瑞雪（文留81）
整理者：卢育培

　　徐旭常，1932 年生，清华大学热能工程系教授，在清华大学任职超过 50 个年头，于 1995 年当选为中国工程院院士。

　　拜访前我曾发电邮向徐老师提出邀请，很少接受采访的他很热心地愿意给予协助与配合，这份诚意让我感到极为感动与荣幸。当天，天空有些许阴沉，凉风扑面，久违的春天依然遥远，我们搭了约一个半小时的地铁来到了目的地。步入徐老师的家，我却感受到春天早已在屋子里绽放，充满了温馨与暖意。徐老师为人亲切，和蔼可亲，非常欢迎我们。在明亮的斗室里，伴着弥漫的书香，我们围绕着录音机坐下，开始了我们的谈话。

夜晚从前门火车站坐敞篷卡车进校园

卢：请问您是如何进入清华大学的？

徐：我是 1953 年大学毕业后到清华大学的，我起先生活在上海。解放前我在省立上海中学上学。上海刚解放，1950 年春，我就去了辽宁抚顺，就是一个靠近鸭绿江的城市。我进入抚顺矿业专门学校学习。后来该校和东北工学院合并改称东北工学院抚顺分院。1951 年春，因为抗美援朝局势紧张，抚顺分院迁往长春，合并为长春分院。一年后战争局势缓和，1952 年春迁回沈阳本院，统一为东北工学院。1953 年夏，我毕业留校进入暖气通风专业（现在的空调专业）研究生班，三个月后由于偶然的原因，教育部通知被改调往清华大学动力工程系热力发电专业研究生班。1953 年由于清华大学动力系缺乏锅炉方面的苏联专家，经联系后又调我去哈尔滨工业大学锅炉专业研究生班，继续学习至研究生毕业。这期间我前后在东北生活、学习了 5 年。那是非常动荡的年代，几乎每一年换住一个城市。1956 年夏结束了学业，我从哈尔滨回到了清华当助教。1957 年夏任讲师，开始讲动力系的大班"锅炉"课程。

卢：请问您最初步入清华时，对清华有什么印象？

徐：我来清华报到是在夜晚约 10 点钟，学校从北京前门站用敞篷卡车接我们进校园。卡车从西校门进入，一路把我们 6 人载到新斋宿舍。我站在敞篷卡车上看到的第一印象是：校园非常幽深僻静，前面车灯照射所到之处林木郁郁葱葱，还有参天古树，间杂着草地野花和小河，非常美丽。那时候我住的研究生宿舍，就是新斋。当年，在南门附近原来有铁道通过，后来用于清华自备实验发电厂运煤。我觉得校园内最漂亮的是西校门进来后的园景，直到二校门一带，如今仍变化不大。荒岛，就是现在的近春园，当时很荒芜，保持了原生态。那里夏天开满荷花，冬天可以绕岛整圈地溜冰。

中国可吸入颗粒物问题全世界最严重

卢：据我所知，老师一直以来都着力研究能源、环境问题，请问您觉得清华在环保方面的工作做得怎么样？是否还有许多需要加强的部分？

徐：的确，我很多年来一直在做环境问题，主要是和能源有关的问题，尤其是煤的燃烧和利用的问题。能源方面，今后 40 年中国主要是用煤，煤引起的环境问题很大，每年单是二氧化硫排放引起的经济损失大约有 1800 亿元人民币。另外，对人体健康也有影响，患肺癌的人群迅速增加。煤燃烧对环境的污染，主要的是三个：一是二氧化硫，二是氮氧化合物，三是可吸入颗粒物。有煤的燃烧利用引起可吸入颗粒物的排放，也有汽车引起的排放。但是，总的来说除城市中心外，煤的燃烧引起的排放问题更大些，要比汽车排放还大。因此，目前这三个方面是我们做排放污染控制的主要问题。

在热能工程系，关于燃煤污染排放控制的研究，我们已经承担了三个 973 课题的研究。这三个 973 课题都由我们系的教授担任首席科学家。973 课题是什么意思呢？是政府组织在 1997 年 3 月成立的，是我们国家在基础研究上花钱最多的研究项目。热能工程系对煤燃烧污染控制的研究，就有三个 973 专题，这是全国少有的。每个课题的经费大致是两三千万人民币，我们很多年主要就是做这三个课题：二氧化硫、氮氧化合物还有可吸入颗粒物。这是对于我们国家很重要的环境问题的研究。

我觉得，清华在环境科学技术问题上，在煤的燃烧和利用这个领域可以做很多研究，今后我们还要进一步做，不是说做到这里就为止了。比如说，现在可吸入颗粒物的问题还没解决。二氧化硫与氧化氮的问题，我国在技术上已经掌握得很好，但是可吸入颗粒物问题，不仅是我们没有掌握好，据我所知，世界各国都没掌握好。但是我们国家在可吸入颗粒物污染问题上最为严重，因为限于我国能源资源的配置，烧煤量是世界上最多的，我们烧煤的含灰量也是世界上最多的。在技术问题上，全世界都没有彻底解决可吸入颗粒物。这个问题非常重要，它现在危害人民的健康，癌症的增加都跟这有关，尤其是肺癌。我告诉你，它就存在于空气里，它接近于抽烟，况且是被动吸入。

卢：所以我们没办法去预防？

徐：人们不能成天戴口罩，而且口罩也不能完全堵住这些东西，除非戴防毒面具。但是人们不能整天都戴防毒面具啊！是吧？

热能工程系也研究农业问题

徐：我从 1969 年夏到 1972 年秋在江西鲤鱼洲农场劳动两年半，种水稻。因为在这之前，我在清华被编入教学队伍，就是只做教学和带学生去工厂实习。以前我一直教书，不做研究，这是学校的规定。我每年都带学生到工厂里去，看看工厂有什么技术问题，我带着学生帮他们一起解决，这也可以算是研究，但这技术研究和现在的基础研究不一样。它是带学生解决一些工厂的现场问题，像发电厂、锅炉制造厂里的具体生产技术问题，我觉得做这个也很好。另外就是埋头写教材，这对自己也是很好的锻炼。我把这些都锻炼好了，年岁大了才开始做研究工作也没问题。我个人做研究就很晚。

改革开放以后，到了 1978 年春，清华大学的老师开始不分为教学队伍和研究队伍，教师都既教学也要做研究工作，我 46 岁才开始做基础研究工作。我的第一项较重要的研究成果是 1979 年底完成的 "燃烧室中火焰三元辐射传热过程数学模拟（Monte-Carlo 法）"，在第 18 届国际燃烧学术会议上发表，以后就陆续地研究了中国煤的燃烧特性，颗粒在复杂流场中所受各种力对颗粒运动和弥散的影响，反应性气固两相流的颗粒随机轨道模拟的统计方法，火焰辐射传热新的数值模拟方法——华罗庚—王元数论方法，研究了新的低 NOx 煤粉燃烧方法，烟气脱硫和联合脱除污染物的新技术和理论。现在我们系，不但是研究煤的燃烧和利用，还研究各式各样的其他热能工程问题，包括跨领域研究化工问题（因为污染问题也是化工问题），还包括农业问题。这个可能你会觉得奇怪，工科怎么也研究农业问题呢？

我们认为，只要国家需要、项目有发展前途、我们又有能力做，就都乐于去开发。这项农业问题——"利用烟气脱硫废弃物改良碱化土壤与固碳研究"，我们研究了十多年，在农业研究方面我们很少发表文章，因为我们学工的要在著名的农业学术期刊上发表文章非常困难，但我们也不计较这个。只要对国家有贡献、有好处，别人现在还没解决，不管自己能否得到学术界的名誉和地位，都应该去做，尽量把我国荒芜的土地利用起来。

卢：请问是那个关于在内蒙古盐碱地上种植农作物的事吗？

徐：对！煤的燃烧和利用会造成污染，出现二氧化硫的问题，利用烟气脱硫的方法处理二氧化硫后会得到另一种废弃物，就是脱硫石膏。这是把气态的 SO_2 通过化工方法用 CaO 吸收，转化为固态的石膏。脱硫石膏如果不能适当地利用的话，堆积起来会占用土地资源，浪费国家土地。1995 年后为了解决脱硫石膏的二次污染和综合利用出路问题，我和我的研究团队最早是和日本东京大学定方正毅教授、松本聪教授、内蒙古农业大学乌力更教授等人合作，率先利用上述烟气脱硫废弃物（脱硫石膏），在做了盆钵试验得到初步的效果后，开始对我国基本不长任何作物的大面积碱化土壤做改良实验。改良规模从开始种植农作物 40 亩起逐步扩大，2007 年就达到 4 万亩以上，2009 年达到 12 万亩；并在荒地上试验植树 60 亩。实施改良土壤范围几乎覆盖了中国所有的碱化土壤类型，包括内蒙古、宁夏、黑龙江、辽宁、吉林、新疆等北方有碱化土地的大部分省区。

卢：都种了些什么？

徐：种好多东西呢，种植的农作物分别有玉米、水稻、向日葵、苜蓿、葡萄、枸杞和甜高粱等，还有各种北方树木。这是将能源学科和环境、生态、农林牧等学科交叉融合的科研成果。那些荒地，几百年甚至几千年来，从来不能种庄稼，最多长了些碱蓬、碱蒿和狼毒等耐土壤强碱的植物。用脱硫石膏撒上去以后，当年农作物就丰产了，很神奇。第二年，长得更好。第三年，产量更高，之后就保持稳定的高产了。

卢：所以很多土地都经过改良了？

徐：没有，因为进展很困难，并非那么快的。首先，必须研究它丰产的程度怎么样？经济上划算不划算？脱硫石膏里边含有少量的碱性石灰、粉煤灰，有重金属，对盐碱地会有什么影响。所含重金属会不会污染土地，会不会渗入农作物里？牛羊吃了所种的苜蓿会不会有问题？荒漠地用脱硫石膏改良后，还能生长一种很好的能源作物，叫甜高粱。甜高粱本身能吸收太阳能进行光合作用，在光合作用下把二氧化碳变成植物的营养物质。

我们绝对厌恶抄袭、剽窃与弄虚作假

卢：请问您怎么解读清华校训里的"厚德载物"？

徐：我还不能讲得很确切，因为"厚德载物"是中国的一句古话，是吧？我只说清华的学术研究风气，一贯非常严谨，现在被社会的那些坏风气沾染得也比较少。我们绝对厌恶抄袭、剽窃与弄虚作假。在国际上，有很多学校做得非常好。据我所知，比如美国的麻省理工学院、哈佛大学、普林斯顿大学等，我认为比清华做得还好。像英国的剑桥大学、牛津大学，德国的柏林大学、海德堡大学，法国有名的公立大学，日本的东京大学、大阪大学等，我也觉得做得比清华还要好。但就国内来说，我认为清华做的是相当好的，做学问比较严谨，绝大部分老师非常厌恶抄袭、剽窃与弄虚作假。所以这几十年来，我也是兢兢业业，按照清华的校风尽量做去。这对学生、对老师都非常重要，一定不能弄虚作假，一定不能抄袭、剽窃。你自己有多少心得，你就写多少心得。明明你没有研究，你没有心得，硬是抄人家的作为自己的成果，这是非常可耻的。现在这个问题在中国的学术界是相当严重的，社会上这些人很多，严肃处理的却很少。清华的校训，它不单是一两句话。

本科生和研究生培养以及教师队伍管理应该及早实施淘汰制

徐：清华的老一辈教授工作都很严谨，很有创新。据我知道的，热能工程学科方面，老一辈的教授像刘仙洲，还有我们现在系里边最年长的，还健在的王补宣院士、冯俊凯教授等，也包括正在继续工作的倪维斗院士等等，都是很严谨的。他们反对弄虚作假、抄袭、剽窃，所以我觉得这个风气是比较好的。我一直在热能工程系教学和做研究，我觉得热能工程系的学术风气是比较好的。这样的传统，我觉得应该继续发扬。现在社会上的歪风邪气影响了学术界，学术风气开始腐败。据我所知，清华大学以及少数院校和中国科学院的大部分教师、研究人员，老一辈的教授、院士，还没有沾染这些不良风气，没有受到腐败的影响。

目前的学术界、院士的年龄偏大了些，应该重视年轻化，我们都要大力推进这件事。学术界、院士的年龄结构不理想是历史原因造成的，是因为"文革"引起人才断档。后来又是大量精英外流，直到近年来才有所变化，人才开始明显回流。而人才年龄结构的变化，恐怕还要滞后一段时间，要承认这个现状。另一方面应该花更大的精力来关注防止现实社会上的学术腐败，更不能为了要学术界年轻化而忽视学术腐败的滋生。

要保持大学有高水平，不能只是在招收新生时追求高考分，更应该对在校的本科生、研究生认真培养并严格管理教师队伍，及早实施淘汰制，尤其对学风要有严格要求。我国的现实社会在学术界长期不实施淘汰制，为了和此相衔接，只能逐步地实施宽进严出，淘汰比例可以逐年增大，但淘汰制的实行不能再拖延了。实施淘汰制是因为有些人的专长、兴趣或成绩不适合继续在原学校或单位发展，或当初的选择考虑不周，而更换去另一个学校、单位或专业会更合适一些。不要勉强地维持下去，这样才对他们本人、学校和社会的发展更健康、更有利。不能理解为简单地把一些人赶出原学校或所在单位，更不应该理解为把一些暂时跟不上队伍步伐的人丢弃和排除在社会之外。

刘仙洲创造了新汉字"焓""熵"和"泵"等

卢：请问在清华从学习到任现职的漫长经历以后，您个人理解的清华精神是什么？

徐：清华的精神很多，我说不全。比如，我刚才说的，严谨、求是、敢于创新。例如，我们参与了农业问题的研究，我们能够做什么就做什么。做十几年默默无闻，我们也不在乎，只要对国家有贡献就行。

比如，我提到过的刘仙洲老师，他可以说是清华热能工程系的祖师爷。他参加过辛亥革命，是同盟会会员，著有《中国机械工程史》一书，写了我国机械工程系用的最早的《热工学》等教材。另外，他还创造了新汉字"焓""熵"和"泵"等，把这些专业外来术语汉译得非常贴切。老一辈的冯俊凯、王补宣、方崇智几位教授都是我的老师，他们的言传身教，对我的处世和学业给予了很大帮助，永远是我学习的榜样。

此外，在做研究的时候，不追求当时有没有名，有没有利，只要对国家有贡献，就应该去干，这个清华的精神是比较好的。不要追名逐利，而只想到这个研究做好了对老百姓有好处。

中国为什么没有诺贝尔奖？

徐：中国为什么没有诺贝尔奖？这问题不好回答。但是，做研究、做学问，一定要保持好的心态。你如果心态不好，你就做不出成果来。如果你在研究一个新问题，却又担心这个事，又担心那个事，那你就做不好。如果你老是斤斤计较，想着发表了多少论文、能得到多少名誉地位，那你就绝对做不好。现在体制上有问题，要求必须发表过多少篇 SCI 论文才能升副教授、教授，这样的话就仿佛逼着你去做这些，这样也导致了追名逐利的问题。我觉得不好，应该让老师有一个宽松的环境去发挥才能，去做研究。老师不能总是被逼着做事，因为被逼着做即使能做出一些成绩，但也不会太理想。要让他有个较为宽松的环境，让他能主动发挥。相信大多数人不会不思进取、不干任何事情，更不会自甘堕落。

学术界一定会去做一些对社会有用的研究工作，解决社会上需要解决的一些科学技术问题。当然，这个事情也难，太宽松了也有人会偷懒，在国外我也看到有些教员很懒散，但终究是极少数，不影响整体。我认为应该相信大多数人，你即使不逼着他，他也不会偷懒；少数人你偷懒就偷懒吧，总不能为了制约少数人，而把大多数人逼得喘不过气来。这只是提问中涉及的一个方面，但这是全国性的问题，不单是哪个学校的。总的来说，要有好的宽松的环境来做一些研究，来做出一些比较突出的教学、研究成果。

就拿小卢你学过的绘画来打比方。一个老师要画出好的东西来，他不能在逼迫下绘画。如果说要挟着，你再画不好，我不给你升级，让你当不成副教授，当不成教授。那这个老师永远画不出好画来。想让他画出好画来，一定要给他一个宽松的环境。我们搞工程、做研究、教学也一样。不如给他一个更宽松的环境，提高工作积极性，发挥他的潜力，才有助于他做出更好的成绩来。

所以老是有人问：中国人并不笨，也很努力，为什么没有诺贝尔奖得主？我说这是原因之一，因为诺贝尔奖不是逼得出来的啊，你逼他就能出来诺贝尔奖吗？不可能的，你首先要让他有一个比较宽松的环境、良好的学术氛围，本人有创造性思维、能耐得住寂寞、能够锲而不舍，他才能做出惊人的好成绩。这事也比较难办，不是清华大学一个学校的问题，是整个的社会问题。这个牵涉的因素太多了，牵涉到有一些老师不认真，牵涉到有一些老师只想赚钱，牵涉到方方面面的问题。这不是一个学校的学术制度变化就能改变的，比较复杂。所以我觉得也不能去怨天尤人，说你为什么不给我宽松环境，也不是这样的，是吧？

继承清华的老传统

卢：请问您在清华大学的生活，除了学习和工作以外最喜欢做什么？个人是否有什么兴趣？

徐：我业余时间不多，比较喜欢的是绘画、画水彩和摄影。教学用的和在校外科技报告的讲演幻灯片（PPT）和插入的动画、摄像短片，我都自己做。这样做便于充分表达自己在科学、技术上的想法，而且比请别人做了之后再反复修改更节省时间。我觉得学理工科的人很需要懂一些文化和艺术，这方面学和做的多一些更好，我本人懂得太少。

卢：请问您对清华"跻身世界一流大学"有什么看法？

徐：对一流大学我没有什么看法，清华大学能不能进入一流大学我也说不清楚。一流大学不是自己吹的，要人家来评价。总的来说，我认为到目前为止清华大学还不如我刚才说的那些国际上的名校。我提到过的英国、美国、德国、法国、日本的名牌大学，实事求是地说，我认为目前清华大学还不如它们。但是总有一天吧，会和它们并驾齐驱。我希望这一天早点来到。在国内，我认为清华还是做得比较好的。一是因为学风好，二是研究成果也特别多，而且结合国家的发展和社会的需要，解决了不少实际问题。我们应该说在国内至少能进入最好的几个大学之一。

卢：对于百年校庆的到来，请问您有什么话对清华师生说？

徐：百年校庆是大家都期待的事。我希望还是继承清华的老传统，比如我说过的刘仙洲教授。不止他一个人，还有很多，我知道的还有王遵明、孟昭英、梁思成等，他们都有非常好的老传统，都是非常好的一些老先生。这些老先生待人处事都非常好，对学生是以身作则，谆谆教导。我觉得应该继续发扬这些传统。比如说，我们热能工程系是院士比较多的一个系，去年又选上了一位，总共五位了。一个系有那么多院士也是很不容易的。我想说的是一位新当选的工程院院士叫岳光溪，我认为他的工作就做得很不错，他也是经过了几十年的奋斗，才有现在的成绩。他是我们系里五位院士中最年轻的一位。据我所知，我们国家的大型发电设备的工艺技术多是进口的，而他所研究的中国循环流化床燃煤技术，国外很赞赏，出口到日本有名的大锅炉制造厂去了，而且是很复杂的高新能源技术。除了这五位院士以外，还有很多老师都很有成就，包括一些学生的成绩也很不错。所以说，对校庆有什么想法，我说首先应该是，希望清华的老师和学生在他们过去取得成绩的基础上再接再厉，继续努力，作出更大贡献。

感想体会：

经过两次采访和数次的联系，我深深感受到徐老师处理事情严谨和投入的态度。在那份认真和敬业的背后，有一颗真诚的心。

访谈结束后，一直烙印在我脑海里的，是他个人所体现的精神面貌：默默无闻地付出，对成就谦虚而不浮夸、不张扬。面对我这位素不相识，不知天高地厚的小伙子，徐老师不是拒我于千里之外，而是与我坦诚相见，并乐于伸出援手，显得极为亲切和蔼。我始终对徐老师抱着十二分的谢意，心头还有一丝久久荡漾不已的感动与温暖。或许他与任何人一样，占着浩瀚大地上的一丁点空间，仿佛茫茫人海中的一个小点，但是，他巨人般的身影笼罩着我们，默默地笼罩着。

　　当我们用小小的手指头扭开电视、点击滑鼠、启动空调，他在背后为国家操心能源问题；当我们踏足户外，兴高采烈地出游，在大街小巷闲逛，他在为我们担心空气的质量，解决空气污染控制。"谓之巨，不在于大，而在于伟"，在徐老师身上我看到了《庄子》里说的"谦退""无己"，他有成就而不据之，不追求个人的功名利禄，不在乎个人的得失。而他所体现的品德和人格，正是难能可贵的精神，值得我们学习。

与清华共成长

——雷志栋教授访谈

访谈时间：2010 年 4 月 15 日下午四点半
访谈地点：清华大学新水利馆
被访者：雷志栋教授
访谈者：汪伟、赵树辰（水工 71）、张晓颖
整理者：汪伟（水工 82）

雷志栋，1938 年生，湖南澧县人。1960 年清华大学水利系水工建筑专业本科毕业，1965 年水资源利用专业研究生毕业。毕业后在清华大学任教至今，先后担任水利系水资源工程教研组主任，水利水电工程系主任，中国水利学会第七届、第八届理事会理事、第九届理事会副理事长等职，现在仍担任土木水利学院学术委员会主任。2007 年当选中国工程院院士。

第一次到北京，都不敢过马路

张：请老师回忆一下您当时在清华念书时，清华园的一些情况。

雷：我是 1955 年上清华的，水利系成立于 1952 年，那时刚成立了 3 年。我是从湖南一个小地方——澧县一下子跑到省会城市长沙，然后坐火车到北京的。当时还没有武汉长江大桥，要先从武昌轮渡到汉口，再从汉口到北京。

一下车觉得来到了大城市，感觉很不一样。我记得当时北京的火车站在前门。前门附近就是天安门了，那时候天安门前马路的南侧好像还有围墙，还没有现在的广场，但也感觉到那宽宽的马路就是一个大广场。我记得下了车以后都不

敢过马路，我们小地方哪有那么多车那么多人啊！一看到马路上的车过来过去就害怕，不敢走过去。

跟你们一样，清华是我很向往的地方，到校报到分配住在二号楼，那时候二号楼也是刚建了没多久。清华的环境非常美，各方面条件都很好，大家挺兴奋的。不过那个时候的清华园比现在小。二号楼东边的小河往东那时还不是清华的。当时的校门就是我们现在的南门和西门。现在从南门进来的那条又直又宽的马路、通过大十字路口，然后再经过现在的三教、泥沙馆一直到北边学生的区。但那时这条马路是一条铁路，是清华园的东边界。那时从南门进来是一条斜路直到二校门。那时当然没有东大操场，只有明斋前的西大操场，还有老化学馆往西的西门外一个操场。

所以从我入学到现在，从校园范围和面积来说，清华大大地发展了。我前面说的那条铁路因为清华大学的往东扩大而向东搬到了现在的五道口那里。我入学的时候清华最北边就只到一号楼的后面。所以现在的紫荆公寓、西北小区、包括清华附中都是后来发展的。往东边扩展，先只是到主楼，主楼是1965年建好的。主楼广场的南边有道围墙，就是那时清华的界线。围墙正对主楼有个东校门。后来再往南进一步扩大就有了现在的经管学院、建筑馆、法学院等，一直到现在的东门那里。这说明清华大学从我入学到现在，光从校园范围和面积来看有了比较大的扩展。

从办学来说，清华也有比较大的发展。清华在新中国成立以前是一所综合性大学，包括有文、理、工，甚至还有农学院。清华大学老的农学院就是颐和园东边的那一块。1952年院系大调整，包括原来的文学院、理学院，物理、化学、数学、航空、地质等等，在院系调整之后都分了出去。航空到了北京航空航天大学，地质到了北京地质学院。原来是综合性大学，后来学习苏联，对整个学校进行大的调整，所以我们入学以后，清华就变成了综合性的工科大学。最开始，主要是土木、水利、机械、电机，到后来我们入学以后，工程物理、无线电、计算机等慢慢搞起来了，工科方面有了比较大的发展。到了"文革"以后，80年代学校又恢复朝综合性大学发展，陆续有了经管、人文、法学院，也恢复了理学院。从综合性的工科到了综合性大学，这是办学方面的变化。另一方面，过去主要是本科生的教育，但也有少数研究生，所以我现在履历表的最高学历是研究生。我记得我入学的时候，1955年，那个时候清华包括我们水利系是招收研究生的，不过没有"硕士"和"博士"的提法。

真刀真枪搞毕业设计，全面发展

张：那关于学制，您有什么要说的呢？

雷：那个时候的教育以本科为主，办学规模也就是一年招收两千多人，我入学的时候是本科五年制。到毕业的时候就变了，我们成了过渡的一届，变成五年半了，到我们后面就变成六年制了。我是 1955 年入学，五年制应该 1960 年的暑期毕业，但我们延长了半年。为什么延长半年？我们入学以后的教育方针是教育、生产、劳动相结合。就是说我们生产劳动很多，包括实习、各种劳动、毕业设计。我们那时候毕业设计时间很长，你们现在才一学期，我们那时至少是一年。真刀真枪搞毕业设计是我们水利系从 1958 届开始的，那是一个创造性的措施。

汪：密云水库就是那时候修建的吧？

雷：对。清华水利系师生参加了密云水库的设计和建设。密云水库是大家比较熟悉的，实际上当时北京郊区的好多水库，清华水利系的老师和同学都参加了设计，当然最大的是密云水库。

过去那个时候不像你们现在讲级，比如你是水工 71（对着赵树辰），2007级。我们是不讲"级"的，要讲级我们是 1955 级，我们讲"届"。入学的时候学制是定的，五年，我们 1960 年毕业，所以我们是 1960 届，我是一班的，班的编号水零一班。所以，今年正好是我们这个年级毕业五十周年。上午我们在这开会，今年校庆我们回来的校友很多。从我们以后，就逐步过渡到正式的六年制。胡锦涛同志所在的年级，是 1959 年入学，六年制，所以他们年级是六五届。

现在办学内涵有了很大变化。清华要培养高素质、高水平的人才，本科是基础，但研究生教育有了很大的发展。我们那时也培养研究生，但一是不正规，二是数量少。现在我们研究生和本科生的人数是差不多了，可能研究生人数还多点。所以现在学校在综合性、研究型、创新性上有一个比较大的变化。整个办学思路到办学模式是从综合性工科到综合性大学，然后研究生培养大大加强了，这些变化都是为了适应时代的发展。

还有一个是学习气氛的问题，应该继承过去一些好的东西、应该向前辈学习。那时候在校强调全面发展。你们现在也强调全面发展，德、智、体全面发展。但是我觉得做的还有差距。除了极个别的同学以外，那时同学们对待学习都是比较踏实认真的。那时候学习气氛，从听课，自习，到参加考试，都做得不错。当时很少有抄作业的。现在你们抄作业的情况还是比较严重的。

以前考试也很少有舞弊的，你们现在考试把考试座位分开就是怕有同学作弊。那个时候不能说一个作弊的都没有，但基本上没有。我们那时看重全面发展，讲究德、智、体，特别是体育。那个时候体育还要达标，清华还有好多运动健将。那些体育代表队很厉害的呢！我们系有一个王光伦老师以前是篮球队的，还到国外去比赛过。这是说体育代表队，而群众性的体育活动我觉得比现在要强。

我们念书的时候我印象中没有谁睡懒觉，一般不到六点钟就起来了。起来以后，要跑到西大饭厅就是现在的三号楼往西，经西大操场再往西的、大概是现在医学院的地方去吃饭。早上升旗的时候，一听到放国歌就就地立正，升旗以后进行锻炼。绝大多数同学下午都锻炼，到了下午四点多到五点满操场都是人。我记得我们班的同学，有的从一号楼、三号楼跑到体育学院再跑回来。有的甚至在圆明园里面跑，那个时候圆明园没有围墙，里面都是空的，都是农田。我有时候跟着同学跑到颐和园再跑回来。当然现在没法跑了，现在路上车那么多。我们那个时候出了西门便是稻田，那条马路上车很少，空气也很好。我们一般跑到东宫门再回来，多数同学要跑到北宫门才跑回来。所以我觉得那个时候群众体育活动搞得特别好。实际上我有一个很深的体会：虽然看起来在体育活动上花很多时间，但是下午活动流一身汗，洗个澡，晚上复习精神特别好。它并不耽误学习，反而效率比较高。

清华的文艺社团也很出色，清华出过名歌唱家，京剧的名演员。所以我觉得那个时候，总体来看，作为学生全面发展还是比较重视的，不是到了清华就死抠书本。所以为什么清华毕业的学生中，不少成为国家的栋梁之材，和在学校强调全面发展是有很大关系的。在学校里面接受教育，出去以后就要从基层开始干。

当然，现在也有现在好的地方。过去我们也关心国家大事，看报纸、听广播，听政治报告，稍微死板一点。现在计算机网络、媒体这么发达，你们获取信息了解世界发展的速度当然要比我们那时候快很多。各自有各自时代的特点。但是不管怎么样，现在对于过去一些好的东西我认为还是要继承的。

导师连我的标点符号都改

汪：您在清华学习期间有没有给您印象特别深的事？

雷：这个问题要好好考虑，认真思考一下还是能够寻找回一些东西的。但是我来不及去好好回忆准备，我只能谈个很一般的东西。我到清华以后感觉到对我们学生影响最大的就是爱国精神。因为清华历史上出过很多爱国人士，文学家有朱自清、闻一多等，科学家有华罗庚，他们的事迹和成就，都给了我们很好的教育。我们那时候重点是工科，清华大学被称为"红色工程师的摇篮"。这个口号和当时的时代有关。当时新中国刚成立，要搞建设需要很多的工程师，而清华又是一所多科性的工科大学，所以在这样的背景下就提出了这个口号。另外当时有些口号对我们影响也比较深，像"又红又专"。我记得我们班有一个同学，他是北京的，我很佩服他。他是我们的团支部书记，入学以前就是党员。他的抱负是毕业以后做一个党委书记兼总工程师，即是"又红又专"。说实话，一个人要做到这些是很不容易的。原来清华毕业出去的做总工程师的不少，做党委书记的也不少，可见这些都不是一个空的口号。同学们都希望有所作为，清华毕竟是国家的重点学校，国家培养了你，你应当对国家有所贡献，大家都是朝着这个方向努力的。

汪：有没有什么您印象特别深的老师呢？

雷：我们在水利系对老师都是很敬仰的。原来的老一辈教师很多是在某些领域的标杆。如张光斗先生，他是我国水利水电工程方面的权威，被称为泰斗的在学术研究方面有黄文熙、钱宁等先生，他们做学问都做得很好。作为老师教书也有教的特别好的，像夏震寰先生，他知识渊博，而且讲课时条理清晰，凡是听过他的课的人都觉得他的课讲得好。所以我们水利系在工程技术、学术研究、教书育人方面都有顶级的人物。这些老师在系里讲课担负教学工作，就给同学们树立了榜样——只要做到某某先生那个水平那就很好了，这个对于我们那时候的学生影响很大。特别说一下施嘉炀先生，他是我们清华土木系第一任系主任，当过清华大学工学院院长。我念研究生，他是我的导师。他的言传身教以及在细小方面给我印象很深。有时候我写的东西给他看，他会从思路、研究方法等等方面给我细细批阅，甚至连标点符号错了也全给我找出来了。

选择水利，我无悔

张：能不能谈谈您当时为什么选择水利这个专业？

雷：我们那时所学的专业，多数是自己报的志愿，我1955高中毕业，1954年长江发大水，那次洪水比你们熟悉的1998年的洪水还要厉害。我当时是在湖南澧县读高二。澧水以前就经常发大水，一发大水我们县城就会变成汪洋中的一个孤岛。1954年发大水，那时候我们参加了上堤抢险，当时确实感到洪水猛兽，就想立志学水利，将来回家乡治水。另外，当时我们学习苏联老大哥，所谓"共产主义就是苏维埃加电气化"，电气化就有个发展水力发电的事。尽管了解得不是很清楚，但是感觉国家有需要，能为国家作出贡献，就是自己的志愿。我的高中班里有4个要好的同学都选择了水利专业，两个到清华，一个到天大，一个到了武汉水院。除了我们班四个，还有其他同学也报了水利。所以当时我们报水利不是稀里糊涂，都是经过了慎重考虑的。而且，我们入学后很少有转系。那时候毕业后的工作是计划分配的，因此大家都分配到水利行业。分配到全国各地，有的去了青海、云南、贵州、广西、甘肃等。今年是我们毕业五十周年，我们同学们每个人对自己从事的事业都没有遗憾。由于每个人的机会、条件不一样，所以发展肯定不一样，但是每个人如果在自己的岗位上勤恳努力、踏踏实实地工作，都会对国家的发展作出自己的贡献。学水利、干水利，无悔终生。

当了院士并不代表我是最棒的

张：您多年来在土壤水和农田灌溉方面进行了开创性的研究工作，您主编的《土壤水动力学》等专著在国内有较大的影响，并在2007年您当选为中国工程院院士，您是如何看待和评价这些工作的？

雷：我本科是学水工专业的，研究生是学水资源利用方面的水能规划，研究跨流域水能利用规划问题。后来"文化大革命"时搞教育革命小分队，有的到大工程的工地，有的到地方上搞农田水利。我是参加农田水利方面的，比方说到过张家口，北京郊区，黄河下面的一些灌区，开门办学，结合实际工程培养学生。

　　清华水利系原来有两个专业，一个水工，一个水动。"文革"后又办了一个农田水利工程专业。那时候开始办这个专业应该说我是骨干之一。我们当时就在思考一个问题，就是在大学里面办一个专业，像你们现在这个水工专业，或者流机专业，或者其他的专业，它的主要的特点反映在哪？

　　你们上的课程，一般有基础课、专业基础课和专业课。专业和专业的不同关键的是专业基础课，它反映了你所学专业的特点，这是一个专业的最主要的、特色的、基础的部分。

　　过去的农田水利专业和水工专业，它们的专业基础课基本上是一样的，这意味着什么呢？学水工专业的人也可以搞农田水利，学农田水利工程的人也可搞水工，因为专业基础像什么水文学、水力学、结构力学、材料力学都学过，无非有的多学点，有的少学点。两个专业的专业基础基本相同，有人就把农田水利叫"小水工"。但是，我们水利系已经有个水工专业了，而且在国内算是比较强的，再搞一个和它基本雷同的专业就没意思了。当时，有的农田水利专业的学生说，大门进对了，二门进错了。大门就是指清华大学，或者指水利系；二门就是指农田水利专业。其实农田水利涉及国家粮食安全和农业基础地位问题，是十分重要和国家需要的。但是，要把农田水利专业的专业基础课的设置问题搞清楚，农田水利除了工程这一块外它还有什么？

　　所以，当时我们就开始进行调研，后来我们调查明白了一个道理。要使农田的庄稼长得好，和我们水利有关的关键问题是要把土壤的水分调节好。我们为什么要搞灌溉呢？因为农田土壤的水分不够，满足不了庄稼生长的需要，就要搞灌溉。为什么农田要搞排水呢？因为农田土壤水分过多，对庄稼生长有害，就要排水。那么究竟灌了水土壤水分会怎样？排了水土壤水分又会怎样？然后随着土壤水分的变化，作物又会怎样？所以当时我们就感到土壤水分很重要。土壤水问题原来没搞过，有几个老师就组织起来查资料、做试验、搞研究，这样就把土壤水问题的研究搞起来了。

　　到了80年代初期，我们国家水资源问题逐渐突出了。北方有些城市开始非常缺水，整个水资源比较紧缺。水资源包括地表水和地下水。但是地表水怎么形成的呢？它是降水，降水没有渗到地下就形成地表水了。地下水怎么形成的呢？降水以后，它入渗了，补给到地下就变成地下水了。水资源问题是一个降水、地表水、地下水、土壤水的转化问题，所以我们提出四水转化：一个大气水（降雨和作物蒸发的水蒸气都是大气水），一个土壤水，一个地表水，一个地下水。中心环节是土壤水，这更坚定了我们搞土壤水的信心。

　　因此，开始是从教学方面来考虑的，原来的农田水利专业只有一门课叫作土壤农作，作为大学里面的一个专业。农田水利仅仅有这样一门课是不够的，我们认为要把土壤水也加上。后来从水资源方面考虑到，要研究水资源问题中互相之间的循环转化关系中，土壤水也很重要。

　　到80年代后期，水环境问题突出了，一个是城市工业、生活用水的水污染，另一方面是大量的面源污染，也就是在农田里施肥、施农药引起的污染问题。施完了农药、化肥以后由于灌溉或者降水，农药化肥没有被作物吸收，经过土壤渗透到了地下水中，甚至到了地表水中，随着地表水流了出来，就对河流造成污染了。但是污染物质是怎么回事儿？污染物质不是撒化肥、洒农药进入土壤里面了，它也是通过降水或者灌溉水被带进了土壤，然后随着水分运动。我们研究土壤水分，是包括地表水分流动的，那些污染物质或者溶质和土壤有关系，因此，农田的污染问题也和土壤水的运动有关。所以，我们这个课题组当时是有五六个教师组织起来，从 1979 年开始，一直延续下来。当然，它不是我们水利系的主要研究方向，但它确实还是一个重要的研究方向。我感到结合我们的教学，结合我们国家生产实际出现的一些问题的需要开展这些研究是有必要的。如果不符合实际，不符合需要，想搞也搞不下去。我们之所以搞了下来，表明当时我们这个方向还是考虑对了。在国内我们还办过好多研讨班，普及这方面的知识。所以说在国内还是有一些影响和地位的。当时我们把国外的一些研究情况和我们自己的研究成果进行了总结，在国内比较早地出版了一本《土壤水力学》专著，在国内也有一定的影响，起到了一定的作用。

至于院士这个称号，我认为院士并不是就代表了你所在的领域的最高水平，当然你没有水平是不可能当院士的，但并不是当了院士你就是最棒的，这绝对不是这么回事！

汪：我了解到您在新疆工作了好长时间。

雷：有很多东西是机缘巧合，它有个什么机缘巧合呢？刚才我们说到土壤水，当时我们办了一个班，有新疆来的专家听我们的课，后来 1988 年我们去新疆又办了一个研讨班。1991 年，我参加水利部的一个专家组，去新疆调研有关流域规划的问题。工作结束后，当时曾参加我们研讨班的新疆那位专家问我们可不可以参加他参与的世界银行在新疆塔里木盆地的贷款项目中的水盐监测课题研究，我当时答应下来，进行了调研后就开始在新疆南疆进行研究工作。从 1991 年到现在快 20 年了。新疆的工作条件很艰苦，为什么我们长期坚持呢？一是新疆是一个内陆干旱区，水资源问题与内地不同，问题很突出，对它的研究吸引我们；二是在新疆有不少内地去的工程技术人员，他们一辈子都在那里工作，把一生贡献给边疆的建设和发展，又非常配合我们的工作，这也吸引我们在新疆工作了下来。在新疆工作很艰苦，但也有乐趣，工作方面也取得了一些成绩。

如果说我在新疆工作取得了一些成绩，这是大家共同努力的结果，并不是我一个人的。我多年来有三点体会，一是认识一个问题，解决一个问题必须长期坚持工作，不能浮躁和急功近利，就像我们搞土壤水问题研究一搞就是几十年，在新疆工作也是 20 年；二是要有艰苦奋斗的精神，我们在新疆工作多年，遇到很多困难和问题，有的老师因病在条件很差的医院进行抢救，有老师 120 急救在乌鲁木齐住院一个月，有的老师曾在飞机上晕倒过，有的老师被狗咬，这只是一些插曲，在新疆工作还会遇到社会不稳定的问题；三是要有团队精神，这是成功的基础，我们去新疆工作每年都有不少老师和研究生，还有当地的工程技术人员的大力配合，成就不是我一个人的，是我们一个大的团队的功劳。没有我们团队的配合和支持我是不可能取得这个成就的。没有团队精神就会一事无成。

西南大旱与修三峡无关

汪：您对于西南大旱是怎么看的？

雷：我本科毕业时曾参加中国水科院和水利部组织的西线南水北调综合考察。我分到了滇西北小分队。那次的考察让我对云南有了一定了解。

首先明确的是降水少这是一个自然现象。不可能年年降水都一样，肯定会有丰水年和枯水年，所以出现干旱不能过于大惊小怪。但对于这种极端特殊事件我们国家和地方政府应该有一个应急预案。像云南这种地方降雨相对来说还是比较充沛的，不是干旱地区。如果我们有足够的具有调蓄功能的水利工程如水库，水多时蓄起来，水少时就放水，就能对抗干旱。但云南本地缺乏一些相应基础工程，这个我没有做过调研，只是一种猜想。云南可能条件不太好，在一些山区可以修大水库的地方不太多。有的地方可以修大水库却也只能管一小部分的地方，所以大部分还是需要靠中小工程来调节的。而我们国家以往主要投资的是大型工程，中小水利工程主要还是靠当地政府自己投资解决。而云南本地经济发展并不很好，导致中小工程没有资金支持。存不存在我上面说的问题，我没有实地做过调研，我不敢说一定有。如果的确存在这个问题，那么国家对于云南的中小水利工程应加大投资力度。我曾经参加过水利部组织的大型灌区的节水改造规划。大型灌区指面积达 30 万亩以上的，这种大型灌区在北方很多，而南方就相对偏少。像贵州，多为山区，很难形成这么大的灌区。有时候没有办法就把在一起的几个灌区打包成一个大的才能去申请国家的资金。所以国家还是应适当加大对于西南的中小水利工程的投资力度，特别是对于这种关乎民生的工程。

还有一点就是这个干旱与修三峡是一点关系都没有的！

要成为国家真正需要的人才

汪：最后请谈一下对于母校和新一代清华学子您有什么寄语呢？

雷：现在清华在努力打造世界一流大学，也不是一时半会就能成的，得踏踏实实地干。而且以清华的地位还是应该首先立足于国内，对国家重要建设、科研项目、大学教育、人才培养要有重要贡献。做到这些和创建世界一流并不矛盾，但我认为这些应该是基础，这些做得好的话两者是统一的。另外，是否一流也不由我们评说，得看外界的看法，不是自己说了算的。

对于同学，我想大家都向往清华，现在既然来了就要真正成为国家需要的人才，要以国家发展、民族振兴为己任。第二是要脚踏实地，充分利用现有资源，不能好高骛远。第三还要学会主动和别人合作，善于沟通交流。

感想体会：

之前选这门课是一位同学推荐的。本来是打算混完这门选修课，得到两个学分就完事的，没有想到上了几节课之后发现这课一点也不水，特别是大作业要求做一篇老教授的访谈，对于我这个不太善于和人打交道的人来说难度极大。这可以说是我到目前为止最耗时间压力最大的一门选修课了。期中的时候想过要退掉它，不过还是坚持下来了。最后回过头来看看，收获还是挺大的。还好我没有半途而废，还好我选择了坚持。

经过这次的访谈，我第一次近距离地接触了对于我来说高高在上的院士级别的人物。这个首先锻炼的是我与人交流沟通的能力。说实话最初想办法拿到雷志栋院士的联系方式就很不容易，还是动用了多方的人际关系才争取到的。这时才发现平时多认识人到一定的时候是多么有用！面对一位老教授，水资源领域的知名人物，我心里难免有些不安。怎样顺利地将对话进行下去并收到良好的效果这的确是一个考验。从最初的战战兢兢到最后的从容应对、处变不惊，这对于我来说是一个不小的进步。

其实更大的收获在于对老一辈清华人的认识，在于看到了他们身上体现的那种风采。他们时刻以祖国的需要为己任，国家急缺什么他们就研究什么，丝毫不在乎自己的得失，这才是真正把自己的未来同国家的命运紧密结合在一起！他们居功至伟却毫不自负，说："成就不是我一个人的，是我们一个大的团队的功劳。没有我们团队的配合和支持我是不可能取得这个成就的。""院士并不是就代表了你所在的领域的最高水平。"谦逊如此！本以为像他们都做院士了，对于我们这种学生态度就不一定那么好了，没有想到那次访谈一进门他就给我们让座，并问我们喝不喝水，谦逊和蔼的态度让我们感动。后来又因为访谈的事几次麻烦雷志栋老师，老师丝毫没有不耐烦的意思，总是尽心尽力地帮我解决问题，真的很感激！

这门课真的让我得到了比我原本期望的多得多的东西，知识上的在于其次，对于老一辈清华人的理解让我获益匪浅。记得雷老师最后给我们提出期望，说他们那一代的清华人身上有好多的优点，希望我们新一代的清华学子（现在我还不敢自称为"清华人"）能够继承发扬。争取自己早日做成一个真正的清华人！

向老一辈的清华人致敬！

"老北京"的保护者

——建筑学院朱自煊教授访谈

访谈时间：2010 年 4 月 5 日
被访者：朱自煊教授
访谈者：罗成婷（生命学院　生 82）
整理者：罗成婷

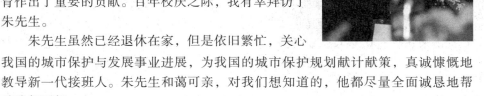

朱自煊，清华大学建筑学院教授，1926 年出生于安徽省徽州地区休宁县，1946 年成为清华大学建筑系建系后第一班学生，1951 年毕业后留校任教。

朱先生长期从事城市规划和城市设计方面的教学、理论研究和实践工作，不仅为我国的城市规划研究特别是城市保护理论的形成与发展作出了杰出的贡献，而且以正直的人格、严谨务实的学风影响了众多的清华学子，为我国培养了大量的建筑和城市规划专门人才，桃李满天下，为我国的建筑和城市规划教育作出了重要的贡献。百年校庆之际，我有幸拜访了朱先生。

朱先生虽然已经退休在家，但是依旧繁忙，关心我国的城市保护与发展事业进展，为我国的城市保护规划献计献策，真诚慷慨地教导新一代接班人。朱先生和蔼可亲，对我们想知道的，他都尽量全面诚恳地帮助我们了解。

万园之园

罗：先生可谓是圆明园规划成功保护的功臣，请问为什么保护过程中也需要规划呢？您能给我们回忆一下当时规划过程中都要注意哪些问题，比如得考虑到历史原貌和现实意义等。在规划过程中遇到了哪些问题？这些问题又是怎么解决的呢？

朱：圆明园有三个部分，即圆明园、长春园/畅春园、万春园，曾经是全球规模最大、技艺最高，令雨果为之心醉惊叹、被誉为"一切造园艺术典范"的"万园之园"。1860年被英法联军毁了。当年做这个保护规划，我们是被迫做的。为什么是被迫做的呢？当时有人，包括一些领导，听了某些人的建议，想在圆明园里边搞旅游宾馆，在圆明园的最西面的地方，就是现在的圆明园西南角那一块，想搞旅馆。我们没有同意并坚决反对，我们当时就很明确，圆明园公园应该是个遗址公园。

遗址公园保护有三层意义，其一，它是一代名园，是重要的历史文化遗产，要很好地保护。清楚康雍乾盛世，国家发展很昌盛，圆明园这样宏伟优美的建筑，代表了我们的历史和文化，是我们劳动人民智慧的结晶。当然也有统治者的决策，是祖先留给我们的难得的遗产。

同时它又是文明圣地，代表了我们国家清代最高层次人士生活工作的地方，里边有着他们当时文化气息和风格。比如牌匾上的题字、每个园的名称等等都代表了当时的文化，象征着我们的文明。

第三，它又代表着我们的国耻。英法联军把它掠夺、烧毁了，见证了我们落后挨打，被强大的外敌入侵的悲惨历史，提醒我们不能忘记历史的教训。

所以要好好保护圆明园，决不能在里面搞商业行为。后来不仅是我们做，好几家规划设计院，都做圆明园保护规划，尽管方案不一样，但是保护遗址公园，这一点大家是达成共识的。

"园外派"胜利

朱：那个时候，我们"园外派"，坚决主张如果要建旅馆，就到园外去建。保护恢复遗址是前提，当然局部占一点用地也是可以理解的，但是不能搞商业活动，我们是很坚定的。后来圆明园的保护引起了社会的重视，成立圆明园保护学会的同时成立了圆明园管理处。国家也开始重视圆明园的管理，倡议和保护方案被提出来并让大家签名，当时我们都签了名。我们就觉得对一些重要的遗址要严格保护，这点事先我们都是比较明确的，可以说现在这样的主张得到了社会的认可和支持。

当然现在圆明园里头，还是有很多矛盾，但总的原则定得不错。原来圆明园里边住了很多老百姓，这些人在里头挖山不止。因为他要种地，要生活。圆明园遗址公园里，山川地貌很重要。房子没有了，但山河仍在，如果你整天挖山不止，很可能整个地形地貌就都没有了。但是老百姓住里头他们要生活，挖山种地很难避免。还好，后来通过这么多年的努力，圆明园周围的围墙建起来了，老百姓都迁出来了。当然有一段时间有一些画家还住在里头，这些画家在这里倒也还是可以，因为他们不会像一般农民住户一样挖山不止，对圆明园的破坏不会有那么大。总之不管怎么说，里头住了好多人，有几个村落都在里面，这才是最要紧的。现在这些人出来了，有些村民被吸收到圆明园里当管理人员和工人。把破坏的力量变成建设保护的力量，我觉得这个还是很好的。

　　所以总的来讲，圆明园保住了，不再搞旅游开发。虽然有一部分还是搞了，像万春园的东南角，开始的时候还是搞了一些高级会所一样的东西，但是总的来讲，以后这样的事情就少了。

历史悠久、风景迷人、休闲好去处

　　罗：我们作为行外人，就只知道圆明园可以抽空去走走看看，不知道它的保护规划的艰难，听了朱先生给我们讲了这么多，到时候可以带上另一种心情去参观圆明园了。

　　那么朱先生，我们都知道，什刹海是北京最具民族风情、最具京城古都风貌的景点，我想请问您当时在规划的时候是否也遇到了类似圆明园一样的问题，它和圆明园又有什么不同吗？从什刹海的规划中，别的规划案例能吸取到哪些经验呢？

　　朱：什刹海，当年我们做了保护规划，并且一做就做了 20 多年，1984 年做的规划，1992 年获批准，经历了 8 年。那个时候，陈希同还在位，陈希同专门召开了北京市市长办公会议来批准的。什刹海这个地方大家都知道，是先有什刹海后有北京城的。元大都的时候，这个地方就有了，它是水运的终点。京杭大运河，现在通到通州，那个时候是通到什刹海的，什刹海是元大都的码头，也是商业中心，是"前朝后市"的"市"，现在大运河申报世界遗产了。

　　那个时候解决大都的粮食供应主要靠南方，所以水运解决了这个大问题。明清以后，航运功能没有了，但是有这么一大片水还是很难得的。咱们知道北京是个缺水的城市，河流一般都是季节河。而三海，实际上是六海，前面还有北海、中海和南海。什刹海，包括前海、后海、西海，这六个水系在北京城里起了非常重要的作用。前三海是皇家的，后三海是民间的，前三海是一直都受保护的，到现在中南海还是不开放的，而后三海是民间的，明代航运功能没有了之后，变成了都城里边一个民间风景区，是休息、休闲的地方，王公大臣的府邸很多，像亲王府、贝勒府等等，王公大臣在里边，文人墨客也很多，所以是个非常重要的地方。

　　1984 年西城区进行了整治，疏浚河道，修河岸，那个时候我们给做保护规划。我和郑先中老师带了本科生和研究生做。做的时候，通过查阅文献和调查研究，明确了这个地方的性质。原来规划部门把它当作一片绿地。通过调查研究，我们觉得不是一个公园，而是一个历史文化保护区，而且这个保护区的性质是历史、文化保护区。因为它的历史比北京城还要长，有大量的文化积淀。又是一个风景区，不少过去的诗词都是讲什刹海的。而且站在银锭桥可以看到北京的西山。"银锭观山"是北京的小八景。北京还有大的八景，"居庸叠翠"等等这些属于大八景，而银锭桥属于小八景。站在城里能看到西山的就只有这里，风景最好。

保护和发展

朱：所以我们经过调查研究各个方面定下来，什刹海是个历史文化旅游风景区，自古以来它就是个玩的地方，是个历史街区，并且是北京最大的历史街区。因此定下来它的方针是保护、整治和适当开发，适当开发就是把它的文化功能挖掘出来，这个定性很重要。另外我们把保护和发展结合起来，既要保护又要发展，把它的文化内涵展示出来，推动旅游。同时这个旅游又有特色，是和老百姓混在一起的，它不像香山、八达岭等纯粹是个旅游景点，它是市井园林，和市井连在一块，来什刹海玩，既是看园林又是逛胡同，看老百姓的生活。它是这么一个市井园林。这个地方既是旅游景点，又是老百姓休养生息的一个文明的社区。而且我们还希望这景点和社区能够互动，相互促进。景点发展得好，有望改善老百姓的生活，老百姓生活改善之后，又更能吸引大家来看老百姓的生活，是个很有特色的地方。

所以胡同游就是从什刹海开始的。人们的感觉常常是，故宫等等景点都是死的，那纯粹是个博物馆，文化遗产。今天，在老城区，如琉璃厂、前门大街、锣鼓巷、什刹海等地，人们还在那里生活。那里还有很多传统的东西要传承，所以这类地方就叫作历史街区。历史街区和文物古迹有很大的不一样，文物古迹就是原样保留，能修的还是照样修，但是它的功能变了，不少变成历史博物馆了，历史街区就是人们今天继续在用的。

这种历史街区，它的保护有三个原则：第一，就是保持它的历史真实性。你不能抹杀那些历史。虽然不是文物古迹，但是有很多历史建筑，包括一桥一水一石都是历史的东西，历史的东西不能搞掉，不能破坏。像琉璃厂改造就是个错误，今天琉璃厂功能还是文化街，但是70年代的时候把它拆了，搞了个假古董，这样历史真实性就没有了。第二，就是风貌的完整性，历史街区是一大片，前门大街是一片，锣鼓巷是一片，什刹海是更大的一片，需要保护其整体风貌，这是风貌的完整性。第三是生活的延续性，当然生活要发展要改善，过去都是四合院，独门独户。现在都变成好多院子都是好多家人一块住了，里面都搭建了很多违章建筑。这个怎么办？你怎么来改善他们的生活条件？生活的延续性，既要解决老百姓的生活，又要解决文化的传承，比如民俗等等，还要作为非物质文化遗产来保护。国际上对这些东西就比较重视，它不同于一般的文物也不同于一般普通的社区。北京作为全国历史文化名城之首，这个历史街区保护是名城保护中非常重要的。

曲折漫长终见成果

朱：北京这个名城拆掉了很多，先拆城墙，后来一片一片地开发，所以我们就大力呼吁保护古城的风貌。对什刹海的保护，我们早就做了，在80年代就做了，后来到 90 年代，到 2001 年，北京开始搞 25 片历史文化保护区，后来增加到 30 多片。历史文化保护区不能再破坏了，要严格保护。当然有很多矛盾，但是总的来讲，20 多年来，这个规划得到了保证，得到了政府批准。详细的做法和修建我们都参与了，因为只做规划是没用的，规划是个长期的过程，成效在于能不能坚持住。

后来在这个基础上成立了个什刹海研究会，这个也是不容易的，光是一个什刹海，这么一片地区，就成立了一个研究会，工作了 20 多年，出了很多书。侯仁之先生，现在快 100 岁了，那个时候就是当他们文献方面的顾问，组织编写了好多这方面的书，我是当他们建设方面的顾问，所以这个什刹海确实是古迹保护很重要的一个成果，是北京奥运人文奥运里的一个名片，4 个平方公里，这么大的一片地方，没有高楼大厦，保持传统风貌，原汁原味，不容易。不过虽然以保护为主，但是保护的同时还是得发展，要和发展结合起来，里边的房子还是得修缮。现在北京政府也有钱了，乱建的就把它给拆了，实在有必要的就帮它重新修好，胡同的外面街面像烟袋斜街等都把它给整治了，文物古迹像火神庙等都做了修复，做了很多工作。城市的保护，文化的保护，或者扩大一点来讲，历史文化遗产的保护都很有必要。历史文化遗产申报成为世界遗产的也很多，像故宫、天坛、八达岭长城、颐和园，这个是更高一层的。什刹海和皇城都是故宫这个世界遗产的缓冲区，它这个遗产的周围要有一个缓冲区。北京这个文化遗产，什刹海的保护，从 1984 年到现在，差不多已经 26 年了，以后路还长着呢，还要不断提升它的文化内涵，还要不断解决好它的一些矛盾。

以和为贵

罗：乍看都是玩的地方，但是有很大不同，今天真是长了不少见识。我记得，朱先生在很多场合和报告中特别强调因为城市规划是人与人合作的关系，是人与人，人与同行，人与领导，甚至是我们与后代之间的关系，懂得合作与尊重特别重要。同样这样的思想也正是人际交往的"潜规则"。那么朱先生我想问问您在与人交流与领导相处的时候有什么心得，遇到过什么困难吗？都说现在人与人的关系越来越淡薄、越来越功利化，对此您有什么看法？

朱：强调人和人的合作，这个问题提得非常好，人与自然要和谐。现在整天都是事，这个地球搞过火了，整天搞不好。人与人的和谐，非常重要。我们建国后最大的失误就是以阶级斗争为纲，七斗八斗斗得简直是大伤元气。现在看整个世界，也还是不和谐，当然这是因为有根本利益冲突在里头。因为要"求同存异"，这个"异"是存在的，而"求同"就是大的利益取向、人类的目标要一致，那样一切都好办。在一个小范围，我一直都是以和为贵，"文革"时期打派战的时候，我躲得远远的，到了联合的时候，我就活跃了，我有促进联合积极性，主张大家连在一起。连不起来我就又退回来，总之，我这个人是主张以和为贵的。

在人缘方面，在人与人相处的时候，我觉得最重要的就是尊重别人。好多东西实际就是利益冲突，我这人从来不和人家计较，我知足常乐。我住的房子，现在还是老房子，不去跟人家争，我觉得这样挺好就行了。同事相处也是一样的，从来不去和人家争，我也不喜欢跟人争，所以我在什刹海工作这么多年，我们和研究会、和管理处，和各方面的专家相处都是很好的。也不会因某个项目是我先做的，就一直霸占着。我退了，就让给别的老师去做。

什刹海里边确实矛盾很多，这些矛盾根源于各自不同的需求，包括里面的居民。居民之间有很多矛盾，我到那里去访问，许多老居民说，现在很多新的居民，很不讲卫生，比如扫地就只扫出门槛就拉倒了，院子里的都不管。这些都是切实需要解决的矛盾和问题。

罗：朱先生，这个矛盾问题能通过经济发展后，雇用清洁工人来解决吗？

朱：我举个三轮车的例子，最初搞三轮车的人叫徐勇，他是个摄影家，摄影很好，是他最开始搞这个创意的。他在胡同、鼓楼上办了摄影展，引起了国内外好多游人的兴趣，所以在这个基础上，他开始搞三轮车引导游客来看什刹海，先看他的作品然后到实地去看。居民也联合在一起，有些居民家里条件比较好，什刹海的老人，也是文化人，他们愿意接待，那么大家到他那里去座谈，谈谈过去的生活，甚至中午在他们那里吃饭，包包饺子之类的，实际上就等于，跟区域、跟管理处结合，选择一些家庭招待游客。这样引起了很多游人的兴趣，很多游人觉得别的地方都看庙看文物，而这里看到的是实实在在的生活——现在的生活、过去的生活，了解了过去老百姓的生活，又了解了过去的传统。我过去接待过一个英国女王的侄子，他是贵宾，英国驻华大使等都陪着他，他去恭王府，先是品茶然后去老百姓家中，玩了一个多钟头，评价非常好。这本来是一个好事，但是由于利益非常大，后来就出现很多三轮车队，街道也办，黑车也出现了，互相抢生意。而徐勇，他是很厉害的，他这批蹬三轮的工人，是从山西招过来的，非常吃苦耐劳。他管理起来，供吃管住，还教他们英文，所以是很规范的，游客们很满意。黑车一来就乱了，就把这个招牌给砸了，后来区里下决心整治，通过治理现在又好一点。所以如果不好好管理，唯利是图，那就只能砸牌子了。

其实我们这个旅游风景区，管理是很重要的，像黄山这些世界遗产管得比较严。环境、卫生、安全各个方面都是很重要的。

力争上游

罗：刚才您说了"和谐"，现在好多书都鼓励我们抓住机遇，不要错过机会，这和您说的"和谐"矛盾吗？

朱：这当然是不同的概念。对年轻人来说生活是又有机遇又有挑战的。当然抓机遇的过程中是有竞争的，竞争是正常的，不搞歪门邪道，以你出色的服务，以你的能力，包括你自己的待人处事，赢得你单位、服务的对象的信任，这完全是应该的。当然竞争也显示人的品格，要正常竞争，不要恶意竞争，不要打击别人抬高自己。那种不正当的竞争，我们不要。因为现在年轻人竞争很多很激烈，所以一是要有自己的优势，就是要有真本事，没有真本事，机遇来了也上不去；二是要有机遇，没有机遇你也不能脱颖而出，我觉得年轻人还是要有一种竞争意识，力争上游，这个和我们老年人是不一样的。因为，机遇是看你是否能抓住，但是本事是你最本质的，否则机遇来了你也适应不了。要是有了真本事，这次机遇没有了，还有下一次，所以这点是很重要的，要提高自己。

大师云集，铁面无私

罗：朱先生，那么能给我们讲讲您在我们这么大的时候，也就是大学时候，在提升自己方面的情况吗？

朱：我是老清华，我经历梅贻琦、蒋南翔时候的清华，我觉得那个时候清华是培养人才的，清华里都是名教授，那个时候清华五个学院，文、理、法、工、农。文、理、工、法在现在的清华校园中，农不在这边，在颐和园那边那个教学区，我不很熟悉。这边这个教学区都是名教授，像理学院那些教授有的是杨振宁、李政道的老师，也教过我们。像中文系的主任——朱自清先生，我见过他，我是 1946 年来的，他是 1948 年去世的。我的中文老师，叫朱德熙，后来他被誉为语言学大师，他教我大一国文。我们大一学国文、英文，还有社会学、经济学，当时学习的知识面是很宽的，这一点，我觉得还是很有必要的。因为作为一名大学生，提高文化修养，学习做人的道理，这是很有必要的。那批老先生，教大一的那些老师全是院士级别的人物，那个时候老师很严格，淘汰率很高，实行的是学分制，一学期有两门主课不及格就退学，我念书的时候，全班 15 个人，到我四年级毕业的时候只有 7 个人毕业，那个严格的程度，很厉害。梅先生的女儿考不上清华，就先进先修班。梁先生的儿子进不了建筑系，找我给补课，建筑制图，他很努力，但是还是进不了，说明那个时候铁面无私，非常之严格。

梅先生讲"所谓大学者，非谓有大楼之谓也，有大师之谓也"。你看，现在全是大楼，有几位大师？他们这些老老师，这些楷模，使我们终身受益。我们现在仰慕的就是他们这些老师，是他们培养了我们，让我们知道怎样做人。梁先生曾亲自教过我们，告诉我们"高一点怎么样，短一点怎么样"，简直就是手把手地教。梁先生教雕塑史、中国建筑史、城市规划，这么多课程全是他教的。蒋南翔时期，开始时院系调整了，清华很多精华都分出去了，留了个工学院，工学院还抽出去了一部分，航空系出去成立了航空学院，石油系成立了石油学院，地质系成立了地质学院，但是蒋南翔本身是清华 30 年代的学生，清华那套严格的教学风气还是继承下来了。

后来重视思想工作，因为我们建设需要的人才，不是书呆子，而是会做人、会做事的人才。当时提出"又红又专""双肩挑"，设立辅导员制度，这个还是很好的。当时还提出来"听话出活",听党的话,挑得起担子出活。你得听话,否则不听话肯定无法完成工作,你也得挑得起担子,要不给你的任务完不成也不行。所以清华这个时候出了很多人才,包括国家最高领导人。清华这个时候比较全面,体育也重视,"为祖国健康工作50年",是马老——马约翰教授提出来又被蒋南翔肯定的。我就为祖国健康工作了51年。

学校终究是培养人才的地方,最主要的任务就是培养人才,当然也要出研究成果,钱老——钱学森很担心我们出不来杰出人才。真是这样子,我们花架子太多,从根本上说,为什么美国那么强?人家还是比较重视培养人才的,我现在最看不惯的就是花架子太多,真正下功夫太少。当然时代变了,跟过去比毕竟是很难的,但是变来变去,万变不离其宗,学校最根本的是培养人才。这就是我对学校的一点担心,学校不是赚钱的工具,什么"做大做强"那个是办企业,学校不应该是这样的。

最根本是要为社会作贡献

罗:朱先生,那是不是现在社会整体浮躁影响了清华?

朱:现在整体世风当然浮躁了,作假抄袭,那个时候闻所未闻,是不屑于做的。抗战时候我们西南联大那么困难的条件,培养出那么多杰出的人才,是不是?老师们做出很多很多杰出的成果。现在这么好的环境,却拿不出来像样的成果了。

罗:是不是现在社会经济发展了,对人心冲击太多?

朱:那么美国等国家,同样也受到了冲击,美国的资本主义(受冲击)还比我们厉害得多吧,但它还是出了成果,出了人才。因为现在我们交流比较多,我们发现他们的心态比我们要平和得多,老师该教书的还是要教书。不过因为我们是搞建筑的,所以该有自己的事务所的还是要有,当然这两者不该混在一起。学生忙着赚钱,老师也忙着赚钱这不是乱了吗?

罗:但是是不是现在生活条件太安逸了,人们不知道奋斗了呢?

朱:有这方面的原因。但是其实最重要的是人的追求,因为现在压力也比较大,不能否认大家现在的价值取向,但是最根本的还是要为社会作贡献,作出多大的贡献要根据个人的情况而定,但是人总是要有点精神层面上的追求。

校庆与花样

罗:朱先生,那我想问您,刚才说到现在我们花样太多,您能具体说一说吗?比如现在我们百年校庆弄得声势浩大,您觉得这个是花样吗?

朱:这个不是花样,我也不是一概否定。我说的花样是指:你忙了很多,有很多很时髦很流行的东西,但是真正的成效没有多少,真正出来的人才很少。学校真正的任务还是要培养人才，我说的花样是针对这些。对于校领导而言，是花样重要，还是培养高质量人才重要？现在看凤凰卫视的节目，很多报道中提到了清华，好像清华什么都要插一脚似的，这个有必要吗？进入世界一流大学，清华还缺什么，是缺花样，还是缺少真正的技术，缺某个领域的杰出人才？当然搞校庆这个不是花样，百周年校庆，我觉得还是很有必要的。当然，这里边也有搞花样的，注重一些形式，过分铺张、夸张，这些我也不一定同意。但是百周年校庆还是很不容易的，学校这次还通知我们说，我们毕业60年了，要聚一聚。我觉得这个是很有必要的，毕业70年，就不太能聚了，我现在都85了，要是到70周年，那么很多人就过世了，很多人都来不了了，所以现在聚一聚是很有必要的，很有意义的。

我的意思是说：好多东西就是过度炒作、包装，我是对这些东西反感。华而不实，我是不太喜欢的，可能我的思想比较偏激保守。当然我也不是完全反对，好多东西抬出结果来，就是热闹一时，因为过去这种经验很多。过去"十七年"，包括"文化大革命"，提出一些不切实际的目标，好多东西都是没有必要的，最后的结果是闹哄哄一场空。

罗：那么，现在这么多花样，是不是因为现在好多年轻人太浮躁了呢？

朱：也不是年轻人，关键原因还是在领导，因为领导出花样，搞出成果，更容易升迁，急功近利。在造成这些问题的原因中，体制是很重要的一方面，当然还有其他的原因。梅校长当了多少年的校长？蒋校长当了几年？十年树木，百年树人，这不是急功近利的东西。但是现在这个体制下，官员在任就这么几年，他不搞出些风光的花样的东西他下一步怎么提升啊？现在抓GDP，抓房地产，都是便于自己升迁。我对这些是很有看法的，前人栽树后人乘凉，现在就是没有前人种树，这是最根本的育人问题。我们就觉得我们退下来是很自然的，长江后浪推前浪，我们看到年轻人上来，真心地高兴。以前那些大师对我影响很大。我就不羡慕这套东西。

成功背后的辛酸

罗：现在年轻人遇到困难的时候都会以"成功人士的背后都有辛酸"这样的话语宽慰自己，那您有过背后的辛酸吗？

朱：当然有啊，过去老是挨批，不仅仅是"文革"的时候。比如梁先生，保护很多东西，这个也挨批。"文革"就更不用说了，过去历次运动，整风反右，号召你反，反右了又说是"阳谋"，所谓"引蛇出洞"，最后来整你。那时候我们还很年轻，还够不上反动权威，但是挨批是常有的事，那是很压抑的，所以我们对现在很满足的是政治上"资产阶级知识分子"的帽子给摘掉了，以前知识分子就是臭老九，只能夹着尾巴做人。

罗：朱先生，那么您挨批这么多，是怎么坚持自己的学术思想的呢？以前的老教授们给您的影响很大吗?

朱:严格来讲,我还没有这个勇气,没有严格坚持,我还没这个本事,我只能检讨。当时我们有一个同学,他开始的时候就相信梁先生是对的,他就坚持,他说:"我相信梁先生这些都是符合马列主义的,觉得梁先生讲的和他们讲的是一样的,所以我要坚持。"因为当时我们学苏联,苏联很多领导,像斯大林,他们都讲到建筑,讲到规划,讲到文化遗产,他就说梁先生讲的和他们讲的是一样的,所以他就公开辩论了。我们比较软一点的同学就是:批了我们就不说了,但是心里是很不服气的,所以很容易回潮,批了之后,想想自己还是对的。所以那个时候,从解放到改革开放之前,"左"的想法是很严重的,"左"的时候是很苦的,我们还算是好的,没有被剥夺教学权利,发去充军、插队。(插队那些人)有的人回来之后年纪很大了,也搞不出什么名堂了,一辈子就完了。我们总算还是很幸运的,改革开放的尾巴我们还是抓住了,中国没有这个"左"的时期,可能会进步得快一点。如果那个时候,按照八大的决议,按照新民主主义那套来做,我们会比现在扎实得多了。"文革"时改革得太厉害,打资本主义打得太厉害,到后来就是鸡蛋里面挑骨头了。已经做的很不错了,他还要挑,后来就无所适从了,损失了很多人才,浪费了好多时间。

辩证看待功过

罗:那你对毛泽东个人的评价是什么呢?

朱:个人评价就是:过去他是受"左"的打击的,后来他又极"左"了,我觉得恐怕是唯我独尊,听不得半句不好听的话,这种封建帝王思想在他脑子余根未尽,就是这一套东西,古书看得太多,就是四书五经、《资治通鉴》这些,就是封建主义,容不得一点不同意见,这个是一个方面。另一方面,他建设的功底很少,他一来就是空想的,大同世界、"大跃进"等等,这些完全违反客观规律。对于经济,他完全不通,别人做,他嫌别人慢,那个时候说陈云懂得经济,他说:"我离开他不行吗?我毛泽东离开他就不行吗?"结果搞得一塌糊涂,还是得把陈云请回来,在别人搞的时候,他心里还不服气,但是到形势好了之后,他又把别人给打下去了。所以就是说,过去打天下不是一个人的功劳,但是治天下他确实不行,你看邓小平、周总理,留法留俄,他们对怎么治理国家更行更明白。当然毛泽东他也有很大功劳,他也有自己的治国主张,但是毕竟他应该和其他人合作,多听意见建议,和人才一起来治理国家。

罗:朱先生自己对众多外围知识特别是在文化艺术领域有着浓厚的兴趣,范围涉及文学诗词、绘画、戏剧、金石、古典园林等诸多领域,对传统历史文化有着深层次的理解。您是从什么时候开始广泛培养自己兴趣的?您觉得兴趣是最好的老师吗?

朱:对戏剧感兴趣是因为我父亲很喜欢这个,经常带我看戏。对绘画雕塑感兴趣是受了著名雕刻家张充仁的影响，我跟他学过画。对历史文化，这些我从小就很有兴趣。到了清华之后，我听过邓稼先的父亲的课，他叫邓以蛰，清华那个时候这种机会很多，梁先生、林徽因、高庄先生、李宗津先生，这些都是很有水平的文学文艺大家；然后我们建筑系，也有很多大家，如刘致平先生，简直是大师如云啊，他们对我影响很大。另外同学们也都是多才多艺，文化修养都是非常高的。

梁先生曾希望建筑、园林、规划、工艺美术四个专业一起办，把建筑系改名叫营建系。办园林组，跟农大组织了园林专业，一开始的时候招了8个学生，我就相当于这8个人的班主任一样，我教园林建筑和造园设计。那个时候还没有林大，第一届和第二届的时候都在这儿，第三届的时候就到北京林大去了，现在园林艺术是林大很好的一个专业，林大成立北京林学院，这个专业就作为林学院的一个主要专业。

所以这个氛围，是个非常重文化的氛围，对我们都有潜移默化的影响，我1950年毕业之后当了助教，有的时候下午到梁先生家去的时候，梁先生、金岳霖先生、林徽因在饮午茶，就听他们高谈阔论。文化沙龙也参加过几次，参加者都是才高八斗、才华横溢的，所以这个氛围是很重要的，而且那个时候师生关系是很融洽的。

喜欢就不会放手

罗：朱先生，那你觉得兴趣是事业成功的最好的老师这话对吗？我们在选择事业的时候，有必要追寻我们的兴趣来做选择吗？

朱：一个人可以有很多兴趣，比如我就有很多兴趣，但不是我从事的事业，因为这个还是需要机遇的。我举个例子，我以前有个同学叫孟兆祯，特别喜欢拉胡琴，也拉得特别好，他想转学校，转到一所艺术院校去，后来那个校长，叫孙晓村，是个很著名的教育家，不同意，没转成。孟兆祯现在是院士，还在拉琴。朱镕基现在闲着也拉琴，拉得都还不错。所以光有兴趣是不行的，还得看你的机遇，你的运气，当然兴趣和职业结合是很好的，但是那样的情况太少了。兴趣作为爱好还是要继续保持的，否则你会失去好多东西，现在还没有到自己完全自由选择职业的时候，还是要看国家社会的需要。另外如果你真有兴趣，你不会放弃的，虽然你不干这一行，但是你放不下的，你会经常回来看看。要说兴趣大师就不得不提到王世襄，他是真正的大玩家，什么都玩到极致，对古董、历史、诗词等等都是特别精通。这个情况虽然很少，但是兴趣是了不得的老师啊！

继承老清华优秀传统

罗：朱先生，真是抱歉耽搁您很长时间了，但是还想再请问您，对于兴趣选择和花样识别，给我们现在的清华同学提几点建议和期望行吗？

朱：我觉得既然是清华的学生，就应该把过去好的东西继承下去。清华是有很多好的东西的，道德、学风、文章，应该把这些继承下去。总的来讲，清华还是好的，这个要承认，我提的是高标准的，和那些过去的优秀的时期相比较。老师也好，领导也好，我觉得让我受益匪浅的，说白了就是这些东西。

清华，各个学校，各个名校都有办好它的一些东西，而这些东西，是在无穷变化中不变的。比如 MIT 现在还是 Institute，我说得难听一点，现在我们动不动就学院变大学，还想把协和医院拉进来，我老伴是协和的，如果拉进来后怎么叫？清华协和大学？清华协和医院？不可能的，也没必要。所以国外好的大学不在名称上，在内涵上，在质量上，我有意见是在这些方面。跟过去比，今不如昔，你看像朱自清先生，你现在能达到他那个水平吗？人格就达不到，你人格达不到，你作品就不可能达到，因为作品不是靠修饰出来的，它需要思想、感情、人格加上他的修养水平，这个是最根本的，人格达不到是写不出来那些高水平的东西的，假的真不了，你说是不是？

当然现在时代变了，但是很多东西是不变的。比如说文艺电影，你看现在奥斯卡奖的得主，都是有思想的。张艺谋是不可能达到那种境界的，他走偏了，搞形式、搞花样、搞商业还可以，这个当然各有各的追求，对不对？人家还笑我们迂腐，但是像我们这样观点的人多得很，我们经常在一起，就谈这些东西。我也不承认我完全跟不上时代，有主流的东西也有不入流的东西，鱼龙混杂，我们经过这么多反反复复，识别能力多一点。我从解放前在上海到现在一直跟国外打交道，看得清楚什么是主流，什么是非主流，识别能力高一点。

罗：是的，朱先生现在已经积淀下丰富的人生阅历，我们小辈是不可相提并论的，朱先生现在是"不畏浮云遮望眼，只缘身在最高层"了，我们要继续脚踏实地努力。

朱：哪里？我只是"不识庐山真面目，只缘身在此山中"。

罗：那祝朱先生身体健康，生活愉快，再次感谢朱先生！

感想体会：

从开始第一次访谈到稿子修正，占用了朱先生很多时间和精力，感谢朱先生百忙中，抽出时间，接受我的采访。感谢赵丽明老师耐心细心指导。

再次由衷感谢朱先生，真心祝朱先生身体健康，生活愉快。

在和您的交流过程中，您非常认真地给我讲解，尽管有几次我的问题有所冒犯，您也能够耐心地指出来，告诉我，让我感受到了什么叫大师风范，我也知道了，我该尽量去谅解别人，对别人好就是对自己好。

老清华对学生要求很严格，要求严格，可能对当时的学生会有一些残酷，但也就是这样，才培养出了那么多的人才。现在，学校对我们要求不太严格，我们对自己的要求也应该很严格。学校对我们不严格，只是给我们更多选择的自由；老清华，学风严谨求实，我们一定继承下去。

继承老清华传统，起码应该做到：不随大流，给自己明确的人生定位，为祖国服务，为人民服务，朝这个大方向去努力。

再次由衷感谢朱先生，我们衷心祝朱先生身体健康，生活愉快。

与清华电机的不解之缘

——钱家骊教授访谈

访谈时间：2010 年 4 月 30 日上午
访谈地点：电机系高压电器实验室
受采访者：钱家骊教授
采访者：李伟（电机系　电81）
整理者：李伟

钱家骊，清华大学电机工程与应用电子技术系教授，1950 年考入清华大学，于 1953 年 4 月留校参加工作，一直工作在教学和科研的第一线，曾分别在电机、电器和高压三个教研组任教，并曾主持管理电机系教学工作。个人著作、编译书籍 9 册，发表论文 130 余篇。在工作之余，主持编写多期中小学及大学校友通信录、作品集等。

教学中的钱老，是同学们的良师益友；工作中的钱老，是科研的骨干；闲暇之余的钱老，是文人墨客，是老同学间联络感情的纽带。

今年，北京的春天来得很晚，直到了四月底，气温回升，才终于让人感受到了春天的宜人。在清晨和煦的春风中，我一边在西主楼前等待钱老的到来，一边欣赏着万物复苏的春天。过了一会儿，就看见钱老骑着自行车向我迎来，虽已临近八十高龄，但钱老看起来精神矍铄，轻松的表情让我感到这是一位开朗的老人。到了钱老的实验室后，经简单的寒暄，访谈便正式开始。

选择清华电机系，只是因为它难考

李：我看您的文章里提到，您中学六年考了 12 个第一，这六年的第一全都让您包了，请您谈谈当时高考的情况好吗？

钱：其实是这样的，我通科都比较好，不是单一数学或英语好，我是什么课都可以，地理、历史总是我的分最高，经常接近满分。那时候国家穷，刚解放的时候，高中生比较少，你要上大学，至少要有个高中学历，农民工人家庭很难供得起高中生，高中生很少。后来大学扩招，考上大学才比较容易。所以概念和现在不一样，当然学校也有好差之分。

李：我看您的资料，您当年知道电机系是因为家里恰好有一本介绍电机系的书（《清华大学一览》），您当时选择清华电机系是因为这本书吗？

钱：不是，家里是有一本书，但不是这个原因，我哥哥就是这个系毕业的，他是和朱镕基同班的。我当时学习比较好，觉得就应该考最难考的，那时南方刚解放，交大、浙大那些学校在北方不招生。北方最好的大学就是清华了，当时老百姓传说的是电机系和物理系最难考。物理系就两个出路，一个是当老师，一个是做研究；但那时在国内做研究很困难，所以就只能做老师了。那时我对做老师没有一点兴趣，认为还是当个工程师比较好，特别是感觉电机系比较新，就选了电机系。所以也就是因为难考才考。但是，如果很多学生都这样想，好学生就会都撞到一个专业，其实不好，但当时的风气就是学得好就要考好专业。

比学生还年轻的教师，同学的良师益友

李：我了解您大学上了两年半之后直接就开始任教了。

钱：对，我那时20岁，21岁都不到就任教了，有的学生年龄比我还要大一些。又过了两年我就教主要课程了。那时候不一样，新专业没人，对一些有经验的年纪较大的教师在政治上又缺乏信任。苏联专家带一带，年轻的我就上大课了。我们二十五六岁就成为教研组主要教师了，跟现在的情况完全不一样。

所以几十年后，我又见了学生之后就感到很抱歉："我那么年轻就当了你们主要的老师，又管你们的教学，又要管你们生活……"我教学行政担任的比较多，又当班主任，又教课，带实习带设计，我那时水平太低了，非常抱歉。但有一点我是不惭愧的，我那时没有私心，没有什么个人考虑，真是全心全意地投入工作了。

我那个时候教学行政工作比较多，1958年，我26岁的时候，担任电器教研组的秘书。那时候叫秘书专政，就是教研组主任通常是不管事的，那是"资产阶级知识分子"，我们这些年轻的教师反而起主要作用。具体来说，就是管教学，安排教学计划，安排毕业实习、生产实习、毕业设计，还要安排课程。各课程出现什么问题，学生出现什么问题，都由我们来管，从那个时候起一直到1984年，我除了"文革"几年外一直都是搞教学行政工作，开始是电器教研组秘书，后来是高压教研组秘书。到了"文革"时期，我是教学排长，还是在教学领域工作。"文革"以后，我是高压教研组的教学副主任，过了不久我是电机系的教学副主任，所以我搞这个教学行政的时间很长，和一般老师不大一样。

李：那您应该和学生接触比较多吧？

钱：对，那时可以说对不少班级，我把"学生宿舍的门槛都踩烂了"，因为我可能管理比较细，学生闹病、得肝炎，我也跟着跑校医院。再加上我这个人胆子比较大，觉得对的，敢处理事，当然也会办错事。那时，很多事都认为和政治有关。有的班主任胆小，不敢处理的我都给处理了，所以我有时就越过班主任来直接管理学生，但同时我的教学工作量一点不少，我不是单纯的行政人员，我还是主课的教师。

"教师的主要天赋是爱"

李：您在清华这么多年，请给我讲一两件您印象比较深的事，比如您教学，或者科研中比较有感触的事。

钱：像我这岁数了，也没什么特别高兴的事。非要说的话，校庆的时候，学生来看我，还记得我，我就感觉挺高兴的。

有的时候，学生来看你说两句好听的话，比如有个很熟的学生说："别的老师我不一定看，但钱老师我非看不可。"这个也就只有做教师才有这种享受。我教的学生很多，我一直在教育第一线。有些年校庆时，为了和同学见面，还得赶几个场，这个班请我，那个班也请我，只好老说："对不起，下面还有别的班呢。"

总地说来，我和学生关系还不错，有十个班我非常熟悉，"摸爬滚打"在一起过，虽然过了几十年，大多数学生我都还能认出来。

李：您原来说您刚考学的时候不喜欢做教师，但最后我看您还是很热爱这份工作的。

钱：对，我还算是比较爱学生的，我们系 70 年系庆出了一本《纪念集》，我是文字主编。其中有一篇文章，是朱小梅老师写的，但题目是我给改的——《教师的主要天赋是爱》，她原来的题目比较一般。我认为爱学生——这对于教师是最重要的。其实这句话我是抄后又修改的。在礼堂旁边，有闻一多先生的雕像，旁边有一句名言"诗人的主要天赋是爱，爱他的祖国，爱他的人民"。朱老师的教学很好，根本原因应是她对学生非常关心、爱护。所以我对她说你应该换个题目，因为从最本质上说，你教学好是因为你喜欢你的学生啊。归根到底，我认为爱学生就是对于当教师最重要的。

当然过去我也有个问题，就是对高才生特别喜欢，清华确实有一些学生非常聪明，我觉得他们比我聪明不少，他们应该有很大的贡献。不幸的是，有几个高才生去世了，我参加过一些他们的告别会，在那里，我的眼泪怎么也控制不住。

上中学时，我很不愿意当教师，为什么不愿意呢？因为解放前有些学生作风不好，老喜欢给老师开玩笑，起外号，瞎起哄。我也当过学生，都知道这些，当时感觉挺别扭的，有的学生不愿意学你的课程，老挑你的毛病，给你起外号，感觉当老师挺没劲。

但是后来情况变了，解放后清华的学生都很老实，对老师也很尊重，学生除了参加政治活动，一心念书，不用老师催。学生已经够用功了，从来不用老师说："你要努力学习！"我说的反而都是"你们要注意健康，注意身体，不要太玩命"。这样当老师的感觉挺好。当然，近几年变了，有些学生不太愿意学了。老师说："你不爱学习，为什么还考进来了？"有的学生反而会说："是家长让我来的。"弄得老师哭笑不得。

"我与清华电机系同龄"

李：那时候南方有一句话，说您这老一辈电机人非常强，"青蛙（清华），田鸡（电机）呱呱叫"说的就是清华电机系很强。

钱：现在的电机系已经不是这样了，这是国家的问题，国外电机系几乎都是double E，技术层面包括比较广，但几十年来电机系分成了四个系，一个电子系，一个自动化系，一个计算机系，计算机系以前叫自动控制系。这些系的"老人"我都是认识的，不是我的老师，就是我的同事和同学。为什么要分四个系，我认为几乎完全是政治原因，当然这是我个人的看法。1952年首先分出无线电系，其中一个重要原因是无线电系是保密系。这个系跟军工业有关，搞雷达、通信这类东西，所以就挑了一部分老师去无线电系，剩下的人就留在电机系。政治上认为有问题的人，除了大专家之外，都得留在电机系。1958年又分出了一个自动控制系，这又和军工有关，后来就变成计算机系了。当然，现在看来，分出计算机系，还是有一定道理的，它的数学基础要比较好。

然后到了1970年，你对那个时候也应该不太清楚。"文化大革命"时中央文革领导组有个重要成员叫陈伯达的，当时提出来一个电子中心论。于是就有一些人，提出电机系还要分出一部分，成立一个自动化系。这样一个系就变成了四个系，在国外叫电机系的，至少都包括我们三个系，无线电系、自动化系和电机系。计算机系很多国家都是单独的，这是有道理的，计算机系数学要求很强。那两个系分出去是没有道理的，最明显的就是自动化系，完全是"文革"胡搞搞出来的，现在哪个行业不搞自动化呀，现在电机系都在搞智能化了，自动化从技术上看已经落伍了。

这两个系前两年半的课程都一样，自动化系也在搞电力系统的自动化。但这已是既成事实了，也不好再合并回去了。历史就是这样，存在也不都是合理的。

其实当时很多就是为了政治原因，结果把电机系弄得比较窄了，特别是和无线电系差的就比较多，比如说电机系对频率比较低的比较熟悉，对频率比较高的不太熟悉。于是后来我开的课，就讲些电磁兼容，包括高频的一些概念，电磁波辐射，电机系学生也都要有一些了解。

这样分系最后倒霉的是谁呢？倒霉的是电机系，分出去的那些都是新技术，发展得比较快，当然电机系也有新东西，但是相对来说，电力部门在欧美属于夕阳工业，不太发展这些东西了。电机系如果死守这些东西，就没法发展了。好在近年来，这些都有了变化，在向好的方面发展，不再受很多约束了。"文革"以后电机系还加了许多技术基础课，比如信号与系统、微机原理、调节原理等等。现状不等于理想，世界上没有绝对理想的事，每个人看法也不一样，只能说中国的历史原因造成清华电机系成了现在这个样子。

李：我一进电机系就感觉很奇怪，别的系都是属于哪个院，电机系直接就是一个系。

钱：这是一个行政原因，其实这样也可以，从电机系来看，少一个院，等于少了一个婆婆，没有人管我们，更自由了。

比如我们这个系的名字，过去叫电机工程系，后来感觉我们的教学科研内容发生了很大的变化，就在系名上加了个"应用电子技术"，因为强电弱电我们都在搞，于是就把这个系名报到学校，电子系有的人就抗议说，他们搞的就是应用电子技术，你们搞什么应用电子技术？这个没有道理，所以我们系名中还有"应用电子技术"字样。

高校教育，现在太软

钱：中国讲课比较死，大学应试现象也很严重。我认为，这些内容很重要，可是如果学生看得懂，那就让学生自己看。而有的内容没有那么重要，但我要是不讲，学生很难体会，就要讲。这就是说书本写的和老师讲的应当是不一样的，老师可以把它讲得活一些。

有的外国大学出的考题，我看很有意思，一个考卷一共11道题，你答对7道就可以给你满分。如果你非要答9道，对不起，老师按7道最差的给分。这样老师出一些较难的题的顾虑就比较小。这一章你完全不会没关系，其他章学得很好也可以得一百分，因为有的题我可以不答呀，不要你章章俱到，像过去老师说的每一章节都要学。这些我不学也没事，而那些我学得很透，就可以得高分。

李：那您当年教学的时候试过这样出题吗？

钱：我试过，我从国外回来就试过。还有中国现在的教学实验有很大问题，研究生院以前提过，研究生的课程太软，都是理论，实验很少，这是培养研究生的一个弱点。理工科没有实验能力是一个缺陷。我是这么想的，就算你一辈子研究理论或只做软件，但对硬件也要有一个认识，这样你的思维方法就会不一样。为此后来我开了一个研究生的实验课，我找了很多教师，开出不少研究生的实验课。但后来发现教师们都很忙，很多实验同时只能开一个组，教师们的积极性就下降了，一些实验就变成讲实验了。而且现在教师评级存在这样一个问题，这就是搞实验很不合算的，一个教师如果老搞实验的话，出论文很难，费了很多劲才能做出来。所以搞实验有两难，出论文比较难，提级也比较难。

动荡时期的清华

李：清华这样的科研中坚，"文革"时也不能一心一意地搞科研吗？

钱：不是这个概念，过去开始学苏的时候不让搞科研，首先要完成苏联的教学内容和方法，我们叫作"过河"。苏联教育来自德国，注重工程教育，与原来清华的英美式的通才教育很不同，都是新东西。那个时候一个本科学生要作4个课程设计、3次实习。第一次认识实习和第二次生产实习都是7周，还要到工厂参加毕业实习。这是老清华没有的，都要从头学起。教材也全换成苏联教材。因此这时基本是不允许搞科研的。那时候搞科研很困难，国家也没有钱投入科研。1958年以后开始有些科研了，但那时科研，工厂是不给经费的，只有旅途和住宿可以报销。

那时候各种政治冲击一个接一个。先是这个教师挨批，再是那个教师挨批，怎么搞呀，十分可惜的是大量的时间浪费了。所以"文革"以前老师们的科研工作很少，但不能够说一点没有，也有一些成果还可以，但总体来说是不行的。"文革"时就更不用说了，也有人搞一点科研，"文革"时我们也带学生做一些技术性的研究工作，对社会作出贡献。但那十年总体来说，对于高教来说是灾难。所以真正像点样子，把科研搞起来那是"文革"以后的事了，就是这一耽误就是十年，其实还不止十年，"文革"前后都有类似的现象。所以说，几代人给耽误了，这是十分可惜的，真是没办法，因为国家当时都是这样了，覆巢之下岂有完卵。"两弹一星"是上去了，但从大面积上看，都耽误了。

李："文革"时期，清华的学生都是从哪来的？那个时候一些专业课怎么教？

钱：工农兵学员，从工农兵那里招。那个时候我当过教学排长，也管教学。很多学生是初中生，甚至有小学毕业的，这些人要上大学的课，当然教学内容要减少，有些课程内容比较抽象，老师就只好打比方，把比较复杂的内容，翻来覆去讲到学生都点头："哦，是这么个事。"但要让他们用，就很困难了。这有个基础的问题，不是一年两年就行的。当然也有不少例外，有些工农兵学员，毕业后工作很不错，作出了很好贡献，但是少数。

有这么一个笑话：电机专业的老师到工厂去给工人上课，教师们先商量怎样讲才能让工人们听懂。一个老师说，我有办法，给学生一堆公式，你们就按着公式算就行了。课后，工人说，这个不行，还是不懂。第二个老师说，我不用公式，用曲线，在黑板上画了一大堆曲线，最后工人还是不懂。老师们就束手无策了。还有个例子，讲电工课时，有个正弦波形相位差的问题，这个怎么讲呀？老师就想，把这个比作荡秋千，两个秋千，一个摆过去了，过一会儿，另一个又过来了，老师想这个比方太好了。但学生还是很不满意说，你把我们当小孩子呀！这不是藐视工农兵学员吗？所以这一阶段教师被折腾得比较厉害。等到"文革"以后，才是我们这一代的黄金时代，虽然晚了些，但可以稳稳当当，安心搞搞学问，可以搞点教学，好好教点书，搞点研究工作。可是最近这些年，教育界新的问题又出来了，这是社会问题，就是教育界的功利性太多了。

李：您当年上学的时候，清华是怎样的？和现在我们上学的状态有什么不同？

钱：我们当学生是刚解放后，那时候政治性比较强，清华向来政治性比较强，现在也是极强的。那时候执行"8150"制度："8"是一天学习8小时，"1"是一天坚持1小时的体育锻炼，"50"是学习每周不超过50个小时。那时政治活动比较多，一个运动接着一个运动。还有农业劳动，还有社会工作。所有新民主主义团员都要有社会工作，那时候我曾给清华商店的工人上文化课，给他们读报，这就是我社会工作的第一项。

当教师也有许多社会工作，我工会的工作比较多，我当过工会的文教委员、体育委员，还当过生产委员。生产委员干什么呢？经济困难时期组织全系老师种白薯。用粮票向老乡买白薯苗，回来种，种完了收，这就是生产干事的事；体育委员就是哪有便宜的羽毛球拍，谁要，我给大家买，类似这种活动很多。

清华有些社团一直都不错，体育代表队和文艺代表队一直受学校重视，此外还有政治代表队、辅导员和业务代表队。清华培养了一批政治辅导员，在60年代，业务代表队就培养一批业务尖子，叫作"百里挑一""千里挑一"的都要特殊培养的。蒋南翔校长很有个人的看法。当时，蒋南翔校长当了教育部部长，还要兼任清华校长，他要亲自指导一些高校的建设，当然他也有错误，但他很有想法，他是知识分子型的，和上面有些非知识分子型的不一样，有些事他敢顶。当然后来"文化大革命"也遭批斗了。

清华的历史太复杂了，你要写本书都很难写得很全。像我们岁数大的，都有很多亲身的感受，有些对我们终生影响都很大。"文革"的时候工宣队入校，当时管清华的是"江青身边的两个兵"，大家管他们叫江青的"金童玉女"，其中一个是8341中央警卫团的一个宣传科副科长迟群，就这两个人是管清华的。他曾说过，中国哪次政治风潮，清华都是在风口浪尖上。这倒是实话。反右期间，不少师生被打成右派，一下就是二十几年，影响太大了。1957年打成右派，到1978年平反，二十几年呀，黄金时期啊，有些人老了还能干出点东西，但是很多人不行了。二十几年啊，谁耽误得起，清华可折腾了，等新的校史出来了，你们可以看看，但这些负面的内容不知能保留多少。

校史如何编，我以前提过意见，现在校史讲都是好事，实际是清华的光荣榜，出了多少人才，有多少贡献。清华问题可不少，能有个真实的反映吗？

随便说两句。前两天校庆，我去美术学院，看到他们有系史，我就看系史怎么写。我发现一个很有意思的事，就是其中有一个人民日报的文章照片，作者好像是相当于系领导的一位权威，但为什么在照片下面什么说明也没有。我想这是什么意思呀。待我一看日期，1957年5月12号，这是什么时期呢，"文革"前"大鸣大放"的时候，是鼓励大家"大鸣大放"的时候。一看标题《只有紧紧跟着党，才能有出路》。标题多好呀，但一看内容不行了：北京的哪个部门不要我们了，把我们甩了，哪个部门不把我们当儿子看待了，把我们解散了。我猜这位老师因为这篇文章，很可能就出问题了。这在当时叫作"抽象肯定，具体否定"，这是一个罪状。按当时的逻辑，哪个人敢当众否定共产党的中央呀，那你要推翻共产党该怎么推翻，只好把党的基层推翻。虽然写的是党好，但你说党的基层不好，这可不行，攻击党支部书记，那就是攻击党呀，那不是反党吗？

清华的变化

李：您上学时，清华的教学和现在有什么差别呢？

钱：这些年变化很大，开始的时候是英美式所谓"通才教育"，我们大一的时候几乎都是英文教材，看的是英文参考书。但遗憾的是，在我上大学那几年，系里主要老师一堂课也没教我们。那时候系里讲课最好的章名涛老师，讲课话很少，一字千金，句句话都很有分量，但我们上学的时候，开始时章先生"土改"去了，以后没给我们班上过课。另一位在全校讲课都很有名的钟世模老师也没安排给我们上课。那个时候政治运动太多了，有知识分子改造、抗美援朝、"三反""五反"等等。

李：清华现在的样子和您当年入校时有什么差别吗？

钱：大礼堂那边和现在一样，但那时候有很多中式灰色平房，一院就是清华学堂，二院变成二教了，三院后来变成图书馆了。还有北院，现在已经拆了，变成图书馆后面的小花园。那时候清华面积小，饮食广场北是那时学校的北墙，那时的西墙现在就是南校门大道。南墙基本上还是现在南墙。

我们那时学生比解放前已经多了，有2000人，大礼堂只能容1300人，开全校大会已经坐不下了。那时候系很多，有很多系在解放后已经被消灭了，心理学系被认为是唯心主义的，社会系被认为是反动的。那时清华大学是个综合性大学，和现在差不多，只是没有医学院，而是有农学院。

清华现在着力在发展文科，我们这些老牌子的工科系几十年来为清华打下一片天，虽然老师人数不断减少，比一些兄弟院校少，但在国内还是最好。现在学校对一些老系已经不大投入了，某种意义上看是属于"自生自灭"了，像我们电机系，全国评比，几个学科点都是第一，但这样坚持，其实有很多困难啊。

2010年6月4日

感想体会：

这次访谈接近尾声，为了方便我完成访谈稿，细心的钱老将提前准备好的一些收有钱老文章的校友作品集交予我，并将我送出实验室，同这位和蔼而开朗的老先生的访谈就到此结束了。

访谈之时恰逢钱老生日将至，故特将此篇文章为钱老贺寿，愿钱老身体健康，福如东海，寿比南山。

给予也是一种爱

——梁思成先生遗孀林洙女士访谈

访谈时间：2011 年 5 月 27 日
访谈地点：林洙老师家
被访者：建筑学院林洙老师
访谈者：刘畅玥（建 02）
整理者：刘畅玥

梁思成（1901—1972），广东省新会人，著名学者梁启超之子。中国著名的建筑学家、建筑教育家。毕生从事中国古代建筑的研究和建筑教育事业。系统地调查、整理、研究了中国古代建筑的历史和理论，是这一学科的开拓者和奠基者，著有中国第一本《中国建筑史》。曾主持国徽、人民英雄纪念碑等设计，是新中国首都城市规划工作的推

动者，建国以来几项重大设计方案的主持者，北京古建保护的坚持者。是新中国国旗、国徽评选委员会的顾问。1946 年创办清华建筑系，是第一任清华建筑系系主任。

林洙（1928—　），福建省福州市人，清华大学建筑系职员、作家，中国著名建筑学家和建筑教育家梁思成的第二任妻子，并陪伴其走过了人生艰难岁月的十一年，直至梁思成临终。1973 年起，她全力整理梁思成遗稿，先后参与编辑了《梁思成文集》《梁思成建筑画集》《梁思成全集》等书，著有《大匠的困惑》《建筑师梁思成》《中国营造学社史略》，编辑了《梁思成纪念文集》《尤拙致美》《梁启超家书》《佛像的历史》《未完成的测绘签》等。

5 月的一个周五下午，一个和煦的日子，我在林洙老师家和她进行了将近 3 个小时的交谈。林洙老师非常和蔼，那些往事娓娓道来，很耐心地跟我一点一点地说着梁先生和她的故事。温和的人，温情的故事，一个温暖的下午。

他们怎样燃烧了自己的青春

刘：请您谈谈您听说的梁先生之前的工作和往事吧。

林：我和林徽因，也就是梁先生的前夫人是同乡，我父亲认识他们。我没有考上清华大学，解放以前，清华、北大、南开三校是联合招生的，不像现在只有一个全国统考了。那时就只有这三个学校联合招生，这三个学校当时是最有名的国立大学。当时名牌大学都有一个先修班，先修班一般就是教师的子女，还有差几分没有录取的学生，可以进这个先修班。在先修班学习，到了期末，你通过了，第二年就不用再入学考试，就可以上学了。当时我是冲着清华这个先修班来的。来了以后，我父母和梁家认识，就去拜访林徽因。

开始的时候我不在清华工作，我在重工业部工作，后来重工业部就撤销了，我就在建材工业部。在建材工业部工作了一段时间我得了肺结核，当时我家在清华，所以就调回清华来，在建筑系建筑史编撰小组任绘图员。我原来在重工业部画的是施工图，到清华工作以后，画的是古建图，我没有接触过古建。当时我们办公室里面存放着大量营造学社绘制的测绘图，以及营造学社会刊，还有梁先生他们当年写的一些调查报告，大部分是发表在营造学社会刊，也有一些单行本，像《清式营造则例》。因为我不懂古建筑，我画图就必须学习，学营造则例。所以从那个时候开始，我才慢慢地对古建研究有了一定认识。

当时我特别佩服他们，因为我觉得，多复杂啊！这一个一个建筑，你一点一点地给画出来。什么斗拱，又是斗啊，又是拱啊，什么瓜子拱啊，泥道拱啊，斗拱的名字就一串，各种斗拱它的尺寸都不一样。所以我其实特别佩服他们这些人，能够把古建的内容整理出来，可以让后人学习到。那个时候，他们都是到山西、陕西这些地方去调查。那些地方很贫苦，十七八岁的大姑娘没有裤子穿，一家就只有一条裤子，谁出去就穿上这一条裤子，然后全家人就缩在炕上。他们就觉得特别特别难受。我听他们说了这些过程，也特别难受。

其实梁思成先生没有直接辅导我，辅导我的是莫宗江老师，还有刘致平老师。莫宗江的图，画得非常好；而且一直跟着梁思成出去调查、测绘这些古建筑。我开始的时候，跟着他们了解独乐寺、正定隆兴寺，山西大同的一些古建筑。佛光寺是最后了解的，佛光寺是到抗日战争的那一年才发现的。让我觉得很受触动的就是梁思成研究工作的态度，非常细致，非常认真，非常严谨。比如说画测绘图，画每一笔都是很有依据的。其实梁先生调研报告里面很多是讲到细节的一些工作，比如他们在正定的时候，他们测绘过去的县文庙，县文庙门口写着某某女子中学，他们想他们只是看一看这个地方值不值得测绘建筑物，就没有跟传达室打招呼，就走进去了。结果突然被一个老头拦住说，你们是干什么的？他们说："这是女子中学，你们几个年轻男子，怎么擅自闯入。"这个人是校长，后来他解释了一下，他们是搞古建调查的，要看一看这个大殿，最后才让他们看了，结果他们就发现这个大殿几乎是正定最古的古建筑。

有很多有趣的故事，也有很多很危险的，比如说，有一次他们出发以前，梁先生没太注意，从马后面走过去，结果马踢了一脚。所有的人都以为今天不能出发了，结果梁先生还是挣扎着爬起来，按时出发了。那个时候是很艰苦的，比如去佛光寺，那个时候还没有修好路。现在到佛光寺有一条公路修得很好了，汽车可以开过去。那个时候是山上的小路，盘旋着上去的。骑着马，骑着驴，而且有时一下就看见下面的悬崖，很深，很危险的。这一段工作我常常听莫宗江老师跟我说，基本上山西的所有古建筑，他都是陪同梁思成一起去测绘的。我多半是从营造学社的会刊上了解到他们的整个工作过程，因为梁先生写调研报告有个特点，他的行程，这个地方的大致情况，先做一个介绍，行程里面讲了很多他们开始的时候是怎么决定去的，是经过怎么样的艰苦的过程。比如说那个时候他们经过蓟县独乐寺，经过一条旱河，汽车都是破烂不堪的汽车，经过旱河，就打着轮，把沙土扬起来，汽车就走不了。像这样艰苦的情况就特别多，而且莫宗江老师都是亲身经历的，跟我们谈起来，我们就觉得收益非常大。梁先生他们做古建调查，特别不容易，特别艰苦。

梁先生怎么开始研究中国古建筑呢？那个时候，没有任何参考资料，国外也没有，咱们中国也没有人做过这个工作。开始的时候梁先生只看到宋代的《营造法式》这本书。他觉得，我们有这样的营造法式，有这样一本书来研究中国的古代建筑，特别高兴。但他看了以后很失望，因为一点也看不懂。后来他就把《营造法式》称作"天书"，他说："这是一本天书，我根本就看不懂。"

他要研究古建筑，怎么研究呢？怎么着手呢？他就想，应该从近往远推。从清朝往上推，所以就先开始研究清式古建筑。研究清式，在北京，故宫是很重要的研究对象。再就是匠人，中国建筑主要是靠木匠（建造的）。更大的建筑就是样式雷，样式雷等于是建筑师了。还有就是"算房"，清代有"算房"和"样房"，样房是设计一个样子，算房就是估价。他就得到了一些这方面的材料进行研究，最早他写出《清式营造则例》这本书，就是从这方面的研究入手，研究完了以后，清式的他搞清楚了。但是对于研究建筑史他还不行，觉得必须从实物调查入手。

正定的隆兴寺这是一个很有名的寺庙，有记录，有地方志，他都可以查到。他正准备出发去正定的时候，杨廷宝先生就来拜访他，他刚从鼓楼过来，那个时候鼓楼是一个民众博物馆，就是展览一些图片，他说看到一个蓟县的独乐寺，很怪，斗拱特别大，梁先生一听，马上就跑到鼓楼去看，果然很大，他就改变了计划，先不去隆兴寺，先去独乐寺。在独乐寺，他详细研究了独乐寺的构造做法，发现独乐寺的构造和明清建筑有很大差别，如外围的柱子，就有"侧角"和"角柱升起"等明清所未见到的做法。斗拱的做法差别更大，独乐寺的斗拱在檐下两柱之间仅有补间铺作1~2攒，而明清的补间铺作变得很小，但在两柱间排列了七八攒之多。我国的寺庙往往在建筑物前立有石碑，碑文中记载了供奉的主尊、建造的年代及出资人的姓名等。从独乐寺的碑记中，梁思成了解到寺的建造年代是辽代。独乐寺的调查报告发表于1932年，是梁思成的第一篇古建调查报告。报告的发表引起了国际学术界很大的震动，因为这个是当时所知道的最古的一栋中国建筑。这是一；再有一点就是它是第一本用科学的方法，来阐述中国建筑的构造和做法的书。所以当时在国际学术界还是引起了很大震动的。

然后，接着他就到隆兴寺。隆兴寺是没有文字记载的，当时它有一个庙史，被盗卖了，就不知道隆兴寺里面的建筑的年代，可是他一看像摩尼殿，就断定摩尼殿是宋代的建筑，为什么呢？因为摩尼殿是有四面出抱厦的这种做法，是明清的建筑里绝对没有的，而且摩尼殿的这种做法在我们国家基本上是独一无二的，所以他毫不犹豫地断定它是宋代的。除了隆兴寺，他们还发现了大量的古建筑，对此均一一做了调查测绘。

1933年，他和学社同人又一起赴大同调查古建。大同有华严寺及善化寺等建筑群，都是建于宋辽金时期的。他在《大同古建筑调查报告》中，把几年来发现调查的古建筑，与宋《营造法式》中的做法做了细致严谨的分析比较。可以肯定地说，通过这几年对古建筑的考察，他已基本读懂了《营造法式》这本"天书"，也已基本掌握了中国古建筑的发展源流。

那个时候他还没找到唐代的建筑，怎么办呢？他就参考日本的法隆寺的经堂，那是唐代的建筑，从这个里面就能推测中国唐代的建筑应该是什么样的，另外就是山西云冈，有很多石窟。石窟里面零零碎碎的，没有整体的建筑形象；但它有的地方，可能一个窟里面有一个檐子，有一个屋顶，有塔，有栏杆，这样他断定了中国建筑从两千年以前已经有了自己独特的一个体系。我觉得这是他在美国学习建筑的时候，对世界建筑史，尤其是西方的建筑史，他下过苦功夫，对西方的建筑体系他了如指掌，因此就能够非常敏锐地感觉到中国建筑的特点，就能够很快地理清楚中国建筑的历史源流。但是他不是马上就动笔来写中国建筑史，而是经过了很长时间再研究中国其他的建筑，后来抗日战争以后到了后方，研究云南大理的古建筑，四川的古建筑，这样更多地比较以后，他才开始动笔写中国建筑史。

他们怎样点燃了那么多人的青春

刘：我们也很想知道，梁先生创办清华建筑系的一些故事。

林：我到清华的时候，是1948年，清华建筑系创办了大概才三年，最高班的学生是三年级的学生。学生也就30个，三个班的学生。也就几个教师，一个美术教师，也不算专业教师。有一个就是刘致平先生，大概是副教授，他是搞建筑史的。莫宗江老师也是搞建筑史的。剩下只有三个教师是教建筑设计的，一个是朱畅中，一个是胡永静，一个是汪国瑜。还有一个程应铨，是给学生讲城市规划的，这么几个人。办公室有一个搞事务的职员。

　　我来了以后，没有办先修班，为什么没有办呢？是北平马上要解放了，清华在那争论"要不要迁校"，争论得很厉害。国民党希望把清华迁到台湾去，但是有很多教授不愿意，因为他们刚从昆明迁回来。抗日战争中，他们在昆明待了八年，好不容易迁回来，学校还没有建设得很好，又要迁走，而且他们觉得不是敌人打过来，是我们自己的人，所以不愿意迁走。当时虽然有地下工作者，但是很多教师并不了解共产党是怎么回事，所以他们觉得，这不也是中国人嘛。梁先生，他的看法就很简单，共产党也是中国人，共产党也要盖房子，那他为什么不能留下来呢？很多教师当时争论得很厉害，但有一些教授对共产党太不了解了，他还是愿意跟着走。清华的校长梅贻琦，他是没有办法不走的，国民党是把飞机停在那儿等着他，他必须走，所以那一年没有办先修班。

　　但清华的一些课还是照开的，我是 1948 年暑假来的，暑假以后开学还照样上课，那个时候清华很自由的，你可以随便去听教授的课。我当时就选了"世界通史"、梁先生讲的"中国建筑史"。那时我还没有太接触建筑，有的还听不太懂，但梁先生讲课太有意思了，特别风趣。梁先生讲课特点就是，中西文化的对比，比如说他讲到中国建筑往往有"力神"，力神往往就在屋角，即屋檐下，斗拱中间有一个咬牙切齿的，就叫"力神"，顶着上头的纵梁，骑马蹲裆式的这个样子。他讲到这时就会非常风趣地做出这个样子来。然后他就说，这个就跟西方人的很不一样，比如说希腊的建筑有女神柱，它的柱子很多都是用一个女神像，非常逍遥、闲散地顶着上面的梁，他就又做出一个很漂亮的姿势，特别有趣。我记得沈三陵教授说，她曾经听过梁先生讲"建筑概论"这门课，她说对他的印象特别深。她说梁先生一进来就说，不到 18 岁的同学站起来，结果呼啦一下站起来一大片，他们那一届啊，招收的同学年龄都特别小，后来梁先生点了点头，笑了笑说："的确，你们是年龄最小的一届学生。"然后他就讲"比例""尺度"。说"尺度"要把它掌握好，他在黑板上一笔就画出一个狗，说："这个是什么？"同学们说这是狗。又画了一个狗窝问："这是什么？"孩子们说这是狗窝，他说："对了，这是狗窝。"然后他又画了一个房子，一个建筑物，就画得很大的这么一个建筑物，他说："这是什么呢？"同学们就说，这是房子。他说："对了，这里面就有一个尺度的问题，因为你们一看就可以看出来这个是狗窝。"他又画了一个孩子，画得很大很大，他说，这个是什么呢？学生们就说这是个婴儿。他说："是啊，这个婴儿尽管我画得跟房子一样大，可是你们还是看得出来这是一个婴儿，不是一个大人，这里面就有一个尺度的问题。"

　　梁先生讲课就是非常让你容易接受，容易懂，就是这样的。比如他说："中国建筑比较喜欢用竹篱，喜欢种一排竹子，竹子起到了隔墙的作用，往往是这边一个院子，那边一个院子，中间种一排竹篱。这样通过这排竹子，你可以看到那边的建筑，若隐若现的。他形容这个手法很像阿拉伯少女的面纱，阿拉伯少女就是，戴上一个面纱，你好像又看见她，好像又没看见她。"后来，学生批判他讲课带黄色。他就是很容易让你理解建筑，绿化和建筑的配合，所以他讲得很活。

　　清华初期，我觉得非常有意思，虽然我不是清华的学生。我那时想上先修班没上成，又没有什么地方可去。我住在清华一个教授家里面，就常常到建筑系去玩。建筑系就30来个人，一个大教室，从一年级到三年级。后来梁友讼回忆他们当时同学的学习生活，他说这个大教室对他们很有帮助，一年级的学生画图的时候，高年级的学生可以来帮助他们，指导他们。但是一年级的学生有的时候也不自量力，跑到高年级的学生的桌子上去指手画脚，胡说八道。这就形成一个非常民主、和谐的学术气氛。他觉得这个对学习非常好，我现在回想起来，当年建筑系的学习风气非常好，老师也可以跟他们一起讨论，学习风气很自由，很开放，这样同学互相取长补短，进步是比较快的。

　　我记得梁先生曾经跟我们说过："不要忽视聊天，聊天有的时候不是很成熟的见解，说出来了，你自己会得到一些，想法会被整理了一下，对别人也是一个很好的启发。"他说："像英国的剑桥和牛津大学都四五百年的历史。为什么他们会出这么多的学者？就跟这些学校有沙龙、有喝茶的习惯有很大的关系，因为不同学科的人，经常在一起互相交流思想，互相间有很大的启发。"所以我觉得那时清华大学学术风气是很好的，梁先生的领导方式不是很生硬的，不是系主任说什么，你们就怎么样的，他是很注重发挥每一个人长处的，很民主。这一点我觉得很不容易，那时的师生关系很融洽，比如关肇邺先生，他就是很好的一个例子。像熊明啊，建筑大师，傅熹年这些院士，都是我们清华出去的。

　　刘：我们想知道一些梁先生和他学生的一些故事，学生们的一些成果。

　　林：梁先生的学生，我只知道一些大师，比如说傅熹年，我觉得傅熹年很不容易，他曾经被打成右派，但他就是专心致志地做研究。他也是一个非常严谨的学者。梁思成的建筑教育思想很可贵。他从美国回来以后，有一点很突出，就是重视历史课。我不知道你们现在的历史课怎么样。你们要是有时间的话，可以自己利用一点时间学一些历史，我觉得历史很重要，有很多问题，你从历史的观点去考虑，它就不一样。其实他在美国考察的时候，正值反对复古，很多学校都把建筑初步那些课都否掉了，他们就是不再重视历史课，把过去的"五柱式"改成"抽象图案"。梁思成回来以后，他并没有完全照搬美国的教学计划，他是以一个历史学家的角度来考虑，在以后的发展中，需要补充一些什么样的课程。那个时候，"人口学""土地利用"，这样的课在建筑学教学计划中是没有的，由于他对城市规划的了解，他又补充了"社会调查"这样一些课。当然后来没有实现，因为1952年就学苏了，学习苏联就照搬苏联的教学计划了。苏联的教学计划更可笑，正是20年代梁思成在美国学习的教学计划，他们的那个课倒是很重视历史课，可是它什么"五柱式""建筑初步"完全是按照老的那一套。所以梁思成看到苏联这个教学计划的时候大吃一惊，因为这个是跟他原来学的一样。如果能够按照梁思成的那个教学计划发展下去的话，我觉得还是很好的，增加了城市规划的课。他的那个教学计划到现在也还有一些参考价值。

他不是一个人在奋斗

刘：梁先生有非常多的朋友，读您的书我们也看到，华罗庚先生、老舍先生、金岳霖先生，我们非常羡慕他们之间的那种友谊，您能说说他和朋友之间的故事吗？

林：梁先生这个人非常幽默，有一次他问我："你知道你丈夫的所有的官衔吗？"我说，我当然知道啊，你不是人大常委吗？还是建筑协会的副理事长吗？他说："不对，你还知道我是废协的副主席吗？还有瘦协的副主席你知道吗？"那我想，他是正儿八经地那么跟我说的，我就想，瘦协，废协，没有听过这两个协会啊，瘦协是不是研究"长寿"的啊？废协是不是研究环保的？他说："哈，你不知道吧，废协是'废话协会'。"他说："我跟华罗庚、老舍一块聊天，老舍说'整天就在那里写稿子，屁股都磨出老茧了'，我说：'你为什么不抹点油啊？'老舍就说：'一个月只有二两油，不够抹的。'（因为那个时候我们每人每月油的定量只有二两）华罗庚就说：'我那份不要了，给你抹去吧！'"

就这么逗乐，特别有意思。后来我们去"四清"的时候，有一个人啰啰唆唆特别爱说废话，我就把梁先生这故事讲给他们听。我们那个四清团队就说，我们也成立一个废协吧，就让那个爱说废话的人当主席。

"瘦协"是瘦人协会，他说："我、夏鼐、夏衍，我们都不到 50 公斤的体重，瘦得不行，所以我们就成立一个瘦人协会，夏鼐/还是夏衍，最瘦了，他当了主席。"他说自己当了副主席。他说话非常风趣。

刘：您能跟我们说说梁思成先生和费正清先生和费慰梅女士之间的友谊吗？

林：他和费正清他们认识是在 1932 年，那个时候为什么他们到中国来呢，是因为费正清是哈佛大学的研究生，他的毕业论文是写帝国主义对中国的掠夺，他是要到中国来通过海关的一些文件，查找一些文献来做他的学术论文。费慰梅是哈佛女校美术系的一个学生。因为林徽因在美国学的是美术，她学的不是建筑，是选修的建筑，所以他们特别谈得来。

当时，张奚若、钱端升、周培源他们跟梁思成关系都非常好，一对一对的，当时张奚若夫妇、钱端升夫妇他们经常来往。还有常书鸿，当时他还不是敦煌学专家。他们和美术家这些人都常常来往。这些人都是留美留英的，所以跟费正清交谈起来都非常容易，关系就很好。差不多每个周六他们都要小聚一下，在梁家或者谁的家，喝喝茶聊聊天，然后晚上一起去吃一顿饭。张奚若是学政治的，所以他和费正清谈起来。那经常是一两个小时，谈一些问题，而且费正清经常在档案里面查到一些可笑的事情，就来说给大家听，所以他们的友谊非常好。

后来梁思成他们在大同调查回来后，觉得非常累，暑假他们就想到北戴河去玩，去休息休息。费正清他们正好要到山西去。山西有一条河，河边有很多磨坊，用水作动力。这些磨坊基本上供给山西全省使用。后来平遥有了电动的磨坊，民间的磨坊就废弃了，就被一些传教士收买了，作为他们的别墅。暑假他们就到那里去住，因为磨坊都是在水边，是非常好的一种消夏别墅。买磨坊这个人，正好是解放后第一任驻华大使，叫恒安石。他的父亲是一个传教士，跟费正清他们都很熟悉，他们就想到他的磨坊去消夏。所以他们叫梁思成不要到北戴河去。后来他们就一块到山西去了。

为什么他们也很高兴到山西去呢？因为那时在山西洪洞赵城的广胜寺，发现了宋代手抄本的经文，是很珍贵的文物。当时媒体炒得很厉害，他们也很想看看。既然广胜寺收藏了宋代的经文，他们也很想看看收藏了经文的庙宇是什么样的。于是他们就一起就到山西去了，在这一次的暑假活动中他们走了很多地方，他就写了《晋汾古建筑预查纪略》，就是简单地写了他们当时去了介休、洪洞，去了霍县、汾阳等很多地方。走了一趟发现了很多民间的建筑，很有意思的。

这一次共同的旅行，费慰梅他们就了解到梁思成他们的工作是干什么的，开始建立了感情。林徽因的英文特别好，她可以说是酷爱英语，她英国文学非常好，当时要是几天没有人跟她用英语谈话，她就不行。比如说她的朋友徐志摩，也是留英的。这样他们就经常聊了。后来费正清论文做完了，1934 年还是 1935 年，他们就回到美国去了。因为费慰梅跟林徽因的友谊很深，她们不断地通信，友谊就越来越深。后来到了 1937 年全面抗日战争，梁思成他们到后方，到昆明，后来又迁到四川李庄。后来费正清正好是美国驻华使馆的新闻处处长，所以他就在重庆待了很长时间。这样他就继续地跟他们联系。那时，梁思成他们已经是贫困交加，林徽因病得很厉害了，营造学社也没有经费。费正清帮忙从哈佛学社给他们搞了一些经费；同时他们也经常接济一些，林徽因儿女吃的奶粉啊，还有林徽因吃的一些药啊。他们的关系就越来越好。

1946—1947 年，梁思成受美国耶鲁大学之聘，赴美讲学。当时抗战胜利了，他想看看战后的美国教育，为创办清华大学建筑系做准备。这两年在美国当然就跟费慰梅他们接触比较多。1944 年，他已经完成了《中国建筑史》，同时他为了向西方向世界学术界介绍中国建筑，用英文写了一本《图像中国建筑史》。这是比较浅的，以图片为主来介绍中国建筑。因为他是为外国人写的，所以就带到美国去，准备在美国出版。他空闲下来的时候，和费慰梅一起研究他这个稿子，看看有什么外国人读不懂的，费慰梅帮他修饰一下，他们的友谊就更加深了。

但 1947 年，林徽因要做肾切除手术，梁思成就没有完成他在美国的工作，立刻就回来了。到了 1949 年，中华人民共和国成立。后来抗美援朝，费正清就给梁思成写信，说中国出兵援朝是侵略，他说，"你们是侵略者！"梁思成说："你们联合国的军队才是侵略者呢！"这样他们就产生了矛盾，以后他们就断了联系，而且也不可能再联系了，因为中国和美国不通邮了。这样就一直到中美建交以后，梁思成已经去世了，他们来了，我就跟系里吴先生他们一起接待了费正清和费慰梅。

费慰梅就问我梁思成的《中国建筑史》这么多年为什么一直没有发表呢？我

跟她说因为他的图纸都丢了，找不着了，费慰梅就着急了。为什么呢？因为梁思成离开美国的时候是把他的全套图纸交给费慰梅保管的，那个时候是想在美国出版。这中间，我们断交以后，在英国有一个中国留学生想研究中国古建筑，她跟梁思成不认识，但她知道梁思成是研究中国古建筑的，就写信给梁思成说想看一些中国古建筑的资料，梁思成也很天真，他根本就不认识这个人，而且他保留在费慰梅那里的那些东西都是他毕生研究的成果，他是觉得帮助一下这个青年人吧，他就托人带话给费慰梅，请她把他保留在她那里的图纸交给这个中国留学生，这个中国留学生叫刘慧珍，后来梁思成写信给刘慧珍说："请你用完了以后，把我的这个资料交给中国驻英代办处。"当时中国和英国还没有正式建交，但有一个中国驻英代办处，他们是经常要回国的，请他们带回来，费慰梅因为梁思成有信请她把资料交给刘慧珍，费慰梅没有办法，只好把图交给刘慧珍。所以我跟她说，没有出版的原因是所有的图片都没有了，她大吃一惊，因为已经过了20多年，而且她觉得她要说不清了，因为这是交给她保管的，她就到处去打听刘慧珍，她就给她一个英国的朋友打电话说："请你扮演一个福尔摩斯的角色。"就告诉他这件事，希望他能帮她找一下刘慧珍这个人现在在什么地方，怎么样和她联系上，后来他的这个朋友，只有两周就给她回了一个电话说："亲爱的慰梅，你给我的这个任务真是太简单了！"他说："我只打了两个电话就解决了。第一个电话我打给英国皇家建筑学会，请他们查一下有没有这么一个人，的确，在50年代，有一个叫刘慧珍的，是建筑学会的会员，但是这个人现在已经迁居到新加坡去了。然后我又给新加坡建筑协会打了一个电话，请他们查找一下刘慧珍这个人，他们查到了刘慧珍的通信地址。"费慰梅就马上写信给刘慧珍问："为什么你没有把这个图纸、这些资料还给梁思成？"因为当时刘慧珍给她寄来一个收据，她说："收据还在我这儿。"刘慧珍就没有办法，费慰梅不断地给她写信说："你一定要把图纸还给清华大学梁思成的夫人林洙。"

所以她做了很多努力，最后刘慧珍就把图纸还回来了，还回来以后，费慰梅还不放心，她特地从美国飞到北京，来看一下这些图纸是不是当年她交出去的那样，她看了以后就跟我说："我们现在有条件把梁思成的书发表。"因为当时梁思成的照片很多，我就跟她一起整理，有一些不是特别重要的就把它删掉，她后来在美国联系了很多出版社，最后也找到了一些赞助人，就在美国出版了。

这是一段很长的历史，可以说是50多年吧。30年代、40年代、50年代、60年代、70年代，差不多到80年代，他们50年的友谊。我觉得这50年，在人生的路途上很长，可是在历史上看，这是一瞬间，只一瞬间。梁思成和林徽因、费正清和费慰梅，他们对中美友谊及中西文化的交流，各自做出了自己的贡献，后来我一直跟费氏夫妇保持联系，直到他们去世。

他为古城流下了眼泪

林：我觉得梁思成他们那一辈人生活，从北伐开始，看到我们的国家被瓜分，被侵略，像胡适、华罗庚，这些知识分子，他们都是很痛心的。他们一定希望我们的国家富强起来，不再受帝国主义的侵略，这个想法是很强烈的。现在的年轻人就不能够体会到他们当时的那个痛苦。我觉得梁思成他还有一个特点就是非常爱民族文化，他一再地强调建筑是民族文化的结晶。历史上看下来是这样的，建筑是石头的一本史书。所以他很重视保护咱们的古代建筑，一步一步地体现古建筑的发展道路。梁先生写过一篇文章《北京——都市计划中的无比杰作》，他说了北京城的形成反映了什么。

我觉得这是很重要的一篇文章。为什么我们的祖先要选择北京这个地方作为首都，从它的地理方面来看，水源供应来看，整个做了一些分析。同时他说，像北京城这样的规划，全世界没有过。先有一个规划，后又一步一步建起来的一个城。西方像这样的城市都是有一个碉堡，然后围绕这个碉堡发展，一点一点发展，它是没有规律的，自然发展起来的。后来就像伦敦，贫民窟啊，交通拥挤啊，环境污染啊，是不可避免的。而我们北京，是从一建这个城市开始就是有规划的，而且从现代这个城市规划的角度来看，要分区，交通、给水、排水，这么一套东西，所有他就觉得北京是很了不起的城市规划，北京的这个城市非常全面地反映了封建社会的政治、经济、文化，各个方面，所以他说，我们一定要把它保护好。它反映了封建社会基本的东西，城市各个部分代表了当时的一些历史信息，研究历史的话，你就可以很清楚地看出来。北京好像封建社会的一个博物馆，你可以从这里面看到它在政治上是怎么发展的，思想它是怎么被考虑的。皇帝是在中间的，三省六院是在南边的，商业区是在城的北边的，东城、西城都有贵族居住。他说北京市很多地名，马市大街、羊市大街、米市大街，当时这些地方都有它特殊的交易，前门外的打磨厂，北城有国子监，很有条理的。根据这些部署，就有各种各样的建筑存在，所以他觉得应该保护它。

作为新中国的首都，需要发展，就必须很谨慎、科学、全面地规划北京的发展，所以他和陈占祥立了一个梁陈方案，但是作为国家的领导人没有认识这个问题，也没有重视这个问题，到底北京市应该怎么样规划。过去是封建社会三省六院，它很明确，就在城市的南边，等于是行政机关，是相对集中的，可是到我们1949年解放以后，政府并没有这样的一个决定和想法，到底应该怎么样部署我们的中央人民政府，我们不能像清代的那样，三省六院，咱们发展到多少个部了，而且这些部的下属机构和部之间又是有联系的。所以梁思成说，这样看起来中央人民政府至少应该有6公顷的土地才够，要有发展，不是说就现在的这个几个部你就解决了，每一个部还要有下属机构，所以他就建议把中央人民政府放在公主坟以东、三里屯以西这一块地方，因为当时正好是农田，没有人和房子，没有拆迁的任务，这样就很好了，住房应该也在附近解决，解决了很多交通问题。

我觉得这个方案是很科学的。当时那个时候最主要反对的人就是毛主席，毛主席说："有教授要把我赶出北京城。"这怎么是赶出北京城去呢？这是科学地告诉你，中央人民政府应该怎么样来安排，这是很重要的。1949 年时，给了梁思成都市计划委员会副主任这么一个职位，但是国家领导人从来没有跟他讨论过咱们应该怎么样规划和发展北京城。是 6 月份委任的，到了七八月份就请了苏联的一个城市规划的代表团来了。都没有跟中国的专家讨论过这个问题，就把苏联的专家请来了，苏联的专家了解这个问题吗？他了解中国吗？他不了解。可是很快毛主席就接见了他们，毛主席也从来没有跟中国的专家切磋过、指示过，听听他们的意见怎么样；但是他和苏联的专家就接触过这个问题。

毛主席的意图就是把中央人民政府放在东西长安街上，这个梁思成是反对的，因为东西长安街没有什么地方。你想，6 公顷的话，东西长安街哪有 6 公顷的地方啊？这是不可能的，这种事情是不行的。他的这种指示是通过苏联专家来发表的，苏联专家做了一个计划，就把中央人民政府放在东西长安街上。梁思成和陈占祥就和他们针锋相对地辩论了起来。这就是和苏联专家分庭抗礼。那时把苏联专家捧得很高，不能违背苏联专家的意见。当时刘少奇曾经说："和苏联专家的争执，不管你怎么样，你就得挨三百板。"所以就不允许他们再争论了，就把梁陈方案搁置起来了。而且从这以后就不再征求梁思成关于城市规划的意见了，你看过王军写的《城记》吗？这个里面说得很清楚，解放初期，梁陈方案争论的是什么。

刘：我看到您的书里面写的梁先生 50 年代以后其实是很痛苦的，我们看着也非常痛心。

林：是的。他是一直相信共产党能够领导好中国，觉得中国没有共产党不行，共产党毕竟领导我们这么一个贫困的、被帝国主义欺负的这么一个国家站起来了。开始的时候，梁思成对中国共产党的感情主要是从古建筑保护开始的，他没有想到共产党这么爱护古建筑，攻打北京的时候竟然要请他来提一个方案，哪些古建筑是不能炮轰的。啊！他简直兴奋得不得了，感动得不得了。可是后来真正地进城以后，对于古建筑一点都不爱护，拆这个，拆那个，和他一点都不一致。开始的时候城市规划，应该有一个地区是完全给中央人民政府的，而不是东一块、西一块。像什么煤炭工业部啊，它没有发展的余地。比如说教育部吧，原来是郑王府，变成教育部了。这么小一块地方，它就没有办法发展了，它所属机构就没有地方发展了。原来在东四那边有一个九爷府，九爷府就变成中央一个情报所。后来家属也进去了，单位也在里头，乱七八糟的，既没有发展好政府机构，也没有解决好政府机构人员的住宿问题，所以搞得很乱了。

梁先生曾经说过，北京城作为一个现代都市它还没有长大，它还是一个婴儿，它只会得一些婴儿得的伤风感冒，不会得一些老年人得的什么冠心病啊、血管硬化啊。但是，世界上很多城市，已经衰老了，像伦敦、巴黎，你都可以看出来，交通拥挤，环境污染，工业化不协调，贫民窟滋生，人口增加。这些问题在伦敦这样的城市非常突出，但是伦敦在多少年以前就已经发展了，现在它已经开始着手解决这些问题，但是这样一个弯路它走了几十年。所以梁思成觉得，我们国家在建国时要借鉴资本主义国家的教训，必须有规划地发展我们的城市。像巴黎后来不就建设了一些卫星城？就解决了一些问题。最初巴黎也是很糟糕的。他就说相对来说，美国的华盛顿值得我们借鉴，为什么呢？因为它有一个新区，老区它保护得很好，绿化得很好。再有一个就是它控制人口，不发展重工业。在华盛顿，有一个计划的政府区。他就说，这是资本主义国家，我们可以借鉴的。后来"文化大革命"就批判他反而是歌颂资本主义国家。人家好的咱们要学过来，人家不好的我们要吸取教训啊！

北京的问题现在很大。你看，北京城已经面目全非了，看不出来了，完全看不出来了，除了中间还有那么一小块故宫以外。你看中国现在任何一个大城市都是这样一个模式。把这个楼一拆，那个楼一拆，然后高楼林立。厦门原来就是一个很好的城市，现在就是你也高八度，我也高八度，大家都高八度，乱七八糟。鼓浪屿是坚决不让别人来设计，我家原来就住在鼓浪屿，他们那儿就保护得比较好。我小的时候在昆明上学，那是一个很好的中小城市，很温馨，很有地方特色。80年代我回去过一次，面目全非了，就跟北京一样，没有什么过去的特色了。每个城市都在建高楼，都在发展。毛主席不是说人多好办事，所以就不允许控制人口，可是现在人就太多了。现在古建没有剩多少了，而且老盖一些假古董，并不好啊。你把旧的拆了，你又要盖一些假的，那有什么意义呢？这一点日本人很好，日本人的古建保护得非常好。

刘：现在我有时坐二号线地铁，想到以前这里是古城墙，为了修地铁把古城墙拆了，我觉得非常可惜，当年梁思成先生一定特别痛心吧？

林：他非常难过。毛泽东是批判的，说："拆城墙也要哭鼻子！这是政治问题！"一下子底下的人还敢说什么啊？就算同意也不敢说什么。梁思成和彭真吵，吵得一塌糊涂。他对彭真说："在政治上你比我先进50年，在建筑上，我比你先进50年！"

热情洋溢的他无言了

刘：我们想知道一些"文革"时候的故事。

林：我觉得其实很多问题不是学术问题。梁思成在"文化大革命"受到的批判，他本人并不生气，他总是想着"毛泽东说'群众的眼睛是雪亮的'。可能还是我不对"。他总是在想自己错在什么地方。

不久，在中央批转的"清华经验"中，关于"反动学术权威"中有这么一句话："年纪太大、用处不大的（如梁思成、刘仙洲），也要养起来，留作反面教员……"对知识分子来说，往往生活上的艰苦不是最可怕的，最难以忍受的是人格的侮辱与恶意的嘲弄。

可是到整党时又恢复了梁思成的党籍，从"反面教员"又变成"无产阶级先锋队"中的一员。清华为了要体现整党的成果，要开一个大会，找各种典型人物发言。当时任清华革委会主任的迟群点名要梁思成准备一个发言。那时梁思成患心肺病已经很严重了，但是不能不完成党交给的任务。他拼了命，写了一个体会。当迟群看到他的发言稿时，皱着眉，说："你能不能简单一点，几句话说明你的观点。"梁思成一下就慌了，几句话让他怎么说啊！想了一会儿他说："我要好好学习新党纲的宗旨，要斗私批修，努力改造自己。"迟群就说："好！你回家去，斗私批修吧！"就把他轰走了。当我看到他涨红脸，蹒跚地走出来时，我几乎大声地叫了出来："神啊！上帝啊！给我力量吧！让我用生命保护他吧！"

他的世界多么宽大

刘：我们有老师说过，至今建筑学院真正能称上大师的只有梁先生一个人。

林：梁思成特别博学，而且他是融会贯通的。他写《雕塑史》的时候，才二十几岁，那还是在东北大学讲课的时候，他自己还没有去过云冈，还没有去过龙门，他所有的雕塑史的材料都是在国外参考的一些文献，但是他为什么能写出来呢？就是他家学渊源，中国文化继承得很好，他自己很努力，能够融会贯通，美学、雕塑他都能把它们联系起来。

刘：包括音乐，我看您写的书说，他会钢琴、小提琴、小号、短笛，还是军乐队的队长。

林：体育方面他也很好，所以他能够有这么样的体力，能够从事这么样的工作，这很重要。我觉得清华过去的教育还是挺好的，清华过去有很多达官贵人的子弟在清华念书，家里都是给他们寄很多钱来的，可是学校控制得很严，不能让他们乱花钱的，他们得记账，这笔钱怎么花出去的，完了以后才能够再支钱给他们。这个教育是一个很全面的教育。

她多么了解他的事业

林：我觉得建筑吧，陶瓷、雕塑、美术，跟建筑都有很密切的关系，你要能欣赏，同时能学习它的优点，对于你的建筑创作，有很大作用。所以我觉得作为一个建筑师，是很不容易的，要不认真的话当然也可以了，抄袭一下。但要真正搞一个建筑创作，而且是属于我们民族的建筑创作，我觉得真是很不容易。咱们有很多建筑大师。不过我觉得咱们国家这几年的动荡太厉害了，一会儿左一会儿右，一会儿要节约，一会儿要顾及美观，跟我们国家的体制有很大关系。现在也很难说，香港的学者在研究中国 1949 年以来由于政治的动荡和政治的一些影响，对建筑学、建筑理论的一些干扰和影响。这个太难太复杂了，但是很重要。

刘：我们现在其实很羡慕梁先生那个时代，他们那个时代的精神是我们这个时代所没有的。

林：是，我当时特别羡慕建筑系的学生，他们开心死了，而且友爱，非常地友爱，互相关心，能够随心所欲地发表意见。这对学术上的成长非常重要。现在你们同学之间怎么样我不知道，你们老师敢随便跟你们说一句话吗？不敢的。因为他是为人师表，他说一句话要负责任的。就是对一个建筑，批判或者是别的什么，他都要斟酌一下如何表达他的意思。那个时候没有啊。梁思成曾经说过"建筑师比一般的人更幸福，因为他能看到别人看不到的美的东西；建筑师也比一般人更痛苦，因为他看到别人看不到的丑的东西"。

刘：我总觉得我们现在受到的干扰太多了，没有他们那个时候纯粹。

林：是这样，但是我也挺能理解现在年轻人为什么不能像以前那样。他们很现实的，吃喝拉撒……住，得解决吧，不能连个窝都没有吧。可是现在这房子，你得怎么奋斗才能有一套房子啊，所以现在要跟过去比起来，吃饭的问题好像还要小一点，过去那个时候一家几口人的吃饭穿衣那是最主要的负担。现在最主要的负担是住房啊，交通啊。

所以，我们社会发展到现在，得有一批勇士能够舍得一身剐，站出来，来维护我们的利益。但现在这种教育，很难。我不知道你们是经过怎么样的努力才能考得上清华大学，我觉得我孙女现在太可怜了，她一点时间也没有，就是数理化，就是那一点学校学的东西。而我觉得学校学的那些东西真是把她禁锢住了，她不可能发挥。可能你们比较优秀你们比较能发挥。

她是幸福的

刘：您那时候也一定很不容易吧。您当时一定很痛苦。

林：也痛苦，也不痛苦。怎么说呢，当时我们已经到社会的最底层了，而之前是很受人尊敬的。比方我自己吧，我可以说是每一年都被评为建筑系的优秀工作者，那时候喜欢评这个。一下子就变成最糟糕、最落后的，确实是很痛苦的。

但是我觉得我不痛苦在哪呢？确实通过"文化大革命"，我更了解了梁思成。原来就说夫妇关系吧，他很温存，很体贴，很尊重人，这些我能很清楚地看到。但是对于他有坚强的一面，他有锲而不舍的一面，过去我不是太了解，没有特别的体会。坚持原则的时候他是很正直的，他是不怕的。这一点我过去没有很认识到。因为到后来60年代，他每说一句话，每写一篇文章都要请示党，所以我也就没有看到他去奋斗啊，去抗拒啊，这些都不怎么看到了。我觉得，他过去跟彭真啊，北京市的一些领导人争论的时候，他非常坚持自己的意见，可是后来为什么没有了呢？看不见了呢？所以开始的时候我不是太了解。

他去世以后，我读了他的笔记本，解决了这个疑问。1949年开始，他记了70本笔记本，这里面很大一部分是各部委领导同志的讲话，这些讲话都是说，咱们国家怎么样发展的，比如说纺织部的部长他就讲纺织部的工作，是怎么样从 1949 年一步一步地发展，怎么壮大了，怎么满足了人民的需要。其他方面也都是这样，卫生方面、教育方面、政治方面的。所以我觉得他是受了这么 17 年的教育之后，他是真的感觉到共产党能够领导好中国的，所以他对共产党的领导是心服口服的。他的悲剧也就是在这儿，他相信了，共产党就代表祖国，他觉得他爱祖国，他就也得爱共产党。

"文化大革命"刚开始的时候，他交代这个问题的时候，我就觉得他太天真了！一丝不苟地交代。我觉得在旧社会已经生活了半辈子的他这么执着，还保持着这样的童心。所以那个时候我自己是那样的一个处境，很无奈、很痛苦；但是，另外一方面，当我看清了梁思成这个人了以后，我又觉得很高兴。为什么呢？我觉得我毕竟认识到这个人他有这样的高尚的品质。这样的人原来都是在小说里看看的，所以我能接触到这样一个人，而且在最后人们对他投来仇恨的目光的时候，我能给他带来温暖，我觉得很满足。过去我对爱情的理解是，怎么样得到一个自己特别爱的人。那个时候我就觉得，给予也是一种幸福。当你觉得你的给予是别人特别的需要的时候，对你来说是一种很大的幸福。

我觉得他是非常高尚的一个人，这一点，如果不是通过"文化大革命"，我不会了解得那么深。那个时候来找他做外调的人很多。批判复古主义的时候，多少人强加给他这个那个的，而且把他批得很臭。梁思成对于这些人来外调的时候，从来没有一点点的个人情绪在里面，他就是坚持实事求是，知道的是什么样的就是什么样的，并不因为这个人跟自己有任何恩怨而说一两句不好听的话，这是没有的。我当时就非常受教育，所以我就觉得对这样的一个人，我必须保护他。当时觉得很痛苦，现在想起来呢我觉得这种经历对于我来说是非常宝贵的。一个人不是说想要得到什么样的经历就能得到什么样的经历。我觉得你被所有人踩在脚下的时候，你是没有办法的，不是你想就能得到的。这一段生活对我来说，也是很宝贵的，我觉得一个人能够受到那样的一段经历，也很不容易。

访谈感受：

访谈之前与之后，心情都久久不能平静。在来到清华建筑系之前，就深深地敬仰崇敬梁先生，可以说，梁先生间接指引了我的人生。当我站在林洙奶奶家的院子外面的时候，初夏的微风轻轻抚着手里蟹爪兰的花蕊。

我何其幸运，第一次这么样地接近我的人生导师啊！

林洙奶奶，真的太少人了解她了，梁思成先生与林徽因先生的传奇太耀眼了，伉俪的故事，共同为着建筑事业共同奋斗，甘与苦。人们传颂着梁林的故事，很少有人知道，还有这么一位奶奶，这样安安静静地在这个故事中扮演着她的角色。如果不是林洙奶奶，梁先生的著作不会这么完整地呈现我们眼前。在梁先生的最后十年中，是她陪伴着梁先生的苦与乐，参与他的伟大事业，分享和见证着他坚强的意志品格在苦难中依然闪闪发光。她的一本书《梁思成林徽因与我》让我那么细致地真实地了解到梁先生的生活和工作。她让我感觉到梁先生一直没有离开过，一直陪伴着我们，就在我们的生活中，好像在说："你起来！我画给你看！"

在访谈过程中，和林洙奶奶的谈话从一开始的紧张忐忑，慢慢地轻松自然了起来。令我非常意外的是，林洙奶奶并不只是一个叙事者而已，她有她的见解、她的主张，她是一个时时思考着的人，那么积极主动地参与着梁先生的故事。而且，她那么懂建筑，她是怎样反复地仔细地认真地读过梁思成所有的著作啊！而且，她是那样真挚地、热烈地、深沉地爱着梁思成先生啊！

而那位梁先生，他用神性一般的人格活着，他就像罗丹说的那样，他"彻底桀骜地真实"，他那样天真地、纯粹地、执着地把自己的一生奉献给他那伟大的事业，那是多么高尚的人格啊！我仿佛能看到他跂着脚爬上佛光寺的梁上，兴奋得快跳起来。看见他背着钢支架坐在一米二长的大图前面，埋头细细勾着精妙无比的图；或者是他躺在病榻上，拿着笔在国徽的草图上勾勾画画。他那样饱含着热情，爱着国家，爱着党，爱着建筑事业。他的生命是那样地丰富，爱着音乐、绘画、雕塑、历史、哲学、文学，一切一切，他爱着他的家人，他的朋友，他的学生们。我想起朱自煊先生对我们很诚恳、很深沉地一字一句说："我们有幸都是梁先生的学生。"

今年是梁思成先生诞辰110周年，我总觉得他一直没有离开过，一直都在我们身边，和我们一起生活着。

啊！梁先生，我何其幸运来到这里，每天步过您的铜像，从您的营造学社的纪念馆旁走过，捧着您的《中国建筑史》，听着您的故事，生活在您的荫蔽下。而我现在，又坐在您的妻子身边，听她细细说着，一句句深入我心中，我已泪水盈眶……

啊！我多么希望梁先生现在就站在我身后，在我画图的时候，慈祥地说："你站起来，我画给你看！"

可持续道路上不落的太阳

——钱易院士访谈

访谈时间：2011 年 4 月 21 日
访谈地点：清华大学环境楼 301 室
被访者：钱易院士
访谈者：张雪梅、高渊（人文 0）
整理者：张雪梅、高渊

钱易，清华大学教授，中国工程院院士。1956 年毕业于上海同济大学卫生工程系，1957—1959 年在清华大学土木工程系进行研究生学习。她数十年来致力于研究开发适合我国国情的高效、低耗废水处理新技术；对难降解有机物生物降解特性、处理机理及技术进行了卓有成效的工作；曾主持"高浓度有机工业废水的厌氧生物处理技术""城市废水稳定塘"及"高浓度有毒工业废水处理技术及设备"等国家科技攻关课题，近年来，她投入大量精力研究可持续发展战略及政策，以促进中国的清洁生产、循环经济和水资源的可持续管理。她曾经担任全国人大环境与资源保护委员会的副主任，世界工程组织联合会副主席，国际科联执委会委员，世界资源研究所顾问委员会委员。现任清华大学学术委员会主任。

点滴追忆往昔岁月

高：钱老师，您好！我们知道您的父亲是我国久负盛名的国学泰斗钱穆大师，钱穆大师展现给我们这些学生的大多是学者的一面，那么在您的眼中，钱穆老师是一个怎样的形象，他在生活中又展现了怎样的一面？

钱：谈到这个问题恐怕要令你们失望了，因为我和父亲接触的时间很短，机会很少。我出生在北京，那时候父亲在清华、北大教书。大概一年之后，中日战争全面爆发，我们就举家南下了，到苏州安定下来。那段时间我的祖母还在世，所以父亲曾有一年陪伴在我祖母的身边，随后就绕道香港，到昆明教书去了。所以，我童年对父亲的记忆比较少。

等到1945年抗战胜利的时候，他从内地回到苏州，在无锡江南大学教书，那段时间我们接触就比较多了。在记忆里，他给我最深的印象就是他总是在那个对我们来说是个禁地一样的书房里专心地读书写作。为了不打扰他，我们走路都要很轻、很小心，生怕打扰了他。他如果有事才会把我们叫进去。那时候在我上面有三个哥哥，他们当时已经是中学生了，所以我父亲跟他们谈得要多一些。我那时候才刚上小学，自然和父亲谈得就比较少了。

虽然我和父亲接触较少，可还是有一些故事可以说，就比如我这个名字就是我父亲起的。我为什么叫"易"呢？现在有很多人误解，说"钱易"听起来是来钱容易的意思。实际上我名字中"易"的含义不是容易的"易"，而是交易的"易"。你们可能有些奇怪了，为什么是"交易"的易呢？这是因为我前面本来是有四个哥哥，我父亲母亲很希望要一个女儿，让人难过的是我的四哥，在生下来后十个月就夭折了，随后才有了我。所以我父亲说我是我四哥换来的，这是我起名"易"的一个原因；其次《易经》也是我父亲研究的主要课题之一，因为这两个原因，就有了我现在的名字——"钱易"。

我父亲为儿女取名字有一个特点，就是都选择一些十分低调的字。比如我那个大哥叫"拙"，就是笨拙的"拙"；二哥哥叫"行"，表明父亲希望二哥勤勤恳恳、脚踏实地地做事，行胜于言嘛；三哥是谦逊的"逊"，我的三哥就是在清华历史思想文化研究所工作的，进行历史方面的研究。然后我的名"易"。可以看出我们的名字都是比较低调的，父亲希望我们子女注意自己的品行和言行方面的修养。

随后我妹妹在抗战期间出生了，那时候父亲已经前往内地教书了，但名字还是父亲起的，就是晦暗的"晦"，这个名字反映了当时国家的形势，我妹妹长大以后觉得这个名字不好听，就改成了光辉的"辉"。

张：我们知道当钱穆大师前往台湾之后，钱钟书先生还曾经邀请钱穆先生回大陆治学授业，不知道老师对当时的情况了解多少，那份书信您看过吗？

钱：当时我并不了解，后来我看到的书信是钱钟书先生代表苏州欢迎我父亲参加苏州建市2500年的活动。钱钟书先生和我们家有一些远亲的关系，家都是在无锡。我的父亲和钱钟书的父亲钱基博是关系很亲密的好友，所以他和钱钟书先生也是有联络的。

张：我们知道老师您母亲是一位小学老师，那是不是您现在给学生上课时那种典雅和慈爱的风度和您的母亲也有一定的关系呢？您的母亲对您的影响又有哪些呢？

钱：如果提到我父母对我的影响的话，我母亲对我的影响就大多了。我父亲在江南大学教书几年后又被广州的一个大学邀请去讲学了，随后他又辗转前往香港，所以又和家里分开了。抗战期间，我母亲不仅要抚养五个年幼的孩子，同时还要照料我的祖母和外祖父母，当然也有我的舅舅和姨妈的帮忙，她是相当不容易的。当时很长一段时间，后方和地处沦陷区的苏州联系断绝了，父亲去香港以后的十多年后，又不能与家中再通音信。所以一个大家庭在经济上、精神上的负担都由我母亲一个人扛了起来。我母亲独立性强，性格也极为坚忍不拔，做事情任劳任怨，而且不管有多苦多累都不在我们孩子面前表现悲观或是失望。

我的母亲开始是个小学教师，后来做了小学校长。每天下班回来，打理完家务后，就为我们当时租住的一个苏州花园（耦园）里邻居家的孩子补习。当时耦园里住了十几户人家，很多孩子到了傍晚都来我母亲这里进行补习功课。我母亲就可以再额外得到点收入补贴家用。当时我还太小，就在那儿旁听。

所以母亲对我的潜移默化的影响就包括了勇于克服困难，乐观开朗地对待事物，这样才可以将事情处理得游刃有余。我母亲当时能做到这些真是很不容易也很了不起的。

高：那老师在教育子女的方面有是一种怎样的方式，和您的母亲相同吗？

钱：母亲对我的影响也反映在我对待和教育子女方面。我母亲管我们并不十分严厉，不像现在耶鲁大学的那个"虎妈"蔡美儿一样教育孩子。在我们家，教育不是这样的方式，我母亲对我们更多的是进行引导，是一种潜移默化的影响。例如她在给别人辅导的时候，我的哥哥们都是自愿前去参加的，我从那时候起在母亲的影响下就对学习很感兴趣，这也培养得我日后的学习非常自觉。

我对孩子教育方式也是这样的，我的两个孩子一个考取到了上海交通大学，一个是清华大学毕业的，两个孩子现在都还不错。我后来总结，这也主要是一种潜移默化的影响。因为当时我和我的老伴，下班回来的空闲时间就喜欢看书。我们家往往就是四个人围着两张书桌一起学习，这也使得那两个孩子把学习作为自觉的爱好和兴趣来对待。那个时候房子也是又小又少，我们四个人就一间半房子，那所谓的半间就是我们两个孩子和隔壁同事的两个男孩子住在一间房里。在我们的房子里，除了床就是书桌、书架，厨房也是跟人家合用的。当时的生活很困难，跟现在老师学生的条件相比要差不少。但就是在这样的生活环境中我们还是一直坚持读书、学习，我印象最深的场景就是四个人围坐在一块，各看各的书，有问题随时讨论，其乐融融，也收获了知识。我虽然没有逼过他们，但欣慰的是最后都成才了。

高：当前"虎妈"现象备受关注，我们知道现在的家长往往是将个人的价值观和心愿灌输给孩子，望子成龙，望女成凤，实际上是想让孩子完成自己未实现的心愿，那老师怎样来看待这样的观点呢？

钱：其实我对孩子没有什么预期，没有强制他们一定要过怎样的生活或有怎样的地位。比如，这两个孩子虽然都毕业于一流大学，但是只有一个儿子在美国读了硕士，另一个都没有考研究生，按照现在的价值观就不一样了，现在是一定要念博士才可以的，这在当时是没有的。

现在虎妈的事情出来以后，我就反思这种教育方式，其实中国的妈妈并不都是这样的。也有很多的家庭，比如我们算是读书人家庭，并没有那种急功近利的观念。我父母教育我们兄弟姐妹的时候就一直没有将子女逼得太甚。

说到了教育孩子，我还是很感谢我的母亲的。她做过小学教师、小学校长，所以对于小学的教学很熟悉。我的三个哥哥都是没有念六年级，跳级上的初中。在我母亲看来六年级在小学的教学计划里，就是在为上初中做准备，如果你前面学好了，再在家里稍微温习一点就可以上初中了。而我是上到三年级的时候，生了一场大病，有大概一个半月没有办法去上课。在生病和恢复期间，母亲就给我补补课防止我学习落下。在补完课之后，母亲就告诉我说我四年级的课都已经上完了，可以直接去上五年级，随后就按正常的教学计划学习，到了六年级也没有让我像哥哥一样跳级。所以因为母亲的教育方式，我们几个兄妹，都是年龄很小就上了大学。我16岁就上了大学，20岁不到就毕业了。这就是我母亲的教育方法，她不逼你，但可以把你的潜力都激发出来。

虽然这样，在上中学时我有一次没有听妈妈的话就做了一个决定。那时候我上的初中是苏州女子师范的附中。师范类学校现在不普遍了，可是以前很多，那是专门培养老师的学校，主要是小学老师，而高级师范学校是培养中学老师的。我的母亲和我的两个姨妈全是从这个女子师范毕业的，我当时十分崇拜她们，所以就报考了那所学校。到解放以后，我刚刚初中毕业，在我准备升高中时这个学校就改为男女合校了，改名为新苏师范。

当时我上这所学校就是决定毕业后当一名老师，结果上了一年半之后，由于那个时候特别爱好文艺活动，爱唱歌，爱跳舞，我的一些同学带着我一块儿参加了一个业余文工团，不久这个文工团就变成专业的了，希望我们都参加。当时我母亲反对，希望我能继续学业。但我没有听母亲的话，因为那时候觉得参加文工团就是参加革命，有种被祖国召唤的感觉。所以当时就没有听妈妈的话而去参加了那个文工团。

但是参加那个文工团只待了一年多，正好是相当于高中的一年多。因为各地文工团建得太多，原来苏南地区的七个文工团被整合为三个，江苏省话剧团、江苏省歌舞团、江苏省京剧团。像我这样没有特别才能的成员就被淘汰了，都被分配了工作，我就被分配到了无锡苏南文教处做发行工作。

工作之后不久，国家为了要大力发展经济建设需要大学多培养一些人才，1952年决定从干部中抽调一些年轻人上大学，我就被选上了。因为我没有上完高中，上大学前参加了两个月的补习班。

寻真授业，格物致知

张：老师当时是被分到哪个学校去学习的呢？

钱：我当时是被分配到同济大学。你们能想象我大学一年级时学习有多么地困难。高中的数学、物理、化学我都没有好好掌握，仅仅通过参加两个月的补习班，即使有帮助也是相当有限的。但在我的一生中遇到了太多对我有恩情的人。当时同济大学的老师看到我们这些调干生有困难，就在下课之后专门再给我们补习。因为老师十分仔细和有耐心的讲解，我们也都一步步地跟上来了。

张：听了老师的回忆才了解当时学习真的很不容易啊。那么，老师您又是怎么看待师生关系的呢？您对于自己一生的导师又有什么想说的呢？

钱：我这一辈子有一个最强烈的感想就是感恩。不知道你们是否看过我父亲的两本书，一本书叫《八十忆双亲》，写的就是在他80岁的时候回忆双亲的往事，还有一本书叫《师友杂忆》，他回忆了很多事情。因为这两本书都不是讲历史的，写得也很富有情感，对我这个虽然是历史盲，可又希望多了解一点父亲的人来说就如获珍宝，读了书后很受感染。在我的一生之中对我有恩情的人除了像刚才所说的父亲、母亲以外，还有太多的人。

我曾经遇到很多好的老师，一些中学老师我就不详细讲了。重点是到了大学，你们可以设想我当初基础那么差，最后还能够跟上，而且最后毕业的时候我是优等生，很多老师的帮助是我终生难忘的。毕业设计答辩时，我们那个班挑选了大概5个人进行国家考试，从其他大学邀请了一些著名老师担任答辩委员，清华大学的陶葆楷教授被邀请担任主任委员，他是我国卫生工程专业的顶尖专家。我的运气很好，他对我印象很好。答辩后同济大学的胡家骏教授希望我去考陶先生的研究生。

当胡先生来动员我报考陶先生的研究生时，我起初是不愿意的，我已经下决心要去参加国家建设，到兰州去。那时候兰州是西部的一个待开发的城市，我觉得应该赶快将自己的力量贡献给国家建设。但是胡先生很会讲话。他说了两句话把我打动了。第一句话就是说陶先生是我国卫生工程专业顶尖的专家，你能做他的学生是你一生的机遇；第二句话就是，一定有很多人想去考试，你考得上考不上是对你的挑战。这两句话把我说动了，我终于决定迎接这个挑战，并且真的考上了。

陶葆楷先生是我一生都不能忘记的恩师。在研究生期间指导我写论文，在研究生毕业后让我做他的助手，他讲课一般要留出两堂课将给我讲，我因为上学早的缘故，当时和学生年龄差不多。他写书也让我写两章，最后在书上把他的名字和我的名字写在一起，和他一起作为本书的作者。陶葆楷老师就是这样的一个好老师。

还有很多的老师值得我去一一讲讲对我的帮助，但时间关系就先不说了。

另外就是我的同事对我的帮助，当然还包括我的学生。虽然因为我父亲去了香港然后又到了台湾，而且我父亲是被毛主席批判的反动文人的代表。但在一次一次的政治运动中我都平安地走了过来，这与周围的老师和同事的保护是分不开的。"文化大革命"中的工宣队、军宣队对我的态度就很硬，表现出很凶的样子。但是我们的同事，都非常的保护我，这令我很感动。

张：那老师您的学生呢？请给我们说说您对学生的印象吧。

钱：对于我的学生有两点很欣慰。一个是在学习期间，绝大多数学生学习非常努力并且富有创造性，这是最令我愉快的事情。我喜欢与学生们交流，让他们给我讲讲自己的想法，也让我自己受到启发，这是一个相互学习的过程。这些学生在毕业以后就显出他们的潜力了，我十分欣慰地发现他们各有不同的本事，有很多是我自己想不到也做不到的。我可以举几个例子。

首先是研究上，有些开始是我带头的项目，后来我因为其他工作多而介入很少了。但是我的学生们成了教授，在他们的领导下做出了很多成绩，比以前提高了不知道多少，甚至跟上了世界上的水平。

第二方面，我觉得很惊讶也是很高兴的就是有一些学生原来是做研究的，结果毕业以后，不在学校工作，开始自己在外面闯天下。我有一个学生，毕业后搞企业，结果企业经营得很成功。我曾经去参观他的公司，看到他在全国工业废水、城市污水处理方面做了很多工程，对国家的贡献很大。我过去都没有料到他会做这些。他在学校确实是个做研究的好苗子，有很多好的想法，但是我没有料到他在企业管理方面，做工程上还有这么高的水平。他的公司现在做得很大，在国内都很有名气。这就是我想说的第二类学生。

第三类学生，他们的人文素养非常好。我们学理工科的人，缺少相关的培养，多数人把精力几乎全都放在理工这个方面。但是我教过的几位学生，在人文素质的方面表现得特别突出，文理贯通。典型的例子就是现在我们环境学院的党委书记杜鹏飞老师。他很喜欢书法，也喜欢写诗词。只要是我们系里有活动，对联、诗词都是由他来写。我过生日的时候、过春节的时候，他也给我写对联，而且都写得非常好。我现在还能记得的是今年的春节他给我写的那个春联。上联是"心无城府春常在"，他是在描写我的"心无城府"，认为我很开朗并且待人很平和；下联是"家有芳邻德不孤"，这也是很有意思的，因为在我家对面住的是吴良镛教授，那是一个国家大师级人物，所以他说我是"家有芳邻德不孤"。吴先生也是杜鹏飞的导师，他在我这儿念完博士之后去吴先生那里念博士后，主要研究城市规划和人居环境。因为这个学生人文素质非常好，所以吴先生也很喜欢他。在系里的春节联欢会上他还出过很多的灯谜，很有意思的是用院里教职工的名字作为谜底。系里的教师们都说他十分有才。除此之外，他的字也写得很好。这是一个突出的例子，当然还有一些其他的人文素养好的我就不再介绍了。所以对我来说，学生的发展对我就是最大的安慰，看到他们的成绩我也由衷地高兴。

高：老师您刚才也提到了陶葆楷先生招您到清华当研究生，那时的清华和现在又有哪些不同和相同的地方，老师对当时又有哪些记忆深刻的事呢？

钱：我是1956年大学毕业，之后留在同济做助教，考研究生，1957年2月进入了清华园。现在和那时相比变化实在是太大了。首先是现在学校的规模比那时大多了。那个时候只有工科院系，而现在学校里有理科，有工科，有文科，还有法律、经管、医科等，是一所综合性大学。当时招生的规模也很小，跟我一批进清华的一共有 12 个研究生，和现在完全不能相比。那个时候不是所有的老师都可以招研究生的，只有大师级的才有资格招收，而且一个人限招一个。

要说我对清华最深的印象还是数我们这个系。因为我们系当时除了陶先生以外还有四大教授，这些老师各有千秋，每个老师都有值得我学习的优点。还值得说的就是当时的一些硬件条件比同济要好得多，像图书馆、实验室都是当时比较先进的。

但是我入学后不久就开始了各种运动，首先是思想改造，随后是反右派，之后又有"大跃进"，我们都下乡去了，记得我们还结合专业去帮农民修建沼气池。在这之后就是搞"四清"，往后就是"文化大革命"，下放锻炼，下放劳动改造。我是 1956 年大学毕业，1959 年在清华研究生毕业的，一直到 1979 年可以说是运动不断。不过在"文化大革命"以前教学都没停，除了陶先生让我讲一些课外，我最主要的任务就是带学生出去实习。我们那个时候都要下自来水厂、污水处理厂实习，虽然很苦但是很有意思。因为我年龄比较小，所以每次我去跟厂方联系，他们就会奇怪地问我："你们的老师在哪儿?"

但也许就是我比较小的缘故，我跟同学能够打成一片，当时也必须打成一片，因为厂里提供的宿舍就是一间大房子，要住下全部的人。学生们都很照顾我，想办法给我搭了一个床，其他的同学就睡地铺了，现在想想那种生活也很有滋味。

记得我们到上海实习时，大多数的学生听不懂上海话，所以老是来找我当翻译。比方说有人买冰棍都有困难，因为听不懂到底一根冰棍是多少钱。当时学生笑说钱老师是全面的老师，连上海话还要教他们。

张：我们一般觉得年代越往前，师生关系就更倾向传统。比如说，师生间要尊师重道，但是现在师生之间关系好像比起老师描述的更加严肃。

钱：现在的师生距离是否比过去更疏远一些，我不大好说。我只是觉得现在的老师们花在科研上的工夫比花在教学上的工夫要大的多。这与社会风气有关系。因为现在考核业绩时要看你发表了多少论文，看获得多少奖，拿到多少科研项目。我们那个时候没有这个要求，所以那个时候主要的精力是在教学上，所以科研上的成绩远远不如现在的老师，科研经费比较少，国家也没有大力提倡和支持教师进行科研。

张：老师的父亲，钱穆先生，是我国的国学大师，在学术方面有很高的造诣。而老师的专业方向是环保，这两者差异很大。那请问老师当时是怎么选择专业的呢？

钱：当时我的专业实际上不是自己选的。第一，我是调干生，上大学时要自己填志愿。我就不懂到底哪个学校好，哪个专业好，所以就请教当时的老师。有一个老师对我说，现在要大搞建设，土木建筑非常重要。上海同济大学土木建筑很出名。我就听他的了，就报了同济大学。到了同济以后才发现还有好多专业，有一个专业名为"上下水道专业"，就是进行城市给水排水工程建设的。后来专业名称改成"卫生工程",再后来又顺应世界的潮流改成"环境工程",范围又扩大了。当时报土木的,报建筑的,报城市规划的学生很多,报"上下水道"专业的很少,这个名称本身听起来就不那么好听。所以老师就动员了,他说这个专业是多么重要,每个城市都一定要有上下水道建设。我就听了老师的话,报了"上下水道"专业,后来就改成了"环境工程"专业。

高:"文化大革命"期间,老师有一段时间被下放到农村,后来是到了不惑之年才回到学校继续搞教学科研。您能给我们讲讲这段经历吗?

钱:我到农村去了两年,本来是天天在劳动,种田啊,耕地啊,挑砖啊,盖房子啊,什么都干过。但后来又有个机遇出现了。当时我们在江西鲤鱼洲,鄱阳湖旁边。在江西九江附近另外有一个农场,那儿生产很多棉花,想要建一个纺织厂,但是没有人做设计。他们发现清华大学就在不远处,就来清华大学要求派一个小组去帮他们做纺织厂的设计。也很奇怪,我被选上了参加这项工作。当时的小分队中,有两位搞建筑的,一位搞土木结构的,一位搞暖气通风的,一位搞给水排水的,各个专业都有了,我们这个组合作也非常好。这给了我一个学习锻炼的机会,原来我没做过这种实际工程的设计,就是毕业设计也是学校里头出的题目,不是真工程。结果被调去工作了近一年,增加了一段实际工作的经历,学到不少东西。当然那边也很苦,那边也是个劳改农场,好多劳改犯。

从江西回来以后,没有能够马上搞科研,那时候没有什么科研条件,重点是搞教学。但是,当时学校有工宣队管着。学校里提的口号是学生要"上大学,管大学,用毛泽东思想改造大学"。所以有时老师上课,学生会当场提出来批评。比如我带学生实习,有一次安排学生住在工厂里边,我认为这样可以使学生与工人相接触,也不用来回跑来跑去,结果工宣队就严厉地批评我。他问我:"是你领导党,还是党领导你?"我说:"当然是党领导我。"他说:"那你这样安排怎么没有先问我。"当时因为我父亲的关系,我是被另眼相看的人,工宣队师傅曾经对我说了一句话,他说:"你知道不知道,你是什么样的人?"我不知该怎么回答他,他说:"你是推一推就可以推过去,要拉一拉才能拉过来的人。"就是处于敌我界限上的人。所以那个时候我很紧张。但在我们五个兄弟姐妹里边我是最幸运的,受到的不公平待遇相对最少。我的几个哥哥和我妹妹都受到不少迫害。我分析主要基于两个原因,一个是清华的范围大,清华的人物太多,像我这样的还轮不上。第二个就是我周围有很多好人都在保护我。

1979 年之后国家的政策就变了,我因为父亲的关系成了统战对象,给我创造了很多参与社会活动的机会。比如说开始的时候让我参加北京市青联。那个时候我已经 40 多了,我说怎么还参加青联? 我的儿子都快要进共青团了。然后就到北京市政协,先是担任政协委员,后来担任北京市政协副主席。后来又让我参加全国人大,还有国家环保部门也很重视知识分子,我还担任过国务院环境委员会的顾问,这些工作和活动使我的视野放宽了。我不是光注意技术,还要注意到政策、法律。

　　1981 年，我还得到了去美国进修的机会。出去两年，除了进行一些科研外，接触的人多了，国外的科研信息也了解多了，本来在国内英文杂志都看不到的。回来以后国内形势一天比一天好，我们不仅有机会参加一些国际会议、经常与国际同行交流，国家科技部也支持很多科研项目，记得我们最早参加的是"七五攻关"项目，后来每个五年计划都有攻关项目，还有自然科学基金项目等。我参加或支持了"城市废水的处理和再利用""高浓度有机工业废水的厌氧生物处理技术""YHG 系列水平轴转刷曝气机""有毒有害有机废水高新生物处理技术""膜—生物反应器废水处理特性及机理研究""内循环三相生物流化床处理城市生活污水的研究"等一系列科技项目。当然当时的项目经费与现在的科研项目比是很少的，但还是出了一些成果，还获得了国家科技进步奖、自然科学奖等奖项。这些项目大多是由很大的团队合作完成的，合作的兄弟院校很多，参加的教授和学生也很多。

　　原来我最感兴趣的是做实验，写论文。但是后来参加的社会活动多起来了，我也觉得很重要，愿意利用种种机会发表意见。我在参加人大会议及其他会议时发言有三个永恒的主题，第一个就是环保和可持续发展，我不断呼吁，并介绍国外是怎么做的；第二个主题就是教育和科技；第三个主题则是妇女的作用和地位，中国妇女的地位跟有些国家比，还是低一些，应该说也还不理想。

　　总之，改革开放以来，我逐渐从学校走上了社会，从国内走向了国外，从具体技术的研究走到了宏观战略的研究，天地宽阔多了。

科学理念，绿色大学

　　张：钱老师，我们知道您有一个很出名的理念就是"绿色大学"，那这个理念是怎么产生的，具体内涵又是什么呢？

　　钱：绿色大学是让我感觉非常欣慰的一件事。11 年以前，1998 年的时候，我就觉得学校应该改变理念，我提的建议是要建设生态化的清华园，还没有提到绿色大学这几个字。当时是王大中教授做校长，我写了一个书面的报告，就是说学校应该培养师生员工的环保意识，学校要节约用水，节约用电，建设生态良好的校园。另外我也已经在准备一门课，就是"环境保护与可持续发展"，我准备建议在学校开设这样一门公共课。我很感谢王校长，他很重视，而且找了很多人一起来商量。其中有一位老师很认真，去查了一些国外的资料，结果查到国外已经有了建设绿色大学的提法。后来他们就来跟我商量，说："我们改成建设绿色大学怎么样？"我非常赞成。然后又经过好几次讨论，就把绿色大学的目标和内容明确为包括绿色教育、绿色科技和绿色校园三部分。现在看这实在是很正确、先进的计划。这绝对不是我个人的成绩，是在王校长领导下发挥集体智慧的创意。

　　绿色教育的主要目标是要将生态文明基本观念深深渗透在教学内容之中，用可持续发展战略指引教学计划的制订和教学内容的革新，并采用各种不同的方式进行绿色教育。除了我建议的"环境保护与可持续发展"公共课外，现在各系都开设了很多结合专业的绿色课程，如绿色能源、绿色化工、绿色建筑、绿色制造、城市生态学、环境伦理学、环境法学等等。

绿色大学的口号提出以后，学校里响应的老师多极了。教务处可以列出几十门的绿色课程。真是很好，我看到真是高兴极了。最近又开过一次会，就是要增加一些绿色的人文素质课，这是非常好的。我们要让学各种不同专业的学生都树立可持续发展的理念，都能节约资源、保护环境，为当代人类和未来人类谋福利。

绿色科技方面的成绩也很多，都是符合节能、降耗、环境友好原理的新技术，学校的各个院系都有很多项目和成果，还为国家一些重大事件作出了重大的贡献，如保障奥运会期间的大气质量，在处理突发的水污染事故中保障饮用水质量等。

最后，绿色校园，除了绿化以外，就是要把环境治理干净，比如说治理小河，还有更重要的是要提倡节约资源、环境友好的生活方式。学校已经建设了几个污水处理站，用中水浇灌草地、冲厕所，节约了大量用水。我们系里边有一位年轻教授，叫陈吕军。他正在下功夫完善校内污水的处理和利用系统，并改善小河的水质。当然河流上游的污染源也要控制好，不让它排进来。最近学校里还有一个计划，就是将暖气的能源从煤改成天然气，可使污染大量减少。

总之，这三个方面我们都在做，而且很有成绩。但是应该说都还没有到顶，还有大量的工作要继续进行。

去年我们学校组织了一次绿色大学的国际研讨会。来了很多国内国外大学的领导，在这方面的工作也都很有成绩。所以校庆时胡主席来清华视察，与教师代表座谈时问我有什么话要说，我就汇报了绿色大学的建设，希望得到最高领导的支持。我认为建设绿色大学与建设世界一流大学是一致的，建设绿色大学正是世界的新潮流，美国、欧洲好多大学都在这么做。就是要用新的观念来办教育，来做科研，来建设校园。

高：这是一种创新的形式吗？

钱：从长远来看，这是一个新的应该坚持的方向。

张：还可以将清华作为一个范例，然后向全国推广。

钱：对，原来我们的党委书记陈希，后来调去做教育部副部长了，他很重视这个理念，已经把它带到教育部，由教育部发了文件，在全国大学推广，好多大学就都在这么做。我特别高兴，我一直说我不希望我们一枝独秀，我希望的是百花齐放，大家都来搞。也更加激励清华要做得更好。要是所有的学校都这样做了，我们的国家也就变得更好。绿色理念也就深入人心，培养出来的人才将来出去都是为可持续发展奋斗的，都应该树立环境伦理观。现在还差得太远，还需要做更多的努力。

中西对比，明日清华

高：现在我们在争创世界一流大学，您也去过康奈尔等多所世界著名大学。您觉得清华大学与这些国外大学的差异是什么呢？

钱：我们跟美国的大学从教学和科研上差别都很大，国际一流大学的科研水平很高，有很多值得我们学习的地方，但是我觉得我们也要根据中国的具体国情来办好大学。比方说美国，大学本科生专业课学得很浅，主要是学习基础课。到了研究生阶段才开始往专业方向发展。但是我们应该对本科生进行一定的专业教育，使他们毕业后可以更快地适应社会的需要。另外，我们的大学除了教学、科研以外还有一项重要的工作就是社会服务。如环境污染事故发生时，国家就希望大学的专家去帮助解决问题，比如我们环境学院的张晓健教授就在保障饮用水安全方面发挥了很大作用。这种社会服务的功能是中国大学的一项重要任务，但美国教授认为这种工作应该是公司干的。美国的大学把创造新知识放在第一位，这个当然我们应该学，第二才是教书育人，社会服务他们认为不是大学的任务。但是我觉得我们在培养人才、进行科研之外，还是要负起一定的社会责任。

现在大家都很关注培养大师级的人物，我觉得大师级的人物不是你刻意想培养就能培养出来的，是要自然形成的。我们应该扎扎实实地教书，扎扎实实地带领科研团队进行"顶天、立地、育人"的科研，大师级的人物是在这种环境中涌现的。当然要是跟外国比，我们现在数得上的人物是不如人家多，但是不说明我们的科研就一定做不出成绩。我特别高兴的是听了杨振宁教授和姚期智教授两位从美国回来的大师对胡主席说的话，他们认为我们目前的研究水平不低，在世界上可以排得上队，甚至于可以够得上一流水平，还有就是说我们现在学校的氛围，还有国家整个的氛围吸引力非常强，很多人即使在美国工资比在这儿还高，都愿意回来作贡献。这说明我们清华很有希望，我们中国很有希望。

张：在百年校庆之际，能谈谈老师对清华的一些期待或想法吗？

钱：庆祝清华大学百年校庆，回顾清华的辉煌业绩，再看到国家发展对我们的期待，我觉得清华的未来是大有希望的。最近有一件事让我很兴奋。就是中国工程院提出倡议，同清华大学联合成立了"中国工程科技发展战略研究院"，这个研究院实际上将成为国家工程科技发展的思想库，可以对国家的工程科技发展发挥很重要的作用。工程院曾经做过很多重要的咨询项目，得到了国家领导的重视。现在与清华大学合作成立了研究院，就有了相对固定的队伍。研究院成立大会刚刚开过，工程院的院长周济和前院长徐匡迪，还有两个副院长，我们清华的党委书记胡和平、校长顾秉林、还有两位副校长都参加了大会。说明这件事得到了双方高度的重视。我觉得这是清华未来在国家发挥作用的一个很好的阵地。

除了这个以外，我在学术委员会也知道现在各个系的一些进展，很多科研都作出了突出的成绩。胡主席来清华不是参观了三个点吗？一个是互联网，我们学校做得非常出色；还参观了一个生命科学院，在研究蛋白质的分子结构方面也达到很高的水平；最后是看他的母系水利系。清华大学各院系的科研成果都不少，这两年每年都获得八九项国家奖。所以，我觉得清华的未来是大有希望和发展前景的。

钱：我原来一直，现在也想说这句话，就是——热爱自然，热爱人类，为可持续发展奋斗！

钱易

访谈实感：

在采访前其实是有点紧张的，因为早就听闻钱老师的大名，不禁觉得任务很艰巨。但是钱老师的平易近人温暖了我们，从头到尾她都一直微笑着，采访过程中也是一片欢笑。钱老师虽然已经头发花白，但是还在勤勤恳恳地工作着，日程安排得很紧，却抽出时间来接受我们的采访，而且当听说我们是大一新生时，她很是理解和体谅我们，给予我们肯定和鼓励。在采访过程中，钱老师的事务仍然很多，有不少电话打进来。每次钱老师接电话都会给我们说一句"对不起"，这让我们很感动。并且不管是对进办公室里来浇水的工人，还是来为她送药的校医院工作人员，钱老师都是以微笑与平和的话语来和他们交谈。

采访完在我们离开时，我们对钱老师说："祝您身体健康，天天开心！"钱老师笑着点头，说："对，开心最重要！"从钱老师身上我们感觉到和学习到的是一种为人处世的礼仪、对人的尊重以及积极而平和的生活态度。特别是最后的真诚寄语，让清华精神薪火相传。

风雨飘摇砥砺坚毅非凡

——温诗铸院士访谈

访谈时间：2011 年 4 月 27 日
访谈地点：清华大学精仪系 9003 大楼
被访者：温诗铸教授
访谈者：曹柳星（工 02）
整理者：曹柳星

温诗铸，机械学专家。江西丰城人。1950 年毕业于重庆南开中学，1955 年毕业于清华大学机械制造系。清华大学机械工程系教授。长期从事润滑理论、摩擦磨损机理与控制、纳米摩擦学以及微机械学等方面的研究。提出了以完备数值解为基础的弹流润滑理论，建立了工程中有关弹流润滑问题的设计方法，导出了普适性最高的润滑方程。提出以纳米膜厚为特征的薄膜润滑状态，从理论与实验上论证了纳米薄膜润滑状态的形成机理与形态；建立了弹流润滑、薄膜润滑、边界润滑三者转化的关系及状态判别准则；并在纳米尺度上揭示材料的微摩擦磨损特性。在黏塑性和黏弹性流变润滑理论、润滑膜失效及屈服机理方面的研究取得重要进展。2002 年获得何梁何利基金科学与技术进步奖，2009 年获得中国机械工程学会摩擦学分会最高成就奖，2013 年获得中国机械工程学会科技成就奖。1999 年当选为中国科学院院士。

访问当天，阳光很好，温先生由于听力不好，主动提出和访谈者并排而坐，颇具亲和力。整个采访过程温先生侃侃而谈，和访谈者动情畅聊自己曾经历过的不平凡的一切。

"我要是有枪有炮，非把他们打下来不可"

曹：温先生，请问您是怎么决定进入清华学习机械专业，走上科研道路的呢？

温：过去我很少谈过。我这一生当中，为什么走到科研这个路上来，其实是历史决定的。

我出身贫寒，是江西农村的，祖祖辈辈都是种地的贫苦农民。在老家丰城农村，地势比较低洼，一发水就被淹。所以我们家养不活那么多孩子，我父母就带着我们到湖北宜昌谋生。家里的男孩中我最小，我的哥哥他们都没怎么上过学，就跟着父母打工谋生。到城市以后，我就强烈地意识到在这个社会里，有穷人，也有富人，我们生活在底层，总有一个想要翻身的劲头。别的孩子可以上学，可以读个什么学校，我就不行，我只能读一个公益组织办的佛教慈幼小学，不要钱的学校。在这样的环境中，我很小的时候就有这么一种与命运抗争的精神。

我1932年出生，1938、1939年日本侵略很猖狂，制造了南京大屠杀。日本侵略军一直打到武汉，我们随着难民潮跑到四川，在一个很小的县——奉节县落脚。当时我才六七岁，刚开始上小学，逃难路上十分艰辛，我记得比较清楚的是，我们坐在小木船上渡江，江风很大，没有足够御寒的衣服。到了奉节以后，我开始正规地上小学了。奉节县在那个时候很落后，县城根本没有一点现代文明，没有电灯，汽车都没见过，没有马路。因为是一个山城嘛，老百姓过着田园式的生活，平静得很。人们根本不知道在奉节县城以外还有个世界，根本不知道什么日本啊什么战争啊。我记得是五月份的一天，日本飞机来了，也没警报，老百姓还在看飞机，还在那儿讨论这飞机是铁的为什么能往天上飞。突然炸弹就下来了。而且丢了炸弹以后，日本飞机飞得特别低，我就看见飞机里的日本人半截身子都在飞机外面，拿着机关枪对着手无寸铁的老百姓疯狂扫射。当时我母亲就拽着我和我妹妹逃到城门外，躲在玉米地里。老百姓不知道怎么办，就四处哭喊着找人。我母亲把我们抱在怀里不停地念佛，希望菩萨保佑，那种悲惨的现实对我刺激特别大，我不感到恐惧，而是充满愤怒。如果我当时有枪有炮，我非把他们打下来不可。你问我为什么上大学选择读机械专业，这就是原因，我要造枪造炮保卫自己。后来日本飞机走了，我们见到沿路都是死伤的人们和燃烧的房屋，这血与火的情景印象很深。等我们回到家，我家被炸了。你要说读书、上清华的大道理没有，但是我觉得没有力量就要挨打，这个思想肯定是有的，所以当时我就立志要学机械。当时都不懂什么叫机械工程，也就是造枪造炮吧。

原来我家里比较穷，又在落后的地方，我的小学基本上没怎么读，而且抗战时期这上两年那上两年，四处逃难，一会儿就遇到飞机轰炸，没怎么读书。但是那个时候我也知道，如果不读书就没有文化，也就没有出路，所以要读书。后来我是靠自学考上初中的，就是奉节县当时刚办的初中。校舍设在一个庙里。大殿就是教室，睡觉也在那个旁边殿里，连泥菩萨都有。那个时候我很发奋，抗战胜利后回到宜昌，读了一个比较正规的学校。开始时候成绩总是在后面，慢慢就到前面去了。然后初中毕业考到重庆南开中学读高中，刚进去也是擦边进去，然后慢慢学习成绩就好起来。

在重庆南开中学读书的时候参加了进步的学生运动

（编者注：重庆南开中学为南开系列学校之一。学校因抗战而生，因爱国而名。是"人才沃土，院士的摇篮"。两弹一星的核心组员中有四分之一毕业于该中学。）

曹：在您读高中的时候是个进步青年，能谈谈那段经历吗？

温：后来我就到重庆南开中学读书，那是个比较好的学校。在重庆南开上高中的时候，是 1947 年到 1950 年，解放战争时期，全国大部分地方都解放了，最后国民党退到重庆。那个时候国民党腐败，民不聊生。我接受了一些进步思想，就参加了地下党组织的读书会。1949 年重庆学生举行反对国民党的学生运动，我积极地参加了这次运动，包括罢课、宣传和游行。那个时候我思想是比较进步的，因为生活在最底层，所以革命思想很容易形成。解放前读过一些"禁书"，我在高二的时候，就看过毛主席的《论联合政府》《新民主主义论》。之前先是看《钢铁是怎样炼成的》《牛虻》《大众哲学》和一些进步的书籍、杂志。这些书籍对我的思想和人生观影响很大。1949 年解放的时候，我是热血青年，积极参加革命运动，在南开中学第一批被批准加入新民主主义青年团。

曹：那个时候局势那么混乱，很多学生走向了不同的道路，您是怎么坚持学习的呢？

温：那个时候由于革命的形势需要许多进步青年参军参干，革命需要一批新的血液嘛。虽然当时我家里的经济情况急转直下，无法供我读大学，要求我高中毕业后就业。但我在南开学习成绩好，得过奖学金，全年级得奖学金的就两个人。我的同学当时很多都参军参干了，他们认为我学习好，积极鼓励我克服困难争取升学。我们当时很清楚地认识到，我们不仅要推翻一个旧世界，而且还要建立一个新世界，新中国。他们说国家需要人才，所以你们几个有条件的一定要考大学，经济上有困难我们帮助你。实际上他们哪儿能帮助，都是供给制的。所以我是背负着他们的使命上的大学，就考入清华机械工程系。所以我的理想就是要建设国家，要使国家强大，因为你不强大就要挨打。我的同龄人有的参军，有的参干，他们要是有机会学习也能在科学技术领域作出成绩来，所以我一直觉得我是背负着他们的使命在上学。

大学毕业后就负责主持一个教研组的行政工作，承受巨大压力

曹：您在清华是提前留校的老师，这过程中有什么经历吗？

温：进清华以后——当然清华的条件也比较好——我一直当班长。所以那个时候思想很明确，就是要参加国家建设。当时 50 年代国家蓬勃发展，但是工业基础很差，机械方面就只有几个修理厂。我们在大连造船厂实习，名字叫造船厂，

实际上就是修船，修很多外国船，而且多是靠手工。那些机床都是破旧的。1956年苏联援助建 156 项企业，包括汽车厂等大型机械制造厂。我们班实习都到第一线，感到工业建设轰轰烈烈，大家都向往参加工业建设。那个时候也是高等教育发展的时期，清华要新办起重运输机专业，就把我留校了，要我办那个专业。你想我当时才二十几岁，就要办专业，于是我的毕业设计题目就改成设计起重机。我到起重机厂实习收集资料，也没老师指导，也没系统学过起重运输机，完全靠向生产学习，顺利完成毕业设计。答辩成绩得到优秀，还获得清华大学优秀毕业生金质奖章。后来这个专业下马，我就分配到机械原理及机械零件教研组，担任第一科学秘书，当行政领导。那个时候清华党员特别少，一个教研组能有一个党员就不错，我就是机械零件组唯一的党员。我到的那个教研组，有 30 多位教师。我刚毕业就领导这个教研组，主持行政工作。经过一年时间建立了完整的教学体系，不久党中央号召向科学进军，又组织科研工作。

那个时候的运动一个接着一个。蒋南翔校长说党员是特殊材料造成的，要占领科学阵地，要冲锋在前，要敢于实践，在战斗中成长……总之提了很多口号。那个时候的党员不太容易，负担很重，政治工作也多，又要自己带头，压力很大。

那时候搞科研什么条件都没有。我毕业分配到教研组报到的时候，机械制造系在新航空馆，是二层楼一个房子。我们教研组就是一间 80 平方米的房间，里面就四张办公桌，除了教科书、图册、教具之外，实验仪器设备什么都没有，你说怎么搞科研？我们就自己动手，加工试验台和测试设备。

"行胜于言，清华的作风很重要"

曹：后来我国就进入了"大跃进"时期，期间您有什么感受和收获吗？

温：1958 年开始"大跃进"以后，敢想敢干嘛，破除迷信，解放思想，当时大大地振奋了向科学进军的积极性。蒋南翔校长提的"战斗中成长，实践中提高"，这个方针是对的。你不懂就去请教，你要去实践。清华的行胜于言、靠实践，这个作风很重要。实践出真知嘛，所以那个时候我们都是到第一线去干。当然干的过程中你也要有基本知识，所以 1958 年那个精神是可贵的。当时有一本书，你们大概没看过，叫《把一切献给党》，吴运铎写的。你想想吴运铎，他在延安很困难的时期搞军工生产，做枪做炮。你说那山沟里有什么？结果他做实验取得成功，还干出好多东西，从无到有嘛。我们 50 年代搞的那些东西，水平在现在来看都是很低的，但是解决了当时的燃眉之急。现在说有什么问题解决不了，我想总能设法把它解决。我自己不行，我可以调研。我可以去向好多人问，看书，然后去做。要的就是那种敢于实践、善于请教的精神。

后来在调整时期，我总结了一些经验，觉得科学研究要搞好，还得加强科学作风。我们那段时间做的有些任务，为什么质量不高？我认为有两个问题，一个是没有科学理论指导，另一个是科学实验方法不行。所以我认为很重要的，第一要有科学理论、基本知识，在那段时间我就学了有关力学和材料科学的基础理论。另外呢，加强测试方法研究。经过那段调整时间，思想明确一些，从那以后，后来到60年代，研究工作就做得比较扎实了。

"我也没把它当回事"

曹：提到"文化大革命"，作为一名先进的知识分子，您是不是也受到一些影响？怎么克服的呢？

温："文化大革命"的时代批判资产阶级，在文教战线就是摧残科学、摧残知识分子。你看像我这样的人，又是业务尖子，又是个党员，肯定是要挨冲击的。虽然我够不上反动学术权威，但是就是因为你是党员，你又是干部，长期从事科研，所以是个修正主义苗子。是属于那种，披着党员外衣，实际上是走资本主义道路的那种人物吧。这种人物当时在清华很多。但就在我们系，我业务比较强，在系里排不上几个人，我就凑合排第一，首当其冲。虽然说我受到不点名的批判，但是遇到重要的科技问题还是要安排我干，所以"文化大革命"中我还受命干过一些科技任务，例如设计大型程控铣床。

我没有把对我执行所谓资产阶级科研路线的批判当回事。我从江西农场劳动改造回来，系工宣队师傅安排我的工作说你还得试点搞科研。那我就问他，我搞的不是资产阶级科研吗，走的是资产阶级科学路线，但是无产阶级科学路线我不知道怎么搞啊。工人师傅就笑嘻嘻地跟我说，你别难为我了，我们叫你搞的那就是无产阶级的。那我说方法呢，他说方法你过去怎么搞现在就怎么搞。我说要不要看书，他说要看书。于是我又搞科研，当然那时候条件也不够。"文化大革命"后期，我带领工农兵学员到南京开门办学，我还真搞了一个比较大的任务，就是电站燃汽轮机轮盘超速预应力处理技术，包括超速装置建立和预应力处理技术。我在那儿前后干了两年多，也算完成一个大型任务。那时候就是国家需要什么我就做什么，科学研究光有热情不够，首先是要有为国家强盛而奋斗的思想，这样才能在逆境中迎难而上。

"大家使命感特别强，我们迎来了科学的春天"

曹："文革"之后呢？是不是生活工作都走上了正轨呢？您曾经在英国有过留学经历。

温："四人帮"被打倒以后，迎来改革开放新时期。当时邓小平提出选派出国进修人员。清华选出11名教师赴英国进修，我是其中之一。全国选了100多名，都是各个单位的学术骨干。这批人年龄大部分跟我差不多，40多岁，有的比我小，我算年长的。那时大家使命感特别强，我们是公派的，国家花那么多钱把我们送出去，多么不容易啊。当时，我们刚刚经历了"文化大革命"的冲击，经历了下放劳动，宣扬知识无用的年代才刚刚过去，国家终于让知识分子迎来了科学的春天，所以我们的事业应该大有可为。不止我一个人，大家都一样。当时党委让我负责这 11 个人的学习，我们讨论的时候，我向党委表态：我将要到英国去进修两年，把"文化大革命"的 10 年追回来，而且还要为我今后 20 年开路。

当时很明确，我要把学科推向国际前沿。到英国后使馆领导说，你们每个人在英国的费用是由几百个农民生产供给的，所以我们当时确实是比较玩儿命地学习。而且我们看到自己与国外差距很大，人家这十年，计算机迅速发展，计算方法都是数值分析，我们都不懂。另外在测试技术方向，人家很现代化，而我们原来在国内搞的都很落后。另外英国的科学传统很严谨，基础很扎实。我当时在伦敦帝国理工学院，他们的科学研究很注重基础。我想回国之后要发展一个学科，除研究方向、研究基地以外，我还要培养人才，所以要注重研究生的培养。我看过他们很多博士论文，了解了他们的博士论文是怎么做的。另外，我重点学习了计算机技术和测试技术。

我在英国没给自己发表一篇论文，只做过几个报告。但是我收集了好多半成品，我觉得我的半成品带回来，可以给学生做。我带回来好多方案，包括实验装置和研究的技术路线。两年没休息，其间就只去过三个地方：组织大家到马克思墓，在清明节朝拜革命导师；然后组织一起到剑桥大学，去看看科学圣地；还有一次到莎士比亚故居参观。我就到过这些地方。我们是公派，国家给的钱，住房都是最便宜的，我去大使馆汇报工作总是走路，很少坐地铁。有时候也很受气，因为中国那时候落后嘛，谁看得起你啊，甚至于当时很多华人都看不起咱们。一说起中国总是负面的。我们玩命地学习，就想回来发展新学科，在国际上占有一席之地，不能让人看不起。所以说在英国学习期间我受了不少刺激，深切感觉到我们的落后和与外国的差距，但赶上去的信心还是有的，我觉得我们的研究能力和学术基础不比他们差，主要是那几年走了弯路。

"清华的人不满足现状，追求卓越"

曹：看您在英国真的是做了很多工作，回国后呢？教学科研的情况是不是有所改观呢？

温：我觉得清华精神对我影响最深的是自强不息，就是不满足现状，老要往前赶。是谁安排我的任务？没有；谁逼我？也没有。所以总有一个，真的，确实有一个让国家强盛的念头，觉得过去中国太落后。

当然现在的变化就很不一样啦，原来都是我们派人出去学习，现在好多外国学者到我们这儿来交流，现在我们的学术地位提高了，我们的一些方面在国际上是领先的。所以我们需要追求卓越的精神，总看着这个学科前面还有什么制高点，还要往前冲。

"不是你去选择你的地位而是社会选择你"

曹：那您是怎么成为博导的呢？是不是做出了比较突破的贡献呢？

温：我从英国进修回来以后，决心推动摩擦学发展。当时我还是个副教授，有一位博士研究生是别的教授招收的，我刚回国几天，他来找我告别。我问为什么呀，他说三个月定不下题目，决定退学。他是清华招收的第一批博士研究生，当时中国没有培养博士研究生的经验，他就想走。我那个时候从英国带回资料急于开展研究，我说你别走，你跟着我做吧。我马上给他一个题目让他跟着我做。我把在英国制定的计算程序给他，又把我在英国收集的资料给他，还给他单独讲课。然后我再安排别的学生跟他准备实验台。当时他是我们那个学科第一个博士研究生，我在英国搞的程序，只要我把数据代进去，就可以算出结果，就能够发表论文，我没有自己发表论文，而是给了这个博士生，让他在我的基础上向更高目标发展。当然这有一定难度，当时在国内还没有人进行过大系统强耦合的润滑问题的数值计算。1984 年他顺利通过答辩成为清华培养的第二个工学博士，全国机械学专业的第一个工学博士。他论文上填写的导师是招收他的教授，而我连署名都没有，答辩的时候我坐在后排。我只是想在中国闯出这条路来。

由于我安排他做的研究内容很丰富，有突破，答辩顺利通过。在他答辩以后不久，中央决定在中青年教师中提拔教授，当时学校就推荐我申报。教育部派来专家组考察，了解我指导博士研究生的情况，问我怎么指导的。那我能不能当博导呢？答案很显然，我已经带出来一个，实践是检验真理的唯一标准嘛，所以我一下子就通过、晋升博导了。但是博导必须是教授，同时又补一个教授，所以我是先成博导，后成教授。我没有自己写申报材料，是系里替我写的，申报过程很简单。我在事前没有想过我把这个学生带出来，我就能当教授。蒋南翔有句名言，不是你去选择你的地位而是社会选择你。我觉得这个话说得很对，你在社会上的位置，并不是说你想怎样就能怎样，而是你具备了符合社会需要的条件。

"知识分子为什么不值钱，是因为你没干出值钱的东西"

曹：您能结合您的经历说说对清华精神的理解吗？

温：比如说，我们研究摩擦学这 30 年经历不断扩展的过程，由宏观摩擦学发展到纳米摩擦学，现在又进入界面科学与技术的研究。这是追求卓越、不断推动学科发展的例子。"爱国奉献，追求卓越"是清华的精神，是自强不息校训的展现。具体说就是总想做得更好、更高。

另外清华一个重要的作风，就是行胜于言的作风。我们过去老说，醒得早要起得早。比如在学术上有新想法，或者国际上有新观点，有很多人停留在口头上议论来、议论去，而有的人就采取不同的方式——看见了马上就干，付诸行动，没两天你就看到有人做出来了。所以在清华，有个你追我赶，大家蓬勃向上的精神。50 年代，我开始搞科研，为国防工业研制高速轴承，是党交给我的任务。没有条件，就这么去干、去创造条件。我觉得行胜于言是清华非常重要的一个精神。我到有些学校去参观，实际上他们的设备很多，但是科研开展很少，总说没有条件，其实就是缺少自力更生的精神，不能发挥主观能动性。到现在为止，我所有的科研经费都是从承担校外研究任务而来的。在 50 年代我们常用"知识就是力量"来鼓舞斗志。现在提"科学技术是第一生产力"，只要将科学技术与生产实践结合就能创造财富。在清华你要真是搞科研，很多都是自己奋斗出来的，所以我觉得这两点精神很重要：第一是不满足现状，不断地往前走；第二是要达到目的，自己干。机械工业部雷天觉院士跟我说过，知识分子为什么不值钱，就是因为没干出值钱的东西。科技工作者必须通过实践增长才干，应该勇于实践、善于实践，在实践中提高自己、实现自身价值。

兴趣及理论与实际的结合都很重要

曹：您觉得现在我们要是做技术、做科研，要注意什么呢？

温：还是用雷天觉的例子来讲吧。他是机械工程的老前辈，一辈子没停止过研究。他得癌症那时候住在医院我去看他，他还在那儿画图呢。他老跟我讨论问题，提出许多值得研究的课题，他的思维永不停息。可以说科学家一生追求他的事业，不但靠他的兴趣，更靠一种使命和追求，这是非常重要的，并不是靠谁逼着他做。

当然方法也很重要，搞技术科研最重要的方法就是理论联系实际。需要动手在第一线去做工作，也要有很强的理论指导。这个理论指导，不能光靠大学学的，要随时补充新知识。光靠以前我在大学学的那点知识根本不行，后来自己学了好多东西。搞科学研究每前进一步都有新的挑战，都需要补充新的知识。例如从宏观摩擦学到纳米摩擦学过渡，又有一大批新知识要学习。我说要进行思想改造，改造面对客观世界的立场、观点和方法。所以知识不断更新很重要。另外搞技术科学的，我特别强调实验。我们过去搞科研，靠"两论"起家。毛主席的《实践论》《矛盾论》很重要，在工作中学会分析矛盾，在科学实验中由感性认识上升到理性认识，用唯物论辩证法的哲学思想分析和研究客观世界。

清华新百年，期待再创新

曹：现在我们都在清华新百年的起点上，与清华一同起跑，您对清华有什么期待和祝福吗？

温：前天我给研究生和青年教师作报告，题目是"与摩擦学相关的两个研究领域"。我跟他们说，德国有位化学家，他 1915 年提出表面/界面科学研究，1919年他又提出机械物理化学。这两个方向我们在四年前也都谈论过，比德国人晚了几十年。为什么晚呢？几十年以前我们国家落后啊，德国在 1915 年工业已经相当发达，而在那个时代，中国 1915 年，清华才成立 4 年，还在留美预备学堂阶段。1919 年北京学生才喊出科学与民主。就是说人的主观意识是在改造客观中建立起来的，什么样的客观实践就得到什么样的认识。我说我们不比谁的智商差多少，主要是整个的大环境，国家的形势影响了我们的科学认识。现在不同了，中国已经发展了，但是还是创新不太够，模仿得比较多。所以我觉得，我们研究工作现在要强调突破创新，才可能有更多的成绩。

温诗铺

感想体会：

温院士学习生活工作的年代是飘摇而动荡的。从小过着飘荡生活的他，从未因为生活的不公而放弃自己，反而因为这样的遭遇而激发了无穷的斗志。由着小时候要反抗日本，振兴国家的念头，他一路坚持学业，思想积极向上，凭借优秀的学习能力来到清华。在清华的学习过程中，因为一直的出色努力，先生从 20 岁就成为引导一个教研组发展的核心人物。带领教研组完成了一项又一项党交给的任务。即使在"文革"这样迫害"资"字当头的知识分子的年代，他仍然坚持科研，完成了西气东输加压站相关的设计与制作。在英国两年的学习时间，他和一批可敬的知识分子一道，为了建设口中的"新中国，新世界"，勤俭治学，抓紧一切机会将西方先进的科学技术引进回国。

一个多小时的访谈中，温先生一直在讲"敢于实践"。他说他的观念里从未有什么是做不成的。在我们看来，他确实实现了很多成就。他不断地说，要敢做，做不出来就要敢于请教，敢于从书中去探索，要不断地补充自己。同时他也要求我们注重兴趣的培养，不要为了名和利去搞科研，要真的做出有价值的东西。

正值清华百年，院士也提出了他对清华新百年的新的期待——他希望我们坚持踏实严谨的作风，坚持"行胜于言、自强不息"的清华精神，不断创新、不断突破，让诺贝尔奖在中国尽早实现。

至此，我想我们这些清华新百年的新学子，一定不能辜负老前辈对我们的希望，要像他们一样，在自己的领域作出非凡的成就来，回报育我栽培我的母校。

结缘清华，一生无悔

——电机系杨津基教授访谈

访谈时间：1998 年 10 月
访谈地点：杨津基教授家中
被访者：杨津基教授
访谈者：寇欣（电 43 班）
整理者：王碧琳（无 92）
校对者：王新新（电机系气体放电实验室）

杨津基，清华大学电机系教授，博士生导师。生于 1916 年。1935 年赴德国亚琛（AACHEN）工业大学留学，1941 年回国，到重庆。1944 年在昆明进入西南联大时的清华，之后一直在清华任教。

满足社会需求是教育改革的原动力

杨：我看这样，先讲讲我们学校里整个教学的发展情况。

解放之前，清华分几个院，有理学院、法学院、文学院，中间也有变化。负责人方面，理学院原来是周培源，文学院是冯友兰，法学院是陈岱孙，文学院还有朱自清，都是国内一些比较有名的人吧。那个时候，学校里是不分专业的。学生来了之后，先有一些课，然后到了四年级下半年有些选课，这样就完了。有这样的学习计划，但是不分专业的。这有它一定的道理，这个社会需要的基础是什么呢？你毕业出去的时候，不知道也不一定到哪里去，去干什么。不是给你框死的，而是给你一个比较好的基础，你可以适应很多种工作。当然是大框框。比如搞电的，电里头搞什么呢？那你什么都得会。那时候是这么考虑设计这个教学系统的，它不是分得那么细的。

学习苏联"好"榜样

杨：到后来学习苏联，整个的状况就很不一样了。学习苏联有一个很基本的东西是经济方面的问题，就是计划经济。学校里头培养的学生到哪去，那时候是有规定的。比方说，我电力系统要多少名额，你清华大学就给我培养多少学生搞电力系统；你机械系要有多少多少学生是做机床的。所以教育跟计划经济是有密切关系的。在解放之前你不知道毕业之后到哪里去，整个教学是适应那种情况的。学习苏联之后是计划经济，电厂煤矿要多少人，学校就要培养多少人，出来这些人就到那里去。分得特别细，为了适应当时的社会基础。后来，发现是有些问题的，就是分得太细。比方说电机系分得细到这样一个程度：你是搞一线的，还是搞二线的。这就有些问题了。电机系的出去搞什么的都有。我学的电机，将来就一定去搞电机吗？不一定。所以这个教育就得改啊，一定要跟上。好多老的内容不要了，老师就要学习很多新的内容；不然，你就不适应这个环境。现在我们很多教师不一定跟得上这个形势。

寇：我现在大五了，我们现在是分几个专业课组，必须选一个课组。我觉得学的课就有点太细了。

杨：这是个问题，分得太细我觉得不一定合适。作为选修课我认为是可以的，五花八门的课你都可以选，但不合适作为必修课。高电压方向，把它框死了，这就不好，我举个很实际的情况，我们现在的高压实验室都在搞什么研究呢。（寇：好像都在搞跟高压没有什么关系的。）是呀，这说明什么问题呢，就是你不要有这个框框。以前分成工业企业电气自动化、电机、输配电等等，现在就不要那么个框框。我们是从国家需要来看的。同学们毕业出去了，事先不知道去干什么。也许是到发电厂去了，也许到变电所去，也会到一般工厂去，或者开公司去了。要跟着经济的发展来考虑这个问题。

社会需求是教育之母

杨：我的看法是这样的，不要搞得那么细。特别是现在的学科发展，交叉科学非常普遍，发展得很快，而且以后是很大的一个趋势。我举一个例子。比方说，新发展的等离子体化学，就是交叉的，是化学方面和物理方面技术合起来的。你必须有化学知识，还要有电方面和工程方面的知识，这样才搞得起来。特别是学生，我现在跟很多学生都讲这个问题，不要框死了，因为发展非常之快。

要能够抓住现在发展的东西，这个很重要的。以前我看见的早期无线电收音机是矿石收音机，拿一个东西去点那个矿石，点合适了才听得见，没点合适就听不见。现在已经发展到什么程度了？现在各个国家都发展很快，你假如不发展那么快的话，就落后了，你怎么在世界上和其他国家竞争？

首先得有人，然后这些人要能够发展新东西，这是非常基本的。没有新的东西，没有好的东西，怎么竞争得过人家啊。现在整个世界都是开放的，中国要立足于世界，没有竞争力是不行的。将来的发展非常快，新东西层出不穷，谁能够出来新东西，发展新东西，谁就领先。学校是要适应社会的，解放之后是计划经济，所以教育是有计划的。现在不是了，现在是市场经济加国家控制。教学方面怎样适应这个环境？现在，要有能力适应很多的环境，比方说我原来是搞这个的，突然搞那个，当然中间有不熟悉的地方，要稍微学一下子，这是很可能的。一个人不可能什么都会，但是科学知识面比较广，科学的基础比较扎实，那就容易适应。很快，就可以掌握所需的那个东西，进去工作了，我觉得这个非常重要。

有两点，第一，是整个工业发展不允许你框死；第二，学科交叉也不允许你框死。我觉得电机系可能会有这个问题。比如说，你干干这个吧，他说，我不懂那个，我不会，那就麻烦了，那你将来怎么发展新东西啊。我就老讲我的例子，我以前是搞电机设计的，记得我设计过汽轮发电机，学校里的毕业设计，后来没那个需要了，但有输配电的课没人教，我就教，基本上系里开的课我都教过，高压工程，电磁量测，这些课我都开过。这说明社会对你的要求是常常变的，你要能够适应这样的环境。这样你的活动余地和范围就大了。这像吃饭一样，这个不吃那个不吃，营养不良，什么都吃，各种营养都有。现在学校就要培养这样的，因为社会要求你这样。

面广一点是有好处的，有些选课，可以选这个，选那个，不要给他框死。不但是实际方面，而且对人的思想也很有影响，思想应该很活跃。我常常碰到这个问题。我找一个人谈工作，他说这不是我的范围的，做不了。这是很妨碍人发展的。

学科交叉是创新之源

杨：我还愿意举我们的例子，等离子体化学。这是个新发展的东西，近 20 年左右的样子。原来是用化学方法合成化合物，那就是瓶瓶罐罐，手段简单，说起来是几个：一个是温度加热，一个是催化剂，还有就是压力。但如果用电的方法呢，就很不一样。因为化学呢，无非把分子的键打开，再合起来，就变成一个新的。以前化学是用加压高温的办法来达到这个目的，现在不用了，我用电子轰击，那个键就打开了，不用几百年的老方法了。这是一个新的发展方向。

寇：用其他学科的方法做我这个学科的事。

杨：可以说是学科交叉。我特别愿意和你们这样比较年轻的讲，你和老人讲他听不进去，听了也没办法；年轻的同志思想比较活跃，框框比较少；年纪大了框框太多。一般中专技术学校是比较死的，毕业的同学出去之后，人家怎么干我就怎么干。但是大学生尤其是预备做研究生的人面临着怎么去发展。作为一个高级工程人员，不是技术员，他就得考虑这个问题。

学科交叉，是一个跨学科的问题。一方面我去与化工系的人谈过，因为对化学我不太懂。他们对气体放电的东西也不太懂，因此合作起来可以发展。但这里有个问题，不是说你是搞化学的，我是搞电的，咱们俩一合起来就行，不是这样的。搞化学的人要懂一点电的东西，搞电的人要懂一点化学的东西，互相之间才能了解，若完全不懂，合作是很困难的，话都说不通的。我说知识面要广就是这个道理。

教育教学方面的问题，不仅要从教学方面考虑，还要看科学工业的发展如何与教学配合起来。因为培养出来的人将来要去工作，要适应整个工业和科学技术发展的环境。现在科学技术上的竞争这么激烈，人家发展那么快，你不跟上去出新的东西，是没法跟人家竞争的。前些年，有时把别人的东西搬来，照猫画虎，生产出来卖掉赚钱。那以后要不要跟人家竞争啊？是不是让外国的厂家把中国的市场都占了？这是不行的。我跟年轻的同志总是谈这个。学生毕业了以后，适应能力要很强，这个非常重要。以前的概念是，我学这个，把这个抠得很细，将来我就干这个。

寇：过去好像是学一门技术用一辈子。

杨：对，就是这样，铁饭碗嘛，反正我就是这个了。现在不是这么个状况了，这是很重要的。

寇：您如何选咱们这个专业的？

杨：讲讲我为什么学电吧。我上南开中学的时候，有一次校庆，我看到画上涂上一种东西，阴天是一个颜色，晴天又是一个颜色，我说这很好玩，于是我对化学很有兴趣。但是后来我放弃了，因为它背的太多，我就不喜欢背。背化学式子，我见了就头疼，所以后来我就没学化学。后来我觉得电很好玩，所以就学电了，是很偶然的。从现在经济发展来看，我就觉得不要太窄了。

我眼中的德式教育

寇：您有没有留过学？

杨：有的，德国，去了6年，1935年去的，到1941年。从南开中学毕业后，我能够出去，有国家的、家庭的很多原因。那儿本来是五年制，第一年要学德语，所以一共六年。德国每个学校都有它独特的地方。我去的 AACHEN 工业大学，很有名的是空气动力学。还有就是矿业比较有名。大学有比较突出的东西就比较好。德国大学的教育和中国是不一样的，有不同的教育思想。德国的教育思想是教你自由发展，在一个学校里，有两个教授，观点完全不一样的，他们可以同时上讲台，你讲你的，他讲他的。那叫作 Academic freedom，大学里非常自由，你愿意讲什么就可以讲什么，两个人完全可以针对着来，没关系的。这样有它的好处，学术思想非常自由，非常有发展。这样也是有问题的。一个大学生念多少年书它是不管你的，也不是像我们这样一学期考一次，它就分两次考试，一个叫前期考试，一个是毕业考试。前期考试一般是两年，你这两年的课念完了，那么你就可以考了。你愿意考，就去报名交钱，看你这些课是不是都念过。课啊，你上课也行，不上课也行，不管你。这是由大学里的自由概念来的，你愿意学就学，不愿学就不学，毕业的时候通过那两门考试就行了。实际上要求你听过这些课，主要看你是不是都交了钱，你听这个课交多少钱，听那个课交多少钱。好，你这些课都听了，行了。实际上，你真正去听没听，根本不管你。它有它一定的办学思想，这个决定于国家政策的。

寇：您从德国回来，就到了清华吗？

杨：没有。那是抗日的时候了，是在重庆工作，然后就到昆明。我们这一代人经历很丰富，我们经历过非常艰难的时期，也经历了到现在慢慢好起来的时期。我觉得这个很不容易。比我们更年长的人没有经过现在这个好的时期，只有痛苦的时期，而我们就都经历了。更年轻的像我孙子这一代人，苦的那段没经过。这个我觉得也很有意思，你们想象都想象不出来。那时候内战，军阀你打我，我打你，然后就逃难。重庆那时物价是不得了啊。在学校里拿了工资，说头一件事干什么？钱来了以后赶快去买米啊。不然的话，上午这个价钱，下午就涨价啦。我们清华有一些教授夫人干什么呢，做台布、桌布，或是什么东西，然后摆到街上去卖，或者到铺子里头去兜售（笑）。不然怎么活呀。我们住在家里，睡在床上可以看得到天，不是从窗户是从屋顶看到天。上面有瓦，但是漏的呀，所以外面下大雨，里头下小雨。（笑）

结缘清华，一生无悔

寇：您什么时候到清华的？

杨：1945年吧。到清华来教书，然后就一直在电机系。章名涛，章先生是系主任。还有范崇武，就在楼下住。当然，最开始创办清华大学电机系的是顾毓琇，还健在，在美国，90多岁了。

寇：高景德老师是比较晚进清华的吧？

杨：高景德原来是北方工学院的，后来北大、燕京、清华三校合并，他就来了。北大来的还有几个人。

寇：青少年时代家庭和社会对您个人后来有什么影响？

杨：当然是有影响的了。那时候，日本从东北一直打过来，华北地区相当乱。是什么问题呢，就是说华北要不要变成一个傀儡政权。一般老百姓能怎么办呢，无能为力啊。一般老百姓，就是我得有饭吃，怎样去生活是他最主要的问题。学校里当然有点不一样。爱国的年轻学生，看到局势不好和军阀内战，当然就反对了。学生运动比较多。当然每个家庭有每个家庭的情形。我们家，大人跟我们说，你们别去参加那些事。为什么呢，他说你们也不懂，别去管那些事。我们那时每个人都不一样。学生有的是比较先进的，有的是比较落后的。我们这样的呢，算是中间的吧，但是对国家的这种爱国心是有的，希望民族不要再像那样的老受别人的欺负，社会能够安定，大家生活能够好。那时候，就是乱，军阀之间混战，冯玉祥、阎锡山、蒋介石这三个；再前面就是张作霖。现在许多年轻人，像我孙子那辈，根本不懂得这个来之不易，不知道现在社会这么样的安定发展不容易呀。

岁月动荡，多难兴校

寇：您刚开始来到清华是怎么样的一个感觉？

杨：清华以前也是比较好的一个学校。我是在昆明时候进的清华，生活比较苦，但清华有一个比较好的传统，就是教学方面比较严格。我觉得这是一个好的方面，而且很重要，比较严格的话，出来的人能力就比较强，比较好。像杨振宁就是西南联大的学生。

寇：您觉得当时那边生活条件怎么样，是不是很艰苦？

杨：是啊，没办法。教师都是这样，我们住的房子可以看到天。

寇：后来回到北京以后是不是好一些？

杨：原来华北这一带都是日本人占领的。拿清华来讲，体育馆日本人占领之后是手术室，照澜院那一带的平房是马厩。所以日本投降之后第二年我们回北京的时候，那都还是很破烂的，然后就得修整，除草啊，把这些都恢复起来。抗战刚胜利的时候有一段还比较好，后来就不行了，物价涨啊。打仗打了两年，然后就解放了。

刚解放的时候也很有意思，我们那时候住在北院，解放军有个规定的，不许到学校里头来，所以解放军没来过。后来国民党开炮，有一发炮弹落到北院后面。不过他们也没进来，因为他们跑得很快，溃退了。所以那个时候学校里解放军不进来，国民党又跑了。后来吴晗到青龙桥去跟解放军联系，解放军才有军代表到学校里来。那时候怎么办呢，得吃饭啊。解放军不来，但老乡可以来的，我们有的人就拿东西跟老乡换白菜。

"文革"的时候也是乱了一阵子，学校都关了。"文革"之后也乱过一阵子，物价也是涨的，后来才稳定下来的。那时候也没办法，只能一步一步来。

科研，是这样的。因为我们是跟部队里合作，这个是不能耽误的。所以那个时候还断断继继地做，但也不能正常地做；其他的都停了。"文革"以后又慢慢地恢复起来了。

人才是国家第一竞争力

寇：我们这个专业在世界上好像研究得差不多了，很成熟了，没什么发展了。

杨：我是觉得高压发展是很需要的。我们高压是怎么发展起来的呢？

寇：是输配电吗？

杨：对呀。那时候在内地只有11万伏的系统，只有东北有一条是22万伏的。后来电压提高，出现了很多如防雷的问题。有这个需要发展高压工程。因为22万伏的设备国内没人生产，变压器也没有，只能买国外的。那怎么办呢，就需要有这个高压工程制作这些高压设备，建立高压的电力系统。另一方面，实验室里物理研究需要很高的电压，产生高能粒子去轰击。一般说的那个 Marx 发生器，一级一级的，一下子可以达到 100 万伏。那个 100 万伏是很了不起的呀。气体放电教研组也是这样的。比方说输电线上的电晕问题就是很大的。建了一条线以后不好运行，就是电晕损耗占了输送能量的很大一部分，都损失了。因此，气体放电研究是很需要的。其他，如大的气体开关，喷气开关，也是这样的。

寇：您觉得咱们这个学科在世界上怎么样，现在还落后吗？

杨：可以这么说，我们现在研究的东西在世界上是可以参加讨论的。当然就我们研究的问题来说，我们也受设备和经费的限制。比方说，国外有很大的设备，有很强的研究人员力量，有经费，那当然我们就不如他们了。但是呢，我们做的一些研究工作也是在国际上与大家交流的，有些在国际上也是新的。比方说我们有的研究生搞的东西也在国外比较有名的杂志上发表很多论文。在这方面我们处在一个差不多的状况。但从设备上说呢，比他们的小。从研究方面来说，我们可以说有我们的特点和新的东西吧。

寇：在国际上 70 年代以后，好像电力系统这一块停了很多。

杨：是这样的，跟经济有关系。在国内发展 22 万伏，后来到 38 万伏，到 50 万伏。而在国外早就有了。他们的电机制造厂啊，都比较成熟了。传统的电机专业就搞得比较少了。所以他们那个电机系五花八门什么都有，不像我们就是造电机。

寇：解放以后我们主要取得了哪些成就？

杨：我一直是这样看，你要有新的科学的东西。原来我们是在搞电机和发电，后来我们就不是搞这个了。我们和人家合作搞大电流放电的研究，产生等离子体。温度呢，可以到 1000 万度，密度可以到 10 的 21 次方。

寇：是不是为了聚变？

杨：那倒不是，可以做，也有人在做。从整个聚变的发展来看，开始的时候这是一个很重要的手段。但后来发现从理论上来说有问题。为什么呢？聚变是把氘氚压缩，密度很高，温度很高，有一定的时间才行。但是，焦点有困难，就是它两头不封闭，所以你一挤它就逃掉了，维持不长。一定要有很长的一个东西，所以这个方法不是个很好的办法。但是这个东西可以作别的用处，它是一个很强的 X 射线源，这一点还是站得住脚的。X 射线可以做到 K 焦耳。一般地，比方说校医院，都是毫焦耳。再后来，就是交叉学科，等离子体化学。我觉得将来是个很好的方向。但是现在没人了，都跑到国外去了。这也是个问题。

东方有梧桐，凤凰归去来

寇：现在出国的很多，很多人不回来。不像您那个年代一般出国几年就回来了。

杨：现在也有人回来。比方说我们实验室有好几个人出去一两年就回来了。

有一个去了没回来。他原来是助教，最近他也想回来，但现在没有名额。到国外去也有问题。一个是，你可以在那工作，但他们不会重用你。我举一个例子你听，丁肇中，诺贝尔奖金获得者，是搞加速器方面的。美国要搞最大的加速器，就不要中国人。当然你去了以后上一般的公司工作没问题，但是如果说你要到它的尖儿上去，那就有问题了。学术研究没关系的，但真正涉及尖端技术及其应用就不行了。

寇：您对好多人出去后不回来怎么看？

杨：这里头我觉得是两方面，一方面是国内没有适当的条件给他；另一方面就是他自己的问题了，我觉得这是很大的问题。因为条件不好，你回来可以创造条件嘛。不是说什么都给准备好了你再来。这里环境是不好，你回来能不能把它搞好，给创起来呢？当然能不能创是个问题。但现在根本不是这么回事，他根本不想。想我怎么薪水高一点，生活好一点，这样的人居多。台湾以前也存在这个问题，现在国内把生活待遇搞得好一些，研究环境搞得好一些，这样就可以吸引他们回来。

有钱是好事，用钱要本事

寇：中国是不是在教育上投入的不是太多？

杨：投入的问题，我是这么看，我觉得现在用得不好。怎么叫用得不好，我举个例子。上次教育部说要办 100 个世界一流大学。我说你办 10 个，办得好好的，就不错。你想，那么多钱用在 10 个上，可以搞得比较好；花在 100 个上，肯定搞不好。现在不是钱多得不得了，就这么多钱。不把它用在一个地方，怎么搞得好呢？所以我觉得这个指导思想非常重要。我们随便说说都无所谓，影响小，但这是整个的国家政策，搞不好是个麻烦事。

寇：是不是投的钱也不够多啊？

杨：拿百分数来说，我觉得也是投的不是很多。但是更重要的是，是不是用得好，我觉得这更重要。同样一块钱，这么花和那么花，效果很不一样。不要把眼睛就放在赶快要钱上。钱拿来了之后没好好用，浪费了，即使你多要来了，不是白多了吗？要钱是一个方面，但你怎么把钱用好，这是非常重要的。

附：

百年清华口述史赋（一）

上庠翘楚，寰海名园；昔日普爱，为我源头；历经磨难，精神不朽。倭寇来侵，奋而操戈；不屈不挠，敢洒热血；前赴后继，可泣可歌。戎旌高举，虽飘风振海而不惊，刀光剑影奈我何？文脉传承，纵焚书坑儒却有继，星灿月明心向学。昔四大导师，传承国学命脉，才气贯宇宙；后十家儒学，弘扬民族精神，胸怀笼河山。西南联大，护薪火之微烬；回返北平，反内战而抗争。探求救国道路，卓然前行；传播先进思想，何踵人后。改革开放，春拂大地；经史子集，尽入吾殿；理工医商，悉登我堂。老木发新叶，杏坛奏新歌；园丁耕稼乐，示范耿星河。先生执鞭，务实求真，探寻教学规律，遑论三更灯火；学子求知，焚膏继晷，勇攀知识高峰，莫言五鼓鸡鸣。承前启后，励精教通；桃李缤纷，远播盛名。

入斯校也，东立巍峨主楼，水木蓝图，再现大观；运筹帷幄起豪情，上下一心，描绘新天。西望荷塘流青翠，朝霞映照，万彩斑斓；石狮镇守新校门，遥望北大，雄霸海淀。南听校河水风韵，龙舟飞快，芦花满滩；葡萄架横情人坡，文化熏陶，浪漫画卷。北有紫荆宿舍楼，人才辈出，灿若星汉；现代文明斯为盛，文脉有继，弦歌不断。

看水木清华，如北斗居于日月星辰之央；望红墙高楼，似温玉掩于绿树竹海之间。美哉，清华！冬夏之更替，春秋之代序，四时之景不同，而有陶然之乐也。春风拂而小鸟依人，夏风扬而桃李倩影，秋风起而桂花馥郁，冬风吹而腊梅落英。石卧绿坪，石得刚健之美；林蔽烈阳，林有阴柔之秀；竹染红墙，竹生画韵之致；樟含绿意，樟胜春日之柳。游鱼细石，碧云湖畔可赏目；文声诗韵，近春亭中好读书。紫藤长廊，可引发诸多诗绪，对一缕风、一张琴、一湖云；水花石径，能泛起些许涟漪，想一美文、一幅画、一弯月。

日新路，学子心事，壮怀定当抚云；青年有志，微木可见寸心；青春存远，燕雀不懂鸿鹄。仰望星空，方能蟾宫折桂。行斯路也，只见良骥披鬣，星追月赶；新林吐萌，一片新天。学堂路，屈子求索，行吟江畔；我辈苦读，路长莫倦；立德立言，都是苦去来甘；求学求问，也须相照肝胆。行斯路也，但见学子勇为，卷海书山；长风破浪，直挂云帆。至善路，写青春华章，群绘高标；唱人生壮歌，独领风骚。常思己过，再接再厉；从善如流，臻于明德。行斯路也，方见群星灿烂，增辉心田；登临绝顶，一小众山。

躬逢盛世，齐展宏图大业；协力同心，共谋发展之道。领导深思，出新守正，谋远景大计；教师求真，教书育人，探教学高效；职工务实，敬业奉献，搭服务梁桥。看今日清华；人才星罗，名师云集；龙骧鹏举，辉煌卓异；事业锦绣，盛名日驰。百年求索，建一流之学府；几代艰辛，培无数之隽良。中西融合，兴科技以济世；今古兼施，尊实干以安邦。厚德载物，践先贤之雅望；自强不息，创后世之辉煌！

方寸之纸，难赋名校风流；咫尺之笔，何穷百年春秋？适迎校庆，展望未来；抚今追昔，顿生感慨；遂握管以抒真情，作赋以颂清华。

陆平

2010 春古代汉语课程习作

百年清华口述史赋（二）

清芬挺秀，华夏增辉，百年清华口述史，行健不息！

怀百年清华口述史之坎坷。廿纪之初，学堂始建。以庚子之辱立校，为兴国之业创学。四贤开国学研究之先锋，四部全博学广纳之新风。逢国难南迁，不以屋陋而无为；遇名校共合，更因荟萃而盛名。烽火岁月，负汲湘滇；光复之年，荣归燕京。共和初立，恨失文宗之学；百废待兴，志得理工之用。采苏联之"专"，创国化之"特"。领时代之百年理学新风，复古今之世纪文学传统。何其壮也！

感世纪学堂之精神。天行健，君子以自强不息，地势坤，君子以厚德载物，校训以铭也。独立之精神，自由之思想，遗志以训也。中西荟萃，古今贯通，文理渗透，传统为立也。明耻以报国，鹏举之《满江红》见于五四。自由以广纳，大师之渊博扬于滇池。严谨以求实，月涵之学风融为校格。重术以兴业，西北之核星震于天穹。行胜之于言，实践之风尚名于华夏。何其博者！

赞世代水木之胜景。千亩校土之宏大广博，百栋学堂之星罗棋布。坐拥帝王之林园，内容西洋之华筑，新建当代之高厦。"惠风荡繁囿，白云屯曾阿。景昃鸣禽集，水木湛清华"，以古诗源起水木清华；"槛外山光历春夏秋冬万千变幻都非凡境，窗中云彩往东西南北来去澹荡洵是仙居"，假名联赞是古月之堂。流万泉河之清澈蜿蜒，有工字厅之威严内敛，树二校门之神圣肃穆，筑大礼堂之高雅华贵，立清华学堂之古朴精致，纳荷塘月色之宁静清灵。何其美哉！

怀坎坷之百年，感精神自学堂，赞胜景于水木。幸遇此百年校庆之际，思母校之历史，感重任之于肩。窃作此百年清华口述史赋，以抒余爱校之情，壮人鸿鹄之志。恨吾赋之贫词薄言，谨附校歌之词以全敝作之疏漏，善陋文之落笔：

西山苍苍，东海茫茫，吾校庄严，巍然中央，东西文化，荟萃一堂，大同爰跻，祖国以光。莘莘学子来远方，莘莘学子来远方，春风化雨乐未央，行健不息须自强。自强，自强，行健不息须自强！自强，自强，行健不息须自强！

左图右史，邺架巍巍，致知穷理，学古探微，新旧合冶，殊途同归，肴核仁义，闻道日肥。服膺守善心无违，服膺守善心无违，海能就下众水归，学问笃实生光辉。光辉，光辉，学问笃实生光辉！光辉，光辉，学问笃实生光辉！

器识其先，文艺其从，立德立言，无问西东，孰介绍是，吾校之功，同仁一视，泱泱大风。水木清华众秀钟，水木清华众秀钟，万悃如一矢以忠，赫赫吾校名无穹。无穹，无穹，赫赫吾校名无穹！无穹，无穹，赫赫吾校名无穹！

倪俊然
2010春古代汉语课程习作

后 记

为传承清华精神，经过三届学生的课程作业《百年清华口述史》（第一辑），在老校领导胡显章的关心支持下，终于可以付梓出版了。书稿分为"人文日新（文）""格物致知（理）""天工开物（工）"三部分。

百年，对于一个学校来说，就是百届，百代！有一百届学生从这个校门走进，走出。百年清华口述史，与百年中华的命运息息相关。

百年以来，无数热血青年满怀振兴中华、报国理想，追求真理、探索科学，走进清华园；无数清华学子走出清华园，实现理想，成就着他们的人生、事业。

清华人用自己的青春，用毕生诠释、践行着"自强不息，厚德载物"校训。

每当校庆，总是可以看到清华园里走着白发苍苍的老人，他们也许从海外归来，他们也许从祖国的远方回家；在子女、学生的搀扶下，胸前的校友飘带格外鲜红。他们总想再看一看母校的一草一木，他们总想再见见陌生而熟悉的学长学弟，他们是那样留恋这个承载理想走进来、又满怀报国之志走出去的地方。

他们虽然步履蹒跚，但留下的是一步步坚实的脚印；他们虽然已有些驼背，但这正是民族的脊梁；他们虽然满脸沧桑，却依然激情荡漾。也许他们已声名显赫，也许他们一直默默奉献；但他们都骄傲地为中华民族崛起洒下了青春的热血，都在共和国的历史上树立了无悔的丰碑，记录着百年清华口述史人的功勋！

"一位老人就是一本历史"，每位讲述者就是一部清华史，一部某院/系史。

今天的清华学子，需要聆听清华，记录清华，了解清华，才能无愧清华人。

"清华"二字，于我轻飘飘的二十岁，到底有多沉的重量？它是否足够将我从浮世繁华中坠离，返璞归真？我走过工字厅，触不到冯友兰伏案疾书的墨香迷离；我走过荷塘，听不见朱自清零落在月夜的一声叹息；我走过图书馆，寻不着曹禺笔底波澜的激情澎湃；在清华，百年的时光未及我身，我其实不懂清华。一个个熟悉的名字是天上星辰，遥不可及，高不可攀。

开悟需要醍醐灌顶，需要当头棒喝。

"清华"是在那个下午变了，因为一对心澄如水的老知识分子，变得崇高而质朴，变得严谨而亲切，变得深刻而挚诚。他们的言语有着某种启导荡涤的力量，不期而遇，却又刻骨铭心。

一定要与他们面对面，才能捉摸到当初那一段如歌岁月与潜藏在跌宕命运后面的坚忍、信仰与勇敢。

　　两位可敬的老人，他们和清华一路走来，历经坎坷，祸福同担。从他们身上，我看到了中国传统知识分子传道授业、治国齐家的人生轨迹和历史承担。他们以德行操守，为我上了入学以来最生动也是最深刻的一堂课。虽然我无缘成为他们的弟子，但在清华园中得与他们相遇，已然幸甚至哉。

　　如他们一样千千万万的普通读书人，就是中华精神的脊梁。

　　他们为新中国的科技作出一个个卓越的贡献，却从不居功、从不炫耀，只是安贫乐道，一点一滴继续着默默贡献。在清华人的词典里，没有"退休"二字。谈起那些常人无法想象的天文数字，他们提到最多的一个词，是西南联大，是那些散落在世界各地，牵挂着祖国未来的老校友。最真诚最朴素的心意，滴水成海，垒土成山。我想，这也是清华精神内化成个人操守的体现吧。

　　厚德载物，就是这样一壶冰心，一腔赤子的情怀。

　　身在学林草泽，则言传身教为人师表；身在政坛庙堂，则兢兢业业利国利民。他们不求名留青史光耀千古，但求一言一行无愧于心。这是清华最宝贵的财富，这是这座兼容古今包举中外的百年学园，最清晰的面目，最深沉的积淀。（人文8的王昕、生81的张静在访谈化学系郑用熙、关英夫妇之后讲述了自己的感受）

　　"口述史"是史学中的一个分支（还有"文献""考古"等）。作为培养理工科同学的人文意识、参与抢救濒危文化的基本技能，在校老领导关怀指导下，我们布置了一个特殊的课程作业，百年清华口述史访谈。按学术规范要求音像记录、一稿二稿三稿，反复整理。再多次请被访谈的老师修订校对，本人同意发表。作为一门选修课，也许这个作业很累，但很值。

　　在百年校庆之际，结合对口述史访谈的学习，我们采访了本系的两位老教授。整个过程让我们学到了很多。这中间，有碰壁的时候，也有幸运的时候，历经了困难，也品尝到了访谈成功的喜悦。我很庆幸选择了这门课，因为这样的经历、这样的体验才是我在大学最希望得到的。（无92，王碧琳、孙羽良）

　　新老清华人的心灵交流，清华精神的薪火传承。

　　难能可贵的是一些留学生也参与了这项工作，他们认真倾听老清华人，用心体会清华精神，如申东城、龙瑞雪、卢育培等。研究生谭沙丽、郭芳、张琰以及高倩栏、张雪梅、范文嘉等做了部分校对、整理编务工作。

　　更要感谢受访的清华老教授们，他们百忙中精心准备、热情接待年轻的清华学子，他们用生命践行、诠释着"厚德载物、自强不息"，传授着清华精神。

　　清华校歌，是回忆、是警钟，是号角。书后附的两篇《清华百年赋》表达了初入清华园的"90后"学子的情结与信念。

　　什么是清华精神？就在老清华人的讲述中，在新清华学子的感受中。

　　每一个年代都有每一个年代的奋斗目标。今天，百年清华口述史，新一代的清华人也要成为永远都装不满的杯子，也要诚然担当起清华人的担子，延续清华百年荣光，并且带领中国，走到最前！（法9，苏雅琪）

如今在校园中依然有一群清华学子，他们是国家和民族的希望，他们身负重任，不惧艰险，勇往直前。这样的精神将薪火相传，永不熄灭。（法8，黄凯）

同学们说，清华之风，山高水长。"90后"，也是清华人。他们铭记前辈的嘱托：

> 选择了清华，就是选择了奉献。
> 选择了清华，就是选择了一生的责任。
> 选择了清华，就是选择了勇于开创第一、不断追求卓越。
> 选择了清华，就是选择了真诚和一丝不苟的严谨。
> 选择了清华，就是选择了简单、淳朴而丰富。
> 选择了清华，就是选择了为祖国健康工作五十年。

百年清华口述史，刚刚开始。我们期待更多的新清华学子，拜访清华老教授，亲自聆听，感受，汲取，传承清华精神。

老教授对"百年清华口述史"这一工作的意义大为赞赏，希望这件事能做好、做完整、做深入，他说自己非常高兴能为此做一些事情。于是整个访谈过程中，我跑了好几趟教授的家，再回去精心整理、打印，渐渐忘记了自己是在完成一项课程作业，而是全心地投入这个了解清华、记录清华的工作中去了。通过此次经历，我的确收获颇丰，发掘了清华、懂得了倾听。即使这个课程结束了，也许自己还会继续去关心这项工作。（新闻91，朱峰）

走近清华前辈，时时被震撼：人在清华园，就是清华人吗！

百年校庆，即迎接新百年，如何创建世界一流大学？更突显"什么是清华人"？被拷问的不仅是学生，也有后来进校的教师、管理人员。"清华"二字，面临被玷污，清华精神濒危！

"为中华崛起而读书。"这一点在我们这一代正渐渐消失，许多年轻人过于浮躁，而忘记了治学应有的素净和安静。

当时清华的风气很淳朴，人们也没有什么功利心，只听从国家的安排，只要是祖国需要的，他们就二话不说到祖国需要的地方去，都是对祖国的一片忠诚赤子之心。当代大学里的风气总有点浮躁，现在都在说清华要改变，要创新，要向前迈进，但是，老清华的故事、老清华的精神不应该丢掉。丢了这些"本"，我们将迷失方向。所以，我们应该将老清华的精神发扬光大，薪尽火传，做历史的保存者，做精神的继承人，做优秀的清华人！（生97，黎静、何天骅）

谈话中，无时无刻不感受到先生的严谨、规范、真诚、谦和。这便是清华人的品格，清华文科人的风骨。清华人的高度，正是像先生这样令人高山仰止的学者，用孜孜不倦勤勤恳恳的研究积累出来的。对于我们新一代清华人，这样的高度既是荣耀，更是责任。（法92，赵雪爽）

作为一份文化遗产，清华精神同样需要抢救、传承。

阳光清华！

新百年清华口述史！

赵丽明

2013 年 12 月

于清华蓝旗营